现代城市交通规划丛书

城市道路"语言"
——指路标志系统的研究与实践

贺崇明　邓兴栋　编著

中国建筑工业出版社

图书在版编目(CIP)数据

城市道路“语言”——指路标志系统的研究与实践/贺崇明，邓兴栋编著.—北京：中国建筑工业出版社，2007
（现代城市交通规划丛书）
ISBN 978-7-112-09557-5

Ⅰ.城... Ⅱ.①贺... ②邓...Ⅲ.城市道路－公路标志－系统－研究 Ⅳ.U491.5

中国版本图书馆CIP数据核字(2007)第129791号

本书内容由两大部分组成：第一篇为基础与理论，第二篇为实践与应用。第一篇提出了道路交通指路标志系统的概念、分类以及作用与意义。介绍了国内外指路标志系统的设置概况及取得的主要成功经验，国外主要介绍了美国、日本及欧洲；国内主要介绍了北京、上海及南京，并以广州为例分析道路交通指路标志系统现状及存在的主要问题，最后在总结归纳的基础上提出指路标志系统的设置方法。第二篇以广州市道路交通指路标志系统的实践与应用为例，详细阐述了广州市近年开展的指路标志系统系列研究成果，其中以“点”为特色的项目有重点部门、大型公建及旅游景点指路标志系统布局方案研究；以“线”为特色的项目有环城高速、内环及放射线指路标志系统改善方案研究；以“面”为特色的项目有海珠区道路交通指路标志系统改善方案研究。从不同范围、不同层次、不同角度上探讨指路标志系统的设置方法及特点，为今后大中城市开展道路交通指路标志系统改善和研究提供借鉴。

本书既可作为从事交通管理、交通规划、交通设计等管理人员和技术人员的参考资料，亦可作为交通工程、交通运输等相关专业大中专院校师生及科研技术人员的学习参考书。

责任编辑：杨　军
责任校对：孟　楠　关　健

现代城市交通规划丛书
城市道路“语言”——指路标志系统的研究与实践
Urban Road “Language”
Research and Practice of Directional Signage System
贺崇明　邓兴栋　编著
*
中国建筑工业出版社出版、发行(北京西郊百万庄)
各地新华书店、建筑书店经销
北京广厦京港图文有限公司设计制作
北京方嘉彩色印刷有限责任公司印刷
*
开本：880×1230毫米　1/16　印张：15½　字数：480千字
2008年4月第一版　　2008年4月第一次印刷
印数：1-2500册　定价：128.00元
ISBN 978-7-112-09557-5
(16221)

(邮政编码 100037)

前 言
Foreword

随着城市经济的快速发展，城市交通需求急剧增长，城市交通问题日趋严重。为了解决城市交通问题，人们总是热衷于城市道路的建设或改拓，甚至在全国掀起兴建交通基础设施的热潮。经过多年的努力，城市道路网络初具规模，但城市交通问题仍然未能解决，交通拥堵依然是我国大中城市普遍存在的突出问题。人们越来越清楚地认识到重建设轻管理并不能有效地解决城市交通问题，尤其是路网成形之后交通管理的作用更为突出，因此，通过加强交通管理，整合道路网络资源，提高路网使用效率已经成为改善交通的新方向。

道路交通指路标志系统是道路的“语言”，是沟通人、车、路的纽带，它对实现交通组织方案，均衡路网交通流起着重要的作用。但由于指路标志系统属于道路工程附属设施，因此远远没有像主体工程那样受到应有的关注与重视。主要体现在指路标志系统的完善和更新显得相对滞后，导致目前许多城市的交通指路标志系统缺乏整体性、系统性，并存在交通指示不足、引导路径不合理等问题，严重影响了道路网络的交通功能和使用效率。

道路交通指路标志系统不完善将直接影响到城市的对外形象，并严重制约路网功能的发挥，对城市道路资源造成不必要的浪费。鉴于此，广州市率先开展指路标志系统系列专题研究，自2004年起按照“点”、“线”、“面”分阶段有序进行，并且在研究方法上也有所突破：为确保指路标志系统对交通流的引导与路网的交通功能相符合，创新地以机动车OD分析数据指导指路信息的选择，达到定性与定量的完美结合；研究并建立三维仿真模型及系统开发，通过虚拟场景来检验改善效果；此外，针对全市的指路标志数量巨大、布点分散的情况，开发指路标志管理信息系统，达到静态标志动态管理的目标。

为促进城市道路交通指路标志系统研究体系的完善与发展，并与从事道路交通安全设施研究、交通安全设施建设与管理有关的同行共同交流和探讨，作者综合广州市近年来开展的指路标志系统系列研究成果，总结国内外城市指路标志系统实践经验，编著此书。供从事理论教学研究、从事相关行业的管理人员和技术人员参考，同时供感兴趣的读者评论与借鉴。

本书内容由两大部分组成。第一部分的主要内容是：介绍国内外城市指路标志系统的设置概况以及取得的成功经验，然后分析道路交通指路标志系统现状存在的主要问题，最后在总结归纳的基础上提出指路标志系统的设置方法。第二部分详细阐述了广州市近年来开展的指路标志系统系列专题研究成果，包括《重点部门、大型公建及旅游景点指路标志系统布局方案研究》、《环城高速公路指路标志系统改善方案研究》、《内环及放射线指路标志系统改善方案研究》、《广州市海珠区道路交通指路标志系统改善方案研究》，内容涉及道路网络交通功能分析、指路标志系统现状调研分析、指路标志改善原则及准则制定、改善方案制定及评价等等。相关研究成果已陆续实施完成，并取得良好的社会反映，实施后对均衡路网流量，缓解城市交通压力具有重要意义。

本书集聚了作者多年从事城市道路交通指路标志系统研究与应用的精华，在编著过程中，韦栋、李健行进行资料整编、图表绘制、文字校核等工作，在此表示衷心感谢。鉴于作者积累的资料有限，加之作者水平所限，书中不足与错误之处在所难免，恳请读者批评指正。

编　者

2007年7月

目 录
Contents

第一篇　基础与理论

第一章　概论

1.1　指路标志系统概述 2
1.1.1 指路标志系统的概念 2
1.1.2 指路标志系统的分类 2
1.2　指路标志系统的作用与意义 3
1.3　我国交通标志的发展概况 4

第二章　国内外城市指路标志设置概况 6

2.1　美国 6
2.1.1 道路编号系统 6
2.1.2 一般道路指路标志 7
2.1.3 高速公路、快速路指路标志 9
2.2　欧洲国家及城市 18
2.2.1 法国的指路标志 18
2.2.2 英国的指路标志 23
2.2.3 瑞士的指路标志 27
2.2.4 意大利高速公路指路标志 29
2.3　日本 32
2.3.1 一般道路指路标志 32
2.3.2 高速公路指路标志 40
2.4　国内主要城市 46
2.4.1 北京市的指路标志 47
2.4.2 上海市的指路标志 60
2.4.3 南京市的指路标志 69

第三章　道路交通指路标志系统现状分析 71

3.1　指路标志系统与道路网络的适应性分析 71
3.1.1 路网功能 71

3.1.2 交通组织 74
3.1.3 点位设置 76
3.1.4 更新协调 78
3.1.5 视认性 78
3.2 指路标志系统组成要素分析 79
3.2.1 牌面信息内容 79
3.2.2 牌面图案及标识 82
3.2.3 牌面表现形式 83
3.2.4 牌面规格及支撑形式 87
3.3 现状分析小结 87

第四章　道路交通指路标志系统设置方法 89

4.1 指路标志设置的一般规定 89
4.1.1 颜色与形状 89
4.1.2 信息文字及形式 90
4.1.3 信息要素分级体系 92
4.1.4 牌面布设 94
4.1.5 牌面规格 95
4.1.6 支撑方式 96
4.2 高速公路指路标志的设置 99
4.2.1 适用范围及标志类型 99
4.2.2 信息选取设置 100
4.2.3 牌面规格及信息排版 105
4.2.4 指路标志的设置 107
4.2.5 支撑方式选用 109
4.3 快速路指路标志的设置 109
4.3.1 适用范围及标志类型 109
4.3.2 信息选取设置 112
4.3.3 牌面规格及信息排版 118
4.3.4 指路标志的设置 120
4.3.5 支撑方式选用 120

目 录
Contents

4.4 一般城市道路指路标志的设置 120
4.4.1 适用范围及标志类型 120
4.4.2 信息选取设置 122
4.4.3 牌面规格及信息排版 127
4.4.4 指路标志的设置 128
4.4.5 支撑方式选用 129
4.5 重要场所旅游景区指路标志的设置 130
4.5.1 适用范围及信息内容 130
4.5.2 牌面规格及信息排版 131
4.5.3 指路标志的设置 132
4.5.4 支撑方式选用 134

第二篇 实践与应用

第一章 广州市重点部门、大型公建及旅游景点指路标志系统布局方案

1.1 概述 136
1.2 重点部门、大型公建及旅游景点指路标志系统布局方案 136
1.2.1 筛选标准 136
1.2.2 布局准则 138
1.2.3 布局方案 138
1.2.4 指路标志牌面及支撑形式概念设计 141
1.2.5 指路标志示范牌面概念设计 142
1.3 示范区域指路标志系统改善方案 142
1.3.1 改善原则 142
1.3.2 改善方案 142
1.4 广州大学城衔接指路标志改善实施方案 144
1.4.1 进出大学城路线 144
1.4.2 改善原则及布局准则 144
1.4.3 改善方案 145

1.5 改善实施效果 147

第二章 广州市环城高速公路指路标志系统改善方案 151

2.1 概述 151
2.2 环城高速的交通功能 151
2.3 改善前情况分析 153
2.3.1 指路标志系统的总体布设 153
2.3.2 指路标志牌面信息组成 154
2.3.3 指路标志系统信息发布 157
2.3.4 指路标志与道路整体系统匹配性 157
2.4 改善方案 158
2.4.1 改善思路 158
2.4.2 改善原则 158
2.4.3 改善方案 159
2.4.4 指路标志牌面设计 162
2.5 环城高速指路标志系统与城市道路衔接规划 163
2.5.1 环城高速衔接用指路标志规划思路 164
2.5.2 环城高速衔接用指路标志规划原则 164
2.5.3 环城高速衔接用指路标志规划方案 165
2.6 改善实施效果 167

第三章 广州市内环及放射线指路标志系统改善方案 169

3.1 概述 169
3.2 内环及放射线的交通功能 169
3.2.1 内环路在广州市道路网络中的位置 169
3.2.2 内环路总体情况 169
3.2.3 内环路的交通功能 172
3.2.4 内环放射线的交通功能 173
3.3 改善前情况分析 177
3.3.1 使用情况分析 178
3.3.2 指路标志系统组成要素分析 179
3.4 改善方案 183
3.4.1 改善原则 183
3.4.2 改善准则 184
3.4.3 改善方案 187

目 录
Contents

3.5 改善实施效果 197

第四章 广州市海珠区道路交通指路标志系统改善方案 201

4.1 概述 201
4.2 海珠区路网的交通功能 201
4.2.1 主要交通吸引点 201
4.2.2 区域路网现状与规划 202
4.3 现状分析 213
4.3.1 使用情况现状分析 213
4.3.2 指路标志系统组成要素现状分析 216
4.4 改善方案 220
4.4.1 改善原则 220
4.4.2 改善准则 220
4.4.3 改善方案 227
4.5 改善方案评价 232

第五章 指路标志系统研究的应用 235

5.1 道路交通指路标志管理信息系统 235
5.1.1 系统结构 235
5.1.2 系统功能 235
5.2 指路标志系统改善仿真系统 237

参考文献 239

→1 第一篇

基础与理论

第一章 概论

1.1 指路标志系统概述

1.1.1 指路标志系统的概念

交通标志是道路交通安全设施的一种，设置在城市道路和公路上，和交通标线，交通信号灯等设施一起来管制、警告、指示、指引道路交通。交通标志以其形状、颜色、图案、文字构成了一种交通语言，向所有道路使用者提供信息和交流。根据《道路交通标志和标线》(GB5768—1999)的相关规定，交通标志分为主标志和辅助标志两大类：

1. 主标志，分六类：

(1)警告标志：警告车辆、行人注意危险地点的标志。

(2)禁令标志：禁止或限制车辆、行人交通行为的标志。

(3)指示标志：指示车辆、行人行进的标志。

(4)指路标志：传递道路方向、地点、距离信息的标志。

(5)旅游区标志：提供旅游景点方向、距离的标志。

(6)道路施工安全标志：通告道路施工区通行的标志。

2. 辅助标志：附设在主标志下，起辅助说明作用的标志。

本书所称的道路交通指路标志系统主要是指设置在城市道路中为车辆驾驶员传递引导信息的指路标志体系，只包括以上交通标志分类中的指路标志和旅游区标志，指路标志系统主要传递城市道路、著名地点、地区境界、公共服务设施、交通枢纽、旅游区以及行驶方向或距离等信息。

1.1.2 指路标志系统的分类

国标对指路标志系统的分类提出一般道路和高速公路两种类型，国标作为面向全国，对公路和城市道路均普遍适用的标准，其分类也难于细化。而实际上，随着城市布局的拓展和城市建设的加快，大中型城市的道路体系基本上包括了高速公路、快速路、主干路、次干路和支路五个等级，不同等级的道路因其承担的交通功能不同，道路使用者的目的也各不相同，因此其配套的指路标志提供的信息也应该各有侧重，若参照国标的规定，除高速公路外，其他四个等级都只能套用一般道路指路标志的标准，确实存在一定的局限性。因此，对于指路标志系统的分类有必要结合城市道路的分级体系作进一步的细化。

1. 城市道路分级体系

城市道路网络系统按等级划分为高速公路、快速路、主干路、次干路和支路，其中主干路、次干路和支路统称为一般城市道路：

(1) 高速公路：指经国家公路主管部门验收认定，符合高速公路工程技术标准，设有中央分隔带，具有4条以上机动车道，采用全封闭、全立交及严格控制出入，并设有完善的交通安全设施、管理设施和服务设施，专供汽车高速行驶的公路。

(2) 快速路：指城市道路中设有中央分隔带，具有4条以上机动车道，全部或部分采用立体交叉与控制出入，供汽车以较高速度行驶的道路。

(3) 主干路：指城市道路中连接城市内主要组团分区，自行车交通量大时宜采用机动车与非机动车分道路行驶形式(如三幅路或四幅路)，两侧不宜设置吸引大量车流、人流公共建筑物进出口的道路。又可分为交通性主干路和一般主干路。

(4) 次干路：指城市道路中与主干路结合组成道路网，并起集散主干路交通作用的道路。

(5) 支路：指城市道路中连接次干路与街坊路或居住区、工业区等内部道路，解决局部地区交通的道路。

一般情况下，城市道路的交通功能分级和技术标准要求如表 1-1-1-1：

城市道路交通功能分级和技术标准表 表 1-1-1-1

道路类别	功能		路网地位	主要规划设计标准	
	服务对象	功能性质		设计车速	红线宽度
高速公路	城际长距离出行	纯粹交通功能	路网骨干	100km/h 以上	-
快速路	城市内部长距离出行及过境交通	纯粹交通功能	路网骨干	60～80 km/h	60～80m
主干路	城市内各组团间出行及组团内部中、长距离出行	交通功能为主，服务为辅	路网基本形态	40～60 km/h	40～60m
次干路	组团内部中短距离出行	交通、服务并重	干路体系的补充	30～40 km/h	26～40m
支路	城市内部的短距离出行	服务功能为主	路网的辅助填充	30 km/h	-

注：资料来源于《广州市（原八区）城市干道网络深化方案》(2002 年)。

2. 指路标志系统的分类

按城市道路功能划分，高、快速路是路网的骨干，承担城市重要交通走廊的机动车交通，解决城市过境交通及对外交通联系；区域性交通主干路主要解决相邻组团之间的交通联系；生活性主干路和次、支道路等主要解决组团内部的交通出行，三个层次的道路各有分工，相互补充。考虑到不同等级的道路交通功能和服务对象的不同，交通参与者期望获取的指路信息也千差万别,所以不同等级道路体系配套设置的指路标志系统也应区别对待。

根据城市道路网络系统分级和指路功能的区别，城市道路指路标志系统可分为高速公路、快速路、交通性主干路、一般主次干路、支路指路标志系统及重要场所指路标志系统六种类型，具体的分类情况如下：

(1) 高速公路指路标志系统指高速公路主线及立交控制区域范围设置的指路标志所构成的体系。

(2) 快速路指路标志系统指快速路主线及立交控制区域范围设置的指路标志所构成的体系。

(3)交通性主干路指路标志系统指交通性主干路沿线设置的指路标志所构成的体系。

(4) 一般主次干路指路标志系统指生活性主干路及次干路沿线设置的指路标志所构成的体系。

(5) 支路指路标志系统指支路沿线设置的指路标志所构成的体系。

(6) 重要场所指路标志系统指专门预告或指示重点部门、大型公建及旅游区等信息的指路标志所构成的体系，可分为单独设置重要场所指路标志和结合各级道路体系指路标志设置重要场所指路信息两种形式。

在上述分类中，交通性主干路、一般主次干路、支路指路标志系统与高、快速路指路标志系统存在较大差异，而它们三者之间由于同属城市内开放式道路，共同点相对较多，因此也可以统称为一般城市道路指路标志系统。重要场所指路标志系统是考虑到重点部门、大型公建及旅游区等信息与一般道路信息、地点信息存在一定的区别，因此将其设为专门的一类指路标志。

1.2 指路标志系统的作用与意义

近年来，我国在经济领域取得了巨大的成就，保持了强劲快速的增长态势，在经济增长的带动下，各省市加快交通基础设施建设的步伐，尤其是大城市的路网建设迅速发展，由高快速路、主干道和次干道组成的层次分明、功能明确的立体化道路网络得到进一步完善。但在不断有新路开通，路网不断扩展、延伸的情况下，如何使驾驶员全面了解各条道路的通达地点，了解最新的路网组成，从而能够准确迅速地到达目的地，这已经成为道路交通管理部门需要面对的重要课题。设置科学、准确、合理的指路标志系统是解决这一问题的关键手段，因此，在对路网进行深入分析，对交通流量进行详细调查的基础上，科学、合理地设置指路标志系统，准确及时地为交通出行者提供有效的道路信息，使不熟悉路网情况的驾驶员能够通过指路标志的指引顺利到达目的地，这具有非常重要的意义。

指路标志系统的重要作用是给车辆驾驶员指示通往目的地的正确行驶路线和方向，使不熟悉本市道路系统的驾驶员能够依循指路标志系统的引导驾车前进，并能顺利到达目的地。指路标志在城市道路系统中起着举足轻重的作用，它应用图形、符号、文字、颜色等组成被广大交通参与者所接受的通用语言，甚至是国际化语言。在一些国际大都市里，地面道路和高架桥组成错综复杂的立体化网络，但依靠众多具有通用语言性质的指路标志，加上必备的交通地图，你不必担心迷失方向，它可以指引你穿街走巷到达最终目的地。总体上，城市道路的指路标志系统具有以下几方面的功能：

（1）传递道路信息，这是指路标志系统最基本的功能，它可以为驾驶员提供明确、及时、直观和清晰的交通信息，内容包括道路方向、地点名称、公共服务设施、交通枢纽、旅游区等信息。

（2）实现交通组织意图，指路标志与警告、禁令、指示等标志共同组成法规式的交通语言，在城市交通运作中起到指挥、协调和组织的作用，有效提高道路通行能力、调整运行秩序，使道路达到安全、畅通、低公害和节约能源的目的。

（3）提示前方路况，城市道路网络错综复杂，平面交叉、立体交叉、环岛等设施随处可见，指路标志除了传达文字信息外，还通过图形符号向驾驶员传递道路走向、立交形状等信息，帮助驾驶员提前做好心理准备，合理控制车速，保证行车安全。

（4）均衡路网流量，通过对指路标志信息的合理设计或调整，可以根据实际需求引导车流，按照管理者的设计进行路网流动，使饱和度高的路段流量递减，闲置的道路得到充分利用，交通路网中的流量得到有效均衡。这是指路标志系统的重要功能，并且容易被设计人员所忽视，尤其是基于单条新建道路进行设计时，如果不从路网整体进行考虑，就会弱化指路标志系统均衡路网流量的作用。

（5）点缀城市环境，指路标志系统不单是无声的向导，还是一道亮丽的风景线，是城市风貌、城市文明的重要组成部分。在立体化的道路网络体系中，由图案、文字、颜色所构成的色彩鲜艳、图文明快的指路标志是大景观中的小景致，在一定程度上反映了城市的文化底蕴，人文生活。

1.3 我国交通标志的发展概况

我国在道路上使用标志的历史要追溯到解放前1934年，当时曾规定了三类21种标志。解放后，1955年国务院批准，公安部发布了《城市交通管理规则》将交通标志分为警告标志、禁令标志和指示标志三类，共28种。1972年公安部、交通部联合发布了《城市和公路交通管理规则》，规定了34种标志图符，其中指示标志9种、警告标志7种、禁令标志18种。1982年交通部发布JTJ072—82《公路标志及路面标线》标准，将交通标志分为警告标志、禁令标志、指示标志、指路标志和辅助标志五类，共105种。并且首次列入了高速公路和一级路的起、终点预告标志和起、终点标志以及高速公路出口、入口、服务区预告和指示标志，但颜色为蓝底白字白图案。1986年国家标准局批准、发布了GB5768—86《道路交通标志和标线》国家标准，将交通标志分为主标志和辅助标志两大类五部分，共168种。主标志包括警告标志、禁令标志、指示标志、指路标志，辅助标志附设在主标志之下起辅助说明的作用。该标准适用于公路、城市道路，以及矿区、港区、林区、场（厂）区道路。九十年代对《道路交通标志和标线》进行修订，1999年4月国家质量监督局发布新国标GB5768—1999《道路交通标志和标线》，新国标将标志分为主标志和辅助标志两大类，共327种，比1986版国标增加近1倍。新国标在总结我国道路交通标志，尤其是高等级道路标志建设经验的基础上，总结国内外交通标志技术发展和交通管理的新需求，大比例增加了标志数量，进一步向国际化标准接轨。

我国交通标志的发展主要分为3个阶段，1955年至1972年为交通标志标准化的建立阶段，交通标志主要从交通法规，交通管理的角度对道路交通进行指导，主要目的是实现交通管理措施；1972年至1986年为平稳发展阶段，这一阶段的主要特点是对交通标志进行更详细的分类，由原来的交通管理为主向交通指路为主转变，并扩充了高速公路交通标志；1986年至1999年为快速发展并进入成熟阶段，集中体现在指路标志和高速公路标志的种类大幅度增加，并新增了旅游和施工标志两大类。新国标适应了这一阶段我国道路建设，特别是高速公路建设蓬勃发展的客观需求，逐渐趋于完善，并向国际化迈进。

新国标在充分总结国内外经验的基础上修订完成，是一部既有中国特色，又具有国际先进水平的技术标准。但国标作为面向全国各省市，对公路、城市道路等普遍适用的标准，确实很难面面俱到，比如，在指路标志牌面信息内容组成、信息排版及协调设置等方面，国标仅以示例的形式表现，事实上，指路标志信息组成、排版及协调设置应以路网为背景，结合具体的地方特点进行统筹考虑。近年来，随着各省市的道路网络逐渐完善，关于指路标志的合理设置，尤其是指路信息的合理选取已经成为交通改善的重点，并直接影响到路网的使用效果。鉴于此，国内许多省市，如北京、上海、广州、深圳等纷纷加强指路标志系统的研究工作，结合自己的实际需要和实践经验加以归纳总结，在国标的基础上进行细化和补充，力求制定适合自己城市特点的技术标准，为指路标志系统的设计、施工和管理提供指引，从而使指路标志系统逐步趋向完善。

第二章 国内外城市指路标志设置概况

2.1 美国

在美国，指路标志通常设置在除了低流量道路外的所有道路上。指路标志给道路使用者传达必要的交通信息，确保他们以最简单、直接的方式到达城市、乡镇或其他重要的目的地，并识别附近的江河、公园、森林、名胜古迹等重要地点。低流量道路是指建造在城市、市镇和社区以外，AADT 低于 400 辆 / 天的道路，并且不包括高速公路、快速路、立交桥匝道、与高速公路衔接的道路或者州道路系统里的道路。低流量道路通常是为地区性交通服务，使用者对道路非常熟悉，所以一般不需要设置指路标志，当确实需要设置时，地点名称应该是指示的重点，如野营地、娱乐区等应该给予清楚的指示。在美国，指路标志的设置以《交通管制设施标准手册》(Manual on Uniform Traffic Control Device) 为主要参考依据，它将指路标志按照所在的道路等级分为一般道路及高、快速路两部分。以下将结合该标准手册的相关规定介绍美国指路标志的设置概况。

2.1.1 道路编号系统

为了识别不同的路线，方便出行和管理，美国采用统一的道路编号系统，分为州际，国家，州和县四个层次，州际道路和国道由美国公路和交通局统一编号，州级和县级的道路系统则是由各个州的相关部门统一编号。道路系统规定以下的优先次序：州际、国家、州和县，在进行标志牌设计时，按从上到下，或从左到右的顺序排列。不同的道路系统使用不同形式的道路标识，主要用形状和颜色加以区分。州商业道路 (State Business Routes) 一般是指城市里面的街道和道路，它们的编号和与它们连接的州际道路，国道或州道路的编号一致，但是会加上"商业"两个字。商业道路的编号为进出城区的使用者提供了指引，在大城市里，也可以在指路标志上显示高速道路的名字，但必须是一些众所周知的道路，否则会给道路使用者带来混乱的信息。美国道路编号标志如图 1-2-1-1 所示。

Interstate Route Sign
州际道路

Off-Interstate Business Route Sign
商业道路

U.S. Route Sign
国道

State Route Sign
州道路

County Route Sign
县道

Forest Route Sign
公园或林道

图 1-2-1-1 美国道路编号标志

2.1.2 一般道路指路标志

1．辅助标志

辅助标志一般设置在路线指示标志的上方，它的颜色与主标志相协调。辅助标志有多种类型，比如：交叉口辅助标志，传达简短信息"JCT"，或者与路线编号标志合并，在版面上方显示"JUNCTION"，颜色为白字绿底；方向辅助标志，主要传达路线的行驶方向（东、南、西、北），并且EAST、SOUTH、WEST、NORTH的第一个字母放大10%，以提高认读性。各种辅助标志如图1－2－1－2所示。

2．目的地及距离标志

除了给道路使用者传达路线编号及行驶方向信息，还必须传达路线所能到达的目的地及距离信息，这就是目的地及距离标志所发挥的重要作用。这类标志为绿底白图案的长方形标志，传达的目的地信息包括城市、乡镇的名称或其它交通吸引点。目的地及距离标志分为三种形式，如图1－2－1－3所示。

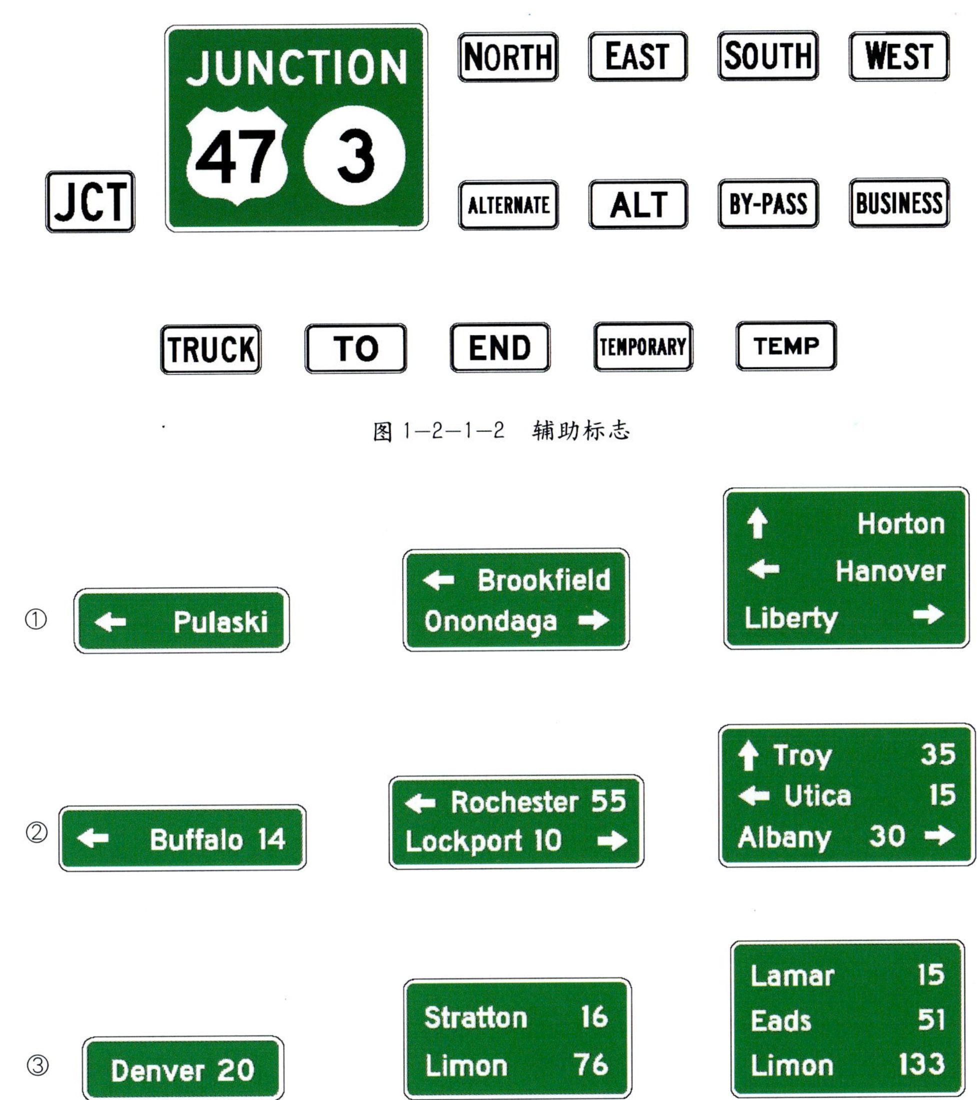

图 1－2－1－2　辅助标志

图 1－2－1－3　目的地及距离标志

第①、②种形式的特点为：一般设置在交叉口前方，标志设有方向箭头图案，如果为右指箭头则必须设置在版面的最右边，如果为左指箭头则必须设置版面的最左边。所传达的目的地信息与前方的预告标志相协调，一般不多于4条信息，如果多个目的地为同一方向信息则共用一个指示箭头，并把最近距离的目的地信息排在该组的最上方。第②种形式增设到达目的地的距离数字，一般以英里为单位，距离数字统一设置在目的地名称的右侧。

第③种形式的特点为：一般设置在交叉口的后方，方便驾驶员对目的地进行确认，并知道还有多远的距离。所传达的目的地信息一般不多于3条，如果相关的目的地较多，则按吸引交通量的大小进行筛选。到达目的地的距离数字信息对应显示在目的地信息的右侧，目的地及距离信息按照由近及远，从上至下进行排列。

3．街道名标志

街道名标志分为当前交叉口的街道名标志和前方交叉口的街道名预告标志两种类型，如图1－2－1－4所示。(a)为当前交叉口的街道名标志，要求设置在城市区域的所有交叉口，并且使各个方向的进口道都能清楚看到。牌面上的信息可以包括街道的类型（街道，林荫道，道路）和在城市的位置，例如南、北等。(b)为前方交叉口的街道名预告标志，一般预告下一个或第二个交叉口的信息，要求设置在比较显眼的位置，让驾驶员提前知道前方的道路情况，确保能够及时采取减速、变道等措施。在城市区域，要求所有的主要交叉口均设置街道名预告标志，除非两个交叉口的距离过近，没有合适的点位可设置提前预告标志。

4．停车标志

停车标志也分为两种类型，如图1–2–1–4（c）所示。白底绿图案标志为停车场指路标志，其传达的信息为PARKING和方向箭头，其中P字母比其它字母高5倍。停车场指路标志一般设置在距离停车场较近的主要道路上，用以提前指示附近公共停车场的行驶方向，但不能提前超过4个街区进行预告。绿底白图案为停车与换乘指路标志，其传达的信息为PARK ＆ RIDE和方向箭头，并在标志的上部显示停车设施的标识。根据停车设施的功能定位，如果是用于公共运输，则设置当地运输部门的标识，如果是用于合伙乘坐，则设置合伙乘坐固定标识，如果是两种功能兼有则需要设置两种标识。

5．休息区或景区指路标志

休息区或景区指路标志为白字白图案蓝底的指路标志，如图1–2–1–5所示，其对设置在路边的休息区、停车区、路边公园、野营地、景区、观景台等进行预告和指示，一般提前2mile或1mile进行预告，以便驾驶员提前减速，安全驶离主线进入休息区或景区。

6．交叉口指路标志协调设置示例

交叉口指路标志的整体配置情况如图1–2–1–6所示，整体上可以分为预告标志、行动标志、确认标志三种类型，其设置的大概情况如下：

（1）预告标志

预告标志主要为交叉口组合式标志，其由交叉口辅助标志“JCT”和路线编号标志组成。在城区道路，设置点位距离交叉路口至少90m；在城郊道路，设置点位距离交叉口至少120m。

（2）行动标志

行动标志主要指驾驶员看到标志后应该采取减速、变换车道等措施，以便沿着目的地方向顺利通过交叉口，并减少对车流的影响。行动标志包括了转向组合式标志和目的地标志，其中转向组合式标志由路线编号标志、转向箭头、方向辅助标志等组成。行动标志设置在交叉口前的合适位置，并尽量使得前后标志之间的距离不小于60m。

（3）确认标志

确认标志主要让驾驶员对所选择的行驶路线、行驶方向以及可到达的目的地、距离进行重新确认，以便安心地继续前行。确认标志包括路线与方向组合标志和地点距离标志，路线与方向组合标志一般设置在交叉口之后7.6～60m范围内，地点距离标志一般设置在交叉口之后至少90m。

以上各类指路标志的布设应根据实际需要进行

(a) (b) (c)

图1–2–1–4 街道名及停车标志

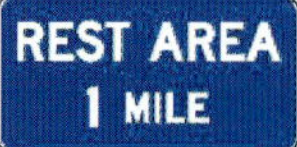

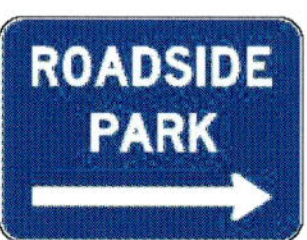

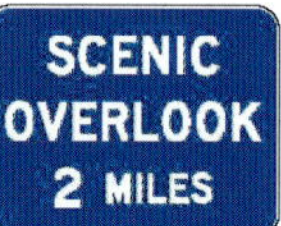

图1–2–1–5 休息区或景区指路标志

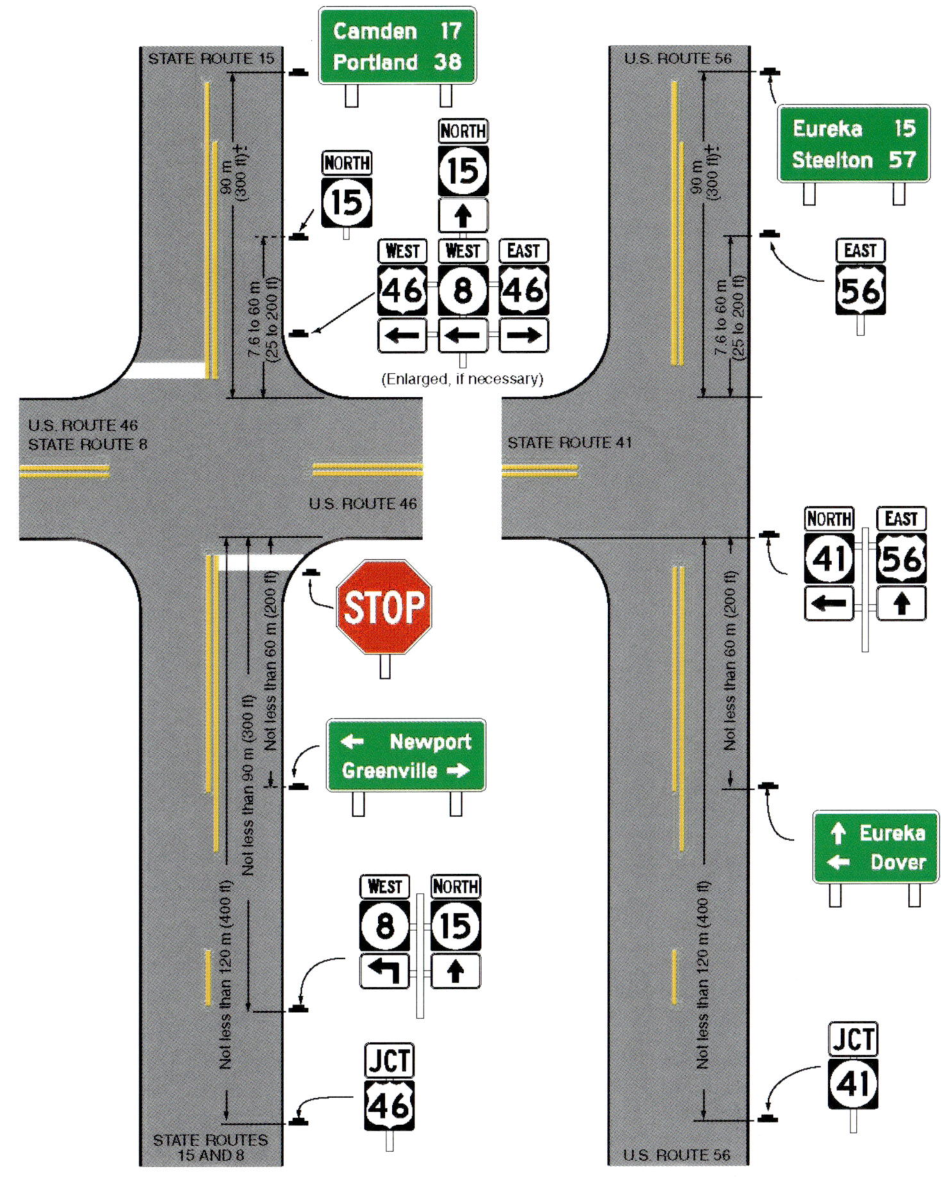

图 1—2—1—6　交叉口指路标志协调设置示例

配置，其具体设置点位也应依据现场的实际情况作适当的调整。就美国道路交叉口指路标志的设置而言，有两方面值得借鉴，一是在指路标志的信息处理采取路线编号及方向信息和地点距离信息分开设置的原则；二是指路标志的信息发布采取分段告之，逐渐递进的方式，避免在同一地点提供过多的信息导致驾驶员反应不及，容易错过重要的信息。

2.1.3 高速公路、快速路指路标志

高速公路、快速路的车流量较大、车速较高，指路标志的设计标准也高于一般道路。美国高、快速路指路标志系统的服务对象假定为对整个区域和路线都不熟悉的陌生人群，要求指路标志系统给他们提供清晰的指引，确保有序前进，并顺利到达目的地。

1. 高、快速指路标志系统功能

(1)在交叉路口或互通立交指明到达街道、公路路线或其他目的地的行驶方向；
(2)提前预告前方将进入交叉路口或互通立交范围内，提示驾驶员采取适当措施；
(3)指引道路使用者在分流点或合流点前进入合适的车行道；
(4)在行驶路程中确认行驶的路线和方向是否正确；
(5)显示到达目的地的准确距离；
(6)指示通往公共车站、休息区、风景区的通道方向；
(7)提供其他对道路使用者有用途的信息。

在指路标志的设计方面，道路使用者希望在接近指路标志时它是清晰可见的，并在允许的反应时间内完全理解牌面内容，即希望达到的设计特性为：具有较长的可视距离；文字及图案足够大；图案简单易明。指路标志要求采用标准的颜色和形状，以便道路使用者能够快速认读，美国的高、快速路指路标志除了特殊情况，一般采用白色文字和符号，绿色底层，并要求具有较好的反光效果。

在美国，由于地理环境、几何特性、运行规律等因素的影响，城区和乡镇的高、快速路具有不同的特点，在进行指路标志系统设计时其充分考虑了这种城乡差异性，具体如下：

2. 城区高、快速路的特性

(1)主线道路每个方向多于两条车道；
(2)整条道路车流量都比较高；
(3)互通立交的出口和入口车流量都比较高；
(4)互通立交之间的空间距离比较近；
(5)道路主线和互通立交都设有灯光照明；
(6)三个或更多的立交服务于途经的主要城市；
(7)环线及放射线道路的服务对象有相当部分为本市人口；
(8)路外的发展使视觉混乱等。

根据城区高、快速路的交通运作特性、道路几何条件等，通常需要制定有针对性的指路标志设置方案，满足不同的使用需求，比如：互通立交序列标志的使用；互通立交或交叉口前图表式标志的使用；提前预告标志更靠近立交出口；适当减少互通立交之后的标志布设点位；利用跨线桥设置附着式标志等。

3. 乡镇高、快速路的特性

乡镇范围的高、快速路最大的特点是互通立交之间的距离较远，因此在每个互通立交的前后路段都可以按照合适的位置，适当的距离设置指路标志，确保为道路使用者提供最好的使用效果。但是，由于乡镇高、快速路的交通量都比较小，相邻车道几乎没有车辆在行驶，出入口交通也比较少，因此司机在驾驶过程容易产生单调乏味，疏忽大意的现象。这也更加突出指路标志的重要性，它们在适当的时候提醒司机做出决定并采取果断的行动措施。

4. 高、快速路重要的标志类型及设置

为了能够给高流量、高速度的机动车交通提供一套统一和有效的指路标志系统，美国对于高、快速路指路标志系统的设计考虑了各种因素，融入工程学、几何学、心理学等多种学科知识，对于指路标志的颜色、形状、图形符号，设置点位、支撑方式等都作了明确的规定。以下将对美国高、快速路重要的标志类型及其设置情况进行介绍，以供借鉴。

(1)图表式预告标志

图表式预告标志的特点是在牌面上显示清晰、简单的平面图形，直观反映前方道路的通行情况，包括出口的走向，以及和主线之间的关系等，如图1−2−1−7。图表式预告标志在出口前的协调设置如图1−2−1−8所示。图表式预告标志的设计和布设主要

图 1-2-1-7　图表式预告标志

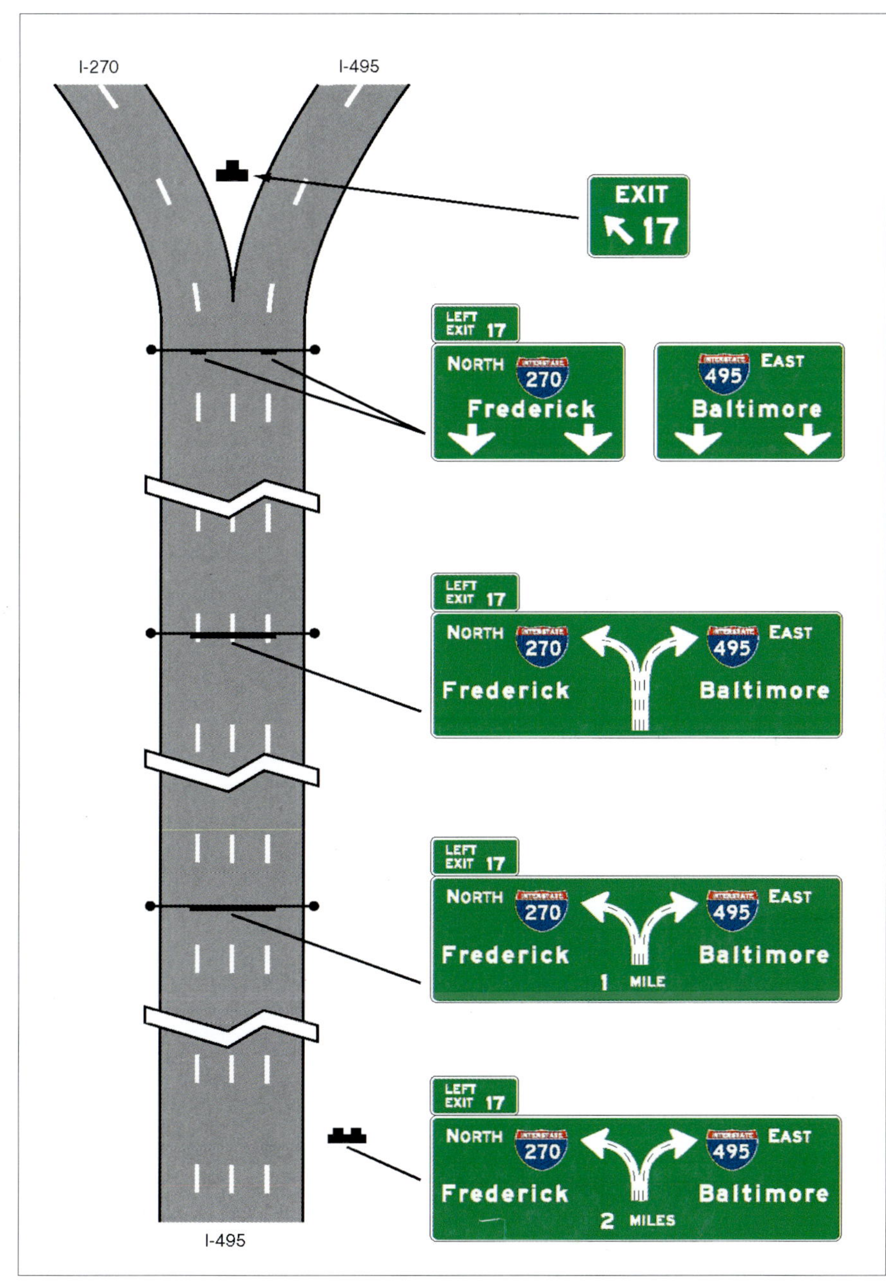

图 1-2-1-8　主线分离式（左出口）图表式预告标志设置图

有以下特点：

●每个箭头的指向不宜超过一个目的地，在一个标志牌上不宜显示多于两个目的地；

● 出口走向箭头的长度要求短于主线前行箭头，且不应和主线箭头分离，保持图案的整体性（图1-2-1-7）。但如果分岔点为主线平均分离，而不是明显的出口分岔，则两个方向的箭头长度应该相等（图1-2-1-8）。

● 在箭头的主轴内划设车道分界线，并和现场的车道安排相符合。

● 盾形路线编号、路线方向、目的地等信息要求可以清晰、明显地判断与箭头指向的关系，一般箭头直接指向盾形路线编号，表示前方可以到达的道路。路线方向信息并排设置在盾形路线编号的旁边，而目的地信息则设置在下方，与路线编号起到互相证实、互相补充的作用。

● 图表式预告标志通常用于预告作用，因此一般不设置在出口指示的位置（图1-2-1-8）。

(2)立交出口编号

在美国，不但对路网的路线进行编号，对每条高、快速路的立交出口也进行系统编号，以增强驾驶员的方位感，并便于记忆。出口编号被显示在互通立交的每个出口预告标志、出口指示标志以及三角端指示标志上，出口编号标志单独成块，并附加在预告指路标志和出口指

图 1-2-1-9 出口预告标志

图 1-2-1-10 下一出口预告标志

示标志的上边缘。如果立交出口为左侧出口，则出口编号标志附加在标志上边缘的左侧；如果为右侧出口，则出口编号标志附加在标志上边缘的右侧。出口编号标志传达的信息包括"EXIT"以及该出口的编码数字，但如果立交出口为左侧出口时，还需在"EXIT"的上方增加"LEFT"，因为驾驶员习惯于右侧行驶，如果立交出口为左侧出口时则需要提前警示，以便驾驶员安全变线。立交出口编号标志的设置情况见图 1-2-1-7，图 1-2-1-8，图 1-2-1-9。

(3)出口预告标志

出口预告标志设置在接近互通立交出口的路段上，预告前方出口可以到达的主要目的地，以及标志点位和出口之间的距离，如图 1-2-1-9。这种出口预告标志通

左侧出口　　右侧出口

图 1-2-1-11 出口指示标志

常用在右侧出口，如果预告的立交出口为左侧出口，则采用图表式预告标志更为合适。

出口预告标志的牌面内容要求与出口指示标志相一致，除了出口指示标志缺少距离信息（EXIT MILES）外，出口预告标志及出口指示标志不应显示超过 2 个目的地或街道名称，并避免在同一标志牌上同时出现城市及街道名称，如有需要显示2个或3个目的地的名称在同一支撑架上，则应设置多个牌面，并且每个牌面目的地名称不应超过1个。此外，如果互通立交同方向有 2 个或多个出口，则最底一排的EXIT为复数形式（EXITS MILES）；如果有出口编号标志附加在标志的上边缘，则最底一排的 EXIT 可以省略。

关于出口预告标志的布设，对于大中型互通立交则预告标志设置在出口前 2km 和 1km 处，在条件允许的情况下可以在 4km 处设置第 3 个预告标志。对于小型立交可以只设置 1 个提前预告标志，其设置在距离出口 1km 至 2km 范围内。

(4)下一出口预告标志

在美国的高、快速路，如果当前立交出口距离下一立交出口大于8km，则会设置下一出口预告标志，提前告知驾驶员到达下一出口的准确距离，以便驾驶员做到心中有数。下一出口预告标志一般附加在距离当前立交出口最近的一个出口预告标志牌的下边缘，它传达的信息为"NEXI EXIT ——km（MILES）"，如图 1-2-1-10 所示，牌面信息内容可以排列成一排或两排，但排成一排的效果会更好一些，除非信息内容过长时才会选择排成两排。

(5)出口指示标志

出口指示标志所传达的信息与出口预告标志基本一致，主要包括出口编号、路线编号及方向、目的地等，有所不同的是出口指示标志必须增设与出口行驶方向相一致的倾斜向上的箭头图案，如图1-2-1-11。出口指示标志的主要功能是让驾驶员在出口前对目的地进行最后的确定，并按箭头指示方向驶离主线进入出口匝道。

出口指示标志的安装可以采用路侧式（单柱或双柱）或者高架式（门架或单悬臂）。采用路侧式时必须安装在减速车道的起点，如果减速车道的起点到出口三角端的距离小于90m，不宜采用路侧式，应该在出口三角端前适当位置设置高架式出口指示标志。当互通立交的同一方向有多个出口时，适宜设置高架式标志，第1个出口的出口指示标志与第2个出口的出口预告标志并排设置在同一支架上，并且注意与路面的车道安排相对应。

(6)出口三角端标志

出口三角端标志设置在主线道路和出口匝道之间的三角位置，用以提示出口匝道的行驶方向。三角端标志所传达的信息为"EXIT或EXIT ××"，以及向上倾斜的箭头图案，箭头指向和出口匝道驶离方向及角度相吻合。对于所有立交出口都统一、规范地使用三角端标志是非常重要的，因此不管互通立交同一方向是单出口还是多出口，三角端标志的处理方式都是相同的。此外，如果出口匝道的通行条件比较差，需要特别强调出口匝道的限制速度时，可以在三角端标志的下边缘附加黄底黑字的限速辅助标志，但这种辅助限速标志不能完全代替法定的限速警告标志的功能。出口三角端标志如图1–2–1–12所示。

(7)地点距离标志

地点距离标志一般设置在互通立交进口加速车道之后的路段，标志牌面内容由2排或3排组成，传达的信息包括前方可以到达的重要目的地和相隔的距离，按照从上至下由近及远进行排列，如图1–2–1–13所示。在牌面信息选择方面，第1排选择下一立交出口衔接的重要社区名称，如果没有，则选择与互通立交相连的道路名称或道路编号；第2排选择主线道路经过或衔接的重要社区或其他交通发生源，在沿线设置的地点距离标志中，第2排尽量选择互不相同的目的地信息，以便能够给道路使用者传递最大的信息量；第3排选择重要的城市名称，是在国内较有影响力的城市，也是该道路的主流方向之一。需要注意的是，地点距离标志所显示的距离数量一般以英里

图1–2–1–12　出口三角端标志

图1–2–1–13　地点距离标志

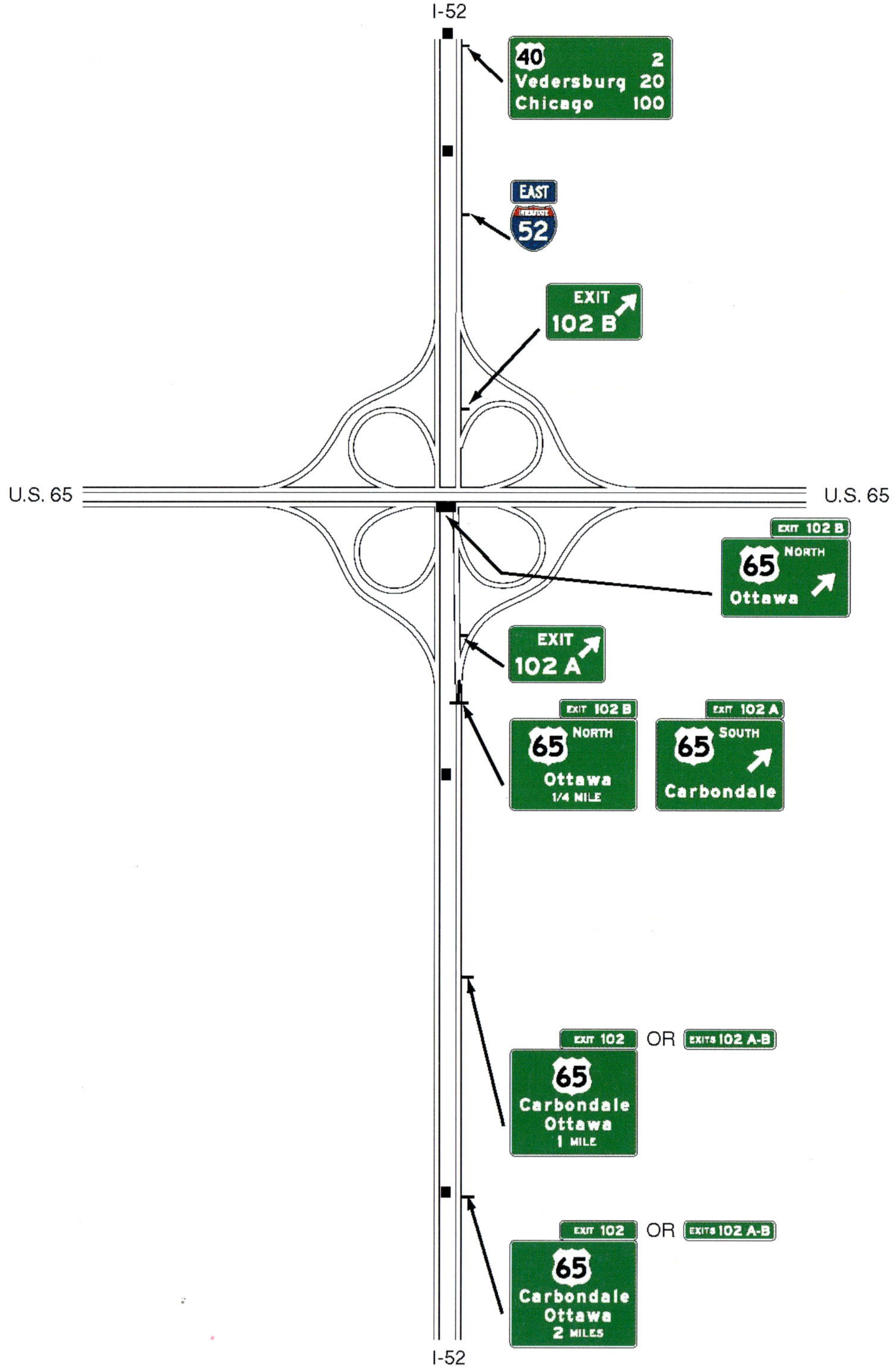

图 1-2-1-14 互通立交指路标志协调设置示例

为单位，这些距离数量是指从标志点位到达目的地的实际距离，并不只是到达高、快速路出口的距离。

(8)互通立交指路标志协调设置示例

这里以一个苜蓿叶形互通立交为例，介绍以上各类型指路标志的协调设置情况，如图1-2-1-14。苜蓿叶形互通立交每个方向有2个出口，因此出口编号需要加上后缀A或B。在立交出口前主要设置出口预告标志、出口指示标志和出口三角端标志三种类型的标志。出口预告标志设置在出口前2km和1km处，牌面信息包括2个地点名称，其中每个地点名称对应一个出口，并且第1个出口对应的地点名称排列在上排。一个高架式标志设置在第一个出口三角端前适当的位置，2个标志并排安装在同一支架上，右侧为设有向上倾斜箭头的出口指示标志，左侧为底部设有"–MILE"的第2出口预告标志。同样，在第2个出口前也设置高架式出口指示标志，如果互通立交为主线下穿式，并且出口匝道设置在上跨结构之后，则出口指示标志可附着安装在构造物上。此外，牌面设有出口编号和向上倾斜箭头的三角端标志要求设置在每个出口匝道和主线之间的三角区域位置上。

在立交进口之后主要设置路线编号组合标志、地点距离标志以及限速标志，第1个标志设置在立交

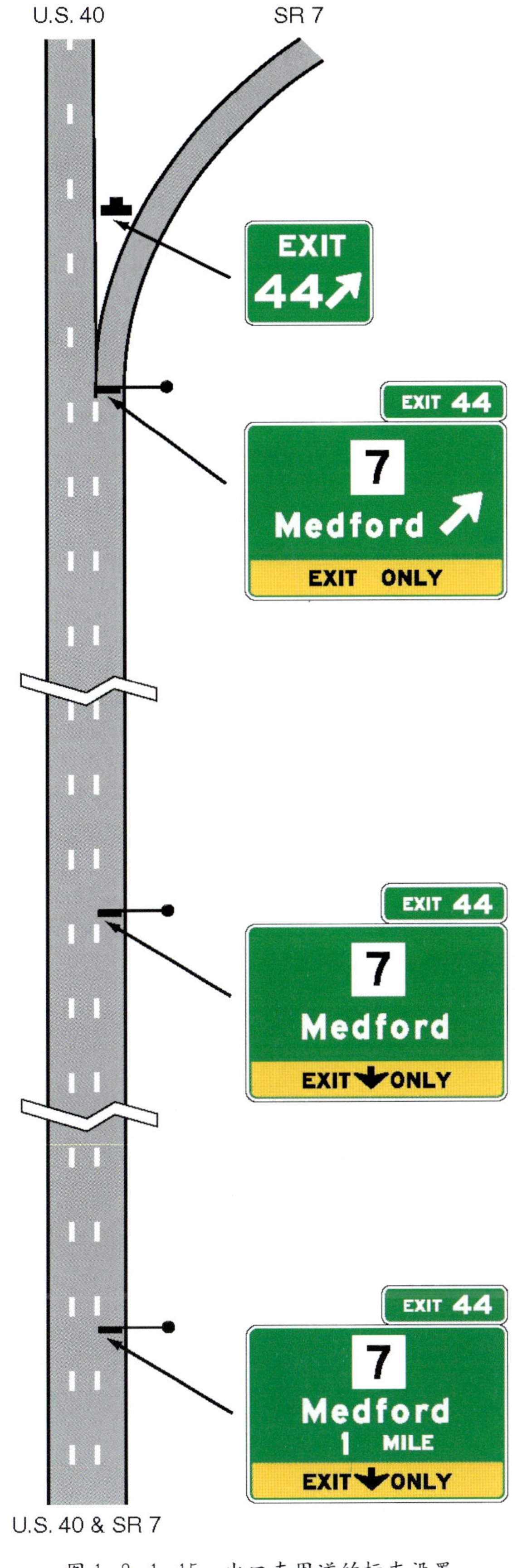

图 1-2-1-15　出口专用道的标志设置

进口加速车道终点之后150m，然后每隔300m可设置1个标志。一般首先设置路线编号组合标志，让刚进入主线的司机确认所在道路的编号及行驶方向，紧接着是设置地点距离标志和限速标志，让司机知道前方所能到达的目的地和距离，以及所在道路的安全行驶车速。如果互通立交之间的空间距离过小，不允许同时设置以上3种立交之后标志，尤其是会与前方出口的预告标志产生重叠时，则可以省略1个或多个立交之后标志，一般首先考虑省略地点距离标志，其次是路线编号组合标志。

(9)互通立交出口专用道的标志设置

在互通立交出口前的主线路段，如果不是设置短距离的出口减速车道，而是设置直通出口的专用车道，则在高架式出口预告标志和出口指示标志的下部增设黄底黑字的"EXIT ONLY"信息，如图1-2-1-15。对于右侧出口的预告标志，在增设"EXIT ONLY"的同时还需增设垂直向下的车道指示箭头，但对于左侧出口，如果设置图表式预告标志，由于牌面图案已显示车道分布情况，因此不再设置车道指示箭头。

(10)互通立交序列标志的设置

如果高、快速路的互通立交之间的空间距离比较小，尤其在城市区域范围，以至指路标志没有充分的设置间距，那么可以

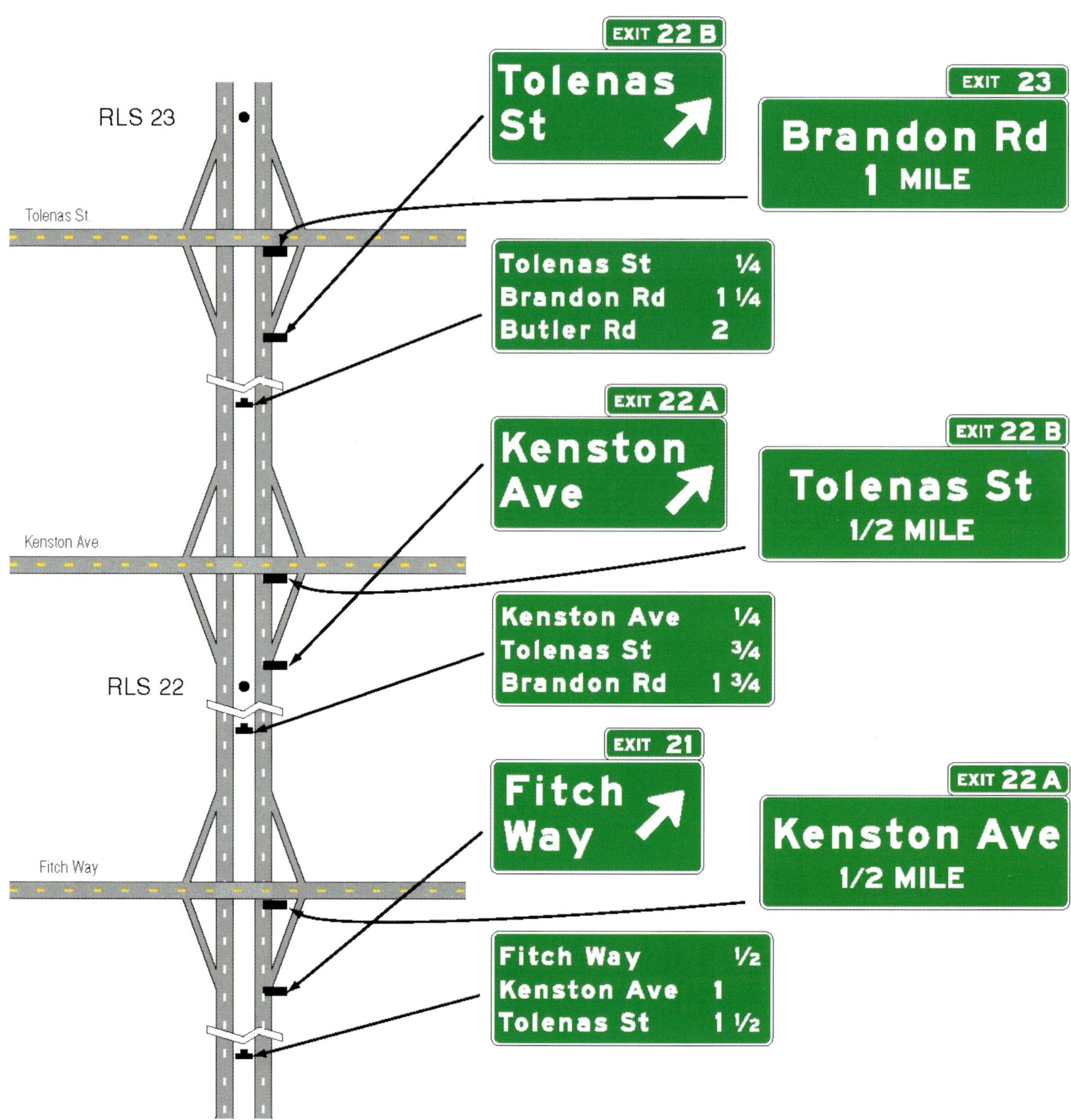

图 1-2-1-16　互通立交序列标志的设置

设置互通立交序列标志同时预告下2个或3个立交出口的相关信息，如图1–2–1–16所示。互通立交序列标志由系列标志组成，依次显示下2个或3个立交出口可到达的目的地名称或路线编号，以及到达出口的距离。该系列标志的首个标志设置在第一个立交出口前的合适位置，其后的序列标志一般设置在两个互通立交之间的中间部位，并且序列标志设置在中央分隔带，标志高度和高架式标志基本相当。

(11)同一社区多个立交出口预告标志的设置

当高、快速路穿越旅游景点区域，或者大城市片区时，经常会有连续多个互通立交服务于同一个社区，因此，需要设置一个标志同时预告该社区的多个立交出口，通常设置在第1个立交出口的首个预告标志前的适当位置，如图1–2–1–17所示。这种预告标志的最顶一排用白线分隔，以突出显示该社区的名称，以及"出口"的复数"EXITS"，白线以下几排为依次到达的立交出口的目的地及距离，目的地包括道路名称或道路编号等。如果服务于同一社区的多个立交出口不便于识别，或者立交出口多于3个时，也可以只预告社区名称以及共有多少个立交出口"NEXT EXITS"。

(12)服务区标志

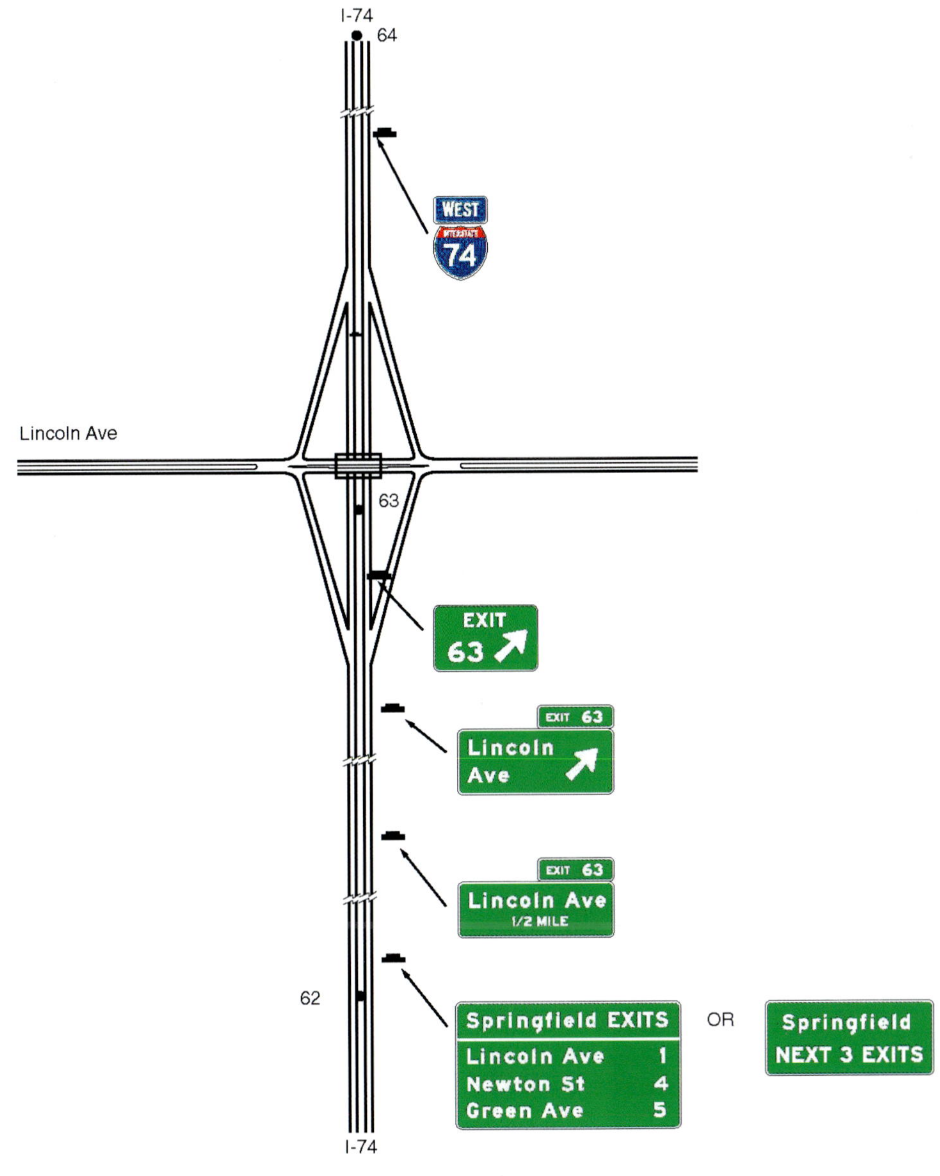

图1–2–1–17　同一社区多个立交出口预告标志的设置

图 1–2–1–18 服务区标志

高、快速路服务区标志为白色的字、图案及边框，蓝色的底层，其可以采用文字信息或标准的图案信息，但两者不能混用，其传达的信息包括：餐饮、电话、加（油）气、住宿、医院、野营等，但不能在同一标志显示多于6个服务设施信息，如图1–2–1–18所示。

如果服务区出口和主线的立交出口采取统一编号，则服务区标志在上边缘附加出口编号标志，如果服务区出口没有进行统一编号，则在服务区标志的底部增设下一出口的提示信息"NEXT EXIT"或"SECOND RIGHT"等。服务区的第一个预告标志设置在出口前2km或1mile，在出口分岔点也需设置出口指示标志，如果进入出口匝道还不能看到服务设施，应在出口匝道上增设小型的服务区标志，并用箭头指引到达服务设施的方向。

如果当前服务区距离下一个服务区大于16km（10miles），则应设置下一服务区的距离预告标志"NEXT SERVICES ——km（——MILES）"。这种预告标志一般单独成块，并附加设置在当前服务区出口指示标志的下边缘。

2.2 欧洲国家及城市

在欧洲，从一个国家到另一个国家，一个城市到另一个城市，让你真正领略到现代路网的高效与便捷，"条条大路通罗马"，在欧洲不只是个形容词，纵横交错、四通八达的道路网络确实给各国的旅行者带来极大的便利。尤其是完善的高速公路网已经将欧洲各国大小城市串成一个统一的整体，欧盟国家的高速公路都有统一编号，如欧洲1号、欧洲2号等，而各国道路也有自己的编号。初来乍到，驾车上路，你不必担心认不认识路，凭着手中的地图，路旁的标志，会提示你沿着某号公路顺利到达目的地。

欧洲的道路历史悠久，但风韵犹存，特别是道路设施非常完好，路上布设的指路标志图文并茂，直观明晰。欧盟国家基本上统一了警告标志、禁令标志、指令标志和指路标志四大类交通标志的使用方法，但各国根据本国的实际情况也发布了国家标准，补充、完善了适合本国的交通标志。欧洲国家的指路标志特点是以图形符号为主体，辅以文字与色彩，以其简练、生动、形象的设计充分体现了现代文明的人文关怀。以下将简单介绍法国、英国、瑞士、意大利等国家的指路标志设置情况，增加我们对欧洲指路标志系统的认识和了解。

2.2.1 法国的指路标志

法国是欧洲的第二大国，国土面积约55万平方公里，法国的道路网络非常发达，总长约一百万公里，其中高速公路8000多公里，国家公路30000多公里，省级公路

340000多公里。法国与瑞士、意大利、德国、西班牙等八个国家接壤，有十条欧洲高速公路穿越境内，如E05、E09、E15、E17、E19等。在法国，道路编号是指路标志系统的重要组成部分，欧洲高速公路编号为E字头，国家高速公路编号为A字头，一般道路编号为N字头，地方道路编号为D字头，临时性道路编号为S字头。

1. 指路标志的颜色

指路标志的颜色是非常重要的组成因素，因为颜色可以使标志从它所处的背景中显现出来，增加司机对标志的注意，并可帮助司机迅速识别标志的种类和含义。法国有些指路标志的信息量较大，但由于采用不同的颜色区分不同类型的信息，使得指路标志的认读性大大提高，如图1-2-2-1所示。法国的指路标志就其牌面底色而言基本上有6种情况：

(1)绿色底层，白色图案，主要用于欧洲高速公路及其编号，与其他欧洲国家的形式基本一致。

(2)蓝色底层，白色图案，主要用于国家高速公路。

(3)白色底层，黑色图案，主要用于一般道路的指路标志，以及高速公路的车道指示辅助标志、出口预告辅助标志等。

(4)黄色底层，黑色或蓝色图案，主要用于机场高速公路，以及地方道路或临时性道路编号等。

(5)红色底层，白色图案，主要用于国家高速公路和一般道路的编号标志。

(6)棕色底层，白色图案，主要用于旅游景点标志和部分高速公路的服务设施标志。

2. 高速公路指路标志的设置

(1)出口预告标志

出口预告标志是高速公路最重要的标志类型，它为道路使用者提示前方立交出口可以到达的主要目的地。法国高速公路的出口预告标志如图1-2-2-2所示，其主要有

图1-2-2-2　出口预告标志

图1-2-2-1　指路标志的颜色组合

以下特点：

①它在预告出口方向信息时，同时也预告主线前行方向的信息，出口预告标志一般采用门架式钢结构，在同一横梁上，左侧为主线前行信息，右侧为出口方向信息。这种做法比较适合于立交之间空间距离较小的情况，可以省略预告前行方向的地点距离标志，但它的弊端是在同一点位信息量过大，司机在短时间内难以认读所有信息。

②预告标志的牌面信息采取道路编号和目的地名称相结合的方式，道路编号附加设置在标志的上边缘，标志牌面显示道路可到达的城市名称或其他重要地点。预告标志的箭头设置在牌面的底部，主要用作分配车道，并不代表方向，因此箭头垂直向下并与车道对准。在箭头的旁边标注与出口的距离信息，国内要求距离相对固定，但法国似乎没有统一的规定，而是根据现场作灵活的调整，因此标注的距离数字各不相同。

（2）出口指示标志

出口指示标志所传达的信息与出口预告标志基本一致，有所不同的是出口指示标志距离出口很近，不需要再标示距离信息，其重点在于把出口的行驶方向指示清楚。出口指示标志一般设 2 个，第 1 个设置在出口减速车道起点附近，第 2 个设置在出口分岔点附近。法国的出口指示标志有 2 种情况，第 1 种是除了不标示距离信息外，出口指示标志的形式、内容图案与出口预告标志基本相同，如图 1–2–2–4 所示；第 2 种是出口指示标志为白底黑图案标志，与蓝色的主线前行预告标志有所区别，出口编号采用固定的符号形式，黑色的箭头则向下倾斜指向出口匝道，如图 1–2–2–3 所示。

（3）立交出口前指路标志的协调设置

高速公路立交出口前主要设有出口预告标志和出口指示标志 2 种类型，这里以法国 A6（E15）高速公路纳韦尔出口前的一组标志为例，介绍立交出口前的标志设置情况，如图 1–2–2–4 所示。

① 第①点位为出口预告标志，距离出口分岔点1600m，在中央分隔带和路侧分别设置内容一致的单柱式标志，确保内侧和外侧车道的车辆都能清晰看到牌面内容。标志牌面分为上下两部分，上部主要设置道路前行和出口方向的箭头图案，同时配以代表性最高的重要信息，下部突出显示立体交叉的标准符号，并标注到达出口的距离。第一点位的出口预告标志重点在于提醒司机前方即将到达立交出口，同时知道主要的行驶方向及目的地。

② 第②点位的出口预告标志距离出口分岔点 750m，这一点位变更为设置大型门架式标志，它的重点在于传达更多的道路信息，不管是主线前行还是出口方向都在第一个预告标志的基础上增加其他重要的预告信息。

图 1–2–2–3　出口指示标志

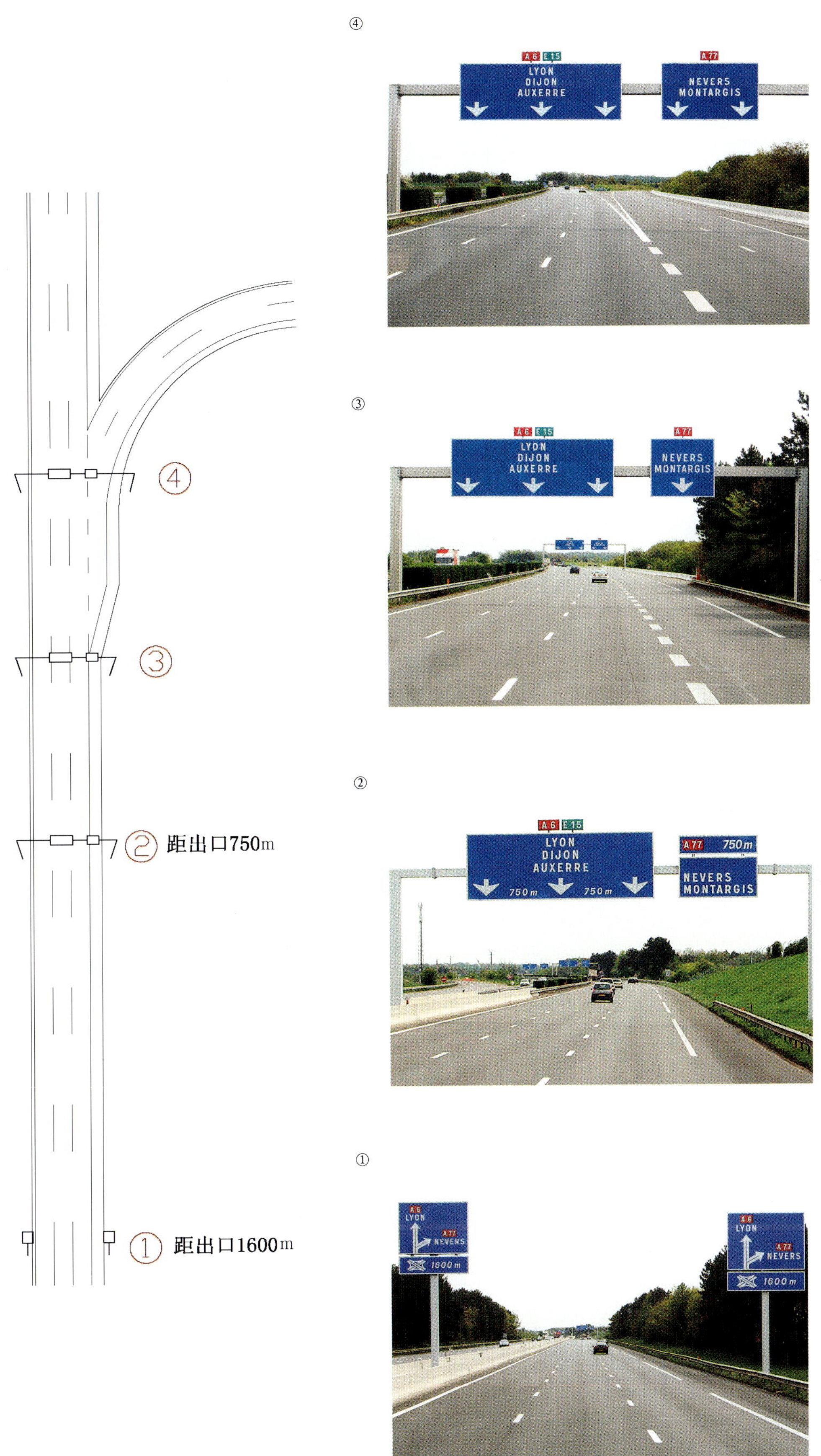

图 1-2-2-4 立交出口前指路标志的设置

③ 第③点位为出口指示标志，它设置在出口减速车道起点的附近，其传递的信息与前一预告标志基本一致，只是不再标注距离信息，并且在出口方向的标志牌上增设垂直向下的车道指示箭头，以示出口方向车流应进入加宽的减速车道。

④ 第④点位的出口指示标志设置在出口分岔点前适当位置，由于这时出口方向已经变更为两条车道，因此出口方向的标志牌上变更为设置两个垂直向下的车道指示箭头，保持与路面的车道数相一致。由此可见，指路标志牌上的车道指示箭头与道路的车道分配情况密切相关，这也是法国高速公路指路标志的主要特点之一。

（4）服务设施预告标志

欧洲国家非常重视高速公路配套服务设施的建设，千方百计为远距离、高速旅行的司乘人员提供良好的服务，以保证高速公路的安全、快速、舒适和效益。法国的停车区间距大约为25～30km，加油设施间距大约为40～50km，大型服务区的间距大约为100km。为了充分利用这些服务设施，在高速公路上配套设置了服务设施的预告标志，用以预告服务设施的位置、距离、以及主要的服务内容，如图1–2–2–5所示。服务设施预告标志的牌面内容为蓝底白字，并标示相应的图案信息。其中以加油设施预告标志最为特别，这是一种既体现服务又体现竞争的交通标志，其在牌面上同时显示4家供油商的商标和到达这些加油站点的距离，并动态显示不同供油商的油料价格，按由近及远，由上至下进行排列。

图 1–2–2–5 服务设施预告标志

（5）旅游景点预告标志

法国是个极具吸引力的旅游大国，它有许多举世文明的重点旅游景区，为了吸引和指示人们前往这些旅游景区，法国在高速公路和其他道路上都设置了相应的旅游景点预告标志。法国对于旅游景点的预告有两种情况：一是对于知名度较高的世界级旅游区，需要在大范围，远距离开始预告和引导，如凡尔赛宫、枫丹白露宫等，这些重要景点信息可以等同于其他道路信息，一起合并设置在各种指路标志牌面当中，其颜色、文字形式等都和其他信息保持一致；二是对于一般性的旅游景点，比如各城市的中心教堂、城堡等，这些景点名声、规模不大，但它们颇具地方特色，同样吸引人们前往参观、游览。在高速公路上也设置了这些旅游景点的预告标志，如图1–2–2–6所示。旅游景点预告标志的牌面颜色采取棕色的底层，白色的文字、图案和边框，与其他指路标志有明显的区别。旅游景点预告标志的牌面图案是该景点的形象描绘，突出景点的主要特征，牌面文字内容包括景点名称、城市或地点名称等。

图 1–2–2–6 旅游景点预告标志

3．城市道路指路标志

法国的城市道路很少建设大型的互通立交，而以平面交叉口，甚至是大型的平交广场居多，比如巴黎，在环城高速以内的中心城区基本上没有大型立交，但有许许多多著名的广场，如戴高乐广场、香榭丽舍广场等。这些广场既是著名的旅游景点，又是城市的交通枢纽，在这些广场的各个入口道路上一般设置法国人所称呼的"星形标志"，即环形交叉口标志，它形象地描绘了平面环交的各条辐射道路的通行方向及目的地。环形交叉口标志的牌面颜色为白色底，黑色字及图案，说明它设置在一般道路上，但如果在牌面内嵌入绿底白字的信息，则说明指示的地点要经过高速公路才能到达。

此外，在一般的平面交叉口，通常是设置一种较有特色的单柱式标志，如图1-2-2-7所示。这些单柱式标志一般为白底黑字黑边框，但如果指示高速公路则需要作适当的调整，如指示A13高速公路时，需要和国家高速公路的蓝底白字保持一致。这种单柱式标志一般由多块长条形小标志组合而成，每一块小标志设置一条独立的信息，并按具体的内容采取不同的颜色加以区分，每块小标志均制作成箭头的形状，清晰指示道路的行驶方向。

2.2.2 英国的指路标志

英国位于欧洲大陆西部，总面积约为24.3万km^2，人口约6000万。全国公路总里程约40万km，其中高速公路约3000km，以伦敦为中心，有纵横4条高速公路通向国内的主要城市。伦敦是英国的首都，英联邦的政治经济中心，也是世界上最著名的城市之一。伦敦虽然历史悠久，但市区许多街道却十分狭窄，但不可思议的是这里的交通管理却井然有序，其中清晰完善的"道路语言"系统功不可没。

在伦敦，环城加放射性高速公路相结合，辅以干线公路、地方道路，组成一个四通八达的道路网络。路网中的道路都有自己的编号，其中高速公路编号以大写M字母开头，如环城高速M25，放射性高速公路M1、M3、M4、M11等；除了高速公路外，剩下的就是标有A字头的干线公路，即是国道，还有B字头的地方性道路，这些道路把高速公路和一个个居民区连接成为一个有机的整体。

英国在2001年公布的道路交通标志，包括警告标志、禁令标志、指示标志、高速公路标志、干线公路标志、次干路及地方道路标志、其他标志（旅游标志等）和信息标志（服务区、停车场标志等）、施工区标志共9类。标志颜色包括红、黄、蓝、白、黑、灰、棕、绿、桔红9种。英国的指路标志色彩丰富，在同一牌面上根据不同的信息类型可以选择不同的颜色，但就指路标志的底色而言，主要有以下几种：蓝底白边用于高速公路；绿底白边用于干线公路；白底黑字用于一般道路；白底红边用于警告标志；白底绿边用于机场专用路。以下将重点介绍英国的高速公路、主干道路以及一般道路的重要标志类型。

1. 高速公路指路标志

图 1-2-2-7　法国城市道路指路标志

图 1—2—2—8　高速公路指路标志

英国的高速公路编号为M字母开头，指路标志为蓝底白字的矩形标志，与国内高速公路采用的绿底白字标志很不相同。如图1—2—2—8所示：(a)为高速公路的入口指示标志，它一般设置在地方道路的交叉路口上，且把牌面制作成箭头的形状，直接指示高速公路的入口方向，牌面显示高速公路的编号及可以到达的主要目的地，此外，高速公路的互通立交编号也制作成黑底白字的小方块一起显示在牌面上；(b)为高速公路的地点距离预告标志，一般设置在两个互通立交之间的合适位置，用以预告前方可以到达的目的地及距离。这种标志各国均有，但格式各不相同，英国的版式主要为第1排显示所在高速公路的编号，第2排显示道路的行驶方向，第3排起显示目的地及距离，一般显示2～3个目的地信息，并按照由近及远，从上至下进行排列；(c)、(d)、(e)均为高速公路的出口预告标志，它们的共同点是都标示黑底白字的立交出口编号及到达出口分岔点的距离，但从牌面格式及内容方面则各有特点。(c)突出显示立交出口的分岔箭头，且只显示出口方向的信息，出口信息一般为地点名称和道路编号相结合，如图：经由A52号道路可到达诺丁汉；(d)同时显示出口方向和主线前行的信息，并且突出垂直向下的车道指示箭头，提示司机按道行驶，如图：左侧为出口车道，经由A404号道路可到达Marlow，中间及右侧为主线前行车道，显示所在高速公路为M40号，可到达伯明翰及牛津。(e)也同时显示出口方向和主线前行的信息，每个方向信息也是地点名称和道路编号相结合，所不同的是没有采取垂直向下的车道分配指示箭头，而是采用向上倾斜箭头指示出口方向，采用垂直向上箭头指示前行方向，司机可根据需要及现场情况灵活选择行驶车道。

2. 干线公路指路标志

在英国，干线公路网的总里程数最大，是对高速公路主骨架路网的有效补充，它是高速公路与城市之间，或者城市与城市之间的重要连接通道。干线公路的编号以A字母开头，指路标志的颜色以绿色底层，白色文字及图案为主，特别的是干线公路编号采用黄颜色，显得非常清晰明显。以下将介绍干线公路上一些常见的指路标志类型及其使用情况：

(1) 地点距离预告标志

在城市以外的干线公路，如果目的地之间的距离较远，为了让司机有所掌握，一般都设置地点距离标志提前预告前方可到达的地点名称及距离，如图1—2—2—9(a)所示。标志版面的第一排首先显示所在道路的编号，然后再用2～4排显示前方可到达的目的地名称及距离，按照由近及远，从上至下进行排列。

（2）环形交叉口指路标志

除高速公路外，英国的公路或城市道路远没有国内的宽，一般为两至四车道而已，并且很难看到高层立交，基本上以平面交叉口居多，而用得最多、最好的为环形交叉口。环形交叉口的通行方式是进入环岛的车辆必须为出环岛的车辆让行，也就是出环岛的车辆有优先权，车辆只有在不影响出环岛车辆正常行驶的前提下才能进入环岛，设立环岛的目的是要让各方向的车辆不停地流动。

（3）Y形及T形交叉口指路标志

在英国开车时，你可以看到各种各样的平面交叉口，其中Y形及T形交叉口也是常见的平交形式，如图1—2—2—10所示，(a)为Y形交叉口指路标志，(b)为T形交叉口指路标志。它们的共同特点是将指路标志的主体内容分成两部分，代表了两个方向的信息，并标示箭头指示行车方向。指路信息一般为地点名称和道路编号相结合，必须注意的是，如果不是直接相交的道路，而是衔接性道路，则道路编号还需加注括号，

(a)

(b)

图 1—2—2—9　地点距离标志及环形交叉口标志

(a)

(b)

图 1—2—2—10　Y形及T形交叉口指路标志

以示区分。

(4) 畸形交叉口指路标志

英国伦敦虽然是世界上著名的大城市，但它的道路不像北京等国内城市，宽敞的道路横平竖直，而经常是道路很窄，且蜿蜒曲折，因此一些不规则的畸形交叉口在城市当中为数不少。对于这些特殊交叉口的道路指示，英国是根据交叉口的实际通行方式，形象地描绘出畸形交叉口的箭头图案，虽然有点复杂，但还是清晰易懂，如图1–2–2–11 所示。

3. 一般道路指路标志

这里所说的一般道路主要指除高速公路及干线公路外，包括城市道路和地方性道路在内的一些低等级道路。一般道路的指路标志颜色为白色底层，黑色文字及图案，但当它预告干线公路信息时应采用绿底白字或黄字，当预告高速公路信息时应采用蓝底白字。以下重点介绍几种常见平面交叉口的指路标志设置情况。

(1) T形交叉口指路标志

在英国的城市道路上，大部分的平面交叉口都是设置单柱式或双柱式标志，如图1–2–2–12所示，(a)为一个双柱式标志，并且右侧的柱子和路灯实现共杆，(b)为一个单柱式标志。这两个T形交叉口指路标志的主体颜色为白底黑字，说明它们是设置在一般道路上。指路标志的牌面分为上下两部分，按箭头指向分别代表两个不同方向的信息，有所区别的是，一个标志的牌面较大，使用箭头图案指示行车方向，另一个标志牌面较小，直接把牌面制作成箭头形状来指示行车方向。

(2) 十字交叉口指路标志

国内的十字交叉口指路标志通常使用一个标准的十字箭头代表3个不同的行驶方向，但在英国比较普遍的是将标志牌面分成上、中、下三部分，每个方向的箭头和信息相互独立，如图1–2–2–13 (a) 所示。图中的十字交叉口指路标志设置在一般道路上，但与之相交的道路为A11主干道，因此左转及右转的信息均为绿底白字或黄字信息，通过颜色的变化，增加司机对标志的注意，并可帮助司机迅速识别标志的种类和含义。

(3) 环形交叉口指路标志

在英国伦敦，除了高速公路有立交桥外，其他道路为平面交叉口居多，并且以环形交叉口最多。环岛是伦敦路网的重要组成部分，大的环岛甚至可以在中间布设广场，而

图 1–2–2–11 畸形交叉口指路标志

(a)

(b)

图 1-2-2-12　T形交叉口指路标志

且路口很多，一般需要设置红绿灯进行交通控制。小的环岛一般不设红绿灯，只要有一辆车进入环岛了，其他几个路口的车都会自觉地停下来，然后再顺行依次进入。环岛交通很容易让人转晕了头，觉得各个方向都差不多，因此设置清晰、简单的指路标志非常重要，如图1-2-2-13(b)所示。图中是一个小型环岛的指路标志牌，它的重点是以清晰、简明的手法形象地描绘出环岛的通行方式，并配以重要的地点信息，使司机在短时间内可以认读。

2.2.3 瑞士的指路标志

瑞士为中欧内陆国家，东与奥地利、列支敦士登接壤，南邻意大利，西接法国，北连德国。瑞士实行联邦制，由26个州组成，首都为伯尔尼（Berne），瑞士面积共41293万平方公里，人口有720万。瑞士的交通著称于欧洲，全国铁路有5300公里，公路有7万多公里，铁路和公路几乎通到每一个村镇，这样的交通密度在全球是数一数二的。连接各个城市的除了主干道路外，还有高速公路，而且高速公路基本上都达到双向六车道。瑞士的指路标志也很有特色，不管是在高、快速路上，还是在一般道路上，都在标志的顶部安装照明设施，增加指路标志在夜晚的视认性；标志颜色方面，高、快速路标志采用绿底白字，一般道路标志采用蓝底白字或白底黑字，与法国、英国有所区别，但与国内的使用情况比较相似。以下将介绍瑞士各等级道路指路标志设置的基本情况。

1. 高速公路指路标志

瑞士的高速公路指路标志除了颜色与法国、英国有

(a)

(b)

图 1-2-2-13　十字及环形交叉口指路标志

所区别外，在点位设置、信息选择方面还是比较相似。指路标志的信息选择仍然是地点名称和道路编号相结合的方式，欧洲高速公路编号同样是E字母开头，采取绿底白字，国家高速公路编号没有字母开头，并采取红底白字的格式进行区分。下面以高速公路立交出口前的一组标志为例，简单介绍瑞士高速公路指路标志设置的一些特点，如图1-2-2-14所示。

（1）第①点位为出口预告标志，距离出口分岔点400m，这个距离根据实际情况作决定，如果有条件一般会提前1～2km，布设2～3个预告点位。第一个预告点位的信息量不大，只选择最重要、最具代表性的道路编号及目的地信息，但它清晰地显示主线及出口的行驶方向及车道的分配情况。

（2）第②点位也为出口预告标志，但由于距离出口比较近，并且已经可以看到立交出口，因此没有在标志牌面上标示出口距离。这个点位不管是主线前行还是出口方向都在第一个预告标志的基础上增加了其他重要的预告信息，尤其是增加垂直向下的车道指示箭头，预示司机需要按道行驶。此外，由于主线及出口匝道都在分岔点之后进入小半径弯道路段，因此在门架横梁的右侧增设了一个双箭头指示标志，突出两个方向的特殊走向，对司机起到警示的作用，并在标志底下附加出口的编号。

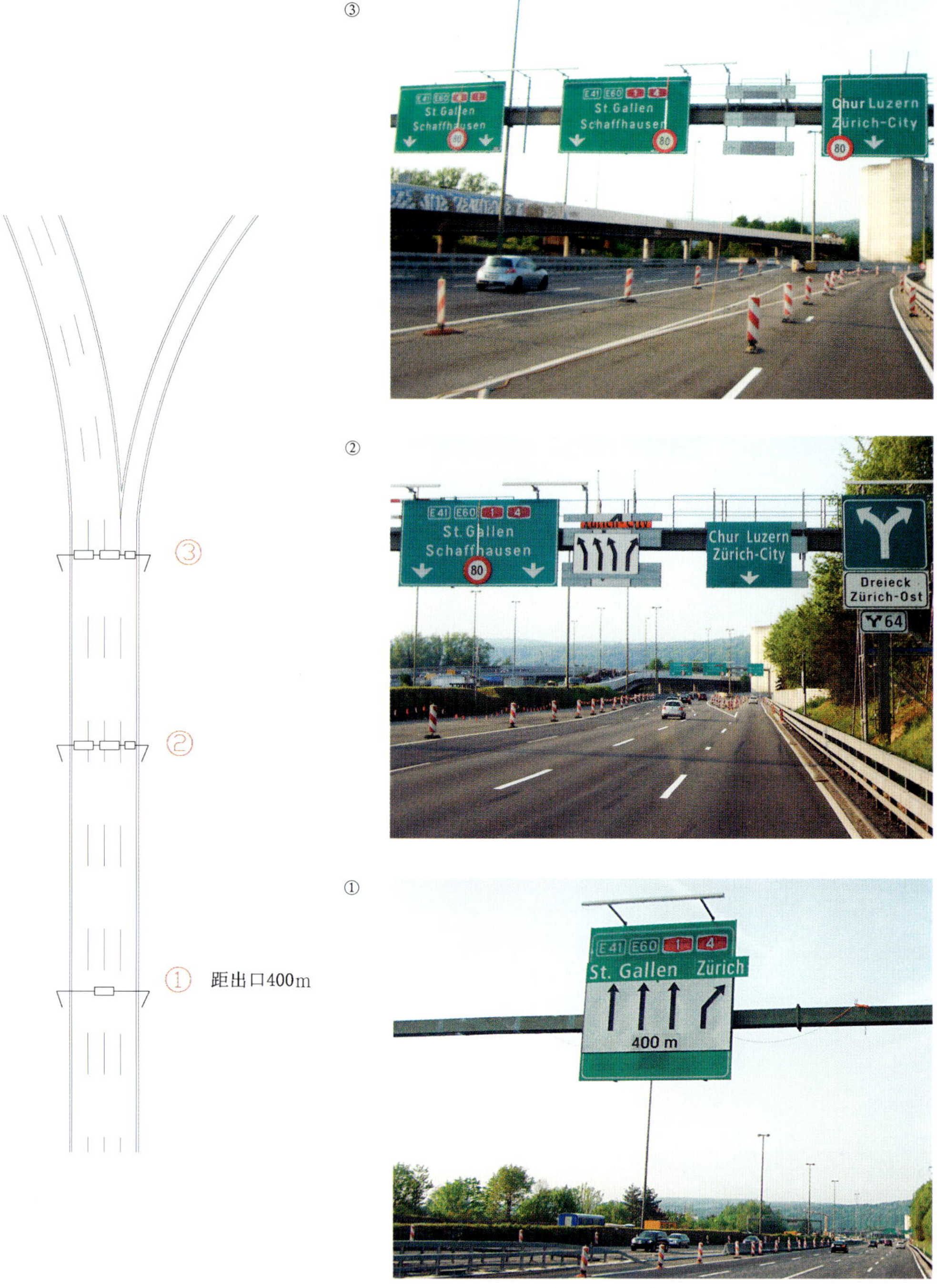

图 1-2-2-14　高速公路立交出口前指路标志的设置

（3）第③点位为出口指示标志，它设置在出口分岔点之前，在同一门架横梁上的主线及出口方向标志与所分配的车道一一对应，由于主线路幅较宽，因此主线方向设置了两个内容一样的标志。在每个标志牌面上都设置有限速80km/h的圆形警告标志，瑞士是世界上最重视安全驾驶的国家之一，交通事故率非常低，其中限速也是重要的交通管制措施之一，路上的摄像机分布很密集，只要超速行驶，车辆就会被拍摄并记录到系统当中。

2. 快速路指路标志

在瑞士，城市快速路是连接城市与高速公路之间的主要通道，它具有重要的交通疏导功能，有效解决城市内部长距离，跨组团之间的交通出行问题。与高速公路相比，快速路的道路设计标准偏低，出入口的分布也比高速公路密集，行车速度也低于高速公路，因此指路标志的设置也有所不同。考虑车速偏低，因此快速路的出口预告标志不会提前很远，一般只设一级或两级预告，也不在牌面上标示出口距离，如图1–2–2–15所示。快速路指路标志的主体颜色与高速公路相同，都采用绿底白字，但在预告出口方向信息时则采用蓝底白字或白底黑字，和一般道路的指路标志颜色保持一致。比较特别的是，在快速路的一些关键出入口，指路标志的底部还增设动态的信号灯，以便对车流进行诱导和控制。

3. 一般道路指路标志

在瑞士，一般道路的指路标志颜色与国内的使用情况相同，主体颜色为蓝底白字，但可以在标志牌面嵌入其他颜色的信息，比如：在预告高速公路信息时采用绿底白字，在显示限速标志时采用白底红框黑字，在显示景点信息时采用棕底白字，如图1–2–2–16所示。瑞士指路标志的牌面设计，利用色彩的变化，虽然加大了交通信息数量，却使人感到清晰而不累赘，图文并茂，一目了然。

不单在快速路上，瑞士在一般城市道路也经常采取静态指路标志与动态信号灯相结合的方式，驾驶员可以同时了解道路方向信息和路口的通行状态，如图1–2–2–17(a)所示。瑞士的指路标志与其他欧洲国家也有很多相似之处，如图1–2–2–17(b)所示，这种单柱式标志在法国、卢森堡等国家也普遍使用，单柱式标志由多块独立的箭头状小标志组合而成，小标志拆换很容易，便于指路信息的动态更新。

2.2.4 意大利高速公路指路标志

意大利位于欧洲的南部，国土面积约30万km^2。意大利的驰名，除了历史文化、风光名胜、足球时装外，它的交通也闻名于世，"条条大路通罗马"的谚语人人皆知，因为在两千多年前，古罗马的交通就已经四通八达。当今，意大利已经拥有一个以高速公路为主骨架，布局合理的现代化道路网络，全国公路总里程约30多万公里，其中高速公路约8000公里，并且大部分为双向6车道。虽然高速公路只占全国公路总里程的2.6%，但由于高速公路的高通行能力和高行车速度，加之高速公路在全国已经形成网络，高速公路承担了全国25%以上的交通流量。

意大利对全国的道路进行统一编号，主要分为三类：一类是欧洲高速公路，编号以E字母开头，如纵向有E35、E45，横向有E70、E80等（E为Europe的缩写）；一类是国家高速公路，编号以A字母开头，如A1、A4、A22等（A为Autostrada的缩写）；一类是国家公路，编号以SS字母开头，如SS11、SS515等（SS为Strada Statale的缩写）。在意大利比较著名，很重要的一条高速公路为A1高速公

图1–2–2–15 快速路出口预告标志

图1–2–2–16 一般道路指路标志

(a)

(b)

图 1-2-2-17 一般道路指路标志

路，人们称之为"阳光之路"，它从意大利北部的米兰南下，途经佛罗伦萨、罗马、那不勒斯等大城市，直达通阳光灿烂的南部城市勒佐市，全长达 1200 多公里。

开车行驶在意大利的公路上，不但路外景色迷人，色彩丰富的指路标志也引人注目。在意大利，欧洲高速公路（E）和国家高速公路（A）的标志颜色为绿底白字，国家公路（SS）的标志颜色为蓝底白字，此外，还有白底、棕底、黄底等其他类型的标志。我认为意大利的高速公路指路标志在欧洲很有特点，它不但颜色与英国、法国有所区别，它在指路信息处理方面也别具一格。下面以高速公路立交出口前的一组标志为例加以说明，如图 1-2-2-18 所示。

第①点位为第 1 个出口预告标志，距离出口分岔点 1000m，是一个很独特的路侧单柱式标志。指路标志的牌面信息非常简单、清晰，每个方向只选择一个代表性最高的地名信息，在直行方向还同时标注所在高速公路的道路编号。

第②点位为第 2 个出口预告标志，距离出口分岔点 700m，出口距离以白底黑字的牌面附加设置在主标志的下方。该点位的牌面信息与第一个预告标志相同，但在右转出口箭头上增加限速 40km/h 的警告标志，提示进入出口匝道需要减速行驶。

第③点位为第 3 个出口预告标志，距离出口分岔点 500m。这一点位的标志比较特别，它变更为蓝底白字标志，增加预告该出口可以到达的其他目的地，因为之前的标志只预告 1 个出口方向信息将无法满足道路使用者的要求。这种将指路信息分散处理的方式有一定的好处，避免集中在同 1 个牌面上，出现信息量过载的情况。

第④点位为出口指示标志，它变更为门架式标志，设置在出口减速车道的起点，虽然牌面信息与第 1、2 个预告标志相同，但主线前行方向的信息和出口方向的信息分设在不同的标志牌面上，并增加垂直向下及倾斜向下的车道指示箭头。该标志与设置在路面的文字和箭头相结合，构成了立体化预告方式，清楚地显示主线前行及出口方向的信息，并提示司机按道行驶。

第⑤点位为出口指示标志，它变更为F形单悬臂式标志，设置在出口分岔点附近。这个标志不再显示主线前行方向的信息，只预告出口方向的信息，并用箭头指示出口匝道的行驶方向。

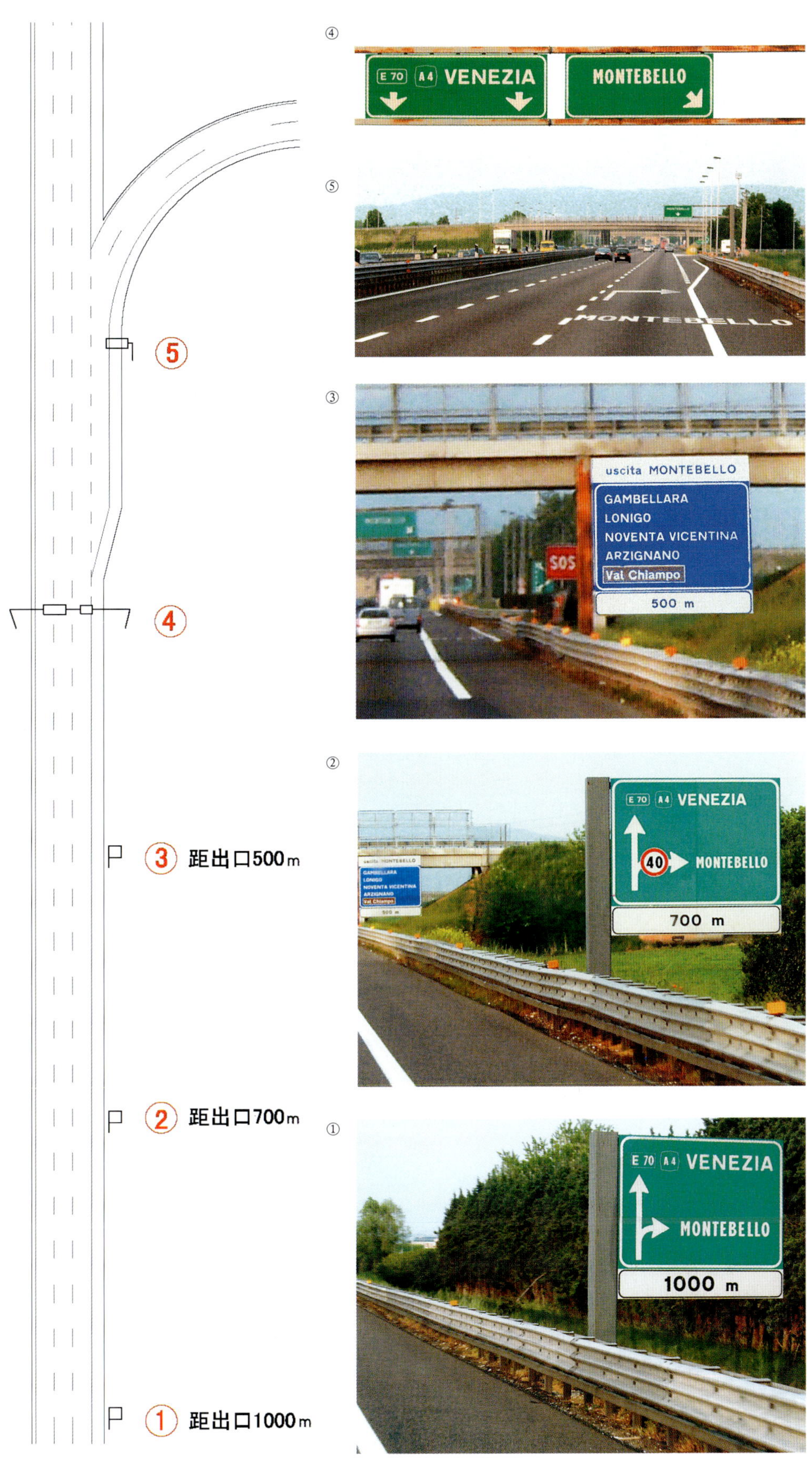

图 1—2—2—18　高速公路立交出口前指路标志的设置

2.3 日本

日本是亚洲东部太平洋上的岛国，陆地面积约37.8万平方公里，人口约1.25亿，其中80%居住在城市。日本是一个高度城市化的国家，日本于1889年设立市制，当时设立了39座城市，城市人口223万，占全国总人口的5%左右，但此后人口不断向城市聚集，城市数量猛增。1955年日本都市人口达到约5,000万人，占全国总人口的56.1%，基本实现了城市化。至1992年，日本共有城市663座，人口总和约9,630万人，占全国同期人口的77%，此时的日本已经进入了城市化高度发达阶段。日本城市迅速发展与壮大，原因是多方面的，除了明治维新以来工业持续发展使城市面貌和城市结构发生了彻底改变以外，交通发展也对城市发展起着决定性的作用。

日本的高速公路、城市道路、地铁、电气铁道、新干线等，新交通系统组成了市际交通与市内交通的整体化网络和便捷的换乘交通枢纽，交通换乘方便以至人们不必出站即可到达全国任何大中城市。由于交通发达，城市间的联系变得轻而易举，中小城市围绕大城市不断形成，最终日本形成了以大城市为核心的大都市圈地域结构。最典型的是东京大都市圈、名古屋大都市圈和大阪大都市圈。日本三大都市圈分处关东南部、国家中部和关西地区，形成三大都市圈鼎立的城市格局，也成为了日本政治、经济、文化活动的主体，这一切皆由于强大的现代化交通网络的支持。

日本的公路及城市道路网是其现代化交通网络的重要组成部分，并占据绝对的优势。日本是世界上道路密度最大的国家，道路通车总里程已达113.6万km。全国道路分为四类，其中高速公路约6000km，占0.5%；国道5.3万km，占4.5%；都道府县道路12.4万km，占11%；市町村道路95.3万km，占84%。与现代化的道路网络相适应，日本的交通设施非常完善，无论是一般道路还是高、快速路，其标志、标线都设置得非常精确和全面，以确保道路交通安全，提高道路通行效率。日本的指路标志系统基本上分为两大体系，一般道路指路标志系统和高速公路指路标志系统，它们的设置情况及功能特点，以下将会进行详细的介绍。

2.3.1 一般道路指路标志

一般道路指路标志主要是指设置在国道、都道府县道路、市町村道路上的指路标志，它为道路使用者提供可到达的目的地、方向、距离等交通信息，它的牌面颜色主要为蓝底白字，有些特殊的标志也会采取相反的白底蓝字，形成鲜明的反差效果。

1. 指路标志的分类

（1）地点标志（如图1-2-3-1）

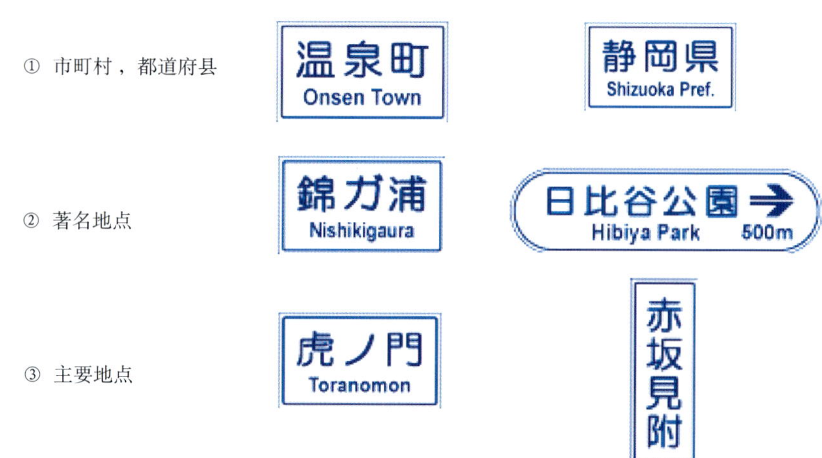

图1-2-3-1 地点标志

(2) 道路编号标志(如图1-2-3-2)

图1-2-3-2　道路编号标志

(3) 地点、方向及距离标志

这种指路标志主要传递地点名称、距离、行驶方向三方面内容，如图1-2-3-3所示。按现场实际需要，标志牌面可分成1~3排，如：(a)可以用在十字交叉路口，(b)可以用在Y形路口，(c)可以用在普通的分岔点。(按日本的分类，属于105系统)

(4) 地点、距离标志

这种指路标志主要传递前行方向的地点名称及距离信息，可以排成2~3排，但必须都为前行方向的信息，如图1-2-3-4所示。这类型标志一般设置在交叉路口之后的路段上，以供司机进一步确认行驶的方向、目的地等。(按日本的分类，属于106系统)

(5) 交叉路口预告标志

交叉路口预告标志一般设置在交叉口前150~350m，主要预告交叉路口的行驶方

图1-2-3-3　地点、方向及距离标志

图1-2-3-4　地点、距离标志

向及目的地信息，所以也可称为"地点及方向预告标志"，这类标志的特点是必须在箭头图案的底部标注到达交叉口的实际距离，如图1−2−3−5所示。图中(a)、(b)、(c)是十字交叉口的3种预告方式，使用时可以根据实际情况作选择，其中(c)是在横向箭头图案内增加了横向道路的路名信息，并制作为白底蓝字图案，与其他地名信息形成反差效果。(按日本的分类，属于108系统)

(6) 交叉路口标志

交叉路口标志与交叉路口预告标志的牌面内容基本相同，只是不再标注到达交叉口的距离信息。交叉路口标志一般设置在交叉口前30～150m，距离交叉口比较近，它要求清晰地指示交叉口的各个行驶方向及目的地。(按日本的分类，属于108系统)如图1−2−3−6所示。

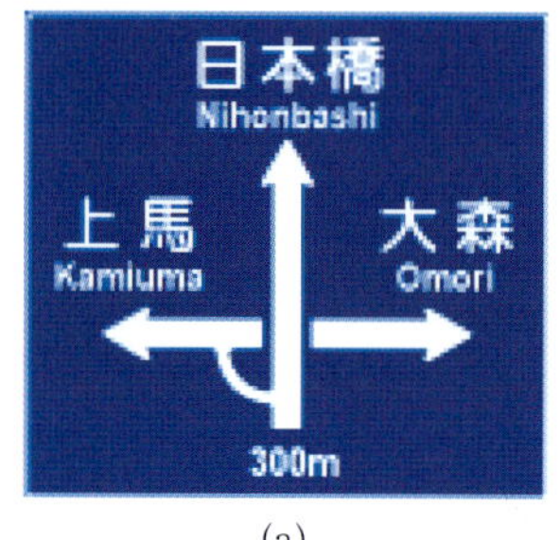

(a)

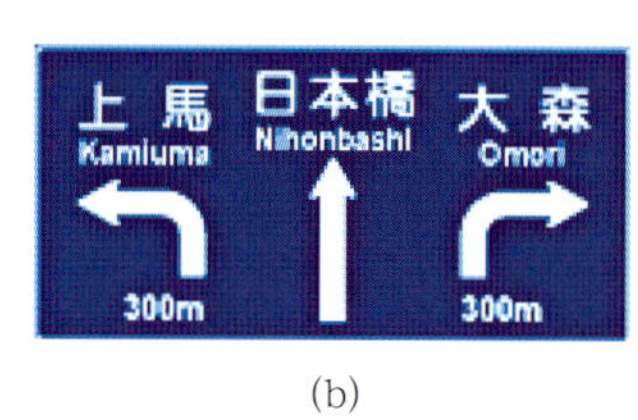

(b)

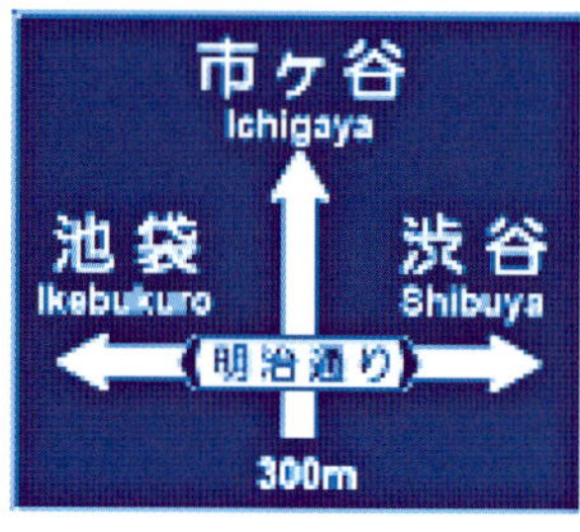

(c)

图 1−2−3−5 交叉路口预告标志

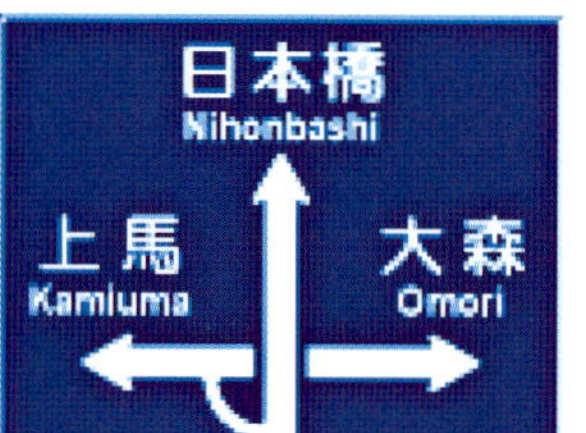

(a)

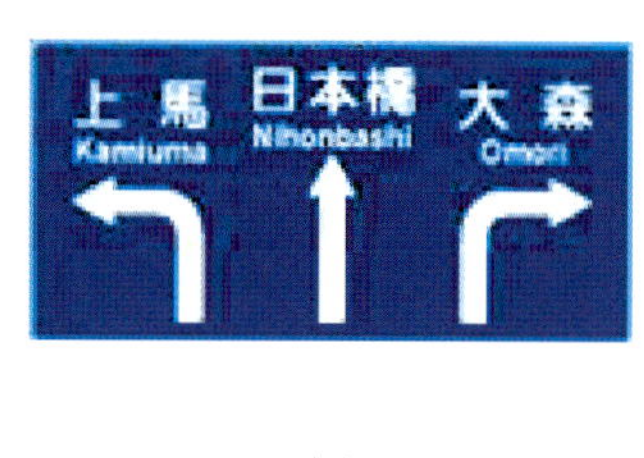

(b)

(c)

图 1−2−3−6 交叉路口标志

2. 交叉路口指路标志的设置

交叉路口设置的指路标志按其所处的相对位置，以及所发挥的功能作用可分为3类：预告点标志（108系统）、交叉点标志（108或105系统）、确认点标志（106系统），如图1−2−3−7所示。一般而言，交叉点标志必须设置，而只有在交通量较大，单向两车道以上的重要交叉口才设置预告点标志及确认点标志。在日本，根据道路等级、交通量、地域性等情况，一般道路的交叉路口，其指路标志的设置目标如表1−2−3−1所示。

交叉路口的指路标志设置目标 **表1−2−3−1**

	主要国道	重要的地方道路	主要都道府县道
主要国道	预交确	预交确	预交确
重要的地方道路	预交确	预交确	㊀预交确
主要都道府县道	○预 交 ○确	○预 交 ○确	○预 交 ○确

注： 预：预告点标志 交：交叉点标志 确：确认点标志

□：必须设置 ○：可不设置

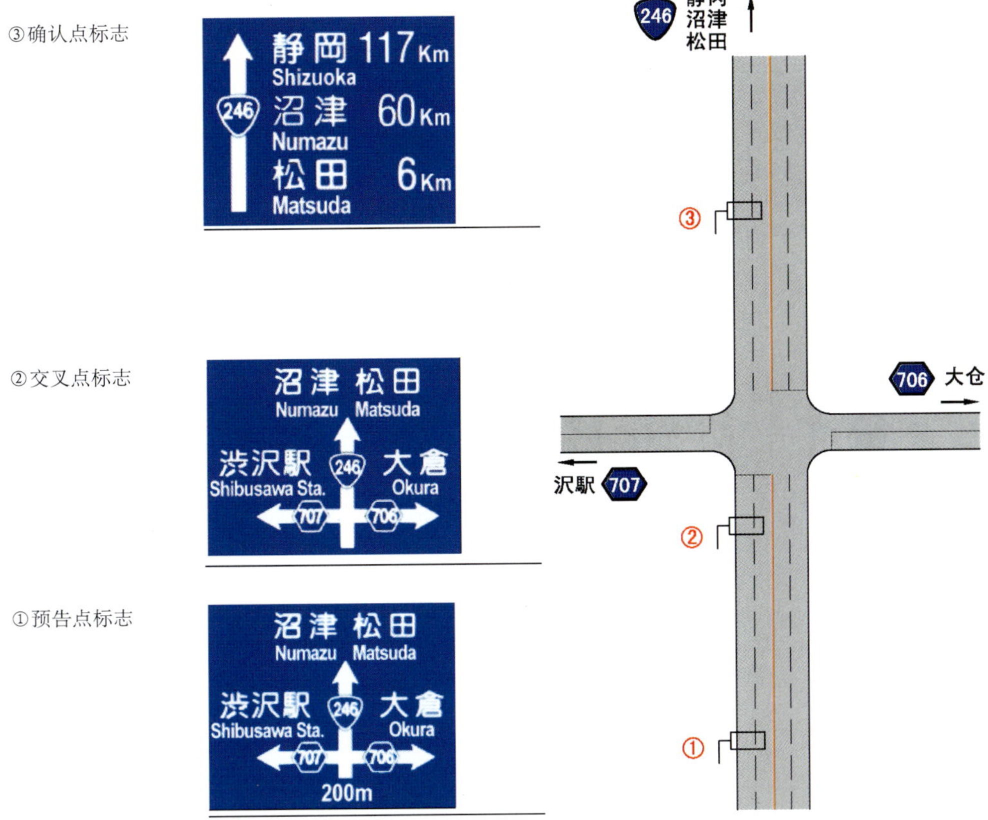

图 1—2—3—7　交叉路口指路标志的设置

交叉点标志根据实际情况可以采用地点、方向及距离标志（105 系统），或者交叉路口标志（108 系统），但两者的适用条件及特性存在较大的差别。一般情况下，105 系统适用于双车道以下，不重要的道路交叉口，而 108 系统适用于路幅较宽、交通量较大的重要道路交叉口，这两种指路标志系统的比较详见表 1—2—3—2。

交叉点标志 105 系统和 108 系统的比较　　表 1—2—3—2

类别	105 系统	108 系统
图例	国分寺 4Km Kokubunji 5Km 調　布 Chofu 立　川 7Km Tachikawa	日本橋 Nihonbashi 上馬 Kamiuma 大森 Omori
适用条件	· 双车道以下道路 · 使用 108 系统以外的道路	· 路幅较宽的交叉口 · 交叉形状复杂的平面交叉口 · 立体交叉的道路交叉口 · 限定路口行车路线的交叉口 · 交通流量较大的交叉口
设置地点	· 交叉路口前 30m 内	· 交叉路口前 150m 内
优点	· 标志牌面提供地名、方向、及里程等信息，有效利用牌面空间	· 以图形表示路口行车路线一目了然 · 标志牌面信息单纯，适读性好
缺点	· 不形象，且信息过多降低适读性	· 标志牌面产生过多空白

3．指路标志的信息选择

指路标志的信息选择是指路标志设计中最重要的工作内容，它需要对城市布局、路网分布等进行全面的分析，确保指路标志的引导符合交通组织的需求。在国内，城市外公路的指路标志信息以区域地点名称为主，城市内道路的指路标志信息以道路名称为主；在日本，指路标志的信息以区域地点名称为主，而道路主要以编号的形式出现。

（1）地名信息的分类

日本作为路径向导的地名信息主要分为4类：①重要地，②主要地，③一般地，④基准地，各类地名的选定条件如表1-2-3-3所示。

指路标志地名信息的选定条件 **表1-2-3-3**

分类	可选择的地点名称	示例 （爱知县）
①重要地	都道府县的政府机关所在地，地方生活圈的中心城市等	名古屋、豊桥、豊田
②主要地	二次生活圈中心，地方中心市町等	濑户、春日井、小牧、一宫等
③一般地	除重要地、主要地之外的市町村，以及沿线的著名地点	碧南、江南、知多、长久手等
④基准地	重要地中，特别重要、中心性的大城市（主要用于确认点标志）	名古屋

注：生活圈是指分层次的生活区域，分为一次生活圈，二次生活圈，地方生活圈，概况如下：
一次生活圈：设有机关单位、诊疗所、集会所、中小学校等公共基础设施的生活区域，范围半径约4～6km。
二次生活圈：设有商业街、医院、高等学校等设施，并包括一次生活圈在内的区域，范围半径约6～10km。
地方生活圈：设有综合医院、各类学校、中央市场等设施，并包括二次生活圈在内的区域，范围半径约20～30km。

（2）一般道路的分类

日本根据一般道路的功能特点分为：主要干线道路、干线道路及辅助干线道路，与国内的主干道、次干道及支路的分类比较相似。分类的大概情况如下：

①主要干线道路：连接大都市圈的骨架道路，对高速公路起到补充作用。

②干线道路：主要干线道路之外，主要的地方道路，它对主要干线道路起到补充作用。

③辅助干线道路：除主要干线道路、干线道路之外的低等级道路，它对干线道路起到补充作用。

（3）指路标志地名信息的选择

在日本，各类道路的指路标志地名信息的选择参考表1-2-3-4，并以选择距离最近的第一等级的地名信息为设计原则。此外，确认点标志，即地点、距离标志（106系统），除了表中所列的内容之外，在标志的最顶一排应选择基准地名称。在主要干线道路、干线道路的预告点和交叉点标志（108系统），在直行方向通常显示2个地名信息，一般为左侧为最近的第一等级地名信息，右侧为最近的第二等级信息；但如果最近的2个地点均为第一等级地名信息，则右侧为最近的第一等级地名信息，左侧为其次近的第一等级地名信息。这里以主要干线道路为例，说明预告点、交叉点、确认点指路标志地名信息选择的主要方法及原则，如表1-2-3-5所示。图1-2-3-8为设置在20号国道上的一组指路标志，这里以直行方向加以说明指路标志地名信息的选择方法。

4．指路标志的文字大小

（1）汉字的大小

在日本，指路标志汉字的大小主要根据道路的设计速度进行考虑，并且字宽与字高相等。一般道路的指路标志汉字高度通常采用30cm；在高速公路，考虑设计速度较

各类道路指路标志地名信息的选择　　表 1-2-3-4

道路分类 ＼ 地名信息	重要地	主要地	一般地
主要干线道路	◎	○	
干线道路	◎	◎	○
辅助干线道路	◎	◎	◎

注：◎：第一等级（原则上选用的地名）

○：第二等级（同一方向需选择两个地名信息时才考虑选用）

（主要干线道路）指路标志地名信息选择的方法及原则　　表 1-2-3-5

标志类型	图例	地名信息的选择
预告点及交叉点标志（108 系统）	A　B R C　D	A：选择最近的重要地名称 B：选择最近的主要地名称 C、D：根据所相交的道路类型进行选择，具体如下： ● 相交道路为主要干线道路时，则选择最近的重要地名称 ● 相交道路为干线道路时，则选择最近的主要地名称 ● 相交道路为辅助干线道路时，则选择最近的一般地名称
确认点标志（106 系统）	R X ○○km Y ○○km Z ○○km	X：选择最近的基准地名称 Y：选择最近的重要地名称 Z：选择最近的主要地名称

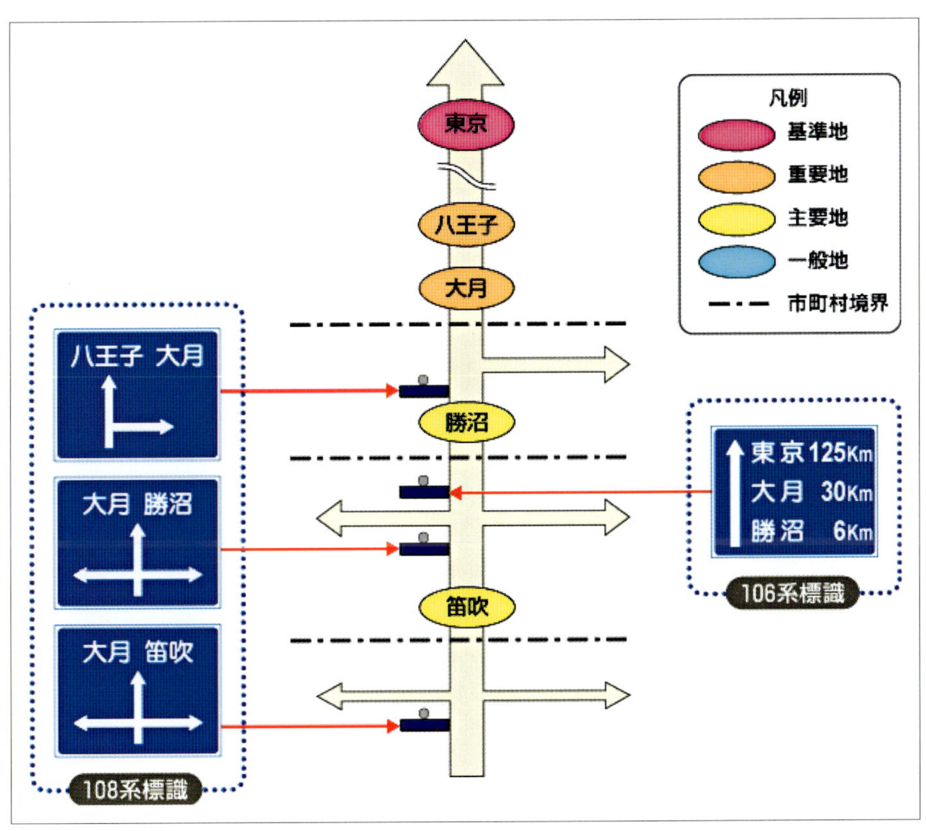

图 1-2-3-8　指路标志地名信息选择示例

高，指路标志的汉字高度通常采用50cm。一般道路的指路标志汉字高度与设计速度的关系，如表1–2–3–6所示。

（一般道路）指路标志汉字高度与设计速度的关系　　表1–2–3–6

设计速度 / 车道数	标志所在道路的设计速度		
	30km/h以下	40、50、60km/h	70km/h以上
单向两车道以上	15cm (20cm)	30cm (40cm)	30cm (45cm)
单向一车道	10cm (15cm)	20cm (30cm)	30cm –

（ ）：交通量较大的情况

（2）英文字母的大小

日本的指路标志实行日文与英文对照的形式，英文字母的大小以汉字的大小为基准。大写英文字母的高度为汉字高度的1/2，小写英文字母的高度为大写英文字母高度的3/4。

（3）标志牌面大小

指路标志牌面的大小主要根据文字的大小和文字数量进行决定，但在有条件的情况下尽量使用标准的规格。常用的牌面规格为：预告点标志（长280cm × 宽240cm）；交叉点标志（长280cm × 宽220cm）；确认点标志（长240cm × 宽200cm）。

5. 指路标志的应用实例

（1）预告点标志

由前面的分析可知，预告点标志为设置在交叉路口前的地点及方向预告标志，它预示司机前方有道路交叉点，并告知行驶方向及目的地，以便司机提前采取减速、变道等措施。由于预告点标志距离交叉口还有一定的距离，因此需要在标志牌面的箭头图案下方标注距离信息，如图1–2–3–9所示。

图1–2–3–9　预告点标志

（2）交叉点标志

交叉点标志设置在交叉口进口道的适当位置，距离交叉口比较近，司机已经可以清楚地看到交叉口，因此标志不再显示到达交叉口的距离信息。交叉点标志是每个道路交叉口必须设置的标志，如图1–2–3–10为各类型的交叉点标志。(a)、(b)为十字交叉口；(c)为T 形交叉口；(d)为畸形交叉口。交叉点标志的指示信息包括地名、路名及道路编号，且道路编号设置在箭头图案当中，标志牌面上方显示前行方向可到达的地点信息；两侧显示相交道路所能到达的地点信息，而当前交叉口相交的横向道路信息则设置在多边形框内，横向显示在牌面下方，并采用白底蓝字作区分；(e)为交叉口进口车道指示与道路信息相结合的方式，在交叉口每个进口车道的上空对应一个独立的标志，标志信息内容为车道的行驶方向以及可以到达的地点信息。在颜色方面，日本的城市道路指路标志为蓝底白字，但在预告高速公路时则采用绿底白字，与国内的规范要求基本相同。

（3）地点标志

日本的地点标志主要指示市町村，都道府县的边界，以及指示沿线所经过的著名地点和主要地点。地点标志一般单独设置，牌面颜色为白底蓝字，并且可以附注专用的标识图案，它与引导路径的指路标志有明显区别，如图1–2–3–11 所示。

(a) 十字交叉口

(b) 十字交叉口（增加路名指示）

(c) T 形交叉口

(d) 畸形交叉口

(e) 与车道指示相结合的形式

图 1–2–3–10　交叉点标志

图 1—2—3—11 地点标志

2.3.2 高速公路指路标志

日本早在1957年就着手建设高速公路，第一条高速公路在1963年建成通车，是连接名古屋和神户，全长190km的名神高速公路，当时首先开通了连接滋贺县栗东町和兵库县尼崎市的第一期工程段，长71km。此后，全国各地开始陆续建设高速公路，1969年东京至神户的高速公路全线贯通，随后建设了南北相贯的5条大干线，与已有的东京、名古屋及阪神地区的高速公路相连接，形成了全国高速公路网的骨架体系。日本计划在20年内在全国建成高度发达的高速公路网，总长度计划达到1.152万km。

日本的高速公路指路标志系统非常完善，信息化程度比较高，路上的静态标志和动态标志协调地组合在一起，给道路使用者提供大量及时、准确、必要的交通信息。在日本，高速公路的指路标志颜色为绿底白字，但也有一些机场高速公路采用蓝底白字的情况。关于日本高速公路指路标志的类型及其设置情况，以下将进行详细的介绍。

1．指路标志的分类

（1）地点标志（如图1—2—3—12）

都道衬县： 静岡県 Shizuoka Pref.　著名地点：

图 1—2—3—12 地点标志

（2）入口预告标志（如图1—2—3—13）

图 1—2—3—13 入口预告标志

（3）地点距离标志（如图1—2—3—14）

图 1—2—3—14 地点距离标志

（4）车道指示标志（如图1—2—3—15）

图1—2—3—15 车道指示标志

（5）地点方向标志（如图1—2—3—16）

图1—2—3—16 地点方向标志

（6）出口预告标志（如图1—2—3—17）

按指定车道行驶：

图1—2—3—17 出口预告标志

（7）出口指示标志（如图1—2—3—18）

图1—2—3—18 出口指示标志

(8) 服务设施标志(如图1-2-3-19)

预告标志

指示标志

图1-2-3-19 服务设施标志

2. 指路标志的应用实例

日本高速公路的指路标志分类比较细致，并且每种类型有多种表现形式，在设计时可以根据现场的实际情况作出合理的选择。下面将以名神高速和关西国际机场高速（關空道）为例，介绍重要类型指路标志的设置情况及使用特点。

(1) 立交出口前指路标志的设置

日本在高速公路立交出口前一般设置3个出口预告标志和2个出口指示标志，这些指路标志对车流的引导起到关键的作用，是高速公路上最重要的标志类型，它们的设置情况如下：

1) 出口预告标志

出口预告标志分别设置在距离出口分岔点2km、1km、500m的点位上。图1-2-3-20为名神高速第25出口的其中两个预告标志，(a)为2km预告标志，它的特点是采用简明的立交通行图案，清楚地告知司机进入出口匝道后有2个分方向，分别到达名古屋高速和22号国道。(b)为1km预告标志，它在前一个预告标志的基础上，合并显示出口匝道2个分向的预告信息，这是常用的牌面格式。和国内一样，如果牌面出现高速公路路名时，通常采用白底绿字，形成反差效果。

2) 出口指示标志

出口指示标志距离出口比较近，因此牌面不再标注距离信息，它的重点是清楚指示匝道出口的行驶方向。图1-2-3-21为名神高速第24出口的2个出口指示标志，(a)设置在出口减速车道的起点附近，它提示出口车辆需要驶离主线进入加宽的减速车道；(b)设置在出口分岔点的三角端位置，它突出显示该点位为出口位置，并用倾斜向上的箭头指示出口行车方向。此外，在有条件的情况下，出口指示标志旁边可增设一个标志同时显示主线前行方向信息。

(a) 2km预告标志

(b) 1km预告标志

图1-2-3-20 出口预告标志

(a)

(b)

图 1-2-3-21　出口指示标志

图 1-2-3-22　地点距离标志

（2）主线路段上设置的指路标志

在高速公路互通立交之间的主线路段上还设置有其他类型的指路标志，这里重点介绍地点距离标志、地点标志以及服务设施标志。

1）地点距离标志

日本的地点距离标志通常采用拼装式板面，预留的透风缝可减小风力对标志的影响，并且拆换也比较方便。每一格设置 1 条信息，形成自然的分隔，一般按照由近及远，从上至下的顺序进行排列。地点距离标志一般设置在 2 个互通立交之间的主线路段，它主要预告前方出口名称及编号，或者可到达的地点及经由的路线，同时在牌面右侧显示到达这些目的地的距离。如图 1-2-3-22。

2）地点标志

当高速公路沿途经过一些行政区域，如都道府县、市町村，在区域边界会设置地点标志，这也是日本高速公路上最具特色的一种标志，如图 1-2-3-23 所示。标志牌面分为两部分，下部用绿底白字的标准格式显示区域名称，并采用日文和英文对照形式，如：都（Met.）、道府县（Pref.）、市（City）、町（Town）、村（Vil.）等；牌面上部显示该地点区域最具象征意义的形象图案。如图1-2-3-23(a)豊田市，它是日本爱知县的城市之一，自1938年丰田汽车进驻以来，该市就发展成为以汽车产业为核心的工业城市，由于丰田汽车闻名

(a)

(b)

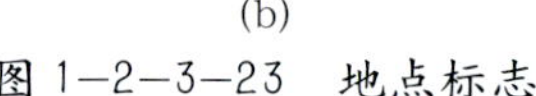

图 1–2–3–23 地点标志

(a)

(b)

图 1–2–3–24 服务设施标志

于世，因此地点标志显示了汽车图案。图1–2–3–23(b)岡崎市，岡崎城是岡崎市的观光焦点，这里是统一日本的将军，德川家康的诞生地，德川家康在1603年建立了江户幕府，并结束了日本260年的战国时代。岡崎城以其历史为傲，在日本历史上占据了一个重要的角色，因此地点标志也以岡崎城的图案为代表。

3）服务设施标志

日本高速公路的服务设施非常完善，每间隔25～30km就设置一处，功能简单的停车区和功能齐全的服务区交错布设。在停车区或服务区进口前1～2km范围内，一般会设置服务设施的预告标志和出口指示标志。服务设施标志显示服务区或停车区的名称，并且用简单的图案显示主要的服务内容，如停车、加油、餐饮等，如图1–2–3–24所示。

(3) 近距离多出口的预告方式

在日本东京、大阪等国际都市圈中，高速公路纵横交错，各种形式的互通立交桥跌宕起伏，令人眼花缭乱，它们上跨下穿，蔚为壮观。都市圈高速公路的特点是出入口比较多，经常会在短距离内连续出现2个或3个出入口，其实这种情况在国内的北京、上海、广州等大城市也会经常看到。近距离多出口，这种条件下不可能像外国的高速公路都提前一两公里开始预告出口，但如何把几个出口同时预告清楚，这是指路标志设置的难题。在关西国际机场高速公路上有1组标志同时预告2个近距离出口，它的处理方式值得我们去研究和学习。在日本，这条机场专用道被称为关西空港自动车道（開空道），它的指路标志采取比较特别的浅蓝色底，白色文字。这组标志的设置情况如图1–2–3–25所示。

①第①点位为总体预告标志，它的特点是用1个三叉箭头图案同时形象地显示2个出口和主线前行方向最具代表性的信息。该点位距离第1出口1.2km，和阪神高速直接相交连接，因此日本称为分歧（JCT.）；距离第2出口1.4km，出口后可直

接进入一般道路第26号国道，这种从高等级道路进入低等级道路，在日本才称为出口（EXIT）。

②第②点位为车道指示和出口预告相结合的指路标志，它的特点有两方面：一是用垂直向下的箭头明确车道的分配情况，左侧车道通往第1出口（分歧JCT.），中间车道通往第2出口（EXIT），右侧车道主要为直行车流提供；二是2个出口和直行方向都增加相应的地点信息，形成了可达目的地和经由道路相结合的信息预告方式。

③第③点位为集出口指示、车道指示、出口预告于一体的综合性指路标志。该点位距离第1出口（分歧JCT.）已经很近，因此采用向上倾斜箭头指示出口的行车方向，示意司机提前减速进入出口匝道。

④第④点位变化为深蓝色指路标志，形成一定的视觉反差效果，提醒司机已进入出口关键部位。对于第1出口（分歧JCT.）已位于出口三角端部位；对于第2出口（EXIT）只剩下200m，因此它采取出口指示和出口预告相结合的方式，箭头图案非常简单，易懂。

⑤第⑤点位为第2出口（EXIT）的出口指示标志，以T形结构设置在出口三角端部位，该点位的信息量已经少于之前的标志，它的重点在于指示出口方向及出口信息，同时兼顾主线前行方向信息。

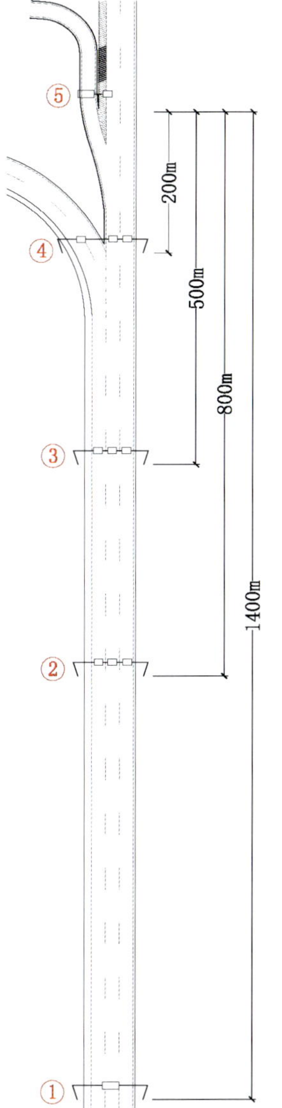

图1—2—3—25 近距离多出口的指路标志设置

（4）可变信息标志

本书研究的重点是静态指路标志，但日本的动态可变信息标志与静态指路标志的协调性，功能互补性还是值得我们去学习和关注。在高速公路上高速行驶的车辆，路段上发生的任何偶发事件，如交通事故、车辆故障、气候变化、道路养护、货物散落等，都会迅速影响后续车辆，容易引发二次事故。动态可变信息标志有效弥补静态标志的不足，它可以实时、准确地发布这些偶发事件信息，确保行车安全。日本的可变信息标志传达的信息量非常大，包括气候变化、自然灾害、交通事故、交通管制、交通堵塞、预计通行时间、交通宣传等各种信息，如图 1–2–3–26 所示。

2.4 国内主要城市

随着我国国民经济的日益繁荣和道路交通运输事业的迅速发展，全国各地的道路网络建设方兴未艾，呈现出一派生机勃勃的景象。交通指路标志作为道路上不可缺少的安全设施，随着我国公路和城市道路的迅速增加与道路等级的提高，以及车辆数量和道路交通量的猛增，对交通标志的功能作用提出越来越高的要求，需要不断地去改进和完善。我国的交通指路标志建设和完善主要以新国标为主要依据，但国内一些省市也不断加强指路标志系统的研究工作，力求结合自己的路网结构、地方特点等，在国标的基础上进行细化和补充。下面将以北京、上海、南京为例，介绍这几个城市的交通指路标志设置的一些特点，以及在近年内所做的一些主要改善工作。

图 1–2–3–26 可变信息标志

2.4.1 北京市的指路标志

北京首都是我国的政治、经济、文化中心。近几年，随着首都社会经济的高速发展，以及城市化进程的加快，北京道路交通进入快速发展和矛盾突显的交叉时期。在享受机动化带来的方便、快捷的同时，随着人口快速增长与城市交通总体出行的显著增长，北京也面临城市资源和环境承载能力的尖锐矛盾。据统计，目前北京市的交通管理对象已经发展成为由1500万常住人口、258万辆机动车、1.9万km道路构成的庞大群体。与许多世界大城市一样，北京也面临严重的交通拥堵问题，但根据北京市政府的最新承诺，2010年的北京将会给市民提供一个更加方便、快捷的交通环境。面对巨大的压力和挑战，北京市交管部门提出了一系列的交通改善措施，其中完善交通标志设施，构建人性化交通设施体系也是重要的举措之一。北京市交管部门在2003年2月正式启动了指路标志系统改造工程，经过这几年的不断改进，指路标志系统目前已经趋于完善，并继续向人性化迈进。

1. 指路标志设置的基本思路

北京市的指路标志设置以道路网络的交叉点，即交通集散点作为主要控制点，并根据城市路网布局，相交道路的功能特点，把道路交叉点分为主要交通集散点和次要交通集散点。

（1）主要交通集散点

城市的交通性主干道路包括：高速公路、封闭式快速环路、快速联络线和其他通行能力较强的贯穿城区的主要道路。由这些主干道路相交叉构成了城市的主要交通集散点，通过这些集散点城市主要交通流可以快速地集结和疏散。城市主干道路上的指路标志系统重点是指向由这些干道相交叉所构成的主要交通集散点。对城市道路网络中的主要交通集散点（信号灯控路口、较大平交口、立交桥）进行指示的指路标志，其指向跨越主要交通集散点之间的次要交通集散点，直接指向相邻的主要交通集散点，如图1–2–4–1所示。指路标志的牌面信息内容包括交叉路口名称、立交枢纽名称、地区区域名称和其他重要交通枢纽名称，并且主要交通集散点所属主干道路名称可外加括号标示在集散点名称的下方或右侧。

（2）次要交通集散点

由城市一般道路，包括一些社区性道路构成了局域性地区路网，其中由一般道路与主干道路、一般道路与一般道路交叉构成了次要交通集散点。通过次要集散点，交通流可以驶达目的地或驶入城市的主干道路。局域性地区路网的指路标志系统重点指向相邻的次要交通集散点或重要地区。关于次要交通集散点的指路标志有以下两种情况：

①一般道路与主干道路交叉构成的次要交通集散点。主干道路上主要交通集散点之间的次要交通集散点（信号灯控路口、较大平交路口），如图1–2–4–2(a)所示，其指路标志的纵向指示主要以阶梯式指向为主，即依次指向道路顺行方向的下一个次要交通集散点，确保次要交通集散点的指路信息彼此衔接。若顺行方向下一个为主要交通集散点，则指路标志指向该主要交通集散点，并同时辅加标示该主要交通集散点横向道路名称。

同样地，主干道路上主要交通集散点之间的次要交通集散点（信号灯控路口、较大平交路口），如图1–2–4–2(b)所示，其指路标志横向指示主要以阶梯式指向为主，即指向相邻一般道路上的次要交通集散点或主干道路上的次要交通集散点。

设置在一般道路上的次要交通集散点的指路标志，在指示主干道路的主要交通集散点或次要交通集散点时，一般同时辅加道路名称信息。此外，在纵向和横向指示当中，除了阶梯式的指示方法外，根据实际情况有时也需要根据交通流量，地点的重要程度等灵活制定指向的具体内容，可选用灯控路口名称、次要交通集散点所属区域名称、次要交通集散点所属道路名称等。

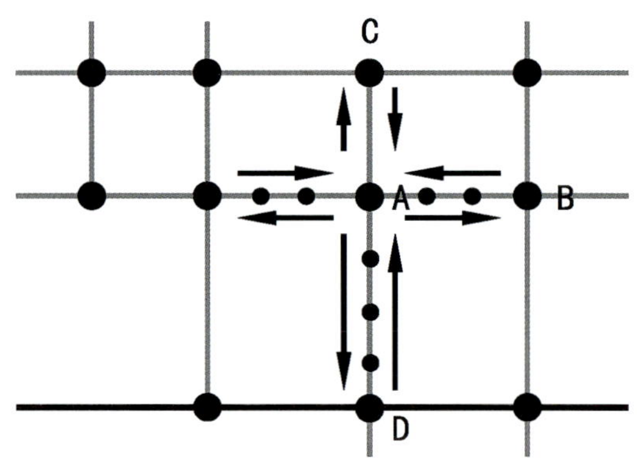

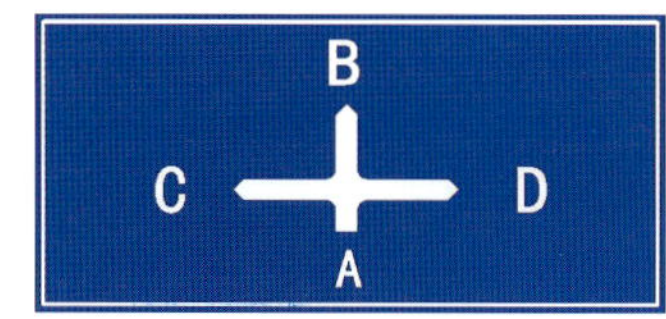

● 主要交通集散点
• 次要交通集散点
← 主要交通集散点指路标志指向

图 1-2-4-1 主要交通集散点（A点）指路标志指向示例

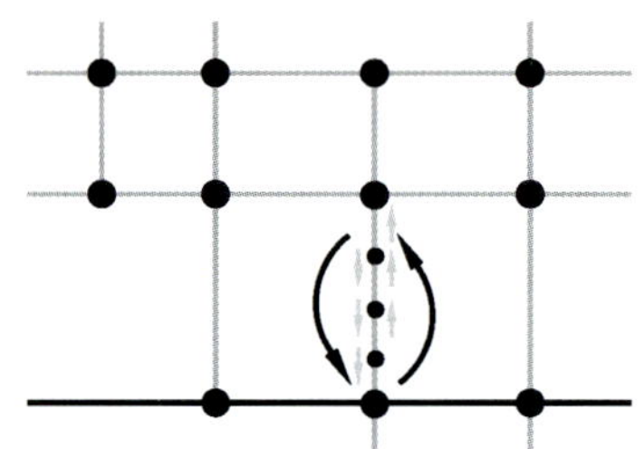

● 主要交通集散点
• 次要交通集散点（主要交通集散点间的灯控交叉路口）
—— 城市主干道
—— 封闭式城市环路
次要交通集散点指路标志的指向
主要交通集散点指路标志的指向

(a)

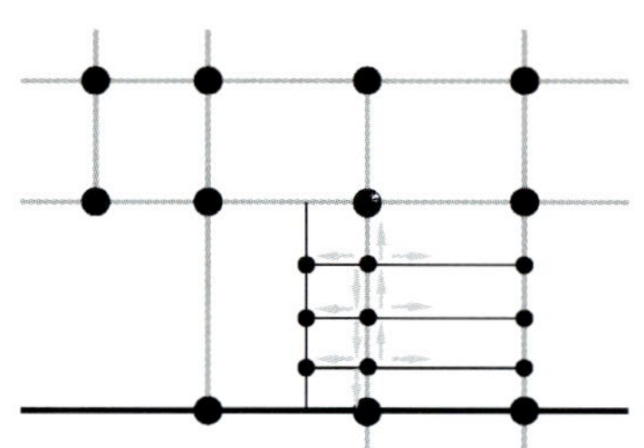

● 主要交通集散点
• 次要交通集散点（一般城市道路上及主干道路的灯控路口）
—— 城市主干道
—— 封闭式城市环路
—— 一般城市道路
次要交通集散点指路标志的指向

(b)

图 1-2-4-2 次要交通集散点指路标志指向示例

②一般道路与一般道路交叉构成的次要交通集散点。这里所说的次要交通集散点是指由一般道路、城市次干道、城市环路联络线（除封闭式外）等非主干道路相互交叉构成的次要交通集散点。这些次要交通集散点的指路标志的指示内容主要根据交通流量大小和阶梯式指向相结合的方式进行选择。如图1-2-4-3所示，设置在次要交通集散点S路口前的指路标志，标示在箭头下方的本地名为S路口；指路标志顺行左指，根据交通流量测算，A大街的交通流量大于B大街，因此左转方向选择A大街；指路标志顺行上指，因Z路口有重点区域Z（如中关村、工人体育场等），因此前行方向选择重点区域Z；指路标志顺行右指，根据交通量测算，C大街的交通流量大于D大街，因此右转方向选择C大街。

2．一般城市道路的指路标志设置

这里所说的一般城市道路泛指除了高速公路、封闭式快速路、进出京国道以外的城市道路。设置在一般城市道路上的指路标志颜色为蓝底白字，这是国标的统一规定。北京市一般城市道路上设置的指路标志在信息选择、牌面排版，以及对一些特殊交通的处理方式还是很值得我们学习与借鉴。

（1）指路标志的信息选择及排版

一般城市道路的指路标志信息主要包括：相交的道路名称、交通集散点（交叉口或桥）、重要区域名称、著名地点、以及其他交通枢纽。从排版方面看主要有两个特点：一是在箭头图案的下方标注所在交叉口、桥的名称，或所在的地点名称；二是指路信息有主辅之分，如果主信息为桥，则辅助信息经常为路，或者刚好相反。辅助信息字体略小，

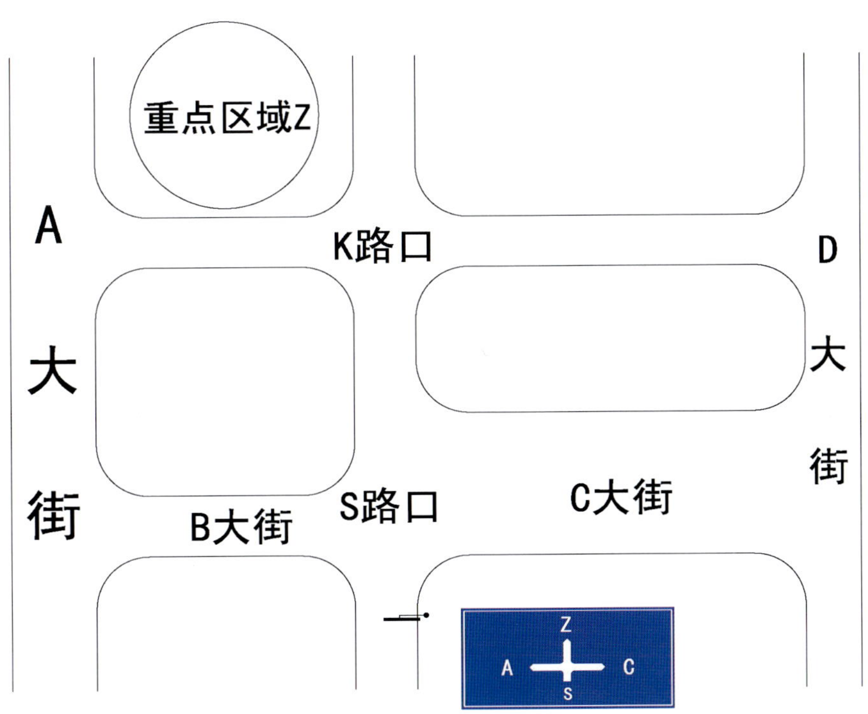

图 1—2—4—3　次要交通集散点指路标志指向示例

外加括号区分，主要包括：交通集散点（交叉口或桥）、道路名称，或大众所熟悉的地点名称等。一般城市道路的指路标志如图 1—2—4—4 所示。

（2）立交平座指路标志的设置

所谓的立交平座相当于将立交桥及匝道座落在平面道路上，犹如互通立交的平面投影。立交平座的通行方式为：右转弯车辆必须在路口前提前右转进入专用匝道，绕行通过路口，从而达到右转弯的目的；左转弯车辆如同使用互通立交桥一样，必须先直行通过路口后，右转进入专用匝道，出匝道后再次直行通过路口，经过两次直行穿越路口从而达到左转弯的目的。立交平座是北京市交管部门为解决平交路口交通拥挤而采用的一种新方法，并在西单平交路口试行，获得很好的使用效果。如图 1—2—4—5 所示，在西单路口增辟和利用周边道路，使其发挥匝道功能，通过设计新颖的指路标志进行交通引导，使平交路口具有互通立交的功能，实施后交通秩序大为改观，通行能力大大提高。

（3）微循环指路标志的设置

随着机动车数量的不断增长，北京市的道路容量趋于饱和，但往往是干道拥堵，而支路、胡同空置。为充分利用道路资源，挖掘道路潜力，北京市交管部门推出了一项新举措：针对交通拥堵路段，在可绕行的部分胡同或者支线设立微循环指路标志，提示司机在道路拥堵时借用支路、胡同进行绕行，发挥道路微循环的作用，提高整体路网的通行能力，以缓解道路拥堵。

北京市交管部门在充分调研，详细勘查的基础上，在朝阳门南小街和金宝街试验性地设置了两种样式的微循环指路标志，如图1—2—4—6所示。一种是蓝色底并标出附近线路，这一方案的优点在于它像一张微缩而精炼的小地图，蓝色色块代表了道路周边的楼区，白色代表道路，黑色箭头为行驶方向，图案文字丰富，司机看了可以了解周围路网情况；另一种是白色底标出黑色箭头及绕行道路，这一方案的牌面信息简单，只有行驶路线的走向，但比较抽象难懂。经调查，有 93% 的司机选择了第一种，只有 7% 的司机选择了第二种，因此北京市将按第一种设计方案在全市范围推广应用。

图 1-2-4-4 一般城市道路的指路标志

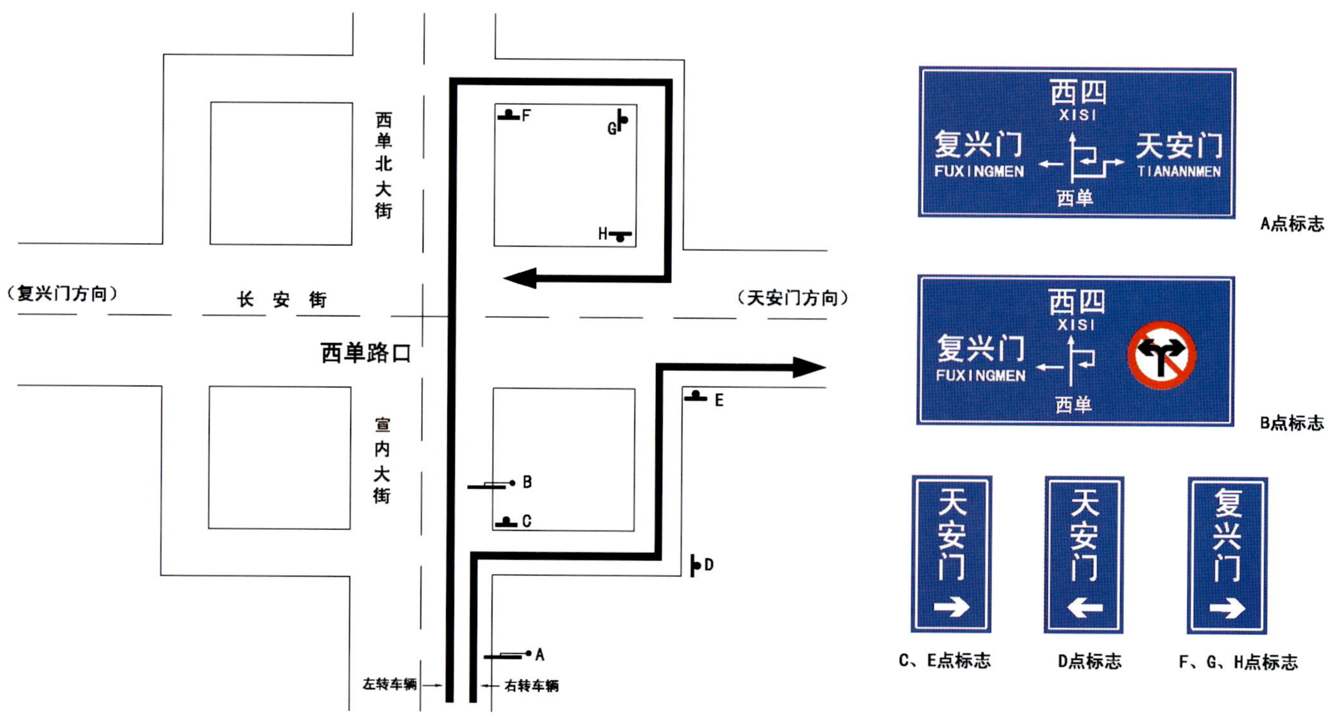

图 1-2-4-5 立交平座指路标志设置示例

3. 高快速路、国道的指路标志设置

北京市的高速公路、封闭式快速环路、进出京国道构成了典型的环形加放射状骨架路网，它对于疏导进出城交通，解决市内中长距离出行起到重要作用。北京市交管部门对于骨架路网指路标志系统的建设和完善也非常重视，在2003年起就实施了工程浩大的高速路、国道指路预告系统和进、出京指路预告系统等改造工程，进一步提升了骨架路网指路标志系统的整体服务水平。

（1）封闭式快速环路出口预告指路系统

这里所说的封闭式快速环路主要以北京市的二环、三环为代表，因为北京市的四环、五环、六环基本上按高速公路设计标准实施，指路标志采用绿底白字，二环、三环的城市道路特点比较明显，指路标志采用蓝底白字。

北京市的封闭式快速环路采用三级出口预告指路系统，即在快速环路出口前2～3km

图 1—2—4—6　微循环指路标志

处、1km 处、500m 处分别设置标示有出口名称，出口距离的预告标志。由于这些预告标志经常利用现有的跨线桥进行附着式设置，因此出口距离也可作一定的灵活变动，但至少要保证每个出口出现 3 次预告。比较特别的是北京市二环、三环的出口众多，出口之间的距离很小，因此各个出口的预告标志需要交错布设。即是每个预告点位都并排设置 3 块标志牌，同时预告前方最近的 3 个出口名称，并按照由远及近，从左至右进行排列，然后按照这种方法依次顺延，滚动预告。如图 1—2—4—7 所示，对 A、B、C 出口进行滚动式预告，C 出口在 A 出口前就开始预告，到达 C 出口时已经出现了 3 次预告。

除了三级出口预告标志外，根据道路的交叉形式，在出口前还需设置其他指路标志与三级出口预告标志配合使用，也就是在出口预告标志的基础上增加更多的出口指路信息，通常有以下两种情况：

①主线上跨式（或下穿式）。当道路交叉形式为主线上跨式（或下穿式）时，在三级出口预告标志之后，在出口前的适当位置还需设置交叉口指路标志，补充预告出口后可到达的目的地或其他道路，如图 1—2—4—8 所示。此外，在出口处的三角端位置还需设置小型的出口指示标志，且出口后在交叉口之前的辅道上还需再增设交叉口指路标志，如图 1—2—4—7 的 A 出口所示。

②互通式立交。当道路交叉形式为互通式立交时，在三级出口预告标志之后，在第一个出口匝道之前 200～500m 范围内应设置一个互通式立交指路标志，标志牌面图案应明确标识互通立交的通行方式，及可到达的目的地或其他道路，如图 1—2—4—9 所示。此外，在出口匝道的三角端位置还需设置小型的出口指示标志，或者设置 T 形分岔指路标志，提供不同行驶方向的道路信息。

此外，在近年的指路标志系统改造工程中，北京市实现对二、三、四、五环路的整体编号。其中二环路以小街桥为起点，三环路以太阳宫桥（京承高速出口）为起点，顺时针对环路出口进行编号，二环路共计出口编号 38 个，三环路共计出口编号 47 个；同一座立交桥的顺时针和逆时针方向采用同一编号，并且同一立交桥的同一行驶方向存在两个出口时采用 A、B 进行区分，进京方向为 A，出京方向为 B。出口编号系统设置示例，如图 1—2—4—10 所示。

(2) 高速路、国道指路预告系统和进、出京指路预告系统

自 2003 年起，北京市交管部门实施的高速路、国道指路预告系统和进、出京指路预告系统为广大交通参与者从国道或高速公路进入城市环路和从城市环路进入高速公路及国道提供了明确有效的道路信息，进而为进出京交通流的合理分布提供了有效保障。通过加强骨架道路之间的衔接预告，从而达到均衡路网交通流的目的，北京市这一做法为国内其他城市提供了很好的借鉴。

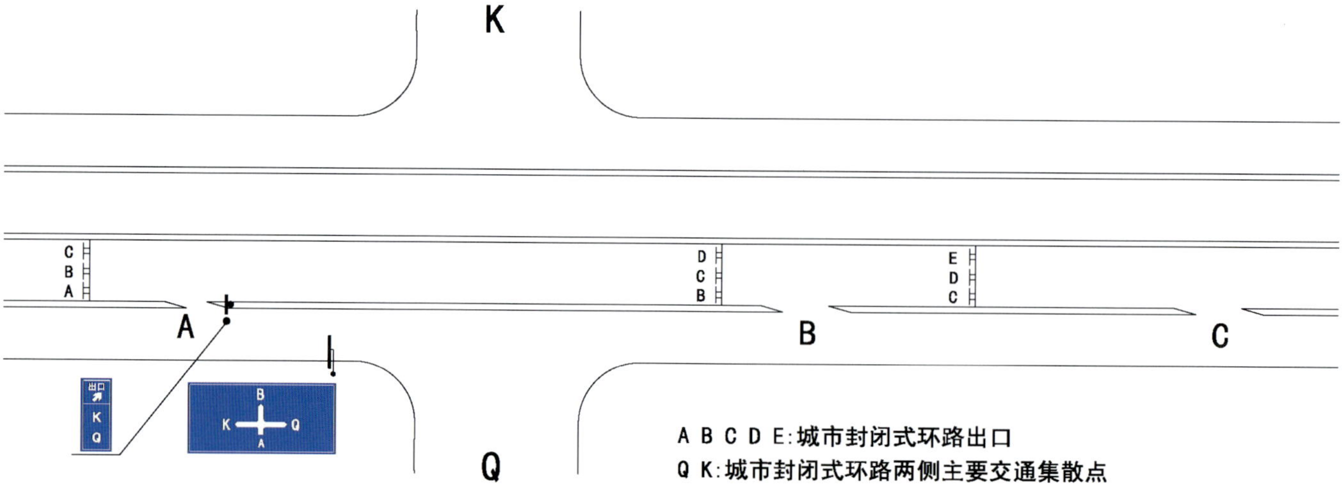

K

A B C

Q

A B C D E:城市封闭式环路出口
Q K:城市封闭式环路两侧主要交通集散点

图 1-2-4-7 （跨线式立交桥）三级出口预告指路系统

图 1-2-4-8 （主线上跨式）出口预告及交叉口指路标志

图 1-2-4-9 （互通式立交）出口预告及交叉口指路标志

图 1–2–4–10　出口编号系统设置示例

①高速路、国道指路预告系统。高速路、国道指路预告系统设置于北京市城市环路沿线（三环、四环），对经由环路起始或途经的高速路及国道进行预告。标志牌面内容为前方与环路相交的3条高速公路或国道的名称及距离，其牌面设计如图1–2–4–11所示。标志版面注入了绿色、红色、黄色等色彩元素，并对不同的预告信息进行单元式划分，在一块标志牌面上出现“画中画”的视觉效果。

高速路、国道指路预告系统的指路标志一般设置在环路的重要互通立交（大型交通集散点）之后，在三环路上主要采用大型悬臂式结构，标志牌面规格为3.5m × 5.5m；在四环路上主要采用双柱式结构或附着式结构，标志牌面规格为1.7m × 4.9m。高速路、国道指路预告系统在三环路和四环路的设置示例，如图1–2–4–12所示。

②进、出京指路预告系统。进、出京指路预告系统设置于北京市进出京主要放射线沿线的重要互通立交（大型交通集散点）之后。进京方向，对前方将要到达或途经的城市环路（立交桥）及北京市远郊区县进行预告，同时标注国道编号；出京方向，对前方一条城市环路（立交桥）、将要到达或途经的北京市远郊区县、河北省县级（或县级以上）行政区进行预告，同时标注国道编号。进、出京指路预告系统的指路标志牌面设计如图1–2–4–13所示。进、出京指路预告系统设置在进出京14条主要放射线沿线，主要采用大型悬臂式结构、双柱式结构以及附着式结构。进、出京指路预告系统在京顺路（国道101）和京开高速的设置示例，如图1–2–4–14所示。

(3) 旅游景点标志

北京是一个古老而现代的城市，拥有着丰富的旅游资源，许多名胜古迹吸引着大量国内外游客慕名而来。为适应国际化大都市的发展要求，北京市近年来在一般城市道路和高快速路系统都设置了很多新颖别致的旅游景点标志，这些标志不仅可以满足其指路的功能要求，还可以加深游客的印象，有效扩大旅游景点的知名度，突出地方文化特色。旅游景点标志采用比较特别的棕底白字，和一般的指路标志有明显的区分，牌面信息主要由旅游区名称、图案、距离、方向箭头等组成，其中图案必须是具有景点代表性的精美图案，让人一目了然，印象深刻。北京市的旅游景点标志充分体现了“易读性”和“公认性”的特点，如图1–2–4–15，设置在八达岭高速公路的长城烽火台图案标志、康西草原骑马人及蒙古包图案标志等，让人过目不忘。

高速路、国道指路预告系统指路标志
（三环路沿线）

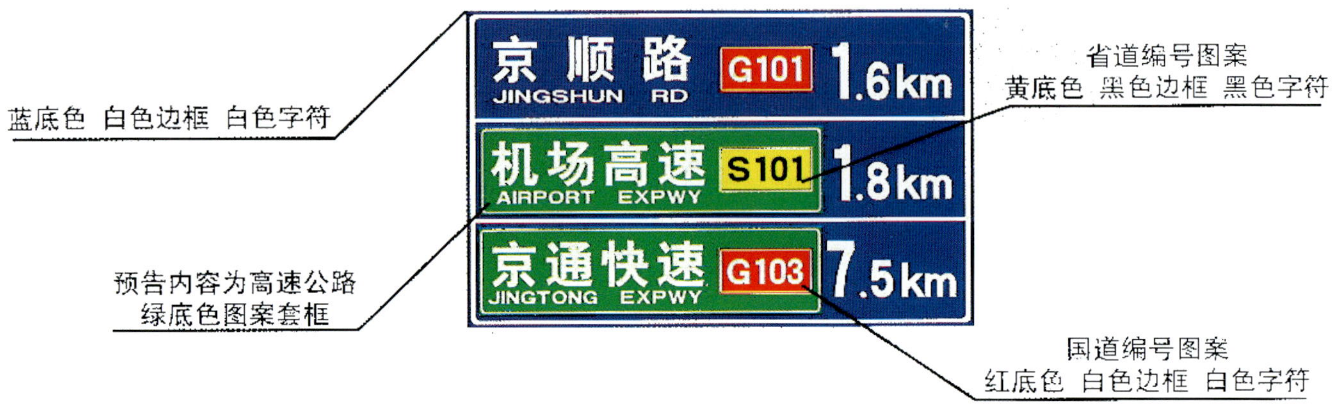

高速路、国道指路预告系统指路标志
（四环路沿线）

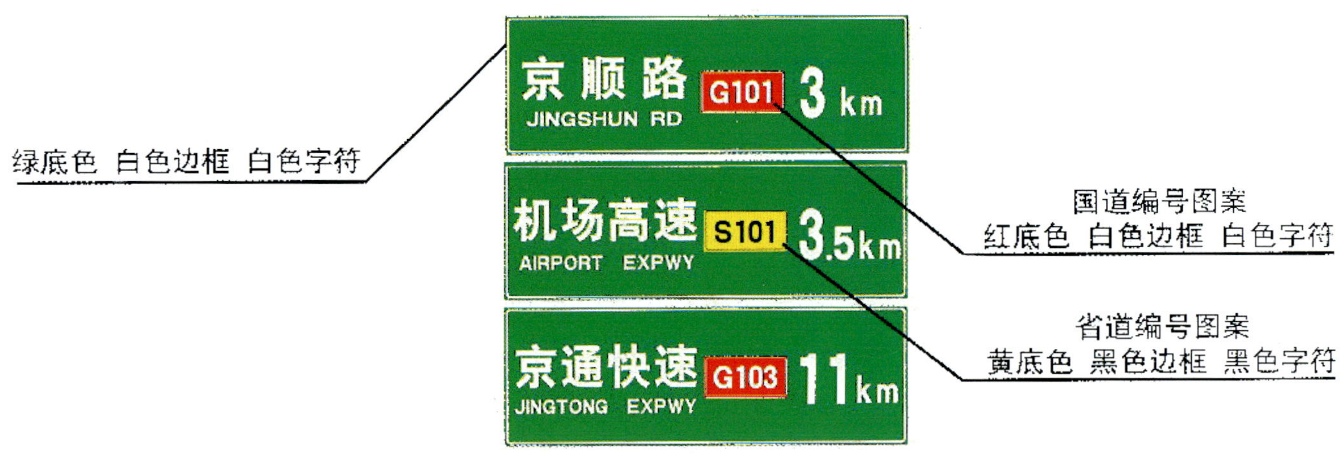

图 1—2—4—11 高速路、国道指路预告系统的标志牌面设计

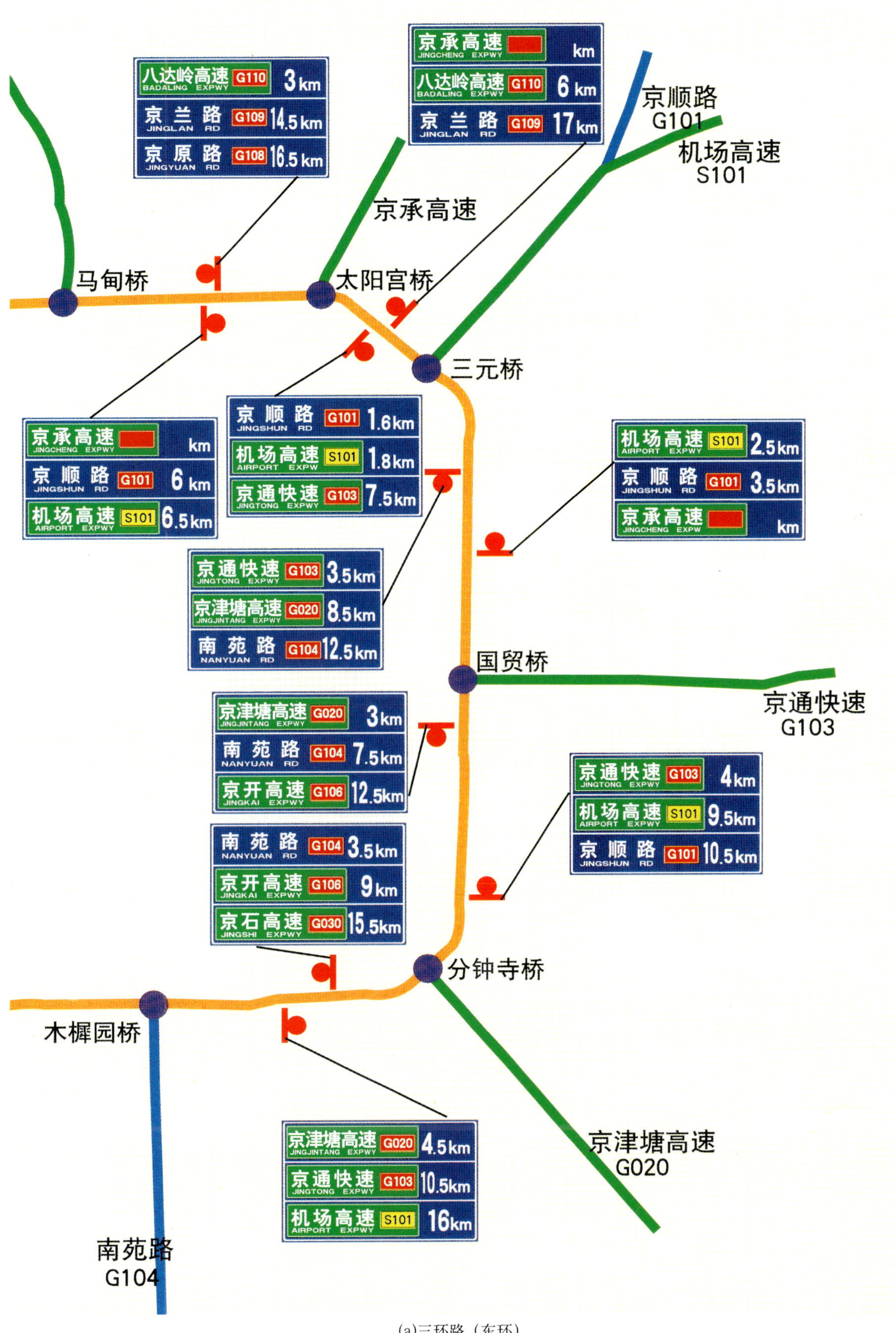

(a)三环路（东环）

图 1-2-4-12　高速路、国道指路预告系统设置示例(一)

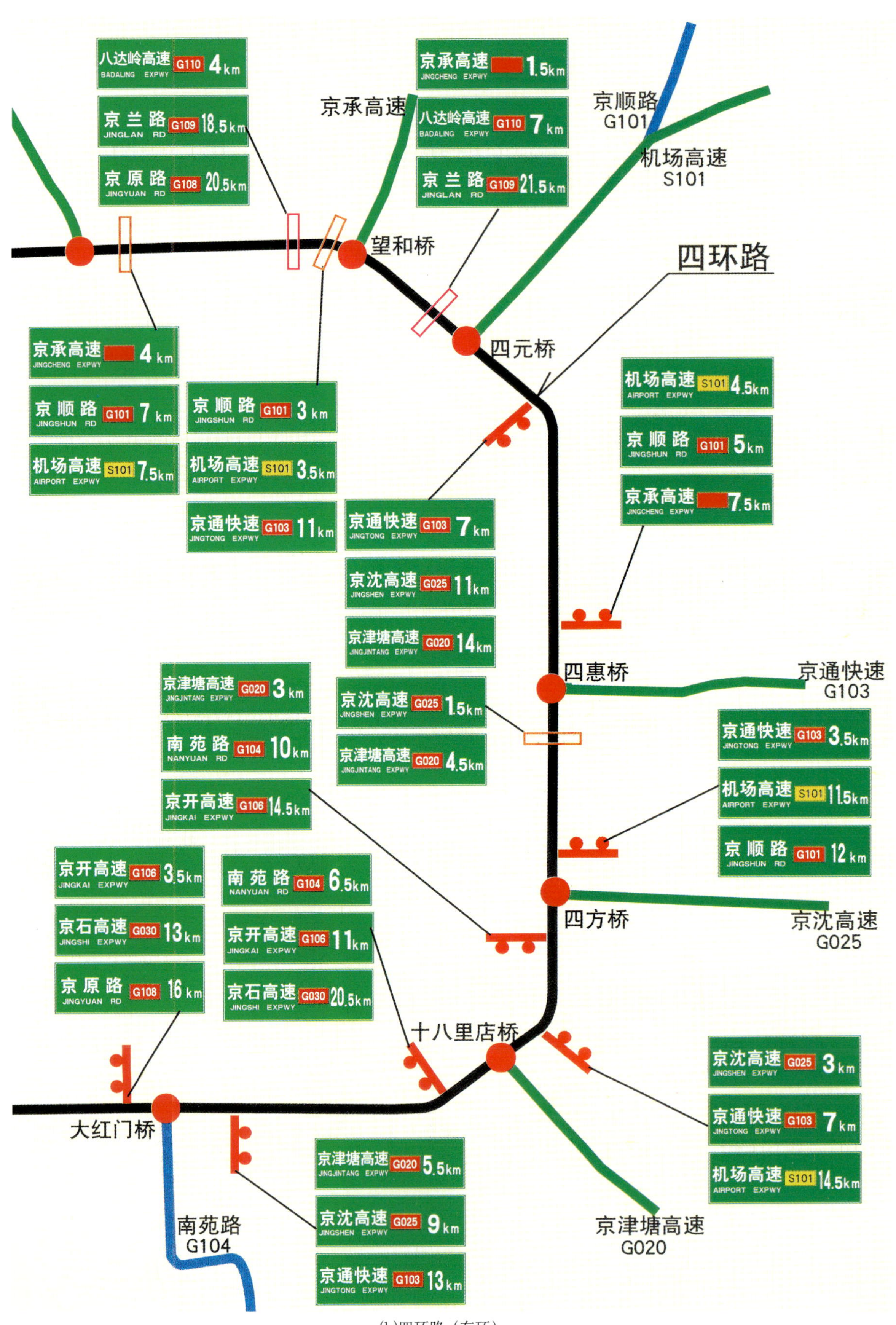

(b)四环路(东环)

图 1-2-4-12 高速路、国道指路预告系统设置示例(二)

进出京指路预告系统指路标志
（一般公路）

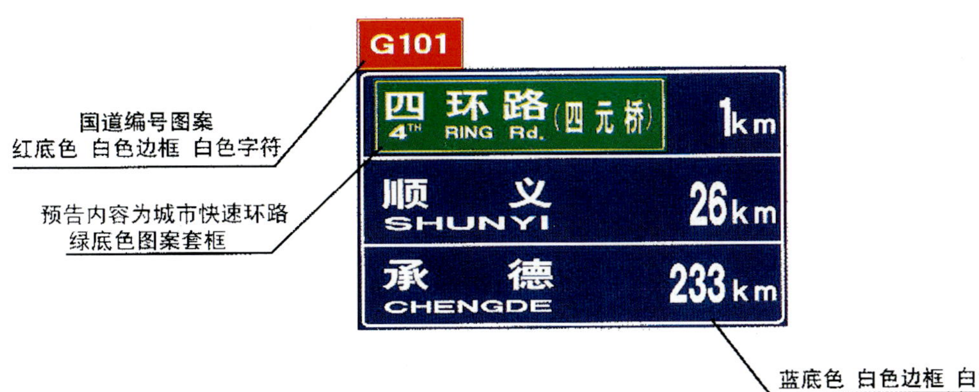

进出京指路预告系统指路标志
（高速公路）

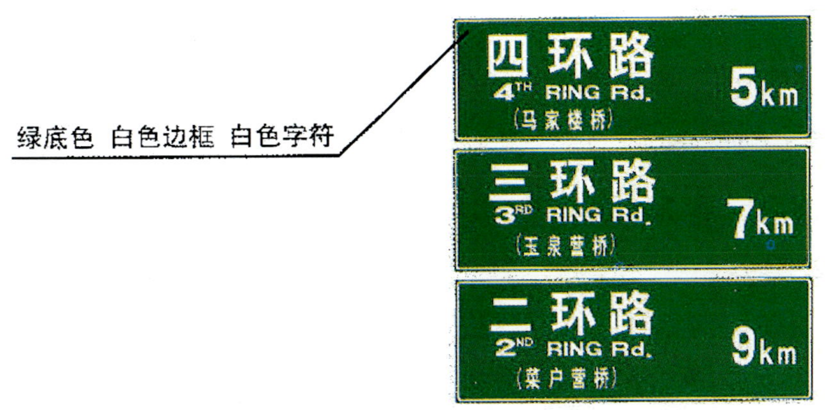

图 1-2-4-13 进、出京指路预告系统的标志牌面设计

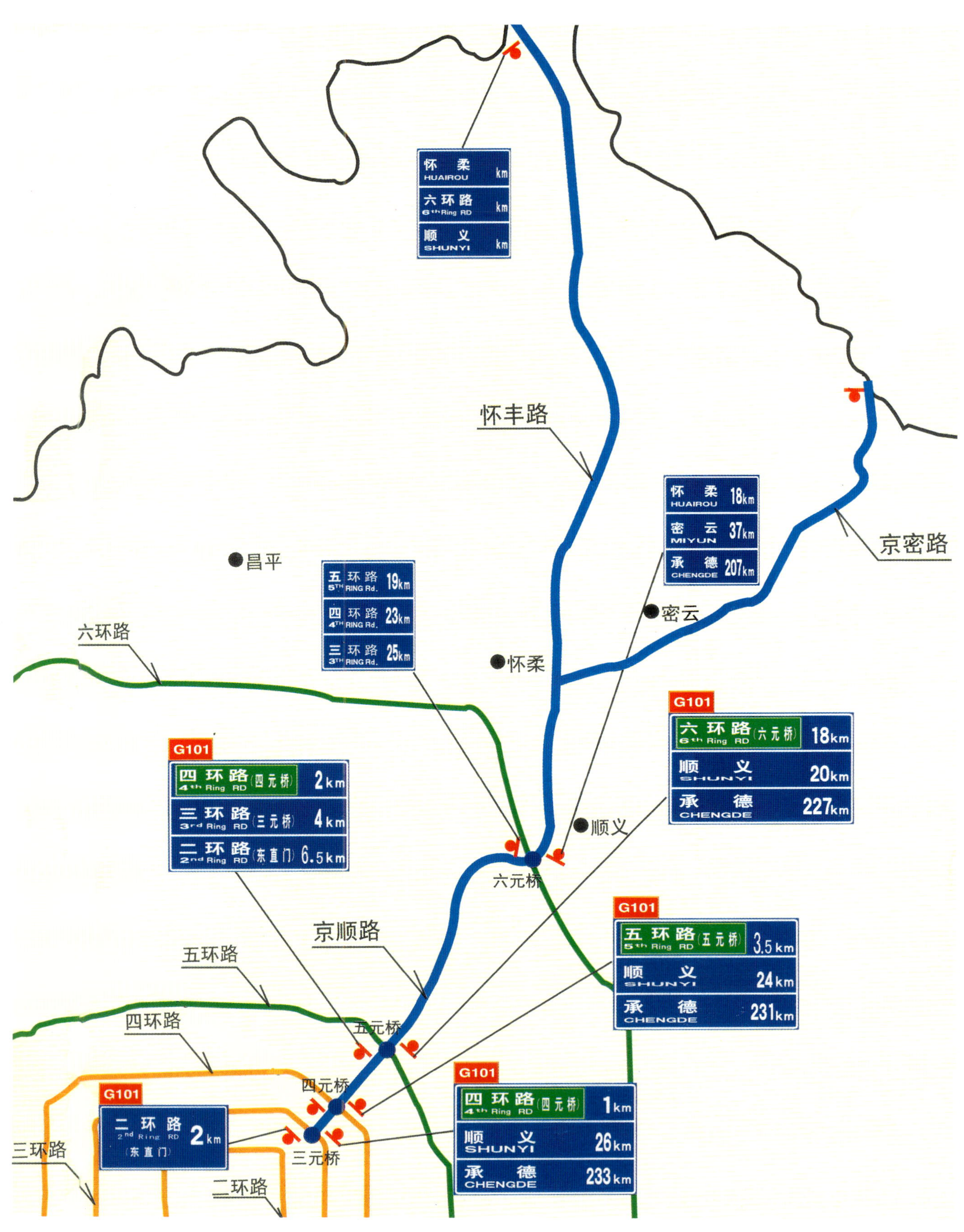

(a)京顺路～怀丰路

图 1-2-4-14 进、出京指路预告系统设置示例(一)

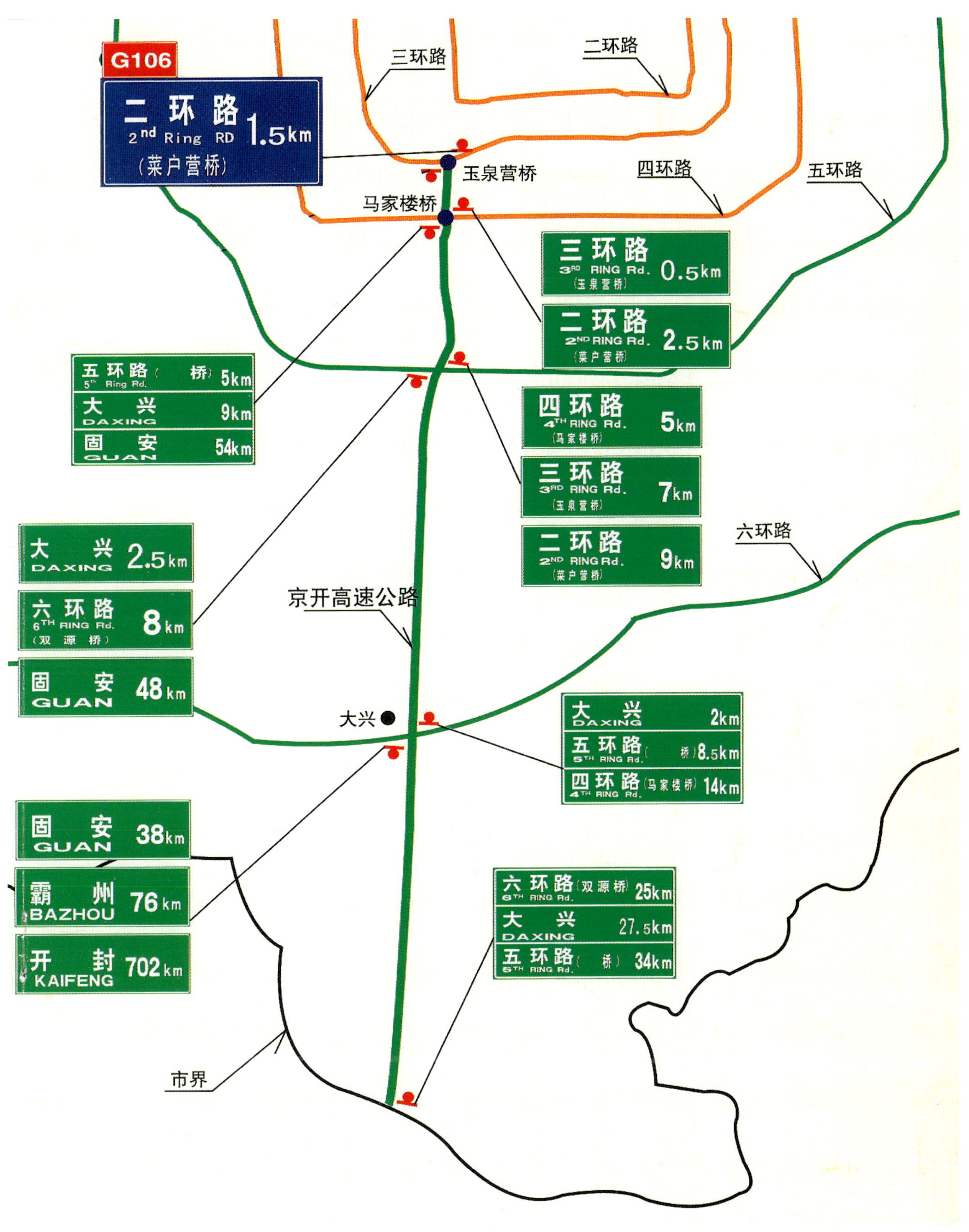

(b)京开高速公路

图 1-2-4-14 进、出京指路预告系统设置示例(二)

图 1-2-4-15 旅游景点指路标志

（4）公益标志

公益标志是用于向车辆驾驶员进行提示、劝告及宣传遵守相关交通规则和公共道德的交通标志。国标当中并没有明确该类标志的设计要求，但北京市已经在四环路等高快速路系统中普遍使用，这也标志着北京市的交通标志设计已经提升到人性化设计，突出人文关怀的阶段。北京市的公益标志已成为道路交通指路标志系统中的亮点，这些标志通过漫画手笔、卡通形象等诙谐幽默的画面，富有人情味、善意地向驾驶员传达法规或公德语言，如图 1-2-4-16 所示。

图 1-2-4-16 公益标志

2.4.2 上海市的指路标志

上海市是一个拥有1700万常住人口的特大城市，机动车保有量已超200万辆。近年来，随着市政府不断加大对城市道路等基础设施建设的投入，上海市每年都有大批的新建、改建、扩建道路竞相竣工并投入使用，与此相关的道路交通管理设施也以极快的速度增长。截止 2004 年，上海市的道路总长度达到 11825 公里，道路交通标志也增长到 99465 块。这些交通标志的使用不但为人们参与交通、快速抵达目的地提供了便利，同时也反映了上海这座正迈向现代化、国际化大都市的面貌。

在上海市的交通发展过程中，人们也曾经发现上海市不少道路标志标识由于跨越了十几年的历史，存在版面形式、文字内容、标志尺寸，或者应用的广泛性、易辨性，规划的系统性、完整性等方面，已不能完全适应国际化大都市的发展需求。上海市政府十分重视，为能够给市民提供一个简洁、明晰、科学、合理和完整的城市交通标志标识系统，早在 2001 年就将《完善主要道路交通标志标识》工作列入政府实事项目，开始对交通标志标识进行全面的梳理和完善。同时，上海市交管部门在借鉴美国、日本等发达国家经验的基础上，分别编制和施行《上海市高速公路、城市快速路交通标志标线技术总则》和《城市道路交通标志标线的设置》两部地方标准，确保交通管理设施建设的科学性、有效性，以达到规范、统一、清晰的目标。

1. 上海市道路交通指路标志系统的组成

上海市主要道路交通指路标志系统可细分为八个子系统：内环线以内路网指路标志系统；"申"字形高架道路指路标志系统；外环线指路标志系统；放射状路网指路标志系统；内环高架路、外环线入口预告指路标志系统；区域性道路指路标志系统；国道编号标志系统；主要旅游景点指路标志系统。

（1）内环线以内路网指路标志系统是指以内环线范围的〝三纵三横〞道路为主以及其它主要干道所组成的指路标志系统。该系统主要包含两方面：一是以主要道路及地点为指示内容的方向、地点指路标志系统；二是以主要道路沿线的支、小道路名称及方向、门牌号码为指示内容的指路标志系统。

（2）〝申〞字形高架道路指路标志系统是指以内环线高架路、南北高架路等组成的〝申〞字形骨架道路所构成的指路标志系统。该系统由高架道路主线上的远、近地名或路名预告标志、出口预告标志及〝高架接高架〞指路标志所构成。

（3）外环线指路标志系统指以外环线沿线重要地点和道路名称为内容的方向、地点、距离指路标志及出口预告、出口方向指示等指路标志系统。

（4）放射状路网指路标志系统以放射型道路为基础的指路标志系统，用于沟通市中心区、内、外环线及通往外省的主要公路干道。

（5）内环高架路、外环线入口预告指路标志系统指本市快速道路的入口预告指路标志系统。

（6）区域性道路指路标志系统是专为引导小区道路上的车辆驶往主要干道而设置。

（7）国道编号标志系统是指国道及高速公路的道路编号标志系统。

（8）主要旅游景点指路标志标识系统可分为两部分：①外环线范围内通往各旅游区（景点）的主要道路、次要道路和其他道路系统；②外环线范围外通往各旅游区的高速公路和城市快速干道以及连接市中心区和外省市的放射状国道、主要干道、次要干道的系统。

2．一般城市道路的指路标志设置

由上述可知，上海市的指路标志系统可细分为多个子系统，但从指路标志的设置特点看，可按照用于一般城市道路、高架快速路和高速公路分为3大类。一般城市道路以设置交叉路口指路标志为主，而且指路标志的颜色为蓝底白字。在参照国标的基础上，上海市的一般城市道路指路标志有所创新，主要表现在以下两方面：

（1）平面交叉口指路标志

上海市的平面交叉口指路标志在版面格式及信息选择方面有着鲜明的特点。在主干道上一般沿行车路线的直行方向指示两个路名（地名），按箭头方向先近后远，即自下而上，由近而远地排列。近点信息一般为前一交叉口的横向道路名称；远点信息可以是道路途经的著名地点名、主干道名、或者是主要交通集散点名等。左、右转弯各指示一个路名（地名），一般为相邻交叉口的纵向道路名称。版面设计的新颖之处是把当前交叉口的横向道路信息设置在横向六边形框内，与箭头图案组合在一起布置在版面的下方，如图1—2—4—17所示。在上海世纪大道上，一个蓝色的交叉口指路标志和三个棕色的旅游景点标志并排设置在同一门架横梁上，成为大城市中的小景致，并充分展示了上海市指路标志设计的特点，如图1—2—4—18所示。

（2）门牌号码指路标志

在日常的交通活动中，道路使用者会经常遇到这样的问题，当好不容易找到自己想找的道路时，却难以作出左转还是右转的决定，原因是不清楚该路口两侧的门牌号排列情况。为此，上海市交管部门在认真调研并结合本市道路特点的情况下推广应用门牌号码指路标志。这类标志主要设置在主、次干道与支路、小路相交的交叉口上，并只设在交叉口的主、次干道上，如图1—2—4—19所示。实践证明，这类标志的应用大大地方便了群众的出行，得到了较好的社会反映。

3．高架道路的指路标志设置

上海市的内环线高架、南北高架、延安高架构成了很有意义的〝申〞字形高架路网。高架道路的指路标志系统主要由入口预告标志、出口预告标志、地点距离预告标志、可变信息标志等组成，它们的功能特点及设置情况如下：

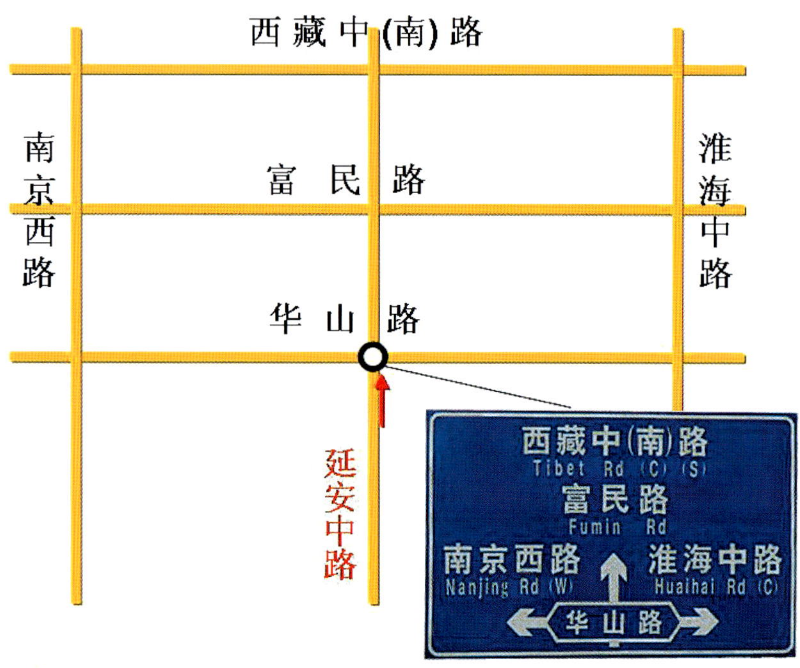

图 1-2-4-17 交叉路口指路标志信息选择示例

图 1-2-4-18 一般城市道路指路标志设置示例

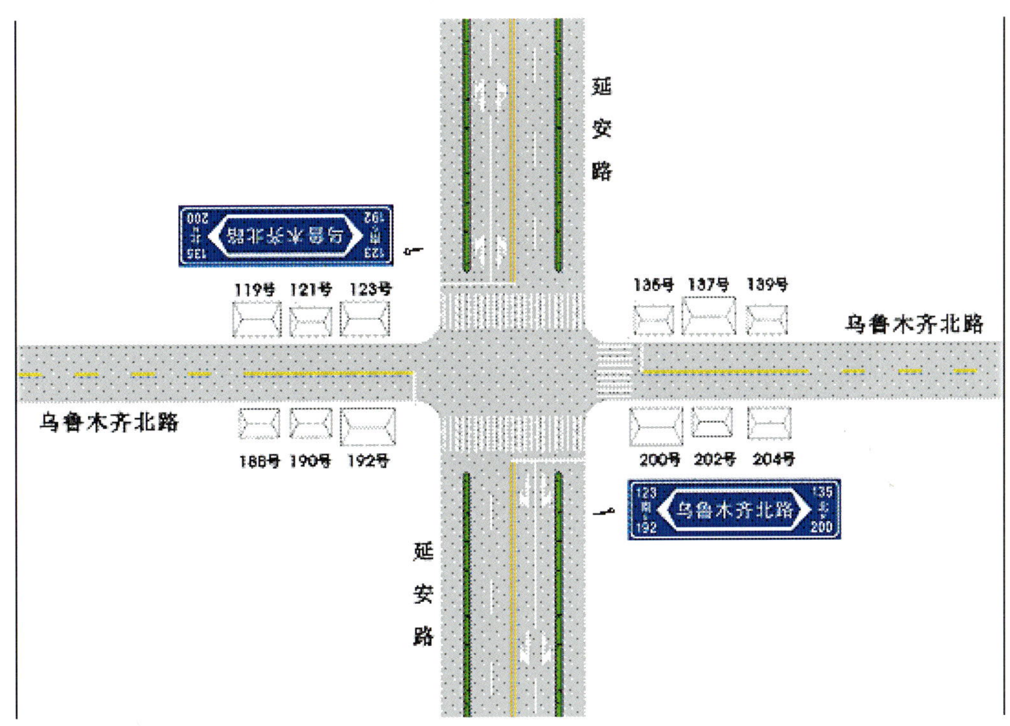

图 1—2—4—19　门牌号码指路标志设置示例

(a)　　　　(b)

图 1—2—4—20　入口预告标志

（1）入口预告标志

高架道路的入口预告标志主要分为两种情况：一种是设置在距离高架道路入口前的1～2个交叉口范围内的地面道路上，如图1—2—4—20(a)所示；另一种是设置在"高架接高架"的大型互通立交范围内，如图1—2—4—20(b)所示。入口预告标志的共同特点是采用蓝白分割的标志版面，上半部用白底蓝字标明高架道路的名称，下半部用蓝底白字标明入口的行驶方向，且每个方向只选用一个最具代表性的地点名称（道路名称或交通集散点名称）。

（2）出口预告标志及地点距离预告标志

上海市的高架道路位于中心城区范围内，出入口众多，且距离不一，因此出口预告标志的距离点位只能根据现场实际情况作灵活的调整，但在有条件的情况下，一般设置在距离出口1.5km、1km、500m、200m的点位上。出口预告标志的信息量严格控制，一般只预告出口衔接的一条道路信息，最多也不会超过两条信息。出口预告标志一般采用单悬臂式结构独立设置，但经常也会和地点距离预告标志并排设置在同一个门架横梁上，如图1—2—4—21(a)所示。地点距离预告标志也是高架道路上设置较多的一种标志，它们提前预告前方将到达的高架路、过江桥、大型立交等，并标明准确的距离。在高架道路的出口分岔点上，一般设置T形双悬臂式标志，同时预告当前出口和下一出口的指路信息，形成滚动预告的信息链，如图1—2—4—21(b)所示，右侧标志用箭头指示出口行车方向，同时标明出口衔接的道路信息；左侧标志预告下一出口的信息，同时标明与下一出口的准确距离。

(a)

(b)

图 1-2-4-21 出口预告标志及地点距离预告标志

(3) 可变信息标志

上海市面对日益严峻的交通压力，积极地采用信息化管理手段，加强对路网系统的疏导调节。通过在高架道路上设置可变信息标志为驾驶员提供及时、明确的交通状况信息，帮助他们选择合适的出行路径，避免盲目选择带来的时间延误，对缓解交通拥堵、提高道路资源利用率具有显著的作用。上海市的可变信息标志主要有以下 3 种形式：

①小型文字式可变信息标志设置在匝道入口处，以及入口之前的相关地面道路上，主要作用是告知驾驶员有关入口匝道的状态（关闭／开放）或者主线的主要状况（畅通／拥堵），以便驾驶员能够根据具体情况事先调整行驶路线。如图 1-2-4-22(a) 所示。

②大型图文式可变信息标志主要设置在高架道路的主线上，用于广域诱导，即告知驾驶员前方所有路段和交通节点的交通状况，如图 1-2-4-22(b) 所示。图文式可变信息标志用红、黄、绿 3 种颜色分别表示不同的交通状态：绿色表示畅通（时速 45km 以上），黄色表示拥挤（时速 20～45km），红色表示阻塞（时速小于 20km）。

③中型图文式可变信息标志设置在高架道路主线上出口匝道的上游，配合大型情报板，主要以局部诱导为主，兼顾广域节点诱导，即告知驾驶员前方的主线路段、出口路段和交通节点的交通状况，以及到达相关地点的行程时间。如图 1-2-4-22(c) 所示。

4. 高速公路的指路标志设置

上海市的高速公路指路标志主要有两方面的特点：一是对高速公路进行统一编号，以大写 A 字母开头，如图 1-2-4-23(a) 为设置在外环高速公路 A20 上的指路标志，所指示的 A11 为沪宁高速、A12 为沪嘉高速、A30 为郊区环线；二是对高速公路的出口进行统一编号，并且把编号小标志附加在出口标志的上边缘，如图 1-2-4-23 (b) 所示，其中 8 号出口为当前出口，7 号出口为下一出口，且 8 号出口编号标志的分叉箭头表示出口匝道还有第 2 个分岔点。

随着上海市高速公路的兴建和发展，高速公路渐成网络，相应地对指路标志的设计、设置也提出了更高的要求。近年来，有不少市民和媒体反映上海的一些高速公路指路标志存在指示不清的问题。基于此，上海市政部门对全市已建成的 485 公里高速公路网的 21 个大型立交、410 条匝道和 56 个出入口共计 2817 块高速公路指路标志进行了全面调查，发现高速公路指路标志系统现状存在的主要问题是：用高速公路编号数码指示方向，使得有些指路标志缺少了地点信息，个别指路标志还存在标志内容不完善、形式不统一、设置不完整等问题。

本着以人为本、方便驾驶员的原则，上海市市政局、交警总队修订了《上海市高速公路、城市快速路及城市高架路交通标志标线技术总则》，并着手对上海市高速公路指路标志进行改善。这次改善也标志着上海市高速公路指路标志系统进入完善的阶段，服务水平得到大幅度提升。改善工作主要有以下几内容。

（1）改善出口预告标志系统

1）补充地点信息。上海市对高速公路进行统一编号可以大大简化道路信息，但由于指路标志没有把道路编号和地点方向信息紧密结合起来，因此在使用方面存在一定的缺陷。如图1—2—4—24所示，指路标志预告从当前的高速公路驶出后即将进入A5高速公路的两个行驶方向，改善前指路标志只预告左边可到达A5高速公路的A30高速及A12

(a)

(b)

(c)

图1—2—4—22　可变信息标志

(a)

(b)

图1—2—4—23　高速公路指路标志示例

高速方向，右边可到达A5高速公路的A11高速方向。但在高速行车过程中，驾驶员很难在短时间内明确A30、A12及A11到底通向什么方向，从而影响了驾驶员的方向选择。改善后的出口预告标志补充了地名方向信息，如图中的"大仓方向"和"青浦方向"，以便于驾驶员在行驶过程中及时了解道路通向的主要地点，使得上述问题迎刃而解。

另外，原有部分高速公路出口直接预告出口所连接的地方道路，虽然出口道路等级不高，知名度也有限，但考虑这些道路名称已被广大驾驶员所熟悉，如果突然把原来的出口路名都改为出口地名，部分已经习惯的驾驶员又难以一下适应。为此，改善方案对于道路等级不高的出口路名信息也将保留在原标志牌面上，并同时补充出口附近的地名信息。如图1-2-4-25所示，如果简单地将"航南公路"换成"南桥"可能会引起一些原已熟悉的驾驶员在认识上的模糊，因此，改善方案保留原标志牌面上的"航南公路"信息，同时再补充相应的地名信息"南桥"，使驾驶员一目了然。

2）设置五级出口预告系统。驾驶员在高速行驶过程中，对出口系统的提示需要一个渐进的过程，对提示信息应有充分的心理准备。因此，改善方案改变原来出口预告标志距离不统一的现状，在距离高速公路出口2.5km、2km、1km、500m以及出口减速车道起点位置，共设置5级出口预告标志，如图1-2-4-26所示。通过反复提示，同时加强路名和地名信息的结合，改善了原来要到最后一个分叉点才能知道出口道路通向的问题，使驾驶员能够更早地进行判断，做出自己的选择。改善的亮点是在国标的基础上增加2.5km处的预告点位，并且在距离出口1km的点位增加立交图形指引标志，使驾驶员更直观地了解前方立交出口匝道的通行方式。如图1-2-4-26(b)所示，立交图形指引标志提前告知驾驶员有两次分岔匝道的行驶，第一次是从主线分离，第二次分别通向A9高速公路的两个方向"朱家角方向"和"上海市区方向"。

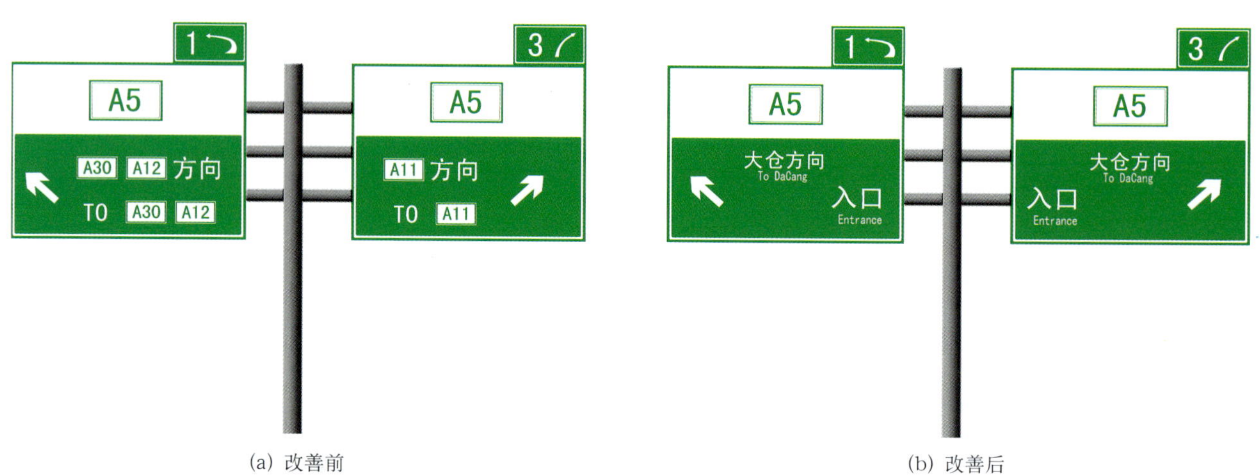

(a) 改善前　(b) 改善后

图1-2-4-24　出口预告标志改善前后对比

(a) 改善前

(b) 改善后

图1-2-4-25　出口预告标志改善前后对比

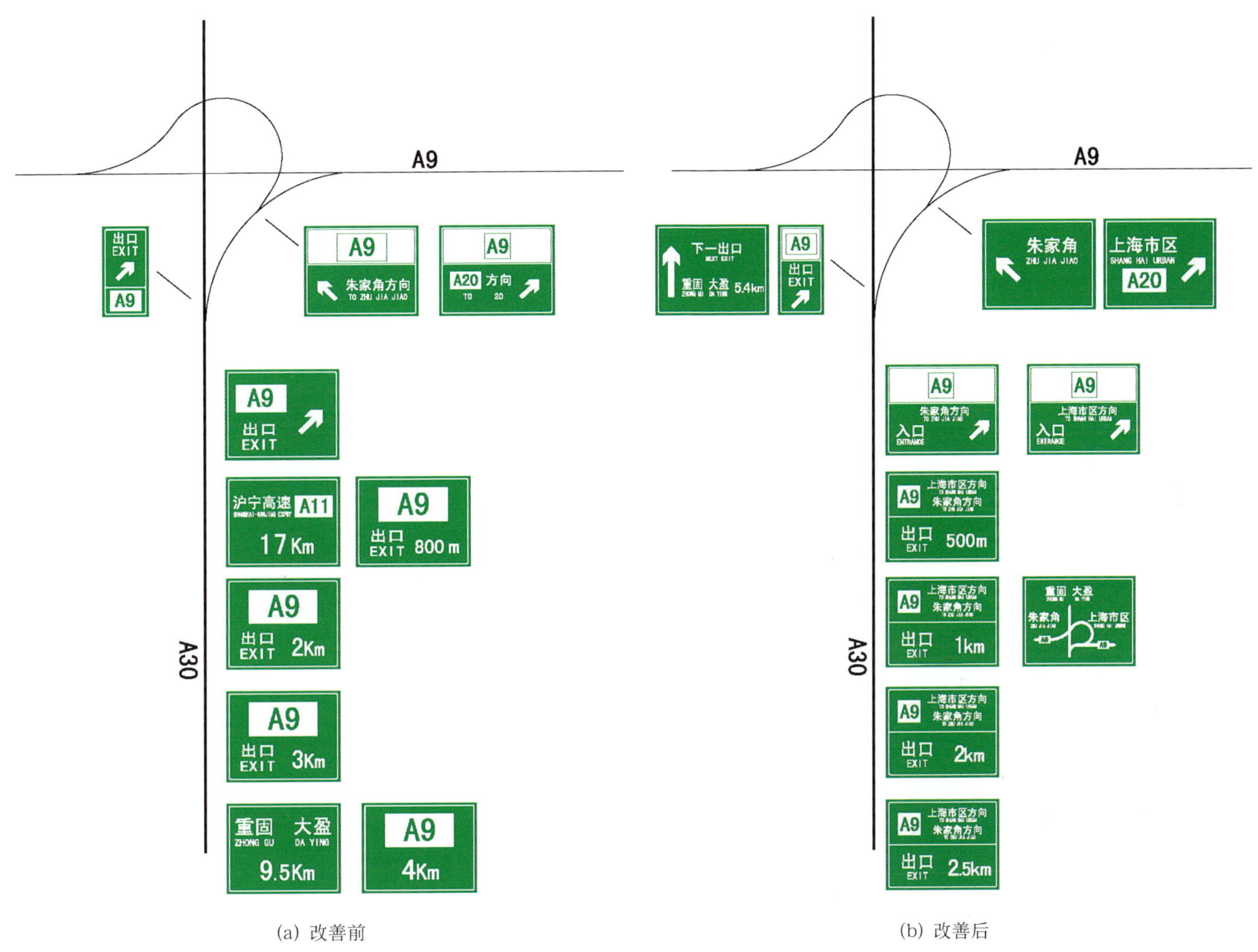

(a) 改善前　　(b) 改善后

图 1-2-4-26　出口预告标志系统改善前后对比

(2) 改善入口预告标志系统

调整了高速公路入口预告系统，使驾驶员在高速公路周边地面道路上很容易找到高速公路的入口位置，并明确高速公路的通向，如图 1-2-4-27 所示。入口预告标志系统的改善重点在以下方面：

①在两个以上主要交叉口范围内设置高速公路入口预告标志。

②高速公路入口预告标志不仅设置在周边城市主干道、城市次干道、一级公路等道路上。而且，当收费口直接连接低等级道路时，也会在这些低等级道路上设置高速公路入口预告标志。

③当高速公路两个方向的匝道入口位于不同位置时，周边道路的指路标志也会对这两个方向的入口同时预告。

(3) 改善地点距离预告标志系统

基于“保持信息滚动、连续，形成信息链”的原则，当高速公路两个出口之间的距离大于3km时，改善方案要

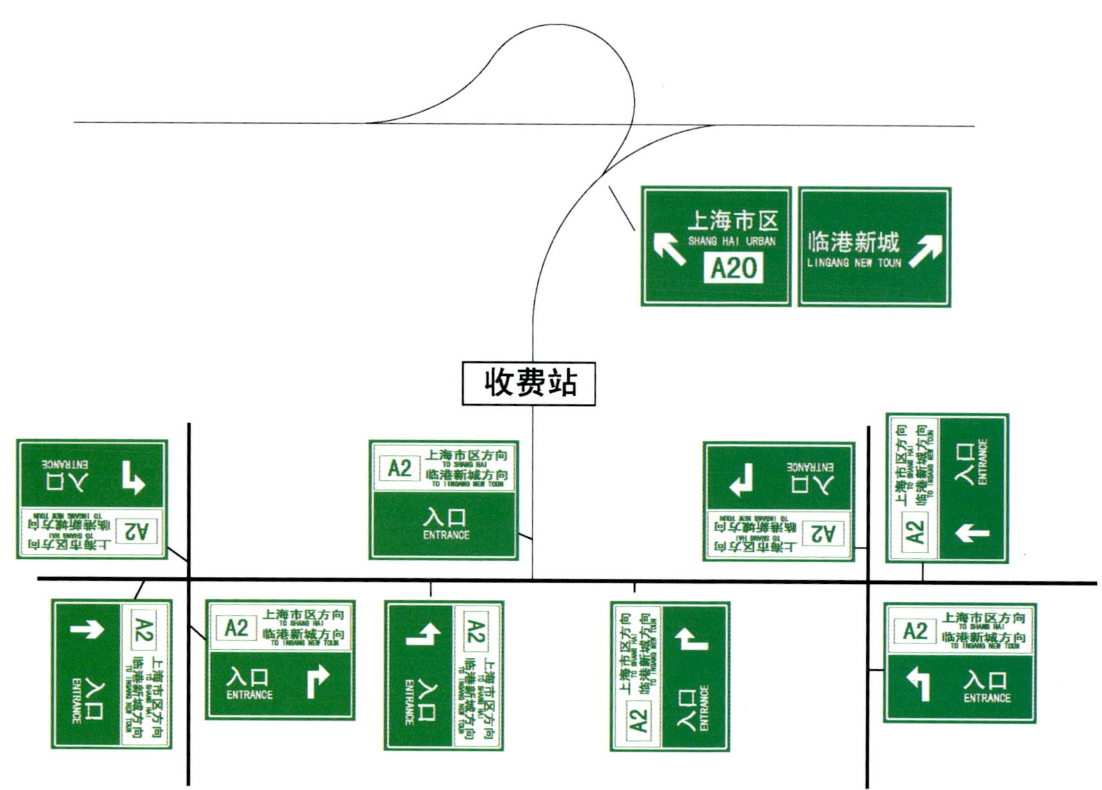

图 1-2-4-27 入口预告标志系统

图 1-2-4-28 地点距离预告标志

求在路段上设置地点距离标志。设置点位一般位于互通立交之后，即入口加速车道终点再向前约300m处。地点距离标志使用三联牌，版面的最上一排指示下游第一个出口的信息及距离，中间一排指示下游第二个出口的信息及距离，最后一排指示更远的重要立交出口的信息及距离。如图1-2-4-28所示，该标志设置在A9高速公路，下游第一个出口将通向A30高速公路，距离为6km；再下一个出口可到达青浦城区，距离为7km；更远一些的重要立交出口可到达朱家角，距离为17km。

（4）调整地名分类系统

原指路信息有关的重要地名分为A、B两类，现调整为三类：一级地名信息是指机场、邻近省会和邻近地区，二级地名信息是指市中心或各区县名称，三级地名信息是指区（县）政府所在地、主要城镇、火车站、主要港口和码头、黄浦江大桥和隧道、主要市级开发区和工业区、主要旅游景点、主要的物流集散地、大型立交等。

2.4.3 南京市的指路标志

南京市的城市交通建设、管理水平每年都有新的提高，曾经多次被评为"畅通工程"一等管理水平城市，成为国内城市道路交通管理的典范城市。道路交通指路标志系统作为城市交通管理工作中的重要组成部分，南京市交管部门本着"设置规范化、服务人性化、效果最佳化"的原则加强对城市道路指路标志系统的建设和完善。多年来，南京市交管部门结合自身城市路网特点，积极学习借鉴国内外先进经验，科学地设置指路标志系统，为交通参与者提供较为完善的道路交通信息，有效缓解了城市交通压力，力保古城交通的畅顺。南京市的指路标志系统主要有以下几类标志形成自己独特的风格。

1. 交叉路口指路标志

南京市的指路标志充分考虑了本市棋盘式的道路网络结构，设置交叉路口标志的原则是以阶梯式连贯性地往前推进。南京市的交叉路口指路标志所指示的信息涵盖交叉口四周的道路信息，如图1—2—4—29所示。直行方向信息主要预告前方交叉口横向的道路信息，一般只设置一个信息，显示在牌面的上方；左右转向的信息一般各设置两个，按上下两排设置，上排为当前交叉直接衔接的横向道路信息，下排为横向下一交叉口的纵向道路信息；南京市的主要特点是把当前交叉口的纵向道路（即所在道路）信息设置在纵向长矩形框内，框外设置箭头标明转向，矩形框及箭头排版在牌面的中间位置，此外，将后方已经经过的交叉口横向道路信息标注在矩形及箭头图案的下方，字体略小。总体上，信息指引方位感比较强，显得比较形象，但所在的纵向道路信息

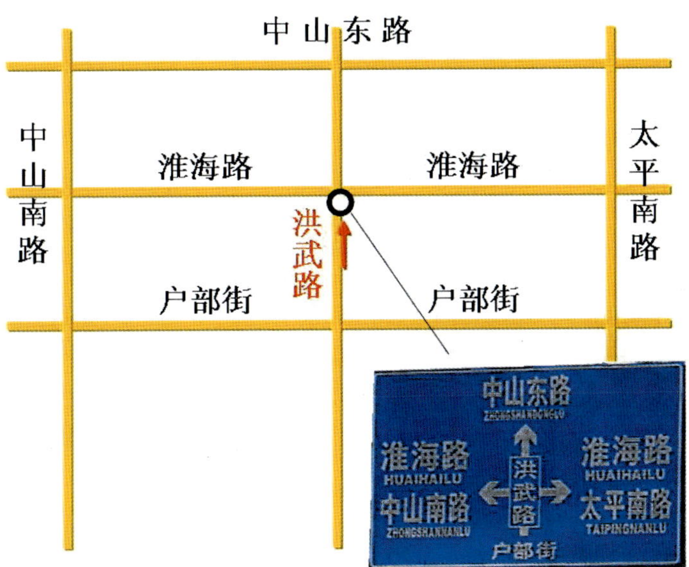

图1—2—4—29　交叉路口指路标志信息选择示例

图1—2—4—30　交叉路口指路标志设置示例

和后方交叉口横向道路信息均为附加性信息，容易产生混淆。

南京市交叉路口指路标志常用的牌面规格为10m²（4m × 2.5m），支撑形式一般采用F形悬臂式结构，并且在不设中央绿化带的道路上都设置为双面式标志牌，分别指示相反方向的信息，因此在南京的街道上也可以看到设置在道路左侧的指路标志牌，如图1–2–4–30所示。

2. 街巷指路标志

根据城市路网规划以及城市交通地图对道路功能性质的划分，南京市的主要道路交叉口指路标志和支路交叉口指路标志有着明显的区别，主要道路交叉口采用上述大型悬臂式指路标志，而支路交叉口主要采用小型的街巷指路标志，如图1–2–4–31所示。街巷指路标志的单个牌面规格一般为1.0m × 3m，通常设置在不设信号灯控制的主、次干道与支路、小路相交的交叉口上，并只设在交叉口的主、次干道上，使得对本市路网不熟悉的道路使用者通过使用交通标志和交通地图就能方便、顺利地到达目的地。

3. 多方位指路标志

根据指路标志的设计原则，为了保证驾驶员在可视距离内迅速认读和理解，所以指路标志的版面不能设置过多的指路信息，但现实中有部分重要的道路信息却很难取舍，为了能够给交通出行者提供更多的指路信息，南京市在市区西华巷、小营、大中桥等主要路口上设置一种多方位指路标志牌，和大型的蓝色交叉口指路标志牌形成功能互补。多方位指路标志的单个牌面规格为1.2m × 0.3m，标志版面采用白底黑字，并制作成箭头形状，不同方向信息逐层交错布置，形成多层交叉的十字。多方位指路标志的指示信息包括重要地点、旅游景区、重要公建等，并按照自下而上，从近及远地排列，这种标志大大方便了出行的车辆及行人，成为南京市交通指路标志系统的特点之一。如图1–2–4–32所示。

图1–2–4–31 街巷指路标志设置示例

图1–2–4–32 多方位指路标志设置示例

第三章　道路交通指路标志系统现状分析

近年来，我国的社会经济保持了强劲快速的增长态势，在经济增长的带动下，国内各大城市的道路网络迅速发展，但“重”建设“轻”管养的现象在全国各大城市普遍存在， 虽然路网趋于完善，但作为附属设施的指路标志系统的完善和更新显得相对滞后，严重制约了路网功能的发挥。指路标志系统是道路的语言，是沟通人、车、路的纽带。指路标志系统不完善，市民强烈反映存在“交通陷阱”，帮“倒忙”等问题。指路标志系统是城市的“名片”，指路标志系统存在的问题将直接影响到城市的对外形象，更为严重的是降低了路网功能和使用效率，对城市道路资源造成不必要的浪费。目前，国内许多城市已经意识到指路标志系统的重要性，比如，广州市近几年来积极开展了指路标志系统的系列专题研究，所以下面也将以广州为例，对道路交通指路标志系统经常出现的问题进行分析和研究，以供借鉴，并为下一步制定完善的指路标志系统设置方法提供科学依据。

3.1　指路标志系统与道路网络的适应性分析

3.1.1 路网功能

城市路网的建设是随着时间的推移、社会经济的发展而逐步完善的，道路交通指路标志系统也应随着整个路网的发展变化而不断改进和完善。广州市现状指路标志系统由于缺乏及时的更新和完善，指路标志系统未能充分适应道路系统的动态发展需求，以至影响路网整体的交通功能及使用效率。

1．广州市路网体系

近年来，广州市的交通基础设施建设取得重大进展，由高快速路、主干道和次干道组成的层次分明、功能明确的立体化道路网络得到进一步完善。

（1）市域主骨架路网体系—四环十八射

广州市规划以中心城区为核心，形成“四环十八射”环型放射状网络形态。主骨架路网规划长度1151km，对外出入口39个，详见图1-3-1-1。

四环：内环路、环城高速、北二环～东二环～广明高速、北三环～珠三角南二环高速公路。

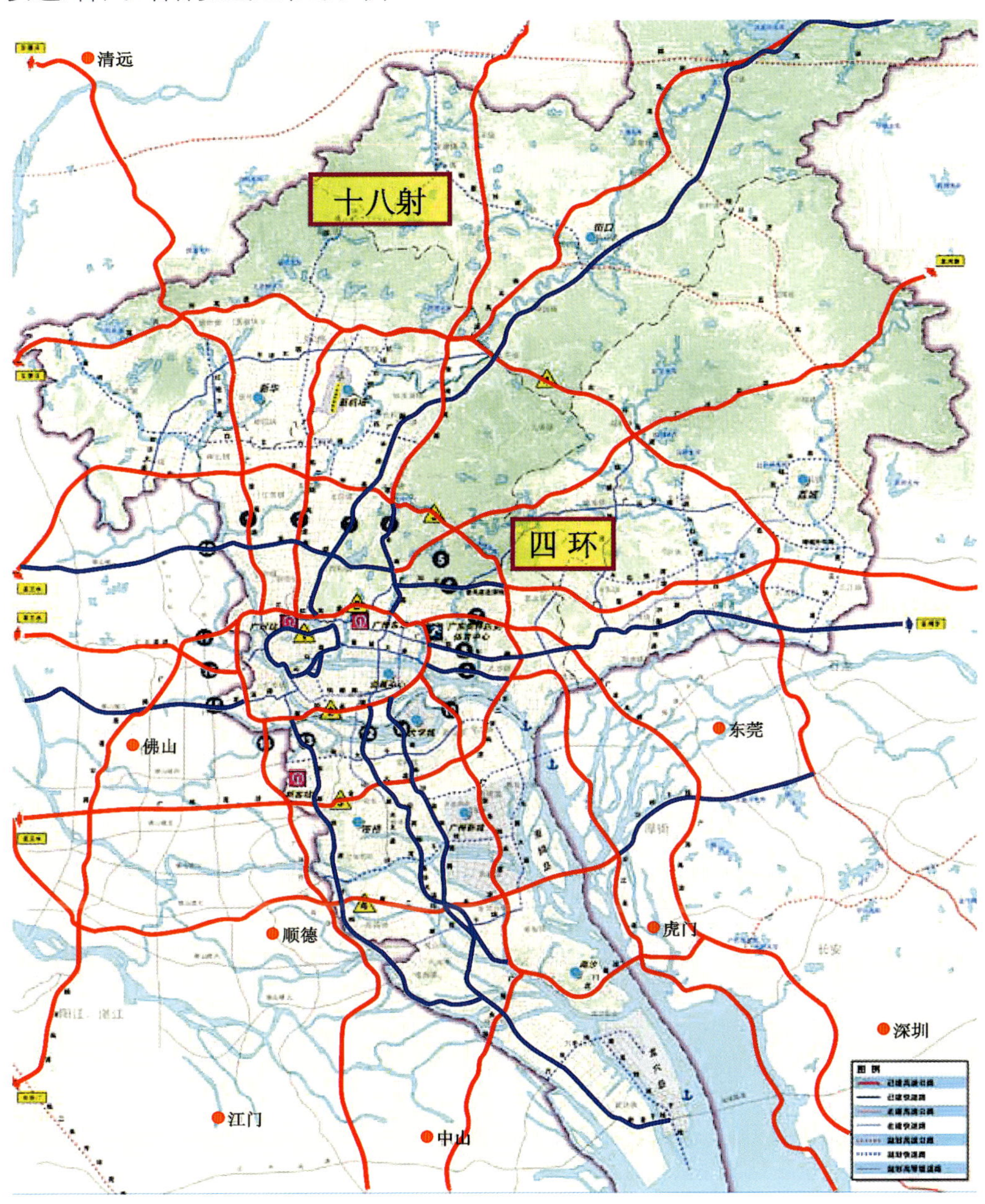

图1-3-1-1　市域主骨架路网体系图

十八射：广清高速、机场高速～街北高速～街东高速、广从路、京珠高速～华南北路、广河高速、广汕路～广惠高速、广深高速、广园东路、黄埔东路～广深沿江高速、广珠东线高速、南沙港快速干线、华南南路～迎宾路～南沙大道、东新高速、广珠西线高速、龙溪路、广三高速、广佛高速、华南西路。

（2）中心城区主骨架道路网络—简称"2726"

广州市中心城区主骨架道路网络，由2个环、7条联络线、2条填充线及6条快捷路所组成（简称2726）。规划道路长度206km，详见图1-3-1-2。

2个环：内环路、环城高速。

7条联络线：广佛、增槎路、广园西～广花、永福路、黄埔大道、东晓南、西南线。

2条填充线：华南快速、广园快速。

6条快捷路：广州大道、东风路、科韵路、新滘南路、芳村大道、白云一线。

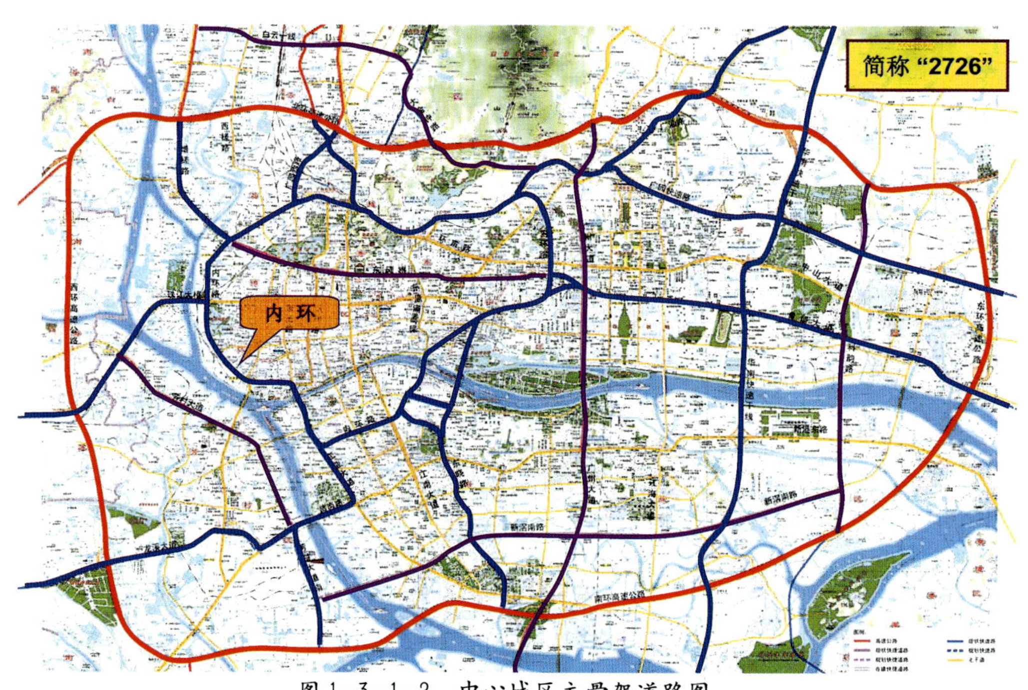

图1-3-1-2 中心城区主骨架道路图

2．指路系统存在的问题

指路标志是给道路使用者传递道路方向、地点、距离信息的交通标志，在道路交通管理工作中起着重要的作用。广州市道路交通指路标志系统由于缺乏及时的更新和完善，未能完全适应道路网络的动态发展，以至影响了路网整体功能的发挥，主要表现在以下两方面：

（1）未能充分发挥OD引导功能作用

指路标志系统在城市道路网络中应为交通参与者提供直接准确的引导服务，发布最佳行车路线，减少车辆的路程时间消耗。

内环路是四环十八射的最里面一环，以内环放射线连接环城高速，而环城高速为四环的第二环，是多条放射性高等级道路的起点，通过"内环路～内环放射线～环城高速～十八条放射性高等级道路"的路网体系可实现城区内出入境交通快速疏导的功能。但指路标志系统未能提供清晰的OD引导路线，影响了路网整体交通功能的发挥，具体表现为：①内环路入口标志的预告信息缺乏代表性，层次不高，未能起到引导车流利用内环路出境的作用；②连接内环放射线的内环路主线出口的标志信息不足，遗漏"环城高速"等重要的指示信息，未能凸显内环放射线的快速疏导功能；③内环放射线上衔接环城高速的指路标志存在点位设置不足、不合理、分布不均、牌面信息内容不统一、表现形式不规范等问题，欠缺衔接引导的作用；④与内环放射线类似，连接十八条放射性高等级道路的环城高速出口的标志指示信息量不足，遗漏所衔接重要道路、地区等信息。详见图1-3-1-3。

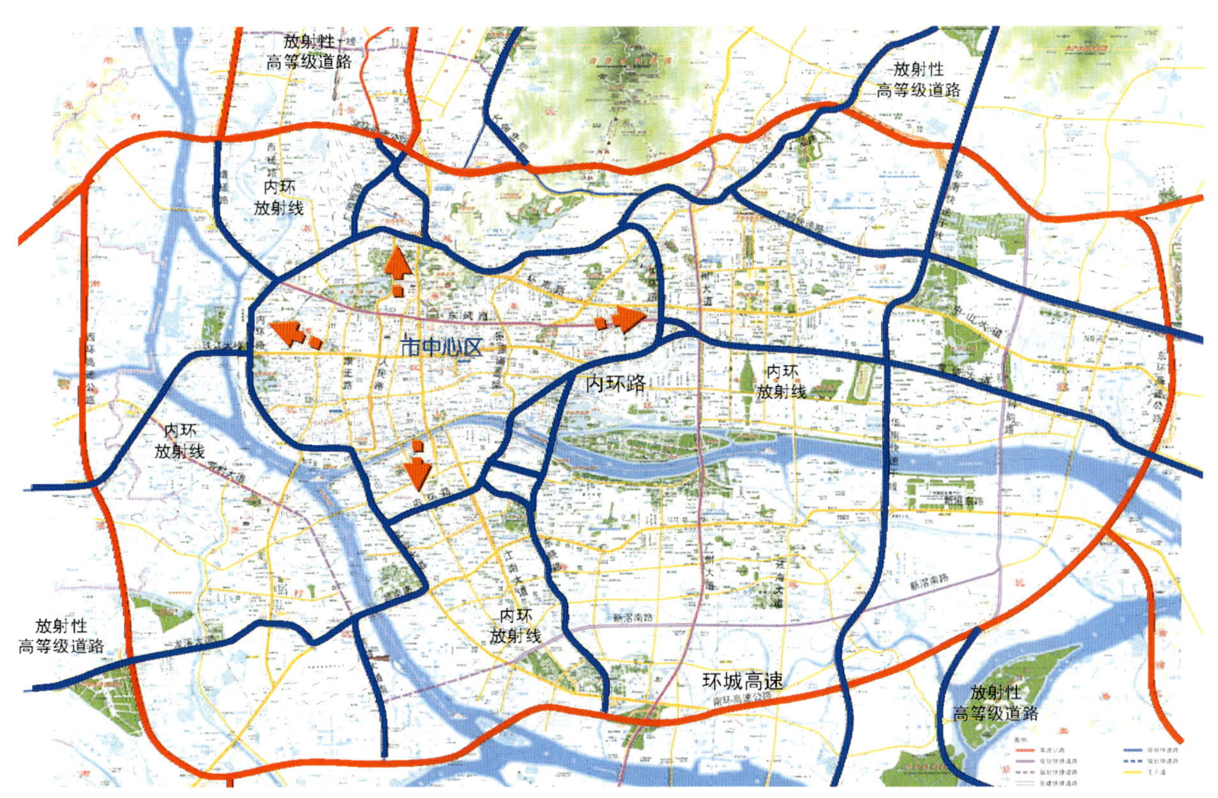

(a)通过“内环路～内环放射线～环城高速～18条放射性高等级道路”的路网体系可实现城区内出入境交通快速疏导，但指路标志系统欠缺OD引导，未能充分发挥路网的交通功能

(b)内环路入口标志的预告信息缺乏代表性

(c)连接放射线的内环路出口标志遗漏重要信息

(d)内环放射线上衔接环城高速的标志不足、表现形式不规范

(e)连接放射性高等级道路的环城高速出口标志遗漏重要信息

图1-3-1-3 指路标志系统欠缺清晰的OD引导功能示意图

(2) 未能充分发挥均衡车流的作用

为疏导交通拥堵，城市道路交通管理通常需要根据实际情况采取不同的交通管制措施，并且在实施这些措施的路段或区域的进出口设置相应的指路标志，根据所需的设计流向引导车流与人流，充分利用饱和度较低的闲置道路进行分流，降低饱和的繁忙路段流量，均衡城市路网内的交通流。

例如，广州市海珠区是一个四面环水的岛区，过境及出入境交通均需依靠各过江桥隧，其南部番禺等地往东部黄埔等地的车流可经广州大桥或琶洲大桥两条过江桥，分别为路径一(红色)"广州大道南～广州大桥～广州大道中～中山一立交～黄埔大道"以及路径二(绿色)"广州大道南～新滘南路～科韵路～琶洲大桥～黄埔大道"，其中路径一沿途经过的广州大桥、中山一立交等交通非常繁忙，所承受的交通压力比较大，而路径二则为城市快捷路的一段，路况较好、饱和度较低，服务水平比较理想。广州大道南／新滘南路交叉口是这两条路径的分岔点，该点位的指路标志牌直行指示"广州大桥"，但右转信息缺乏"琶洲大桥"，没有把路径二指示出来，未能充分发挥均衡路网流量的作用。详见图 1–3–1–4。

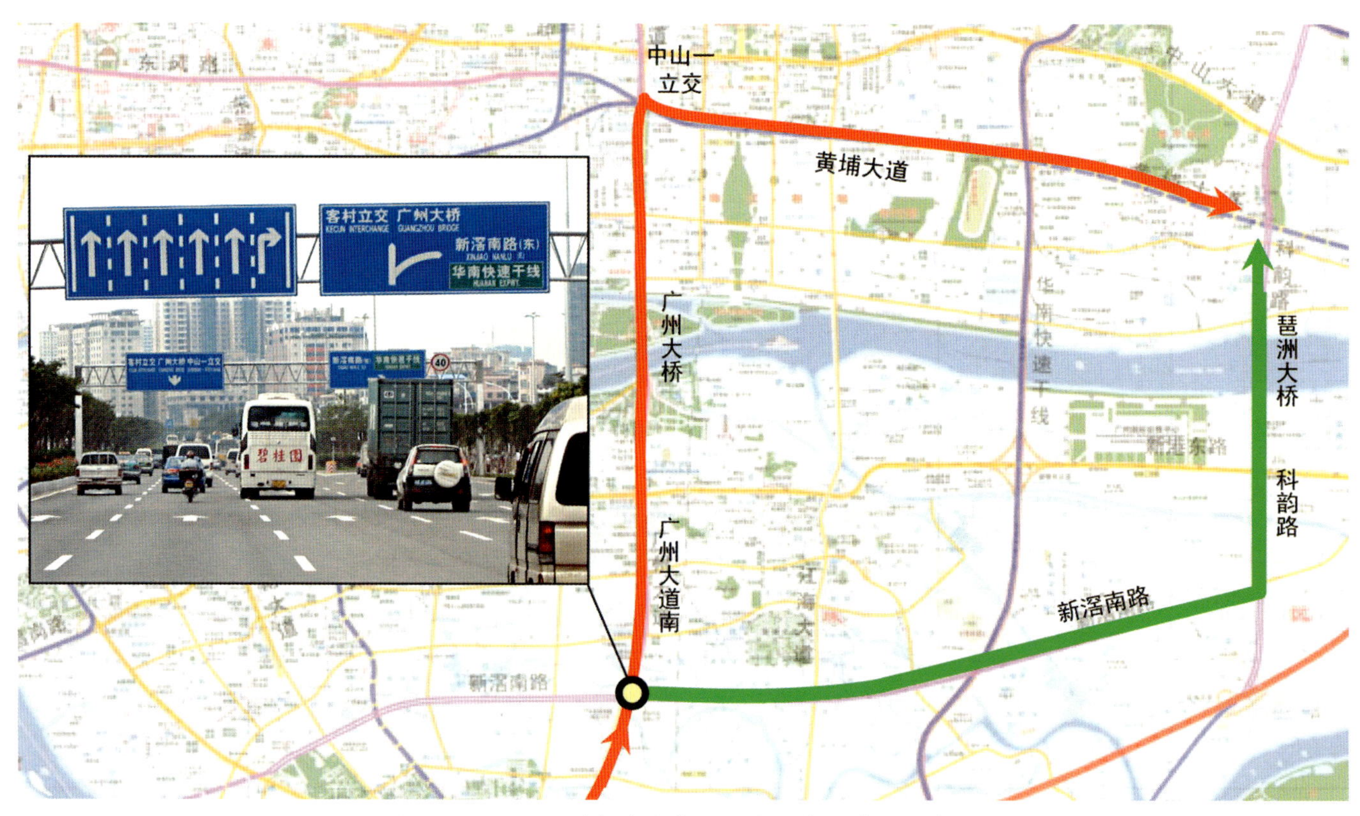

图 1–3–1–4 指路标志未能发挥均衡车流作用示意图

3.1.2 交通组织

道路交通组织是指道路交通管理部门对道路上运行的交通流实施疏导、指挥和控制等工作的总称。道路交通组织的目的，在于充分发挥现有道路网络的效能，合理地协调局部利益和整体利益之间的关系，提供适宜的运行条件，解决整个道路系统中交通流分布不均衡、流量和流向不合理等问题，最大限度地消除交通事故隐患，改善交通秩序，组织优化交通流，实现道路的安全与畅通。城市道路的交通组织基本上是通过标志与标线的结合并反映给道路使用者的，其中指路标志扮演了重要的角色，所以，指路标志系统是否与交通组织相适应显得非常重要，并直接影响到交通组织的实施效果。目前，广州市现状有部分指路标志的指示信息未能很好地反映实际交通组织情况，容易引起误导。

1．指路标志与交通组织的不协调性

现有部分指路标志虽然提供了相应转向的道路信息，但实际的交通组织并不允许车辆进入，存在信息指示与交通组织意图不协调的现象，特别是禁令标志与指路标志分开设置时，更容易引起误导。因此，有必要处理好指路标志信息指示与交通组织的相互联系，比如禁令标志与指路标志设于同一支撑横梁上，就是一种较好的处理方法。如图1—3—1—5所示。

(a)禁令与指路分设情况

(b)禁令与指路同设情况

图 1—3—1—5　指路标志与交通组织不协调

2．单向交通组织的指引不足

广州市老城区的不少道路由于宽度不足而且车流量比较大，采用了单向微循环系统，交通组织比较复杂，一般在进入单向组织道路前设置了交叉口指路标志及禁行标志，其中少部分设置了绕行指路标志，但大部分点位均缺乏绕行指引，使不熟悉路网的驾驶者不知道如何才能绕行进入禁行道路。如图 1—3—1—6 所示。

(a)部分设有绕行指路标志

(b)多数缺乏绕行指引

图 1—3—1—6　单向交通组织指引不足

3. 分岔处指示不清

随着城市道路网络的发展，平面交通基础设施难以满足交通需求的增长，高架、隧道、立交等形式被广泛采用，出现了大量的路段、立交分岔处，而分岔点的指路标志应清楚告知驾驶者不同行驶方向可到达的目的地，但现状部分点位（尤其是立交）的分岔处指路标志未能达到使用要求，方向及目的地指示不清楚，不仅外地司机常常走错，就连本地司机也会出错。如图1–3–1–7所示，图中为小北路北往南方向上跨东风路高架桥的起点，分岔处的门架上设有2块指路标志及1块禁令标志，其中右侧指路标志的右转、左转、掉头指引均应行经高架桥旁的地面道路，并非上跨高架桥可到达的信息，但现状该标志却设于高架上桥位，严重误导了驾驶者，正确应与禁令标志并排设置在门架的悬臂横梁上。

图1–3–1–7 分岔处指示不清

3.1.3 点位设置

1. 缺乏重点部门、大型公建及旅游景点等信息的指示

在市区内，除了机场、火车站等大型交通枢纽和会展中心、大型体育场馆等设有部分指路标志外，诸如重要政府机关单位、大型医院、重点本科院校、重要文体设施、著名旅游景点等指路信息的提供比较缺乏，对于市民的出行、便民服务设施的使用、广州旅游文化特色的体现都造成了一定的影响。部分机关单位、旅游景点设有少量的指路标志，但基本上属于自行设置，没有统一标准，达不到规范的要求。如图1–3–1–8。

2. 部分点位缺少指路标志

（1）部分交叉口缺少指路标志牌

城市道路网络的交叉口众多，为了防止车流在临近交叉口的导向车道前发生混乱，一般需要提前设置交叉口指路标志预告前方交叉口的形状和去向，为道路使用者提供合理的指引。交叉口指路标志的设置视交叉口的车道数、交通状况、路口附近的视距情况等而定。交叉口指路标志是城市道路中最为重要的指路标志类型，但目前在广州还存在部分重要交叉口尚缺少指路标志牌的情况。如图1–3–1–9。

（2）部分封闭式道路入口缺少指路标志牌

封闭式道路均为高等级道路，包括高速公路、快速路等。以内环路为例，内环路是一条环绕市中心区的封闭式道路，与较多的城市道路衔接，但在一些路段缺少内环路的入口指示，或者未能处理好内环路在两个方向的入口指示。如图1–3–1–10。

3. 不规范增设标志

现状存在这样的情况，在路网或周边区域环境发展变化后，由于原标志牌的信息量不能满足需求，因而随意地增设一些小型标志牌作补充，缺乏对指路信息的统一整合，甚至增设了一些带有商业广告性质的标志牌，这些标志牌均不符合指路标志系统的规范要求。如图1–3–1–11。

(a)规范使用的会展中心指路标志

(b)不规范使用的旅游景点指路标志

图1–3–1–8 缺乏规范的重要场所指路标志

(a)同福东路／江南大道西进口缺少指路标志

(b)滨江西路／洪德路西进口缺少指路标志

图 1-3-1-9 部分点位缺少指路标志

(a)内环路人民高架入口缺少入口指示

(b)内环路另一入口在南田路上，缺乏指示

图 1-3-1-10 部分入口缺少指路标志

(a)不规范增设商业广告标志

(b)不规范增设小型标志牌

图 1-3-1-11 不规范增设标志

3.1.4 更新协调

1. 牌面信息未及时更新

城市道路网络的发展是一个动态的过程，作为道路附属设施的指路标志应进行同步更新，但现状部分早期设置的指路标志牌没有因路名或地名的改变、新建道路的开通而及时更新牌面信息，指路信息的过期给道路使用者带来不便。

2. 标志牌超出使用年限

有部分指路标志已明显超出设计规定的使用年限，但目前仍在使用，牌面的字体、图案难以辨清，影响了指路标志指示信息的引导效果。

3. 牌面内容随意涂改

由于预告范围增减路名或地名信息，但仅在指路标志牌面上随意涂改信息内容，造成指示信息不清晰，严重影响了指路标志的视觉效果，已经不符合规范的使用要求。如图 1—3—1—12。

(a)过期使用，不符合现行规范　　(b)随意涂改牌面信息

图 1—3—1—12　指路标志缺乏更新协调

3.1.5 视认性

1. 标志牌互相遮挡

指路标志牌需有一定的视认距离，若相邻前后两个同类型的标志牌设置距离过近，将导致标志牌互相遮挡。例如，在新港东路／会展南四路交叉口的西进口设有一个环城高速预告标志和一个交叉口预告标志，两个L型悬臂式标志相距仅10米左右，交叉口预告标志牌基本上被环城高速预告标志牌所遮挡。如图 1—3—1—13。

图 1—3—1—13　相邻的两个标志互相遮挡

2．标志牌被绿化遮挡

近年来，广州市大力推进以改善中心城区生态环境为重点的青山绿地工程，道路两侧栽种了大量的绿化树木，城市环境得到显著的改善，但同时也造成了部分标志牌被绿化树木所遮挡的现象。目前海珠区的不少指路标志牌被路边的行道树所遮挡，包括L型悬臂式大型标志牌和单柱式小型标志牌，造成这些标志牌的视认性比较差，未能发挥其应有的指示功能。如图1—3—1—14。

图1—3—1—14　标志牌被绿化遮挡

3.2　指路标志系统组成要素分析

下面按指路标志系统的组成要素，从指路标志的信息内容、牌面图案及标识、牌面表现形式、牌面规格等方面展开分析。

3.2.1 牌面信息内容

1．信息选取缺乏层次性

现有指路标志系统信息的选取缺乏层次性，没有形成合理的信息分级体系，主要体现在以下两方面：

（1）预告信息代表性不强

指路标志牌上选择的信息方向代表性不强，层次不高，与车流OD分析结果不吻合。以内环路为例，在广汕出口附近的直行预告牌上，往内环西面以六二三路及黄沙大道作代表，根据车流OD分析，这两个信息的指向并不是主流方向，火车站、增槎路等信息更具代表性。如图1—3—2—1。

(a)前行预告黄沙大道、六二三路　　(b)车流OD分析显示，火车站等信息更具代表性

图1—3—2—1　指路标志预告信息代表性不强

（2）信息未经分级筛选，遗漏重要信息

城市区域需要预告的交通信息众多，而现状未建立层次分明的信息分级体系进行全面筛选，比较容易遗漏部分重要的指示信息。以环城高速为例，在广园出口预告牌上仅指示了机场高速与广园路两个信息，而缺少了重要的行政区域白云区、著名旅游景区白云山、重要公建广州体育馆等信息。又如在内环路黄埔大道出口的预告牌上，缺少了主要干道广州大道、重要公建大学城、会展中心等信息。如图1–3–2–2。

(a)缺少白云区、白云山等信息

(b)缺少广州大道等信息

图 1–3–2–2 指路标志遗漏重要信息

2. 信息发布缺乏连续性

（1）相邻标志牌的信息前后不连贯

指路信息在路网范围内应该保持连续性，构成完整的信息链条，驾驶员按照指路标志的指引前进的过程就是对指路信息的追逐过程，如果指路信息发生了突然中断或突变，会使驾驶员感到茫然失措，对所选择的路线也产生怀疑，从而对交通顺畅和行车安全都造成一定的影响。如图1–3–2–3所示，在东风路上连续出现的3个标志牌，它们之间存在一定的关联性，但其指示信息前后不协调，缺乏连贯性，对正常行车造成一定的影响。

(a)直行预告"越秀北路、西场"

(b)"越秀北路、西场"缺失

(c)"西场"再出现，"越秀北路"缺失

图 1–3–2–3 相邻标志信息前后不连贯

（2）封闭式道路入口、主线前行、出口信息不匹配

在封闭式道路入口标志牌上出现的预告信息，应在主线前行指示牌以及某一出口指示牌上再次出现，有入必有出，对车流进行有效的引导，但现状有部分指路标志造成了封闭式道路易入难出的不利局面。以内环路为例，在南岸路的入口匝道处预告了"镇安路"，但在内环主线、出口的所有标志牌上再也没出现"镇安路"的信息；同样，在环城高速新洲立交的入口分向预告信息"番禺、顺德、中山、珠海"，但在主线前行标志中没有再次出现。如图1–3–2–4。

(a)入口预告的“镇安路”在内环路主线前行、出口标志上没有再次出现

(b)入口预告的“番禺、顺德、中山、珠海”在环城高速主线前行预告中均没有再次出现

图 1–3–2–4 封闭式道路入口、主线前行、出口信息不匹配

3．信息引导缺乏合理性

指路标志的信息选取必须是经过合理的筛选，从路网整体角度考虑，尽量形成系统的信息链，引导交通参与者使用最合理的路线，起到疏导和平衡路网交通负荷的作用，但现状指路标志系统存在信息引导路径不符合合理性原则的现象。

例如，环城高速通过岑村立交与华南快速相交，现状在环城高速岑村出口东往西方向设有一个指路标志牌引导车辆通过华南快速前往机场高速，但从整体路网考虑，选择继续前行至三元里立交直接进入机场高速才是最合理的路径。如图 1–3–2–5。

图 1–3–2–5 引导经华南快速往机场高速的路径不合理

4．信息量不足或过载

现有部分指路标志牌面提供的信息量较少，没有充分利用牌面富余部分来增加更多的交通信息。特别是现状内环路各出口预告标志的指路信息比较单一，使得驾驶员，尤其是外地驾驶员从内环路指路标志系统中获取的指路信息非常有限，从而出现了目前普遍反映的内环路易上难下的尴尬局面。可以看出，交通信息指示的不足，导致指路标志系统难以发挥引导道路使用者迅速到达目的地的积极作用。如图 1–3–2–6。

(a)指示信息量少

(b)出口预告信息单一

图 1—3—2—6　指示信息量不足

相反地，同时也存在部分指路标志牌面提供的信息量过载的现象，在同一点位的标志牌上出现的指示信息过多。由于人在运动过程中，可以识别的信息数量是有限的，多余的部分对驾驶者来讲没有任何意义，驾驶者很难在短时间内阅读并获取所有的信息，造成视觉上的疲劳。如图 1—3—2—7。

(a)

(b)

图 1—3—2—7　指示信息量过载

3.2.2 牌面图案及标识

1. 牌面图案

在指路标志系统中，图形、符号和文字是表达、传递交通信息的基本要素。尤其图形符号信息无论在辨认速度，还是在辨认距离上，均比文字信息要优越，而且使用图形符号表达信息不受语言、文字的限制，只要设计的图形符号形象、直观，不同国家和民族的道路使用者都可以认读和理解。广州市现状指路标志采用的图案与国标中的示例标志图案基本一致，主要包括十字交叉口图案、丁字交叉口图案、立体交叉口图案等，牌面图案的使用基本上符合标准规范的要求。如图 1—3—2—8。此外，在部分不规则交叉口或连续丁字交叉口处的指路标志上，在参照国标规定的前提下采用了特殊形式的图案，能够比较清晰形象地告知道路使用者前方路网情况，使用效果较好。

(a)十字交叉口图案

(b)立体交叉口图案

图 1—3—2—8　交叉口指路标志图案(一)

(c)丁字交叉口图案

(d)丁字交叉口图案

不规则或连续交叉口图案

图 1-3-2-8　交叉口指路标志图案(二)

2. 牌面标识

(1) 入口分向指示牌缺乏方向性标识

封闭式道路如环城高速、华南快速路、内环路等均设有多个入口，一旦进入封闭式道路就需要沿着一个方向行驶，如果走错了方向就必须经下一出口离开，通过地面道路掉头再进入反方向的入口，非常麻烦，并增加绕行距离和时间消耗，因此需要在一些分向入口指示牌上标示道路走向，以方便驾驶员明确行驶方向，但目前的封闭式道路入口预告标志牌上较为缺乏这样的方向性标识。如图 1-3-2-9。

(a)

(b)

图 1-3-2-9　入口分向牌缺乏方向性标识

(2) 出口预告牌缺乏有效的标识系统

封闭式道路出口众多，目前其出口预告标志牌缺乏一套有效的标识系统，不便于驾驶员清晰辨认和记忆，同时也不便于交通管理，应参考国标或国外相关经验，对封闭式道路的出口进行统一编号。

3.2.3 牌面表现形式

指路标志是通过牌面内容把交通信息传递给道路使用者，信息表现的效果直接影响整个标志的使用功能。从现状情况来看，广州市指路标志在牌面排版、颜色、中英文对照等方面均存在一些不足之处。

1. 牌面排版

(1) 牌面排版不统一

广州市区内部分路段(尤其是江湾桥、解放桥等过江桥)的指路标志属于早期设置，与现状大部分标志牌的标准不统一，在牌面排版、文字表现、中英文对照等都有较大差别，造成这些路段的指路标志与其它道路很不协调，显得格格不入。如图1-3-2-10。

(a)

(b)

图 1-3-2-10 旧版式指路标志

(2) 牌面排版产生误解

目前在部分丁字交叉口的指路标志上，直行信息的摆放位置过于靠近牌面边缘，几乎与左（右）行信息形成同列摆放的现象，容易让道路使用者误把直行信息当作左（右）行信息，引起不必要的误导。如图 1-3-2-11。

(a)

(b)

图 1-3-2-11 直行信息容易误解为左（右）行信息

(3) 牌面排版不规范

根据国标规范，分方向指示牌的直行、左转方向箭头应置于牌面左侧，右转方向箭头应置于牌面右侧，目前的标志牌多把3个方向箭头均置于牌面左侧，与国标不相符。如图1-3-2-12。

现状多把右转方向箭头置于版面左侧

国标版面示例中右转方向箭头置于右侧

图 1-3-2-12 牌面排版不规范

(4) 牌面排版不美观

交叉口指路标志牌面内容主要由文字及交叉口图案组成，这些组成内容的大小、摆放位置等因素直接决定了指路标志牌是否美观协调，但现状部分交叉口指路标志的排版仅是从充分利用版面空间的角度考虑，使得文字与图案拥挤在一起，显得很不协调、不美观，对指路标志的指引效果也造成一定的影响。如图 1–3–2–13。

(a)

(b)

图 1–3–2–13　牌面排版不够协调美观

2. 牌面颜色

高速公路、封闭式快速路指路标志的牌面颜色按国标的规定为绿色和白色相结合，一般情况下为绿底白图案，但为了突现高速公路路名或为了在内容表现上有所区分，则采用白底绿图案。一般城市道路（主次干路、支路等）指路标志的牌面颜色按国标的规定为蓝底白图案，而在一般城市道路指路标志上预告高、快速路应采用绿底白图案。

目前广州市的指路标志系统基本遵循了牌面颜色方面的规范规定，但依然存在的问题是，在一般城市道路的标志牌上预告高、快速路时未采用绿底白图案，而与其它信息一样采用蓝底白图案，没有把高等级道路名称区分、凸现出来，使用效果欠佳，也不符合规范标准的要求。如图 1–3–2–14。

(a)

(b)

一般城市道路指路标志上预告高、快速路应采用绿底白图案

图 1–3–2–14　牌面颜色不规范

3. 中英文对照形式

现状指路标志系统的版面信息基本上采用了中英文对照形式，早期设置的指路标志的通名译写大部分采用英文拼写或缩写形式，目前新设或改建指路标志的通名译写则根据地名管理条例相关规定而采用了汉语拼音形式，导致现有指路标志系统的中英文对照形式很不统一，社会各界和有关主管部门对这种现象持有不同见解，特别是路名通名的译写形式到底采用英文还是汉语拼音，至今还没有达成一致的共识，广州与

国内其他城市都面临同样的问题。

随着社会经济全球化的快速发展，我国逐渐加强了与国际的紧密合作，各方面都应体现与国际接轨的超前意识，对于申奥成功的北京、2010年举办亚运的广州以及举办世博会的上海，指路标志系统的中英文对照通名译写形式采用英文方式更为合理化、国际化。统一规定中英文对照的标准形式已迫在眉睫，此类问题不仅仅是各地方城市应提出切实可行的措施尽快解决，甚至可以提升到我国中文译写标准需作进一步深化完善的高度来解决。

目前广州市区现有指路标志系统中英文对照形式不统一的现象主要表现在：通名译写形式有的采用汉语拼音，有的采用英文拼写或英文缩写，更有甚者，在同一个指路标志牌面中存在采用英文译写和汉语拼音共存的现象，总体上看，现状指路标志系统中采用汉语拼音形式的现象比较普遍，具体如图 1–3–2–15 所示。

(a)标志牌上的"大道"存在 "DADAO"、 "AVENUE"及"HIGHWAY"三种译写形式

(b)标志牌上的"路"存在"LU"、"ROAD"及"Rd."三种译写形式

(c)同一标志牌上存在汉语拼音和英文译写两种形式

图 1–3–2–15 标志牌中英文对照形式不规范

3.2.4 牌面规格及支撑形式

广州市区现状指路标志系统的牌面形状为长方形，牌面规格主要采用8.0m×2.4m、6.0m×2.4m、5.0m×2.4m、2.4m×2.4m、1.0m×2.0m、1.2m×2.0m等形式，且多数采用5.0m×2.4m、2.4m×2.4m、1.0m×2.0m、1.2m×2.0m的牌面规格。现状指路标志系统经常采用的支撑形式包括柱式、悬臂式、门架式、附着式四大类。从现状使用情况看，牌面规格及支撑形式的选用充分考虑了广州市的实际情况，保证了指路标志系统的相对统一性和标准化。标志牌面和支撑形式的配合使用也比较协调，比如高为2.4m的牌面基本用于悬臂式或门架式，小规格牌面主要用于单柱式，此外，能够充分利用现有高架桥墩或其它构造物设置附着式指路标志等，都体现了指路标志设置安装的协调统一、美观实用的整体效果。

3.3 现状分析小结

1. 指路标志系统与道路网络的适应性

(1)路网功能方面：现状道路交通指路标志系统缺乏更新完善，滞后于城市道路网络的建设发展，制约了路网整体功能的发挥，主要表现在OD引导功能较欠缺以及未能充分发挥均衡路网车流的作用。

(2)交通组织方面：现状部分指路标志的指示信息未能很好地反映实际交通组织情况，容易引起误导，包括指路标志与交通组织不协调、单向交通组织指引不足、分岔处指示不清等问题。

(3)点位设置方面：现状比较缺乏重点部门、大型公建及旅游景点等信息的指示，同时还存在部分交叉口或封闭式道路入口缺少指路标志牌，以及部分点位存在不规范增设指路标志牌等问题。

(4)更新协调方面：由于城市道路网络的发展是一个动态的过程，因此作为道路附属设施的指路标志应进行同步更新，但现状存在部分牌面信息未及时更新、标志牌超出使用年限、牌面内容随意涂改等问题，给道路使用者带来不便。

(5)视认性方面：现状存在标志牌之间互相遮挡，或者被绿化树木所遮挡的现象，造成部分指路标志的视认性较差，未能发挥其应有的指示功能。

2. 指路标志系统组成要素

(1)牌面信息内容方面：现状指路标志系统的信息选取缺乏层次性，没有形成合理的信息分级体系，而且还存在信息发布缺乏连续性，信息引导缺乏合理性，以及部分指路标志的信息量不足或过载等问题。

(2)牌面图案及标识方面：现状指路标志系统所采用的版面图案基本上符合标准要求，并且部分不规则交叉口或连续丁字交叉口指路标志所采用的特殊图案也有较好的使用效果；但现状封闭式道路的入口分向指示牌还缺乏方向性标识，以及出口预告标志牌还缺乏有效的编码标识系统。

(3)牌面表现形式方面：指路标志是通过版面内容把交通信息传递给道路使用者，所以信息表现的效果直接影响到整个标志的使用效能，但现状指路标志在版面排版、颜色选用、中英文对照等方面均存在一些不足之处。

(4)牌面规格及支撑形式方面：现状的牌面规格及支撑形式的选用充分考虑了广州市的实际情况，确保了指路标志系统的相对统一性和标准化，并且牌面和支撑形式的配合使用也达到协调美观的效果。

(a)5.0m × 2.4m 牌面规格，"L" 型悬臂式

(b)2.4m（高）牌面规格，门架式

(c)1.0m × 2.0m 牌面规格，单柱式

(d)1.2m × 2.0m 牌面规格，附着式

图 1-3-2-16 常用牌面规格及支撑形式

第四章 道路交通指路标志系统设置方法

近年来，随着国家加大对交通基础设施建设的投入，各省市的道路建设迅猛发展，道路网络逐步形成，作为道路网络重要组成部分的指路标志系统对引导车流，均衡路网流量起到不可低估的作用，并且日益受到人们的关注。为了规范城市道路交通指路标志系统的实施工作，科学、合理地设置指路标志系统，使城市道路交通能够安全、有效地运行，充分发挥指路标志系统的交通引导功能，以适应城市道路交通的快速发展，各省市对道路交通指路标志系统做了许许多多的研究。在学习借鉴国内外先进经验，并且总结广州市现状交通的基础上，作者对道路交通指路标志系统的设置方法作出以下一些探讨和研究，主要内容包括指路标志系统设置的一般规定，以及各级道路体系指路标志系统设置的有关牌面规格、信息排版、信息内容组成及协调、设置原则和支撑方式选用等技术方法。

4.1 指路标志设置的一般规定

4.1.1 颜色与形状

关于道路交通指路标志的颜色使用，一般城市道路和除高速公路以外的各级公路（统称"一般公路"）为蓝底白图案，高速公路和快速路为绿底白图案，旅游区指路标志为棕底白图案，其他重要场所指路标志的颜色应与所在不同类型道路的指路标志颜色保持一致（引用的特征标识或图形符号除外），如图1–4–1–1所示。

(a)一般城市道路指路标志示例

(b)一般公路指路标志示例

(c)高速公路指路标志示例

(d)快速路指路标志示例

(e)旅游区指路标志示例

(f)一般城市道路上设置的重要场所指路标志示例

图1–4–1–1 指路标志牌面颜色示例

为了提高指路信息的可视认性和快速识别性，在一般城市道路和一般公路的指路标志上反映高速公路或快速路信息时，也应该符合高速公路和快速路指路标志颜色使用的相关规定，如图1—4—1—2所示。此外，在道路交通指路标志上反映旅游区、道路编号等信息时，也应符合国标关于旅游区、道路编号等标志颜色使用的规定：旅游区标志为棕底白图案，国道编号标志为红底白字白边，省道编号标志为黄底黑字黑边，县道编号标志为白底黑字黑边，如图1—4—1—3所示。

图1—4—1—2　一般城市道路和公路指路标志反映高速公路或快速路信息示例

指路标志上指示旅游区示例

指路标志上指示国道、省道、县道编号示例

图1—4—1—3　指路标志上指示专用信息示例

关于指路标志的形状，国标也作出了明确的规定，除地点识别标志、里程碑、分合流标志外，均为长方形或正方形。

4.1.2 信息文字及形式

1. 信息文字的设计

(1) 汉字的高度

指路标志传递信息的文字包括汉字、拼音字、英文字、阿拉伯数字、拉丁字、少数民族文字等，其中汉字采用标准黑体（简体），指路标志的汉字高度应随所在道路的计算行车速度而增大，选用标准可参考表1—4—1—1的规定。字宽和字高尽量相等，出于版面排版需要，指路标志的汉字宽高比不宜大于1.5，不宜小于0.6，如图1—4—1—4所示。

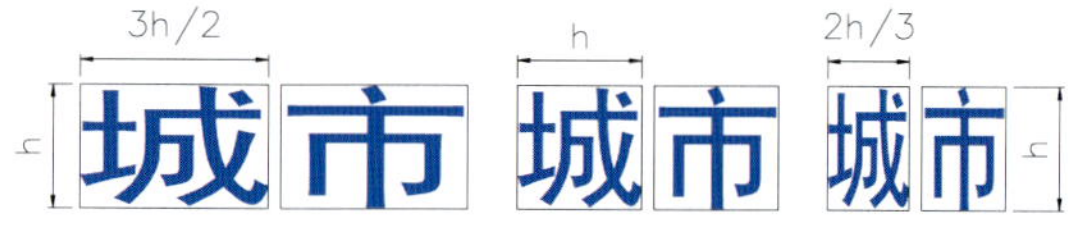

图1—4—1—4　汉字字形宽高比示例

汉字高度与计算行车速度的关系表　　表1—4—1—1

计算行车速度(km/h)	100～120	71～99	40～70	<40
汉字高度(cm)	60～70	50～60	40～50	25～30

注：引用GB5768—1999中表5。

（2）其他文字的高度

指路标志的拼音字、拉丁字、少数民族字、英文字、阿拉伯数字及公里符号等文字高度根据汉字高度进行确定，并符合表1—4—1—2的相关规定，此类文字（阿拉伯数字除外）宽高比可根据实际情况适当调整，但应保证其可视认性。

其他文字与汉字高度的关系表　　　表1—4—1—2

其他文字		与汉字高度（h）的关系
拼音字、拉丁字、少数民族字、英文字	大写	1/2h
	小写	1/3h
阿拉伯数字	字高	h
	字宽	0.6h
	笔划粗	1/6h
公里符号高	k	1/2h
	m	1/3h

注：引用GB5768—1999中表6。

（3）文字间隔及行距

指路标志的汉字或其他文字的间隔、行距应符合与汉字高度对应关系的相关规定，如表1—4—1—3所示。

文字的间隔、行距等的规定表　　　表1—4—1—3

文字设置	与汉字高度（h）关系
字间隔	1/10h以上
笔划粗	1/10h
字行距	1/3h
距标志边缘最小距离	2/5h

注：引用GB5768—1999中表7。

2. 信息的表现形式

（1）中英文对照形式

指路信息的表现形式应采用标准的中英文对照方式：汉字置于拼音字、英文字之上，拼音字、英文字均应采用大写字母形式。指路信息的中英文译写方法为：地名、路名专名用汉语拼音，专用名词（如"桥、立交、机场、火车站"等）、路名通名（如"××街、××路、××大道、××高速公路"等）用英文，部分名称（如"××里、××巷、××直街、××横路"等）难以找到合适英文译写的，则应征询政府所指定的权威翻译主管部门意见。常用的专用名词、路名通名译写形式应符合表1—4—1—4所列。

（2）图文结合形式

交通参与者对于简单、直观的图形符号信息更易于接收和识别，因此，指路标志传递的信息优先采用图形符号或图形符号与信息文字相结合的形式，引用的图形符号应符合国标的有关规定，不得任意修改图案，对于国标未有相关规定的，则应采用相关国家标准、行业标准规定或公认的图形符号。

（3）指路信息的统一性

在同一城市范围内，所有指路标志传递的信息其所用的路名、地名、区名及其他名称的全称或简称必须保持统一，同时，应该与地理名称、国际国内惯例名称或当地规定使用的标准路名、地名、区名及其他名称保持一致性。这些名称应该具有通用性且是交通参与者通常认识或所理解的名称，如表1—4—1—5所列的例子为广州市的部分常用路名、地名、区名的通用名称。

指路标志信息常用名词中英译写对照表 **表 1—4—1—4**

序号	中文名词	英文对照	序号	中文名词	英文对照
1	高速公路	EXPRESSWAY(EXPWY)	18	××村	×× VILLAGE
2	公路	HIGHWAY(HWY.)	19	机场	AIRPORT
3	快速路	EXPRESSWAY(EXPWY)	20	火车站	RAILWAY STATION
4	××大道	×× AVENUE(AVE.)	21	××站	×× STATION
5	××路（马路）	×× ROAD(RD.)	22	港口	PORT
6	××街（大街）	×× STREET(ST.)	23	公园	PARK
7	××巷	×× XIANG	24	广场	SQUARE
8	××里	×× LI	25	图书馆	LIBRARY
9	××桥（大桥）	×× BRIDGE	26	博物馆	MUSEUM
10	××高架	×× VIADUCT	27	体育中心	SPORTS CENTRE
11	××立交	×× INTERCHANGE	28	体育馆	GYMNASIUM
12	××隧道	×× TUNNEL	29	体育场	STADIUM
13	××省	×× PROVINCE	30	医院	HOSPITAL
14	××市	×× CITY	31	邮局	POST OFFICE
15	××区（行政区）	×× DISTRICT	32	大学	UNIVERSITY
16	××县	×× COUNTY	33	学院	COLLEGE
17	××镇	×× TOWN	34	长途客运站	COACH STATION

注：英文对照栏括号内译写形式为简称。

常用路名、地名、区名的名称通用形式对照表 **表 1—4—1—5**

序号	名称	备注	序号	名称	备注
1	环城高速	北环、东南西环统称	4	广州市区	广州市属原八区范围
2	华南快速	华南快速干线简称	5	番禺区	指示市属各行政区名时不能省略"区"字
3	广园东快速	广园东快速干线简称	6	会展中心	广州国际会议展览中心简称

4.1.3 信息要素分级体系

1. 信息要素分级

根据城市道路所承担的城市交通功能及地位，其指路标志系统传递的信息要素应包括道路沿线途经及所辐射的行政区域、重点区域、重要道路、重要交通结点、大型交通枢纽、重要大型公建、著名旅游景区等。指路标志系统传递的信息要素按区域行政级别、道路功能等级、重大公建服务功能的层级性等分为三类，具体分级体系见表1—4—1—6。

指路标志信息分级体系 表 1-4-1-6

层次级别	I 类信息	II 类信息	III 类信息
信息类型	高速公路（环城高速等） 封闭式快速路（华南快速、南沙港快速等） 国道公路（105 国道等） 行政区域（越秀区、天河区等） 重点区域（芳村、沙河、大学城、科学城等） 大型交通枢纽（火车站等） 重要大型公建（会展中心、奥体中心等） 著名旅游景区（白云山风景区等）	非封闭式快速路（内环路、广园快速路等） 交通性主干路（东风路、黄埔大道等） 一般主干路（沿江路等） 重要交通结点（中山——立交、广州大桥等）	次干路（小北路等） 支路（越华路等）

注：(1) 表中所列举的例子为广州市的部分道路信息。

(2) 大型交通枢纽指机场、火车站、客运站、客运港等；重要大型公建包括具有市域服务级别的综合性大型体育场馆、会议展览中心或其他公共设施；重要交通结点具体指大型立交、过江桥或过江隧道等。

(3) 为描述方便，以下部分章节将信息要素统称为“道路信息”及“地点信息”，其中地点信息泛指除了道路名称信息以外的所有信息。

2. 信息选用

指路标志系统传递的信息应按层次性原则分类选用，即应优先考虑所在道路功能等级所对应的同一层次信息，有条件再考虑上一层次信息或下一层次信息。比如，当所在道路为高速公路，由于高速公路属于 I 类信息，其主线方向则应以传递高等级道路、行政区域等 I 类信息为主，而出口如衔接的是主干路，则出口方向应以传递主干路、重要交通结点等 II 类信息为主。信息选用的方法参照表 1-4-1-7 及图 1-4-1-5 所示。

城市道路指路标志传递信息要素选用参考表 表 1-4-1-7

行驶方向衔接道路	该行驶方向对应指示信息
高速公路 封闭式快速路	I 类、(II 类)
非封闭式快速路 主干路	II 类、(I 类)
次干路 支路	III 类、(II 类)

注：主线直行方向道路即所在道路。

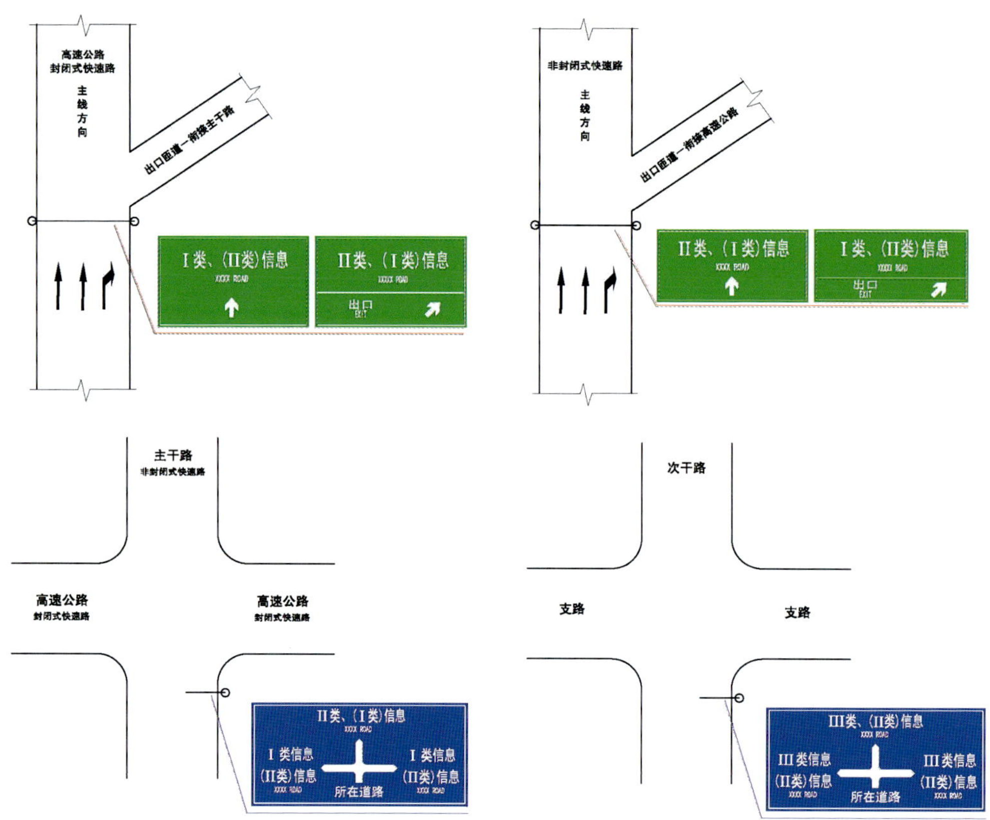

图 1-4-1-5 指路标志信息分级选用示意图

4.1.4 牌面布设

1. 信息的排版方式

指路标志同方向预告多个地点或道路信息时，单列预告信息应由近而远从上而下排列，单行预告信息应由近而远从左往右排列，多行多列预告信息应由近而远先从左往右再从上而下排列，且多行预告信息时不应超过3行，如图1-4-1-6所示。指路标志预告重要地点信息时，在牌面空间足够的情况下，可适当预告重要地点的距离信息，并且预告地点方向信息和地点距离信息的形式应全线保持一致，如图1-4-1-7所示。

单列预告地点信息

多行多列预告地点信息

多行多列预告地点、道路信息

预告多个道路信息

图 1-4-1-6 指路标志信息排列

图 1—4—1—7　指路标志适当预告地点距离信息

2．箭头图案的布设

指路标志的箭头图案是牌面内容的重要组成部分，标志牌面布设箭头图案的基本要求为：指示前行方向的箭头图案应垂直向上；指示转向的箭头图案应水平或倾斜向上，且箭头方向与行车方向一致；垂直或倾斜向下的箭头图案只用于指示通向某目的地的专用车道。具体的使用情况如下：

（1）在正十字交叉口，可用水平及垂直指向箭头；若采用平交路口的行式标志，规定为三行，最上一行箭头向上，表示路口向前直行，第二行箭头向左，指示车辆在路口向左转弯，第三行箭头向右，指示车辆在路口向右转弯。

（2）设置于路边的柱式指路标志，用朝上的箭头来指示直行方向。

（3）对于指示转向的箭头，图案的弯曲程度与实际的转向角度一致，箭头方向与行车方向一致。

（4）对于那些从主要行车方向分流的车道，箭头应以一定的角度向上指，表示出口车道的线形；需要指示主要车道方向时，在柱式指路标志应用向上的箭头来指示；垂直向下的箭头只用于门式和悬臂式或附设在跨路结构物上的指路标志指示通向指定目的地的专用车道。

（5）箭头一般设置在其他图符的上角、下角或旁边；在出口处，箭头应放在标志的一侧。

3．信息数目的规定

不同等级道路体系指路标志采用相应标准汉字高度传递信息的情况下，同一指路标志牌面上排版的信息数目不应超过6条，若在某些特殊情况下必须超过这个数目，应采用提高汉字高度且增大指路标志牌面的方法，以增加指路标志传递信息的可视认性，如图 1—4—1—8 所示。

传递信息数目不应超过 6 条

信息数目超过 6 条时，须提高汉字高度且增大牌面

信息数目超过 6 条时，只增大牌面宽度是不足的

图 1—4—1—8　指路标志传递信息数目

4.1.5 牌面规格

不同等级道路体系指路标志的牌面规格，应根据指路标志需要传递的信息数量及图案，通过计算行车速度确定不同等级道路体系指路标志的汉字高度、其他文字高度、信息文字间隔及行距等要素，从而确定不同等级道路体系指路标志的牌面规格尺寸，且考虑标志制作、施工、维护的便利性，同一等级道路体系的牌面规格类型不宜过多。

综合考虑指路标志传递一定数目信息的可视认性及易读性、施工安装及维修的方便性等因素，指路标志牌面规格不宜太大，实际使用牌面规格远远超过原标准规定牌面规格尺寸的，应分多块指路标志设置或在原支撑方式上附加相同高度牌面规格的指路标志，如图1–4–1–9所示。在同一结构的支撑横梁上并排设置多块指路标志时，所设指路标志应采用统一的牌面高度，若设置其他类型的方形标志宜尽量与指路标志的牌面高度保持一致，如图 1–4–1–10 所示。

原指路标志示例

增加信息时不宜采用增大较大牌面指路标志方式示例

增加信息时宜采用附加相同高度牌面指路标志方式示例

图 1–4–1–9　指路标志信息增加与规格变化

4.1.6 支撑方式

指路标志采用的支撑方式包括柱式（单柱式、双柱式）、悬臂式（L形、F形、T形）、门式及附着式4大类，如图1–4–1–11所示。在使用的时候，应根据指路标志类型、道路条件、环境条件、景观要求，因地制宜选用合适的支撑方式：

（1）柱式适用于：

a）设置小规格牌面指路标志时宜采用单柱式，重点用在支路及匝道分岔口。

b）路侧设置条件较好时宜采用双柱式，重点用于高、快速路的地点距离指路标志。

（2）悬臂式适用于：

a）柱式安装有困难时；

b）道路较宽时；

c）交通量较大，外侧车道大型车辆阻挡内侧车道小型车辆视线时；

d）视距受限制时。

（3）门式适用于：

a）多车道道路（同向 3 车道以上）需要分别指示各车道去向时；

b）道路较宽、交通量较大、外侧车道大型车辆阻挡内侧车道小型车辆视线时；

c）互通式立交间隔距离较近，标志设置密集时；

d）受空间限制，柱式、悬臂式安装有困难时；

e）车道变换频繁，出入口匝道为多车道时；

f）隧道、高架道路入口匝道处。

（4）附着式适用于：

a）支撑杆件设置有困难时；

b）标志布设点位的附近有跨线桥涵、高架桥墩、人行天桥等构造物可以合理利用时。

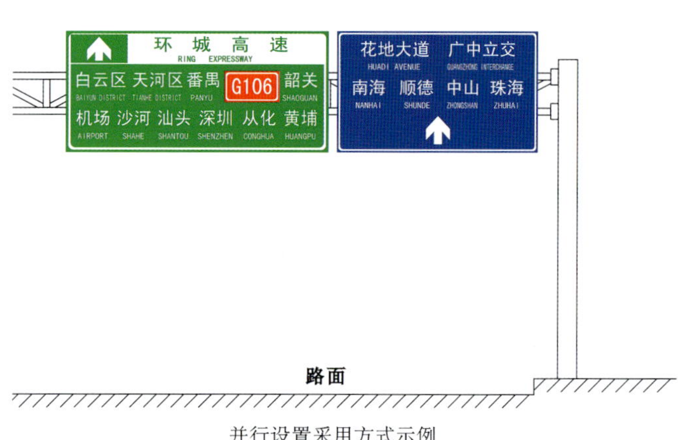

并行设置采用方式示例

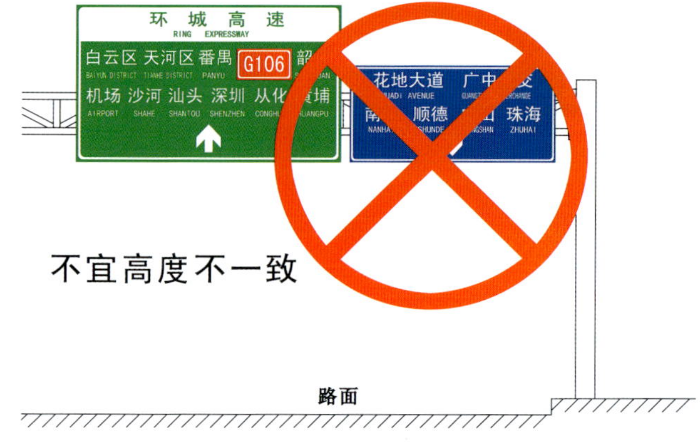

并行设置不宜采用方式示例

图 1–4–1–10　指路标志并行设置方式

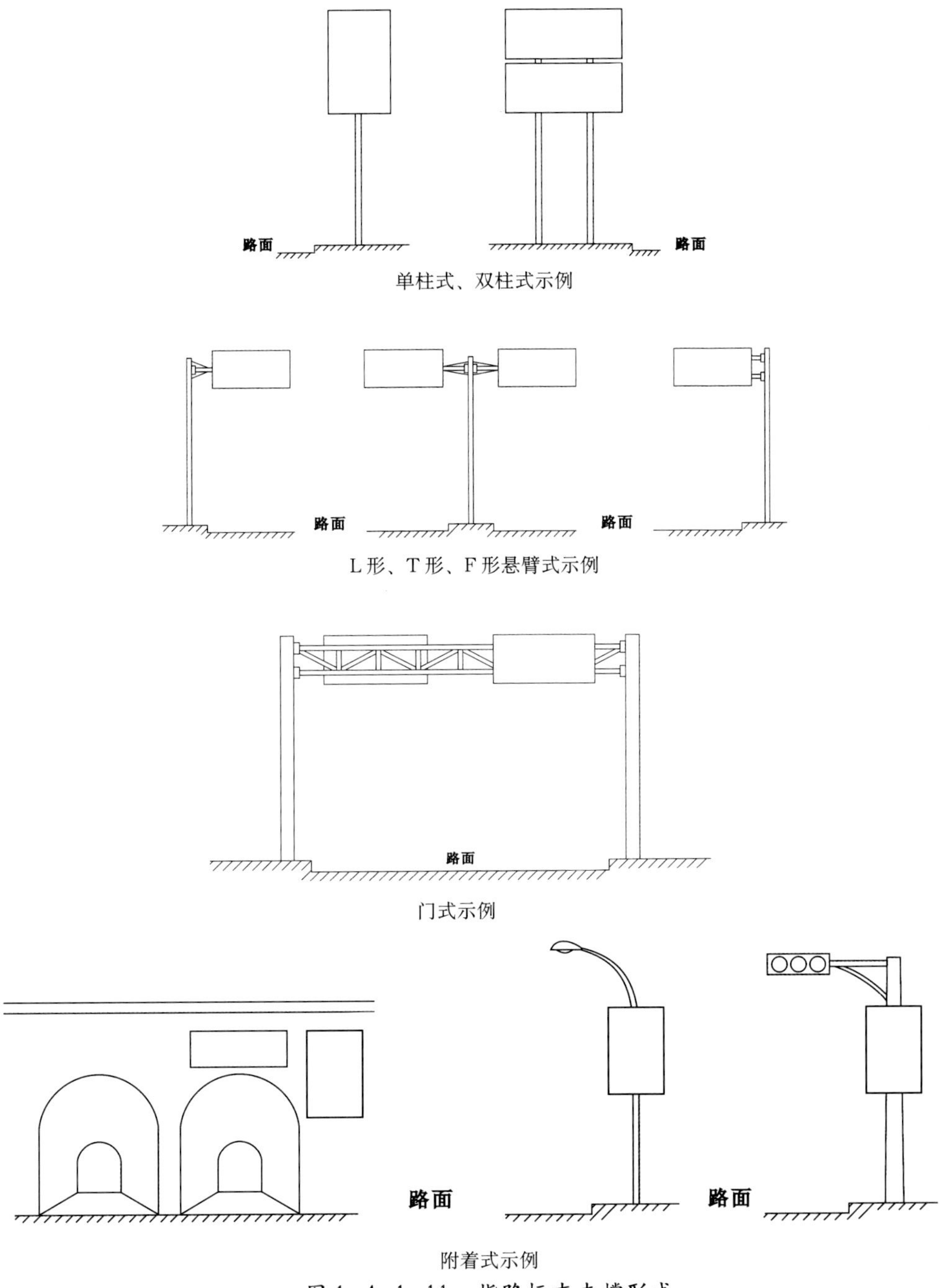

单柱式、双柱式示例

L形、T形、F形悬臂式示例

门式示例

附着式示例

图 1–4–1–11　指路标志支撑形式

在进行指路标志安装时，应满足道路的净空要求，柱式标志不应侵入道路建筑限界以内，标志内边缘距路面和土路肩边缘不得小于25cm，标志牌下缘距路面的高度为100～250cm；采用悬臂式、门式或附着式支撑结构，并且标志牌面安装在道路的上空时，牌面下边缘至路面的垂直距离一般为5～5.5m。

指路标志的安装不管采用何种支撑方式均应充分考虑与道路沿线其他设施的协调性，关于指路标志清晰可视区域的控制，以保证柱式标志的清晰可视性为基准，清晰可视区域设置的最小距离L宜符合表1–4–1–8的规定。指路标志可视区域设置的最小距离示意图，如图1–4–1–12所示。在指路标志清晰可视区域的最小距离范围内，任何类型的景观美化种植、道路沿线其他附属设施不能遮挡标志牌面。

各级道路体系指路标志清晰可视区域设置的最小距离 *L*（单位：m） 表 1-4-1-8

道路等级	高速公路	快速路	主干路	次干路	支路
清晰可视区域设置最小距离	100	75	50	30	15

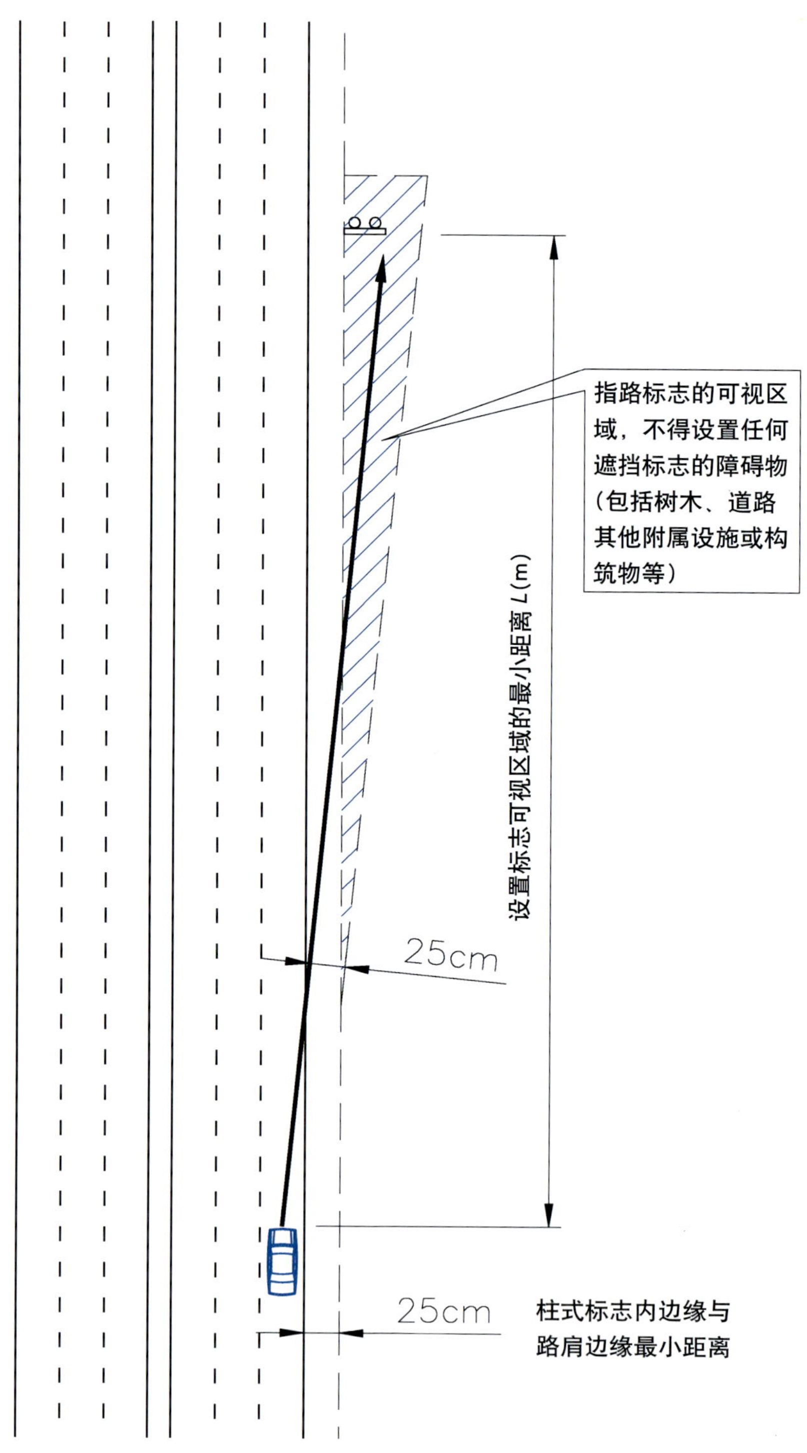

图 1-4-1-12 指路标志可视区域设置的最小距离示意图

4.2 高速公路指路标志的设置

4.2.1 适用范围及标志类型

1. 适用范围

这里所制定的高速公路指路标志设置方法，适用于高速公路沿线及立交区域所设置的指路标志系统（简称"高速公路指路标志系统"）及采用全封闭、全立交、严格控制出入且按高速公路收费管理模式运营的封闭式快速路指路标志系统的设置。这里所说的高速公路必须是严格按高速公路工程技术标准规划建设的高等级道路，包括环状高速公路、放射状高速公路等各种不同形状的高速公路体系。

2. 标志类型

高速公路指路标志必须成套设置，形成系统性。根据指路标志设置位置及引导功能的不同，并结合各类型指路标志传递信息的特点，将高速公路沿线及立交区域所属整套指路标志系统分为以下六种类型：

（1）入口引导标志：在高速公路立交区域以外的其他道路网络系统上设置的引导车辆到达高速公路入口，仅预告高速公路名称信息的指路标志或结合其他指路标志设置的高速公路入口引导信息，统称为入口引导标志。

（2）入口预告标志：指在高速公路立交区域范围的被交道路上所设置的预告高速公路名称、入口方向及可到达的地点或道路信息的指路标志。（入口引导标志及入口预告标志的示例见图 1-4-2-1）。

入口引导标志

入口预告标志

图 1-4-2-1 入口标志示例

（3）入口匝道指路标志：指在互通立交范围内的入口匝道分岔口处设置的预告地点及道路行驶方向信息的指路标志。如图 1-4-2-2 所示。

图 1-4-2-2 入口匝道指路标志示例

（4）出口预告标志：指在距出口 2km、1km、500m、以及减速车道起点、出口分岔口处连续设置的预告该出口可到达的地点或道路信息的指路标志，如图1-4-2-3所示。

出口预告标志（设于距出口一定距离处）

出口预告标志（设于出口匝道起点或分岔口处）

图 1-4-2-3 出口预告标志示例

（5）出口匝道指路标志：指在互通立交范围内的出口匝道分岔口处设置的预告地点及道路行驶方向信息的指路标志，如图1—4—2—4所示。

图1—4—2—4 出口匝道指路标志示例

（6）路段预告标志：指在主线路段上设置的预告前行方向可到达的地点或道路信息的指路标志，包括地点方向路段预告标志和地点距离路段预告标志，如图1—4—2—5所示。

地点方向路段预告标志示例

地点距离路段预告标志示例

图1—4—2—5 路段预告标志示例

以上根据各类型指路标志传递信息的特点，将高速公路沿线及立交区域所属指路标志系统划分为入口引导标志、入口预告标志、入口匝道指路标志、出口匝道指路标志、出口预告标志及路段预告标志六种类型，并明确了不同类型指路标志的概念。以上分类是基于指路标志系统的整体进行划分的，在实际应用当中，应该统筹考虑各类型指路标志的协调设置，确保点位设置、传递信息内容等方面形成系统性，如图1—4—2—6所示。

4.2.2 信息选取设置

1. 指路标志传递信息内容组成

高速公路以服务城际长距离出行为主，纯粹交通功能作用，位于市区范围内的高速公路还具有承担大量城市过境交通功能，因此辐射服务的范围比较大，其配套指路标志系统传递的信息内容应与辐射服务范围及功能密切相关。高速公路指路标志传递信息应根据信息分级体系，按照层次性原则选用，其传递的信息以Ⅰ类信息为主，即高速公路、封闭式快速路、国道公路、行政区域、重点区域、大型交通枢纽、重要大型公建、著名旅游区等信息。

根据高速公路所承担交通功能及所处区域道路网络系统中的地位，按沿线所涉及传递信息的重要程度进行分类筛选，结合指路标志实际采用的牌面规格及传递信息规模的限量，确定该高速公路指路标志系统所能容纳的信息规模及组成，具体为：传递的信息宜包括所有高速公路直接衔接的重要道路及直接到达的重要地点信息，单个指路标志约2～6条；传递的信息可包括通过衔接道路间接到达的重要地点或道路信息，单个指路标志约1～2条。

高速公路指路标志系统各类型指路标志所传递的信息内容及信息数目如下：

（1）入口预告标志预告的信息数目不宜超过6条，预告的信息内容应符合下列要求：

①标示高速公路名称及行驶方向箭头。

②预告的信息包括沿线其他各个出口（当前所在立交出口除外）可直接到达的地点信息、直接衔接的高速公路和快速路信息、或直接衔接道路可到达的重要地点信息，

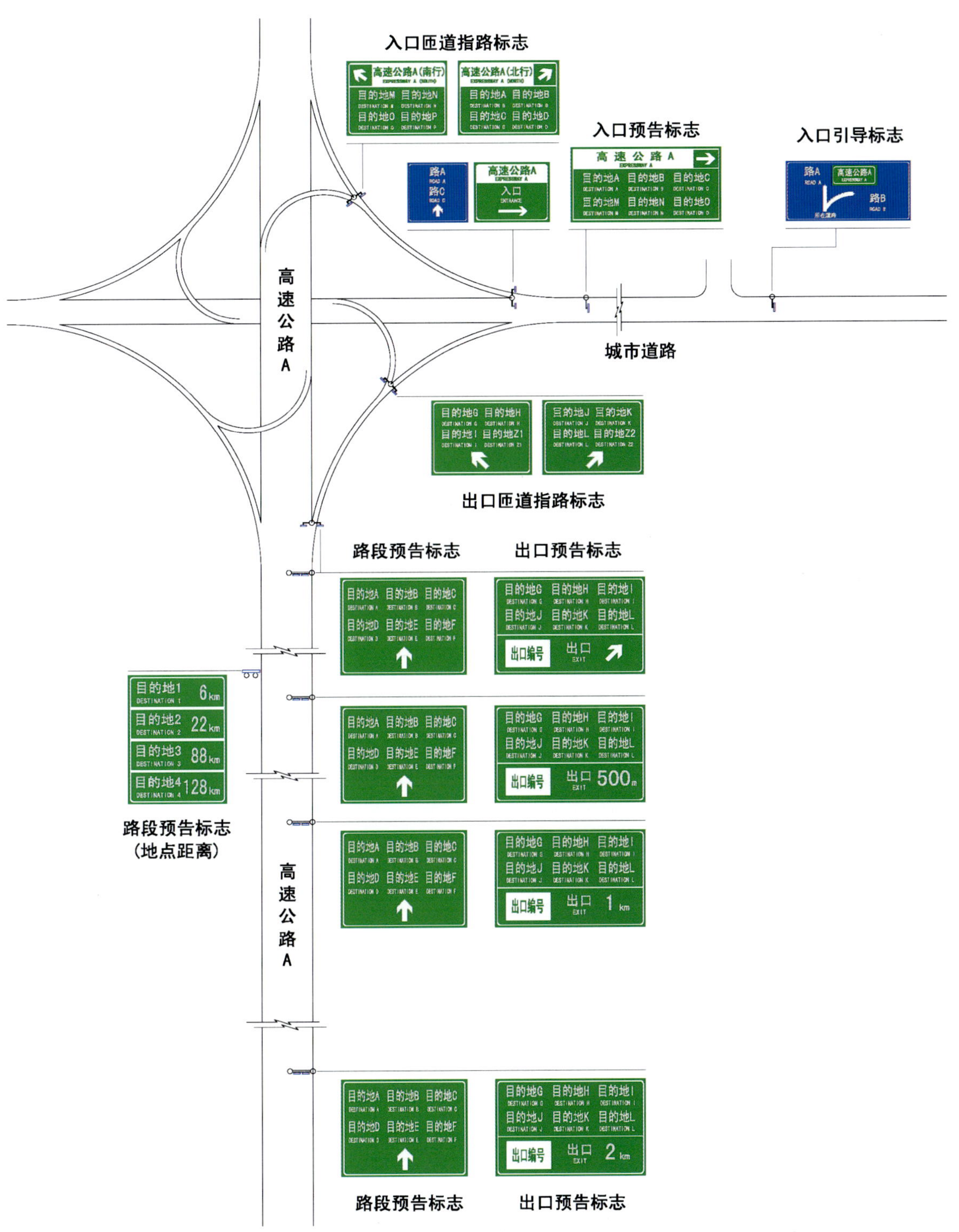

图 1-4-2-6 高速公路整套指路标志系统设置示例

其中单个出口涉及的信息约1～2条。

(2) 入口匝道指路标志按主线两个不同行驶方向分向预告该入口预告标志上曾出现过的预告信息，且标示行驶方向，牌面空间允许情况下，各方向可适当增加预告信息1～2条，但每个方向指路标志预告的信息数目不宜超过5条。

(3) 出口预告标志预告的信息数目不宜超过6条，预告的信息内容应符合下列要求：

①标示出口编号、出口距离或行驶方向箭头，自高速公路零桩号开始按沿线立交出口排列的顺序用阿拉伯数字（1，2，3……）进行编号，环状高速公路按顺时针方向自零桩号开始按沿线立交出口排列的顺序用阿拉伯数字（1，2，3……）进行编号，如果同一个互通立交的同向有两个出口则在编号数字之后加A、B进行区分。

②预告的信息包括：出口直接到达的地点信息或直接衔接的道路信息，共2～4条；出口直接衔接道路可到达的地点信息，或出口直接衔接道路再相连的重要道路信息，共1～2条。

(4) 出口匝道指路标志按驶出主线后的不同行驶方向分向预告该出口预告标志上曾出现过的预告信息，牌面空间允许条件下，各方向可适当增加预告信息1～2条，且每个方向指路标志预告的信息数目不宜超过5条。

(5) 地点方向路段预告标志预告的信息数目不宜超过6条，预告的信息内容应符合下列要求：

①下游第2个出口到达的地点信息或道路信息1～2条。

②下游第3个出口到达的地点信息或道路信息1～2条。

③下游第4个出口到达的地点信息或道路信息1～2条。

④若下游第2个或第3个或第4个出口为高速公路终点时，则预告信息到该出口为此。

相对路段预告标志设置位置所指高速公路沿线顺序出口名称示例见图1-4-2-7。

(6) 地点距离路段预告标志预告信息数目不应超过4条，预告的信息内容应符合下列要求：

①放射状跨境高速公路应做到长途指引与短途分流相结合；环状绕城高速公路应做到过境交通与入城诱导兼顾。

②每一行设置1条信息（包括距离信息），第1、2、3行应为下游第1、2、3个出口最具代表性的信息，第4行选用沿线较远出口的重要信息，是该道路的主流方向之一。

③选择的信息主要为前方重要城镇名称，也包括前方可到达的高速公路、枢纽立交、著名旅游景区等信息。

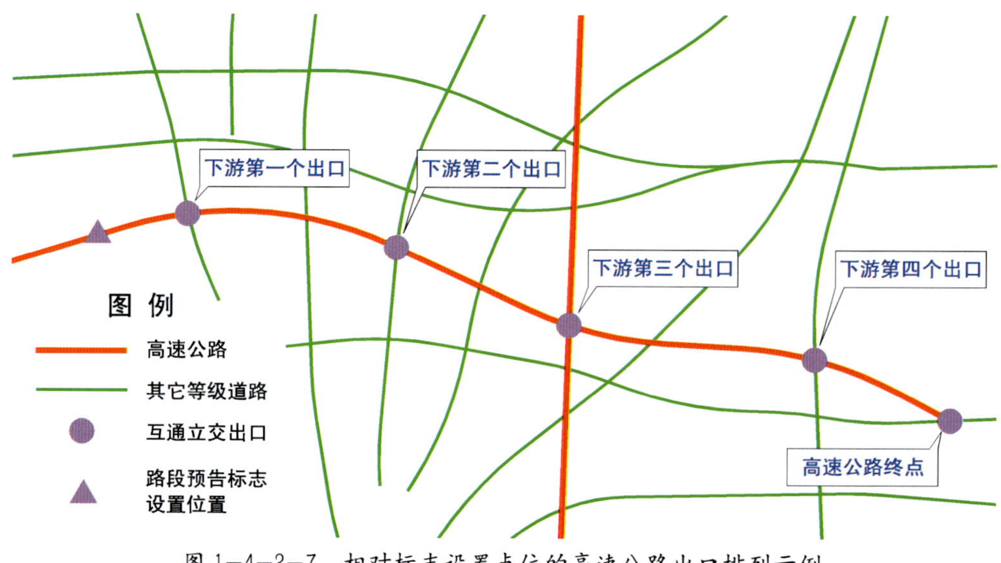

图1-4-2-7 相对标志设置点位的高速公路出口排列示例

在某些情况下必须超过 4 条信息数目，应采用地点方向路段预告标志形式，采用地点方向路段预告标志形式时，预告的信息数目也不宜超过 6 条。路段预告标志形式选用示例见图 1—4—2—8 所示。

地点距离路段预告标志示例
（信息数目不应超过 4 条）

地点方向路段预告标志示例
（信息数目不应超过 6 条）

图 1—4—2—8　路段预告标志形式的选用

2. 指路标志传递信息的协调设置

（1）指路标志系统预告信息必须保持前后相关联性，保证进入封闭式高速公路的车辆能够"进得来、出得去"：

①入口预告标志及入口匝道指路标志上出现过的预告信息，必须在 1 个出口的出口预告标志及出口匝道指路标志上再次出现。

②路段预告标志上出现过的预告信息，必须在 1 个出口的出口预告标志及出口匝道指路标志上再次出现。

高速公路指路标志系统信息传递前后相关联性设置示例见图 1—4—2—9。

（2）指路标志系统传递的预告信息必须保持一定的连续性，避免出现信息断链或信息丢失现象：

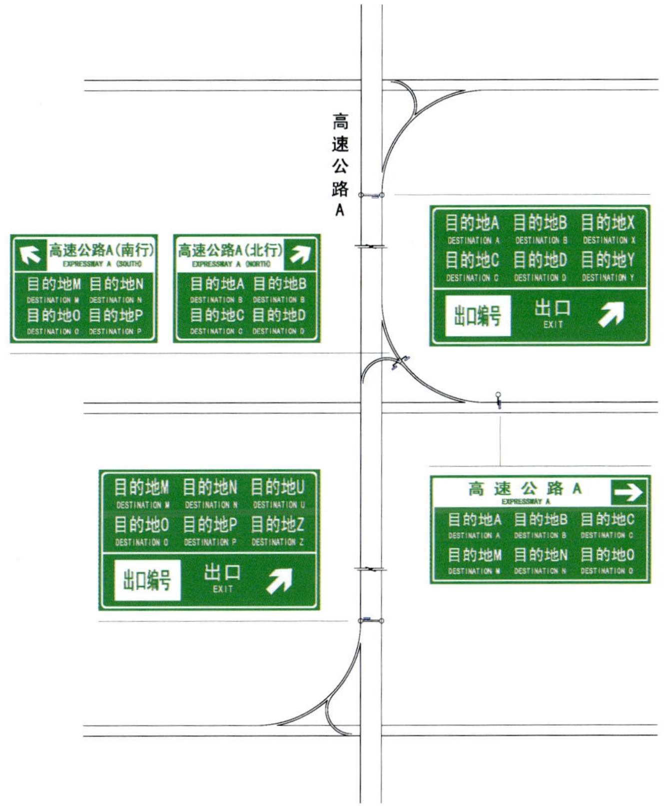

图 1—4—2—9　指路标志系统预告信息前后相关联性设置示例

①地点方向路段预告标志预告前方某出口将要到达的地点信息或道路信息，必须在到达该出口之前至少连续3个出口段（不宜超过5个）的地点方向路段预告标志上连续出现，不得中断，设置示例见图1-4-2-10。

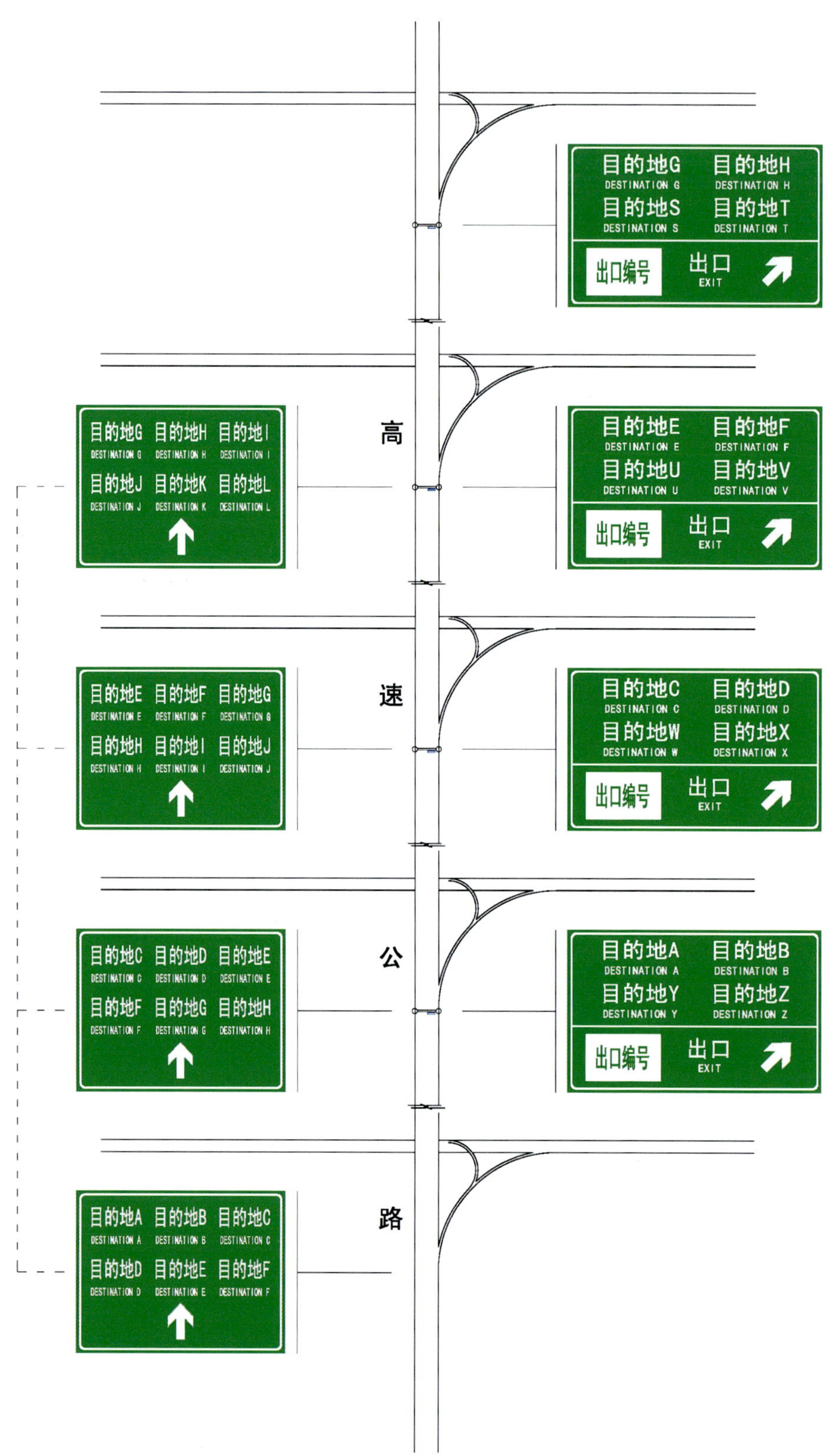

图1-4-2-10　地点方向路段预告标志传递信息连续性设置示例

②地点方向路段预告标志上最后一次出现的预告信息，必须在紧相连的第1个出口的出口预告标志上连续出现，不得中断。

③高速公路出口第1个出口预告标志上所出现的预告信息，必须在距出口2km、1km、500m、减速车道起点、出口分岔处连续设置的出口预告标志及出口匝道指路标志上连续出现，不得中断，设置示例见图1-4-2-11所示。

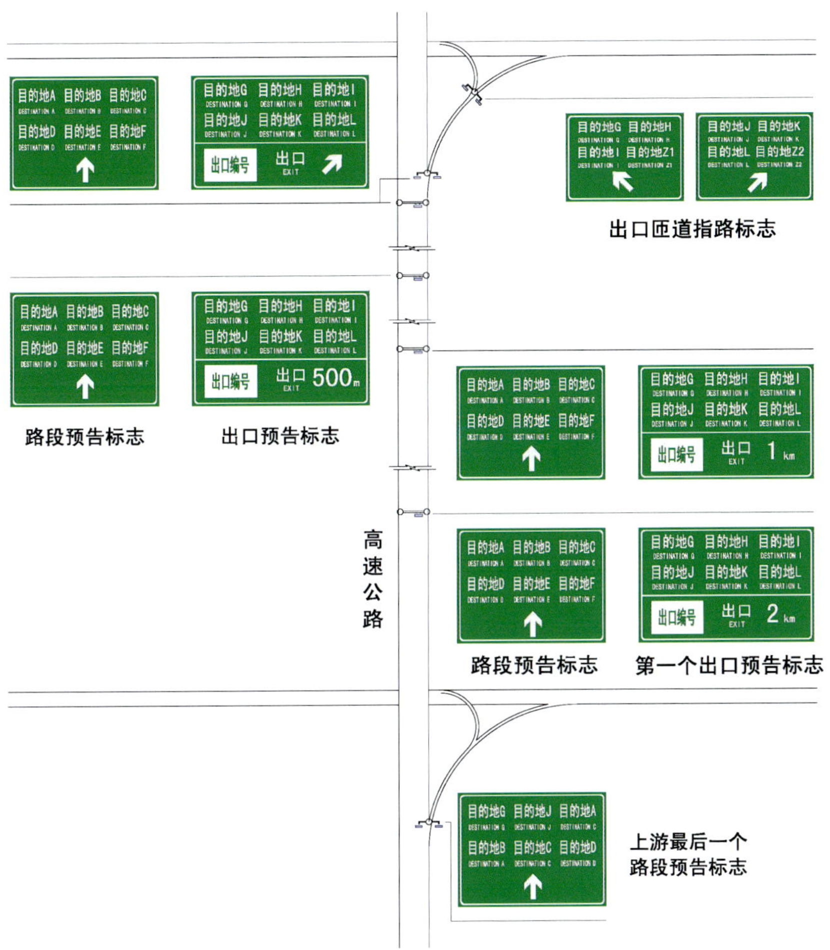

图1-4-2-11　指路标志系统传递信息连续性设置示例

（3）高速公路沿线有多个出口可到达同一地点时，应选择某方向到达该地点最短或最佳路线的1个出口预告该地点信息；高速公路沿线有多个出口途经同一重要区域时，应选择某方向到达该区域中心最便捷的1个出口预告该重要区域信息，不宜多个出口重复预告该地点或该重要区域信息。

4.2.3 牌面规格及信息排版

高速公路的设计车速通常有120km/h、100km/h、80km/h三个等级，针对实际运营的情况，将各等级高速公路指路标志系统牌面按≥100km/h和<100km/h两个等级进行划分，并根据高速公路指路标志汉字高度的选用标准，以及国标的相关规定，明确不同等级高速公路各类指路标志的常用牌面规格，详见表1-4-2-1。对于采用全封闭、全立交、严格控制出入且按高速公路收费管理模式运营的快速路指路标志系统，其各类型指路标志牌面规格应按表中<100km/h等级高速公路规定的指路标志牌面规格进行选用。

高速公路指路标志常用牌面规格推荐值（单位：cm） 表 1–4–2–1

设计车速 / 指路标志类型		≥100（km/h）		＜100（km/h）	
		汉字高度	规格（宽×高）	汉字高度	规格（宽×高）
入口预告标志		40～50	600×350	40～50	500×300
入口匝道指路标志			450×350		400×300
出口匝道指路标志			450×350		400×300
出口预告标志		60～70	600×390	50～60	500×330
路段预告标志	地点方向		390×390		330×330
	地点距离		450×130n		370×110n

注：n代表预告地点距离信息的数量。

考虑到不同高速公路辐射范围及承担交通功能不同的特点，不同高速公路指路标志系统传递信息的数目也各有差异，即使是同一高速公路上，不同出口或入口延伸服务功能也不一样，指路标志系统传递信息的数目也会不同，因此在选用高速公路沿线指路标志牌面规格时，可根据实际情况进行适当调整。调整的方法为指路标志的牌面高度规格宜参照表1–4–2–1的规定，但牌面宽度规格可根据预告信息的数目采用合适的尺寸，并尽量保持为10整除（按cm计）的规格尺寸，但最小宽度不宜小于表1–4–2–1 的规定。指路标志牌加宽的示例见图 1–4–2–12。

标准宽度路段预告标志

加宽路段预告标志

加宽入口预告标志

图 1–4–2–12 标志牌加宽示例

此外，入口引导标志一般不单独设置，而是结合所在道路的指路标志设置入口引导信息，因此入口引导标志传递信息标准牌面大小（宽×高），应根据所在道路设置指路标志的牌面规格及采用信息汉字高度进行确定，符合表1–4–2–2的规定。由于高速公路名称的不同，传递名称的信息文字数目也不一致，因此牌面高度必须按表中所列的要求执行，但牌面宽度可根据传递信息文字数目的多少作适当加宽。

入口引导标志常用标准牌面大小一览表（单位：cm） 表 1–4–2–2

汉字高度	50	40	30
牌面大小（宽×高）	275×150	220×120	165×90
标志示例	环城高速(南环) RING EXPWY(SOUTH RING)	洛溪大桥 LUOXI BRIDGE 环城高速(南环) 敦和路 DUNHE ROAD 广州大道南	

关于高速公路指路标志系统各类指路标志牌面的信息排版，国标已有比较详细的排版格式要求，在实际使用当中，应根据传递信息量及采用的牌面规格，合理排版图形符号及信息文字，对于国标已明确规定的图形符号应严格按国标规定执行，不得随意更改。

4.2.4 指路标志的设置

关于高速公路指路标志系统中各类型指路标志的设置，入口预告标志和出口预告标志的设置要求在国标中已有明确的规定，并应严格按照国标的规定执行。其他类型指路标志的设置情况如下：

（1）入口匝道指路标志应设于驶入匝道三角地带端部，出口匝道指路标志应设于驶出匝道三角地带端部。

（2）地点方向路段预告指路标志宜结合下游出口前连续设置的出口预告标志并排设置。地点距离路段预告指路标志设于高速公路沿线每经过一座互通立交之后，距入口加速车道终点 1～3km 的路侧。如图 1−4−2−13 所示。

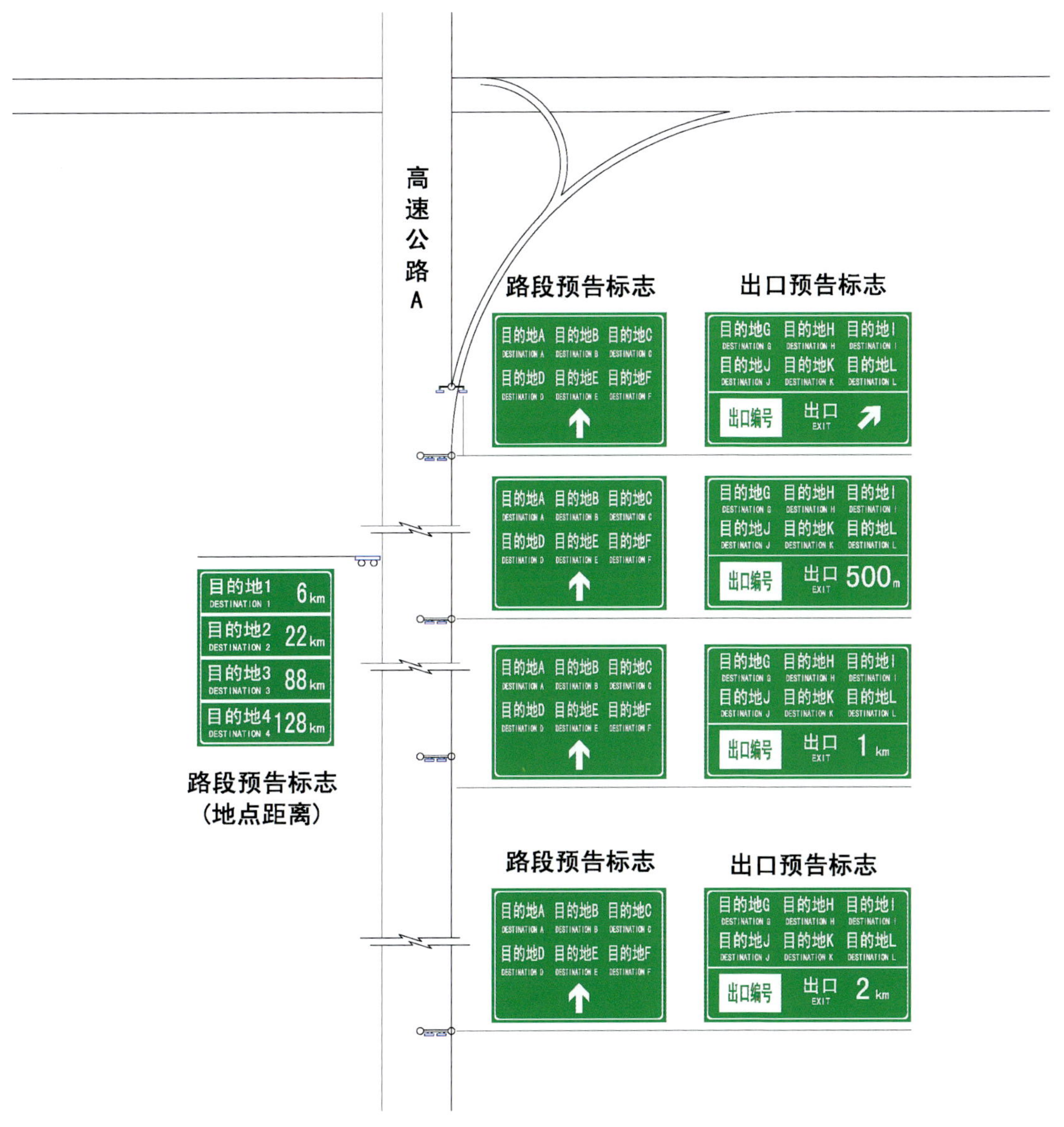

图 1−4−2−13　路段预告标志结合出口预告标志设置示例

(3) 高速公路入口引导标志的设置，应根据高速公路服务的辐射吸引范围，在与高速公路沿线入口衔接的道路网络系统中，结合道路网络的布局特点及其指路标志的设置情况，系统设置相应的入口引导标志或入口引导信息：

①以高速公路沿线互通立交为中心向外辐射至少2km半径吸引范围内，次干路以上等级相互衔接道路网络体系中的道路沿线及重要交通结点，应系统设置相应的入口引导标志，如图1-4-2-14所示。

②承担过境交通及城区出入境交通联系的环状高速公路，除上述①条文规定吸引范围内系统设置入口引导标志外，环状高速公路环形范围内衔接高速公路入口主次干路沿线及其延伸相连接的主干路以上等级道路网络体系中的道路沿线及重要交通结点，应系统设置相应的入口引导标志，如图1-4-2-15所示。

③上述①、②条文所规定吸引范围内道路沿线及其与重要交通结点间系统设置的高速公路入口引导标志，确定设置位置应保证信息传递的连续性，不得中断。

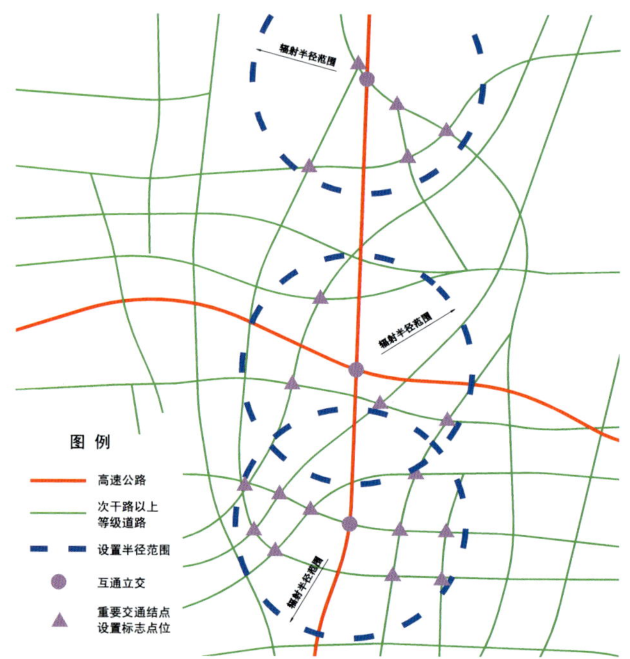

图1-4-2-14 辐射半径吸引范围内高速公路入口引导标志设置示例

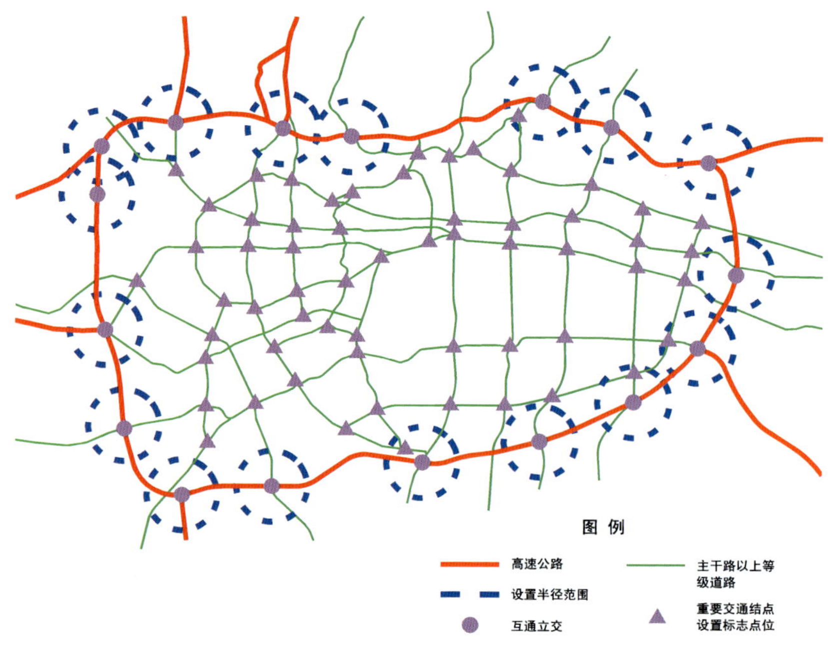

图1-4-2-15 环状高速公路入口引导标志设置示例

4.2.5 支撑方式选用

根据高速公路指路标志系统各类型指路标志的设置特点，以及不同类型支撑方式的适用性，这里提出了各类型指路标志适宜采用的支撑方式，但在实际使用当中，应根据现场实际，因地制宜地选用合适的支撑方式，并且强调所选支撑方式与周边环境的协调性。

1. 入口预告标志宜采用L形或F形悬臂式。

2. 出口预告标志设置在主线路段上时宜采用门式或F形悬臂式；而在出口匝道三角端设置的出口预告标志适宜采用T形悬臂式，同时预告出口方向和主线方向信息。

3. 入口匝道指路标志、出口匝道指路标志一般设置在互通立交内的分岔三角端部，适宜采用T形悬臂式，同时预告不同方向的信息。

4. 地点方向路段预告标志一般设置在道路主线上，适宜采用门式或F形悬臂式，通常与出口预告标志结合设置，并采用同一支撑方式；地点距离路段预告标志与地点方向路段预告标志的设置方式不完全相同，一般是路侧设置，因此多数情况下使用双柱式。

5. 入口引导标志仅反映高速公路名称信息，一般不独立进行设置，通常是结合与高速公路相衔接道路体系的指路标志设置相应的入口引导信息，因此入口引导标志应根据现场实际，结合城市道路指路标志设置情况因地制宜地选用合适的支撑方式。

4.3 快速路指路标志的设置

4.3.1 适用范围及标志类型

1. 适用范围

这里所制定的快速路指路标志设置方法，适用于城市范围内快速路沿线及立交区域所属指路标志系统的设置，所称快速路必须是严格按快速路工程技术标准规划建设的快速路，包括环状高架快速路、放射状高架快速路、带辅路和不带辅路标准快速路等各种形式的快速路。对于采用全封闭、全立交、严格控制出入且按高速公路收费管理模式运营的城市快速路，其指路标志系统的设置应按高速公路的设置标准执行。对于未严格按快速路工程技术标准规划建设，且全线基本实行平交出入控制、交通功能等级基本接近交通性主干路的城市快速路，其指路标志系统的设置应按照一般城市道路指路标志的设置标准执行。

2. 标志类型

快速路的工程技术标准、配套服务设施的完善程度及使用功能等级虽比高速公路要低一些，从整体上来看，快速路的运行方式很接近高速公路体系，快速路指路标志系统的设置与高速公路指路标志系统的设置也有很多相似之处。这里将参照高速公路指路标志系统的分类及设置原则，针对快速路体系的运行特点，提出快速路指路标志系统的分类及其相应的设置原则和标准。一般情况下，快速路指路标志必须成套设置，沿线及立交区域所属整套指路标志系统按使用功能主要分为以下4种类型：

（1）入口引导标志：指快速路入口邻近一定范围内道路网络系统中，在与快速路入口相衔接道路上设置的引导车辆到达快速路入口的指路标志。

（2）入口预告标志：指在入口起点处设置的预告快速路名称、预告可到达道路或地点信息的指路标志。（入口引导标志及入口预告标志的示例见图1-4-3-1）。

入口引导标志

入口预告标志

图1-4-3-1 快速路入口标志示例

(3)出口预告标志：指在距出口 500m、200m、以及减速车道起点、出口分岔处连续设置的预告该出口可到达的地点或道路信息的指路标志。快速路出口为互通立交时，宜增加立交图形符号指引行车方向，见图 1-4-3-2 所示。

图 1-4-3-2 快速路出口预告标志示例

(4)路段预告标志：指在主线路段上设置的预告前行方向可到达的地点或道路信息的指路标志，如图 1-4-3-3 所示。

图 1-4-3-3 路段预告标志示例

如果快速路设置有互通式立交时，指路标志系统还应包括入口匝道指路标志和出口匝道指路标志两类，可参照高速公路匝道指路标志的设置方式进行设置。

(5)入口匝道指路标志：指在互通立交范围内的入口匝道分岔口处设置的预告地点或道路行驶方向信息的指路标志，如图 1-4-3-4 所示。

图 1-4-3-4 入口匝道指路标志示例

(6) 出口匝道指路标志：指在互通立交范围内的出口匝道分岔口处设置的预告地点或道路行驶方向信息的指路标志，如图 1-4-3-5 所示。

以上根据各类型指路标志设置点位以及传递信息的特点，将快速路指路标志系统划分为入口引导标志、入口预告标志、出口预告标志及路段预告标志等各种类型，并明确了不同类型指路标志的概念。以上分类是基于指路标志系统的整体进行划分的，在实际应用当中，应该统筹考虑各类型指路标志的协调设置，确保点位设置、传递信息内容等方面形成系统性，如图 1-4-3-6 所示。

图 1-4-3-5　出口匝道指路标志示例

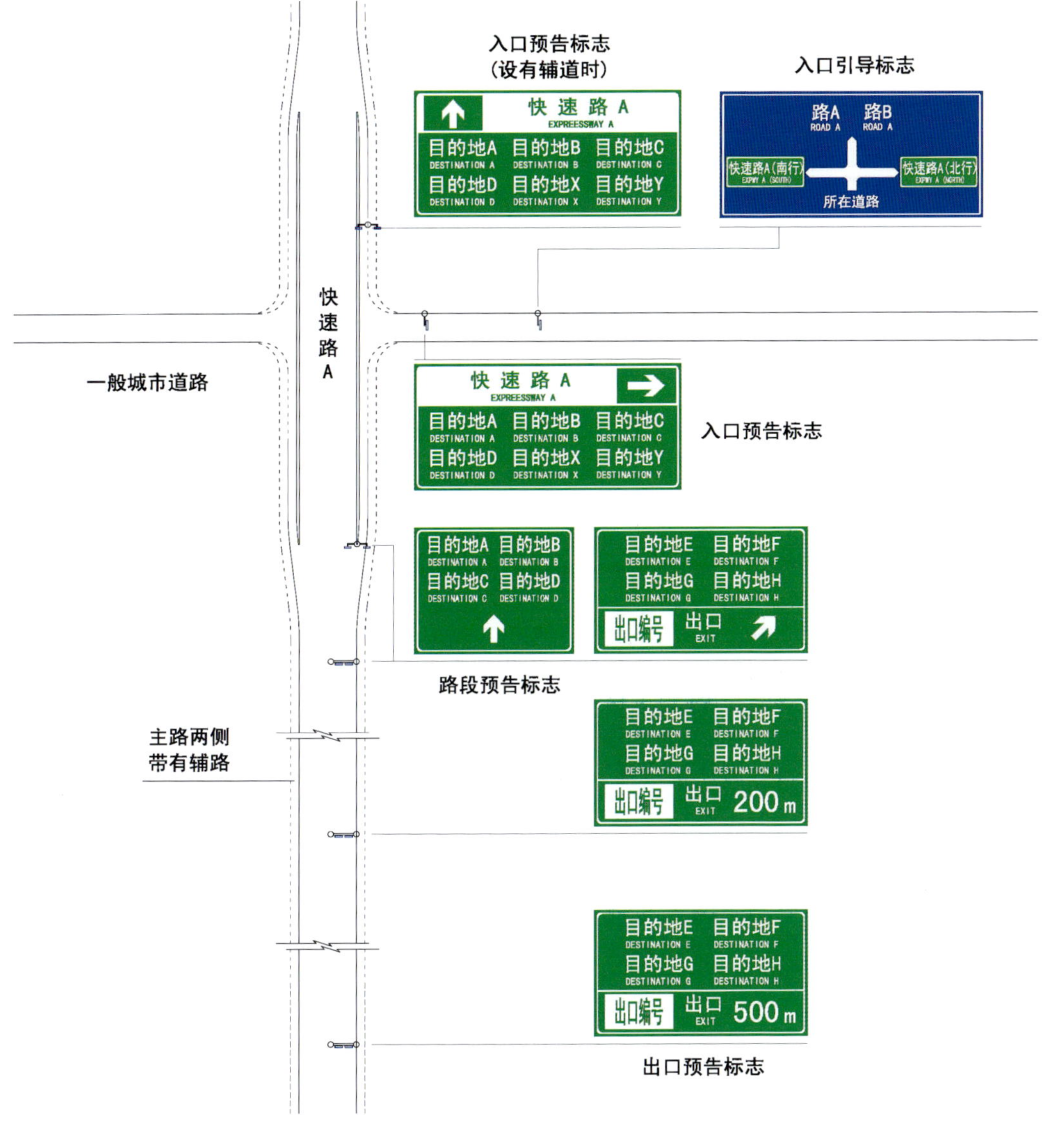

图 1-4-3-6　快速路整套指路标志系统设置示例

4.3.2 信息选取设置

1. 指路标志传递信息内容组成

快速路为城市内部长距离、快速出行服务，具有非常重要的交通疏导功能，其指路标志系统传递的信息应以市区交通要道、重要交通结点等信息为主。快速路指路标志传递的信息应根据信息分级体系，按照层次性原则选用，其传递的信息以Ⅱ类信息为主，即快速路、主干路、重要交通结点、重要地点等信息。快速路指路标志系统各类型指路标志所传递的信息内容及信息数目如下：

（1）入口预告标志预告的信息数目不宜超过6条，预告的信息内容应符合下列要求：

①标示快速路名称及行驶方向箭头。

②应采用远近相结合方式，远点信息选择前行方向第3或第4个重要交通节点出口预告标志上所出现的Ⅱ类或Ⅰ类信息，近点信息选择邻近2个重要交通节点范围内出口预告标志上所出现的Ⅱ类或Ⅰ类信息。如图1–4–3–7所示。

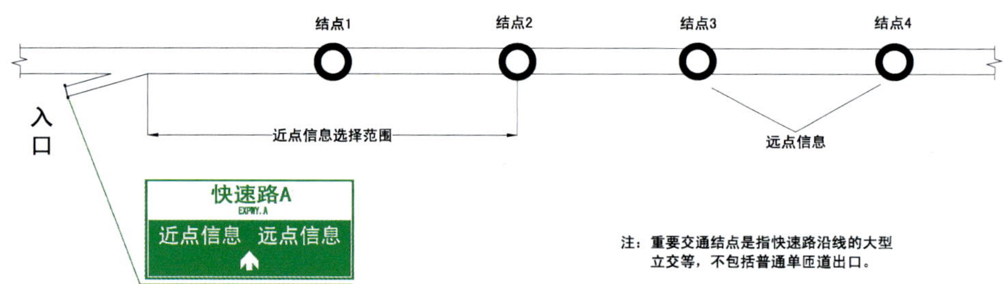

图1–4–3–7 入口预告标志信息选择设置示意图

(2)出口预告标志预告的信息数目不宜超过4条，预告的信息内容应符合下列要求：

①标示出口编号、出口距离或行驶方向箭头，自快速路零桩号开始计算按沿线出口排列的顺序用阿拉伯数字（1，2，3……）进行编号。环状快速路主线逆时针方向定义为A线，顺时针方向定义为B线（入口预告标志也应分别标明A线、B线，以区别主线两个不同行驶方向）；沿线出口编码，A线以标志性出口（或零桩号）为起点，按逆时针方向编排；B线以同一标志性出口（或零桩号）为起点，按顺时针方向编排，A、B线均按车辆行驶方向根据沿线出口排列的顺序用阿拉伯数字（1，2，3……）进行编码。

②一般出口即通过下匝道或上跨式与其他道路相交，其出口预告标志选择该出口直接到达或可到达的道路信息或地点信息2～4条。一般出口是城市快速路通常设置的出口形式，主要有主线上跨式，通过设置出口匝道与一般道路连接，采取在桥下设置平面交叉口的形式，另一种是高架式快速路，直接设置下匝道与地面的一般道路连接。一般出口的指路标志采用前后统一预告方式，对驶入出口匝道后不同去向的信息不加以区分。如图1–4–3–8及图1–4–3–9所示。

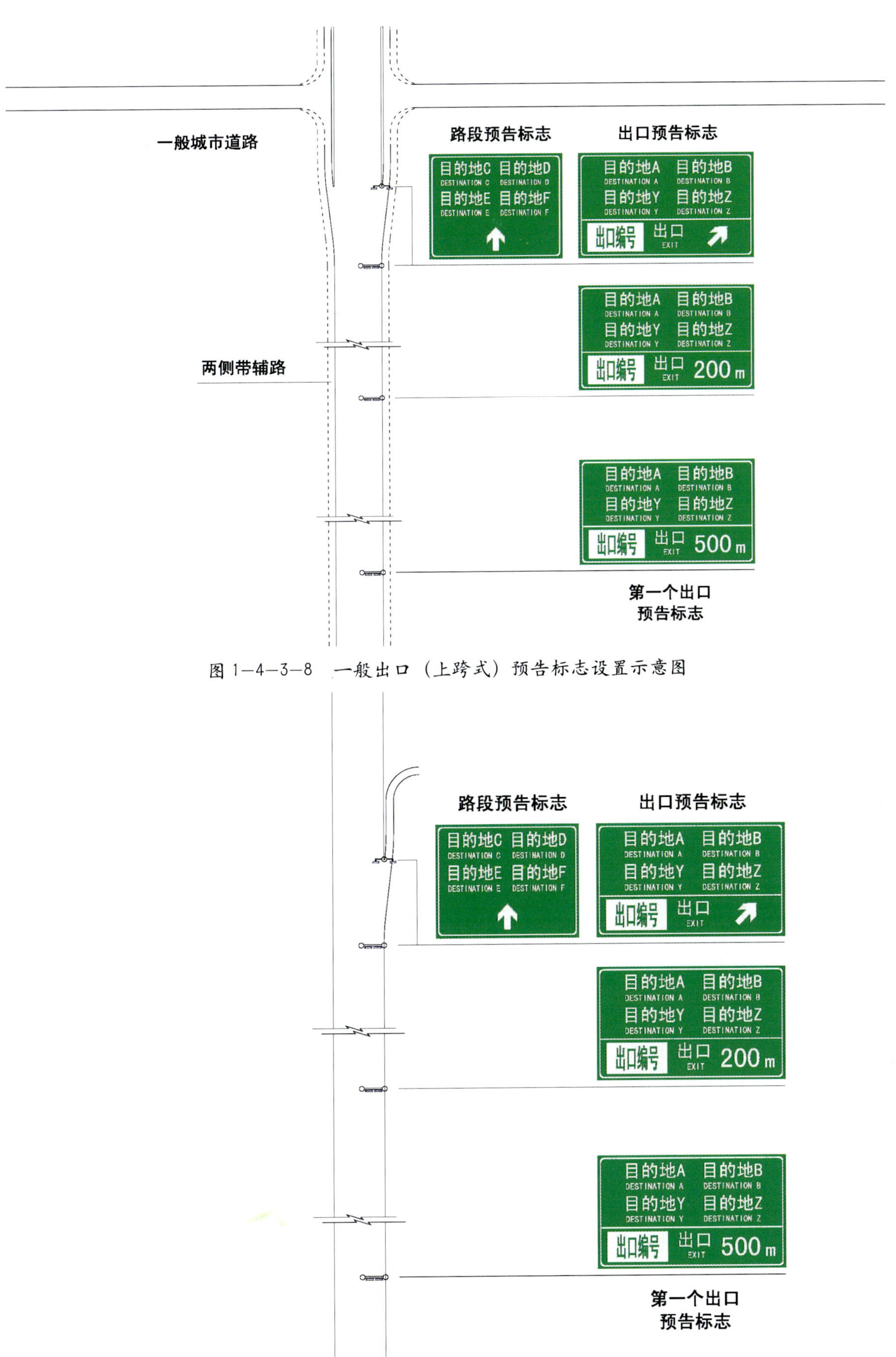

图 1-4-3-8　一般出口（上跨式）预告标志设置示意图

图 1-4-3-9　一般出口（下匝道）预告标志设置示意图

③立交出口即通过互通立交与其他道路连通，其出口预告标志应增加立交图形符号指引行驶方向，指示信息选取该出口直接到达或可到达的道路信息或地点信息2～4条。城市快速路经常设置互通式立交与一般城市道路连接，为了让驾驶员提前知道驶出匝道后的行驶方向，有效引导各定向匝道的交通流，应对各定向匝道的去向提前给出明确指示，因此需要提前设置标注立交图案的预告标志，指引各方向车流。常见的有主线下穿式环形立交，这种出口需要在匝道口处或之前设置立交图案预告标志，对之前所预告的信息分方向指示。对于形式比较复杂的立交，如四肢互通式、苜蓿叶式等，立交图案预告标志应提前到约200m处开始预告，并且在匝道出口处也应按方向进行预告。如图1—4—3—10及图1—4—3—11所示。

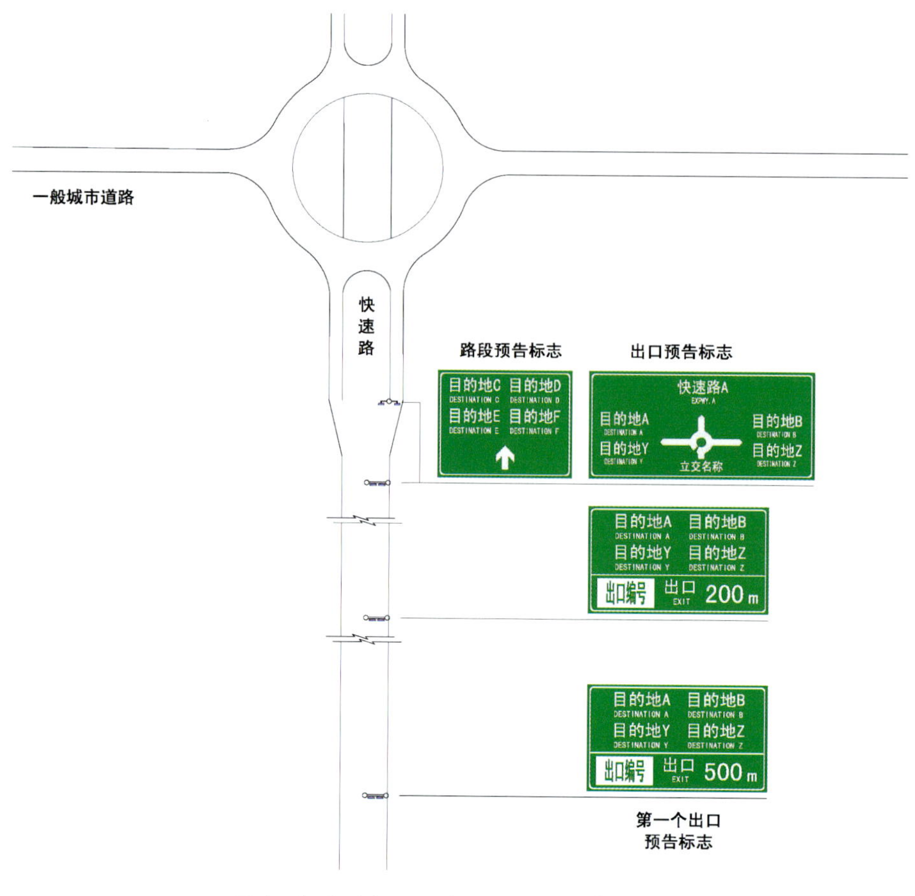

图1—4—3—10 环形立交出口预告标志设置示意图

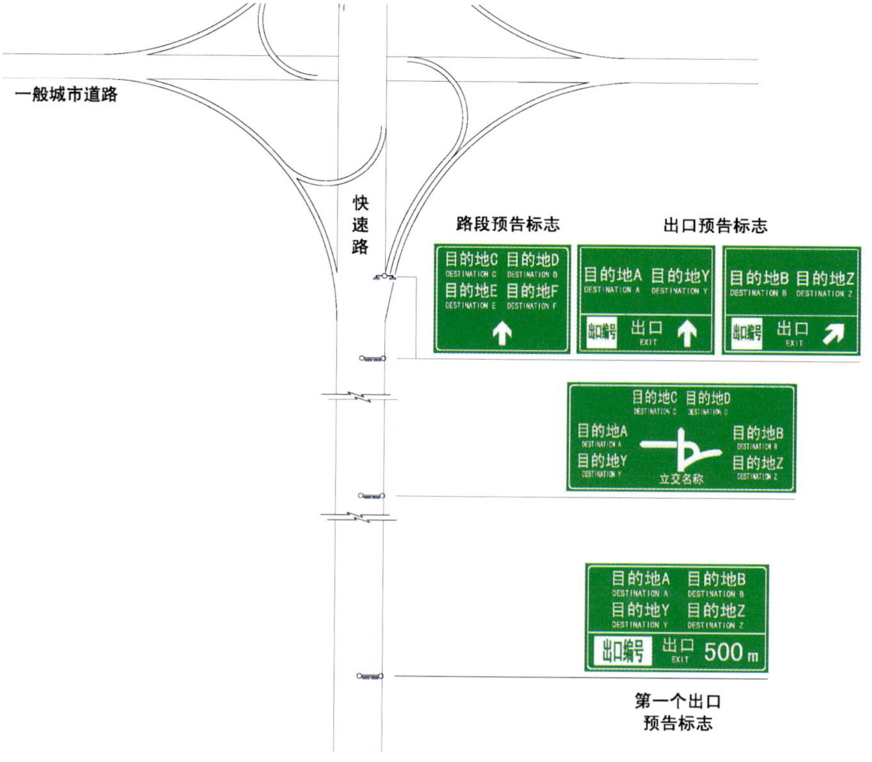

图1—4—3—11 四肢互通式立交出口预告标志设置示意图

④当相邻出口之间的距离小于500m时，在第1个出口前500m～1km应增设近距离多出口预告标志，利用形象的指示版式，配合出口编码，提前预告前方2～3个近距离连续出口的主要信息。当城市快速路布设在城市中心区时，受地形、城市建筑物等先天条件的限制，或者需要与众多的城市一般道路相连接，因此快速路的出口有时会分布比较密集，如广州内环路北段就有在500m范围内连续设置3个出口的情况。出现这种情况时，由于相邻出口之间的距离过小，根本没有足够的提前距离设置预告标志单独预告每一个出口，因此需要在近距离连续多出口前的路段上，提前统一预告前方多个出口的信息，让驾驶员提前了解前方多个出口的分布情况。如图1-4-3-12所示。

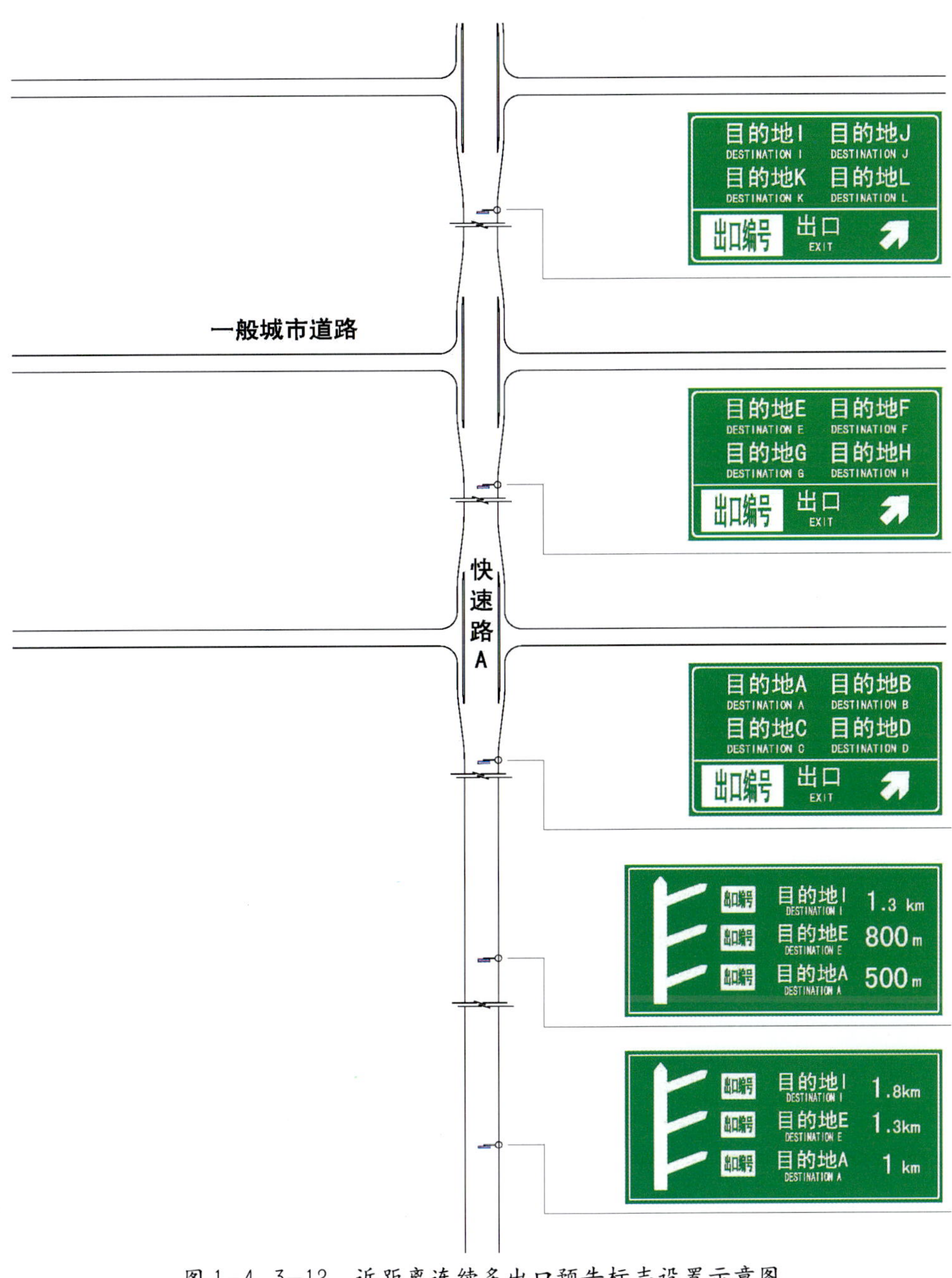

图1-4-3-12　近距离连续多出口预告标志设置示意图

（3）入口匝道指路标志按主线两个不同行驶方向分向预告该入口预告标志上曾出现过的预告信息，且标示行驶方向，牌面空间允许条件下，各方向可适当增加预告信息 1～2 条，但每个方向指路标志预告的信息数目不宜超过 4 条。

（4）出口匝道指路标志按驶出主线后的不同行驶方向分向预告该出口预告标志上曾出现过的预告信息，牌面空间允许条件下，各方向可适当增加预告信息 1～2 条，但每个方向指路标志预告的信息数目不宜超过 4 条。

（5）路段预告标志预告的信息数目不宜超过 4 条，预告的信息内容应选择前行方向第 1 及第 2 个重要交通节点出口预告标志上所出现的 Ⅰ 类或 Ⅰ 类信息，有条件再考虑第 3 个重要交通节点出口预告标志上所出现的 Ⅱ 类或 Ⅰ 类信息，且对应每条信息可标示行驶距离。如图 1–4–3–13 所示。

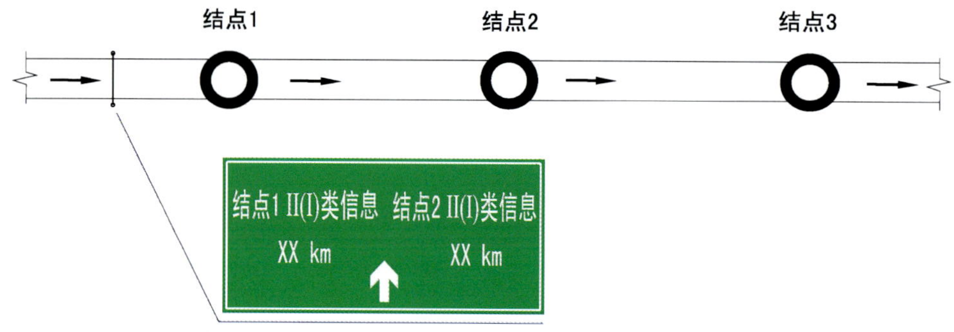

图 1–4–3–13 路段预告标志信息选择设置示意图

2．指路标志传递信息的协调设置

（1）指路标志系统预告信息必须保持前后相关联性：

①入口预告标志或入口匝道指路标志上出现过的预告信息，必须在 1 个出口的出口预告标志及出口匝道指路标志上再次出现。

②路段预告标志上出现过的预告信息，必须在 1 个出口的出口预告标志及出口匝道指路标志上再次出现。

快速路指路标志系统传递信息前后相关联性设置示例见图 1–4–3–14。

（2）指路标志系统预告信息的传递必须保持一定的连续性：

①路段预告标志预告前方某出口将要到达的地点信息或道路信息，必须在到达该出口之前至少连续 2 个出口段（不宜超过 3 个）的路段预告标志上连续出现，不得中断，如图 1–4–3–14 所示。

②路段预告标志上最后一次出现的预告信息，必须在紧相连的第 1 个出口预告标志上出现，不得中断。

③快速路出口第 1 个出口预告标志上所出现的预告信息，必须在距出口 500m、200m、减速车道起点、出口分岔处连续设置的出口预告标志及出口匝道指路标志上连续出现，不得中断。

快速路指路标志系统传递信息连续性设置示例见图 1–4–3–15。

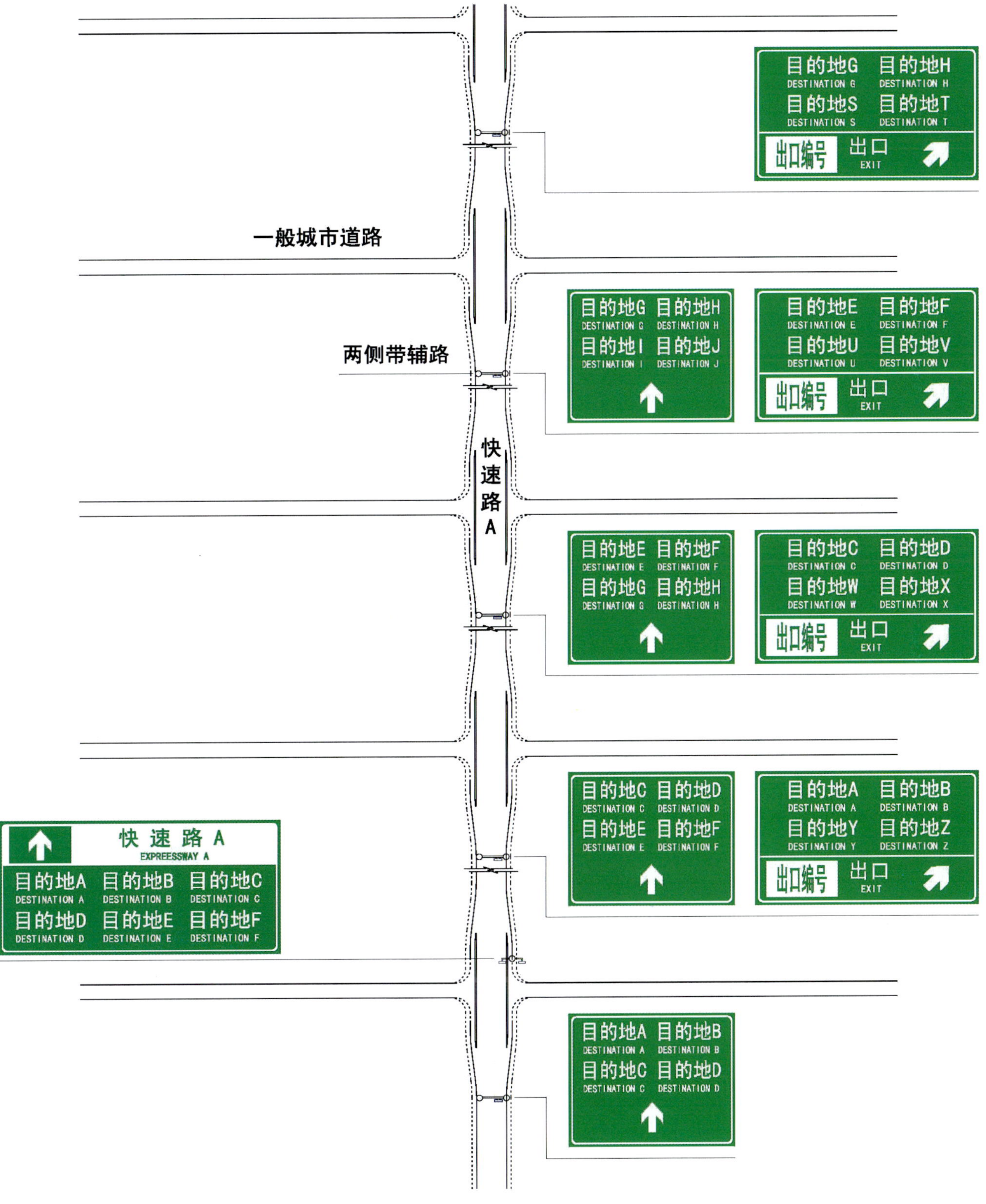

图1—4—3—14 指路标志系统预告信息前后相关联性及连续性设置示例

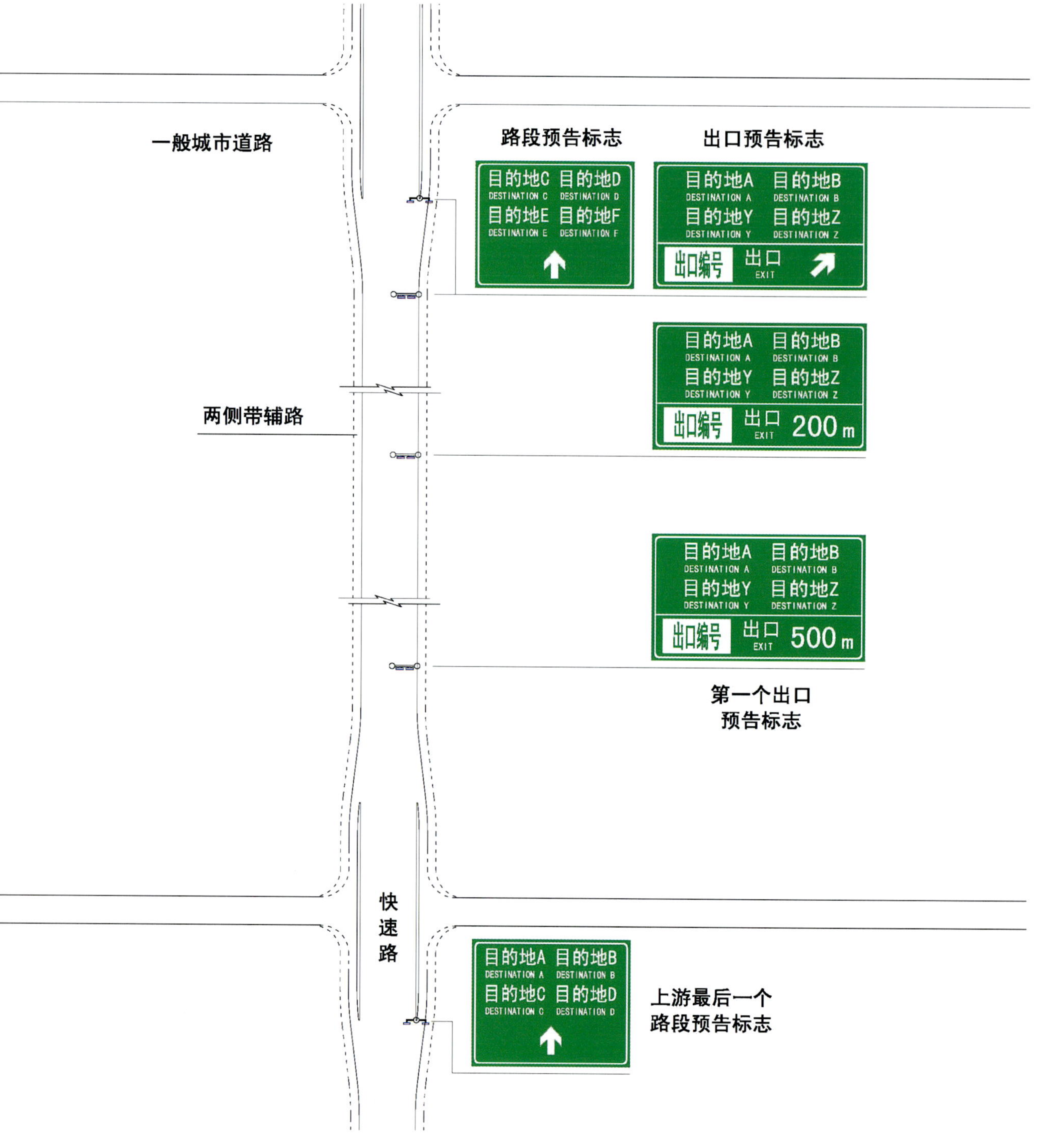

图 1—4—3—15 快速路指路标志系统信息传递连续性设置示例

4.3.3 牌面规格及信息排版

快速路指路标志系统牌面信息排版，可参照国标有关高速公路及城市道路指路标志示例排版格式，根据传递信息量及采用的实际牌面规格，合理排版图形符号及信息文字。快速路指路标志系统中不同类型指路标志的常用牌面规格见表 1—4—3—1。

快速路指路标志常用牌面规格推荐值（单位：cm）　　表 1—4—3—1

指路标志类型	汉字高度	规格（宽×高）
入口预告标志	35～45	500 × 240（或 300）
出口预告标志	45～55	500 × 240（或 300）
路段预告标志		400 × 240（或 300）
入口匝道指路标志	30～40	300 × 240、120 × 200
出口匝道指路标志	30～40	300 × 240、120 × 200

快速路指路标志系统不同类型指路标志牌的高度规格宜参照表 1—4—3—1 的推荐值，但标志牌的宽度规格可根据预告信息的数目采用合适的尺寸，尽量保持为 10 整除（按 cm 计）的规格尺寸，并且最小宽度不宜小于表 1—4—3—1 的规定，常用的加宽牌面规格有 600cm × 240cm 和 800cm × 240cm 两种。指路标志牌加宽示例见图 1—4—3—16。

入口预告标志（正常）

路段预告标志（加宽）

图 1—4—3—16　快速路预告标志加宽示例

快速路入口引导标志传递信息标准牌面大小（宽 × 高），应根据所在道路所设指路标志的牌面规格及采用信息汉字高度进行确定，宜符合表 1—4—3—2 的规定。由于不同快速路的名称不一样，传递快速路名称的信息文字数目也不一致，因此牌面宽度可根据传递信息文字数目的多少作适当加宽，但不宜再缩窄牌面宽度。

入口引导标志常用牌面规格推荐值（单位：cm）　　表 1—4—3—2

汉字高度	40	30	20
牌面大小	220 × 120	165 × 90	110 × 60
标志示例	广园快速 GUANGYUAN EXPWY		广汕公路 GUANGSHAN HIGHWAY 先烈东路 XIANLIE RD. E. 禺东西路 YUDONG RD. W. 广园快速 广州大道北

此外，如果在其他等级道路上设置快速路入口预告标志、且须与所在等级道路指路标志并行设置时，其牌面规格宜参照所在等级道路采用指路标志牌面规格的有关规定，选用合适的规格尺寸，保证快速路入口预告标志与所在的其他等级道路指路标志保持协调统一。

4.3.4 指路标志的设置

在快速路指路标志系统中，各类型指路标志的设置要求如下：

1. 入口预告标志设置在快速路入口前约500m范围内，在入口匝道与被交道路的交叉口范围合理布设如图1–4–3–17。

2. 入口匝道指路标志设于互通立交范围内驶入匝道分岔处的三角地带端部，出口匝道指路标志设于互通立交范围内驶出匝道分岔处的三角地带端部。

3. 出口预告标志应提前设置，分别设于距出口500m、200m、以及减速车道起点和出口分岔处的位置。

4. 路段预告指路标志宜结合下游出口前连续设置的出口预告标志并排设置，且不宜过多重复设置。

5. 快速路入口引导标志的设置，应根据快速路服务的辐射吸引范围，在与快速路沿线立交或入口匝道相衔接的次干路以上等级道路最邻近该入口一个重要交通节点范围内的指路标志上，系统设置相应的入口引导标志或入口引导信息。

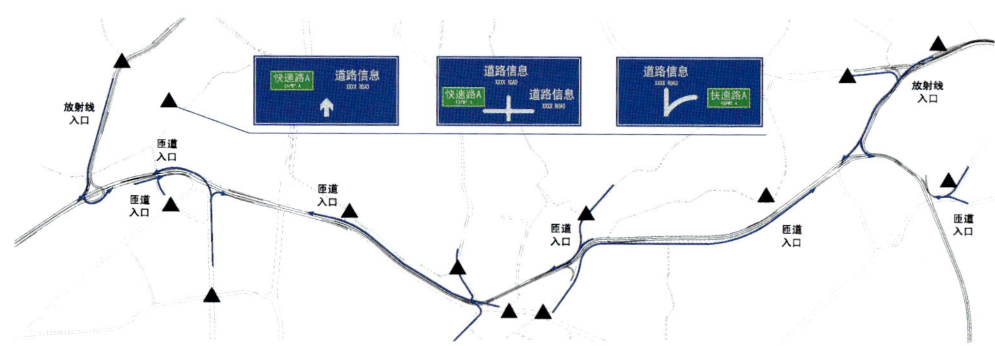

图1–4–3–17 入口引导标志预告信息的系统设置示意图

4.3.5 支撑方式选用

根据快速路指路标志系统各类型指路标志的设置特点，提出各类型指路标志适宜采用的支撑方式，但在实际使用当中，应根据现场实际情况，因地制宜地选用合适的支撑方式，并且强调所选支撑方式与周边环境的协调性。

1. 入口预告标志宜采用L形或F形悬臂式。

2. 出口预告标志设置在主线路段宜采用门式或F形悬臂式，设置在出口分岔处宜采用T形悬臂式或门式（外加悬臂横梁）。

3. 入口匝道指路标志和出口匝道指路标志，大规格牌面宜采用T形悬臂式，小规格牌面宜采用单柱式或双柱式。

4. 路段预告标志宜与出口预告标志并排设置，在主线路段上宜采用门式，在出口分岔处宜采用T形悬臂式或门式（外加悬臂横梁）。

5. 入口引导标志结合城市道路指路标志进行设置，宜按城市道路的标准选用合适的支撑方式。

4.4 一般城市道路指路标志的设置

4.4.1 适用范围及标志类型

1. 适用范围

这里所制定的一般城市道路指路标志设置方法，适用于城市范围内交通性主干路、一般主次干路、支路等各级一般城市道路体系指路标志系统，以及未严格按快速路工程技术标准规划建设且全线基本实行平交出入控制、交通功能等级基本接近交通性主干路的快速路指路标志系统的设置。

2．标志类型

(1) 各级一般城市道路体系设置的指路标志类型相对简单，沿线设置的主要指路标志按其使用功能分为两种类型：

①交叉口指路标志：预告当前交叉口直接衔接道路或可到达道路、地点信息的指路标志。

②分岔指路标志：预告道路车道分向隔离带或分岔口、跨线高架路或立交匝道起点不同行驶方向可到达的道路或地点信息的指路标志。以上两种指路标志的示例，见图 1—4—4—1。

交叉口（立交）指路标志

交叉口（平交）指路标志

分岔（车道隔离带分岔口）指路标志

分岔（跨线高架路或立交匝道起点）指路标志

图 1—4—4—1　一般城市道路主要指路标志示例

(2) 除主要指路标志类型外，一般城市道路还设有辅助性指路标志，主要包括以下两种类型：

①绕行指路标志：预告前方实施交通管制路段及受限制车辆正确行驶路线信息的指路标志。

②交叉口进口道预告标志：预告交叉口进口段各车道行驶方向信息的指路标志，与交叉口指路标志配合设置。

以上两种指路标志的示例，见图 1—4—4—2。

绕行指路标志

交叉口进口道预告标志

图 1—4—4—2　一般城市道路辅助性指路标志示例

4.4.2 信息选取设置

1．指路标志传递信息内容组成

一般城市道路指路标志传递信息应根据信息分级体系，按照层次性原则选用，主干路指路标志传递信息以Ⅱ类信息（包括非封闭式快速路、主干路、重要交通结点等信息）为主，次干路、支路指路标志传递信息以Ⅲ类信息（即次干路与支路信息）为主。一般城市道路各类指路标志的信息选用方法如下：

（1）交通性主干路、一般主次干路的交叉口指路标志每个指向预告的信息数目为1～2条，总信息数目不宜超过6条。其中交叉口指路标志又可分为主要交通集散点指路标志和次要交通集散点指路标志，交通集散点的分类如图1-4-4-3所示。主、次交通集散点指路标志预告的信息内容符合下列要求：

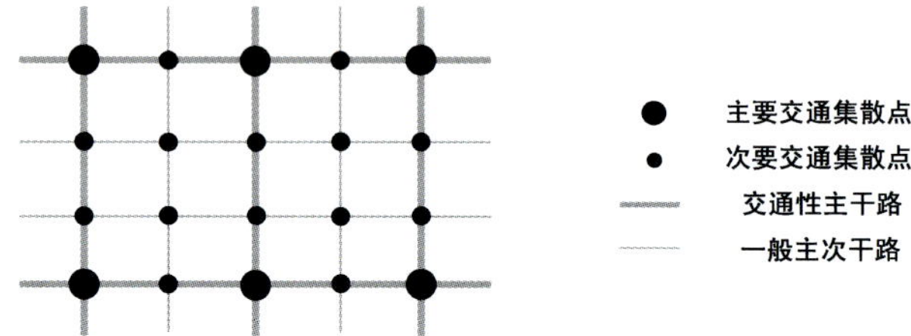

注：交通性主干路为通行能力强、服务水平高、贯穿城区的主要道路，其相互交叉构成区域主要交通集散点，对应下文的①、②；由一般主次干路构成了局域性地区交通网络，其相互交叉构成了次要交通集散点，对应下文的③；交通性主干路与一般主次干路的交叉口也属于次要交通集散点，对应下文的④。

图 1-4-4-3 交通集散点分类示意图

①主要交通集散点（交通性主干路立交口）指路标志预告信息：各方向下游直接衔接的交通性主干路或重要交通结点信息（统称"近点信息"），以及各方向所能到达的较邻近的交通性主干路、重要交通结点或高速公路、重要地点等信息（统称"远点信息"），当前立交的名称设于立体交叉图案下方作为辅助信息，而主要交通集散点之间的次一级道路信息不作预告。如图1-4-4-4所示。

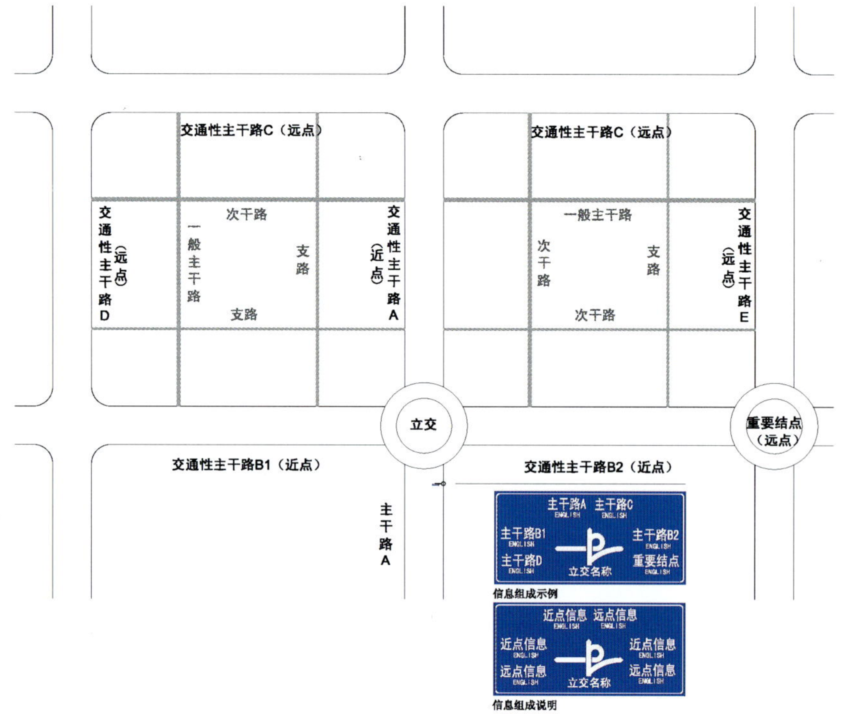

图 1-4-4-4 主要交通集散点（交通性主干路立交口）指路标志设置示例

②主要交通集散点（交通性主干路平交口）指路标志预告信息：与互通立交预告信息组成基本相同，不同点在于把所在交通性主干路信息置于十字交叉图案下方。对于前行方向直接衔接道路与所在道路为同一道路名称时，可直接把该道路名称信息置于十字交叉图案下方。如图 1-4-4-5 所示。

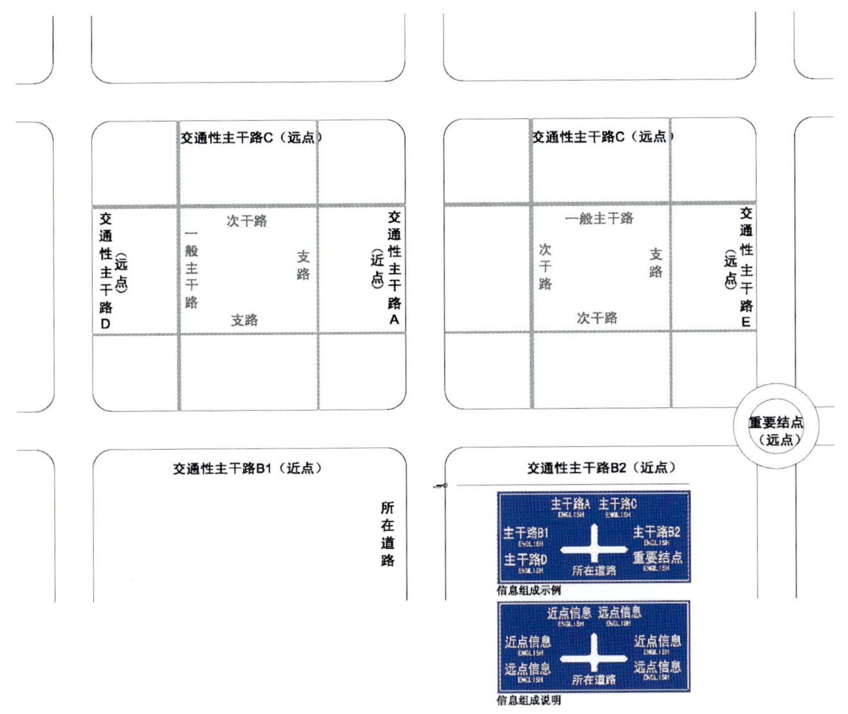

图 1-4-4-5　主要交通集散点（交通性主干路平交口）指路标志设置示例

③次要交通集散点（一般主次干路交叉口）指路标志预告信息：各指向预告该方向直接衔接的主次干路信息，以及预告该方向下一交叉口相交干路或重要交通结点信息，同时把所在道路信息置于十字交叉图案下方。城市路网中多为前行方向直接衔接道路与所在道路为同一道路名称，可直接把该道路名称信息置于十字交叉图案下方。如图 1-4-4-6 和图 1-4-4-7 所示。

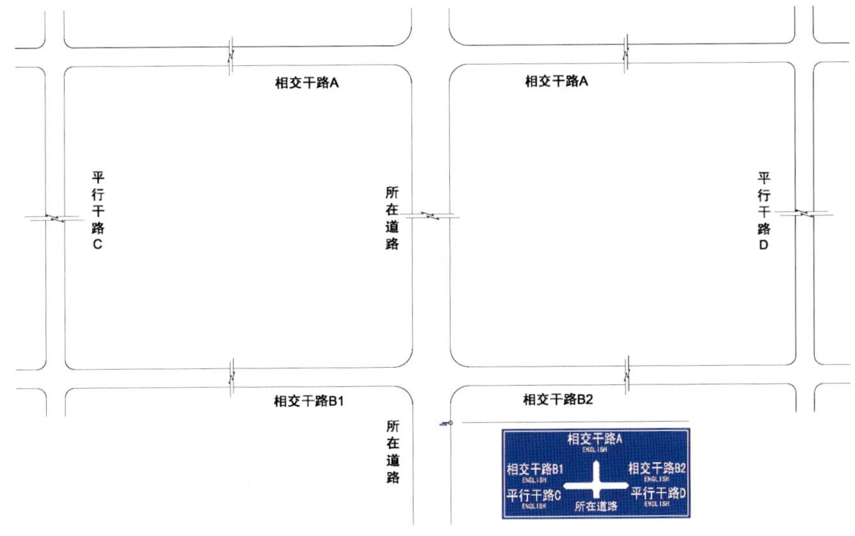

图 1-4-4-6　次要交通集散点（一般主次干路十字交叉口）指路标志设置示例

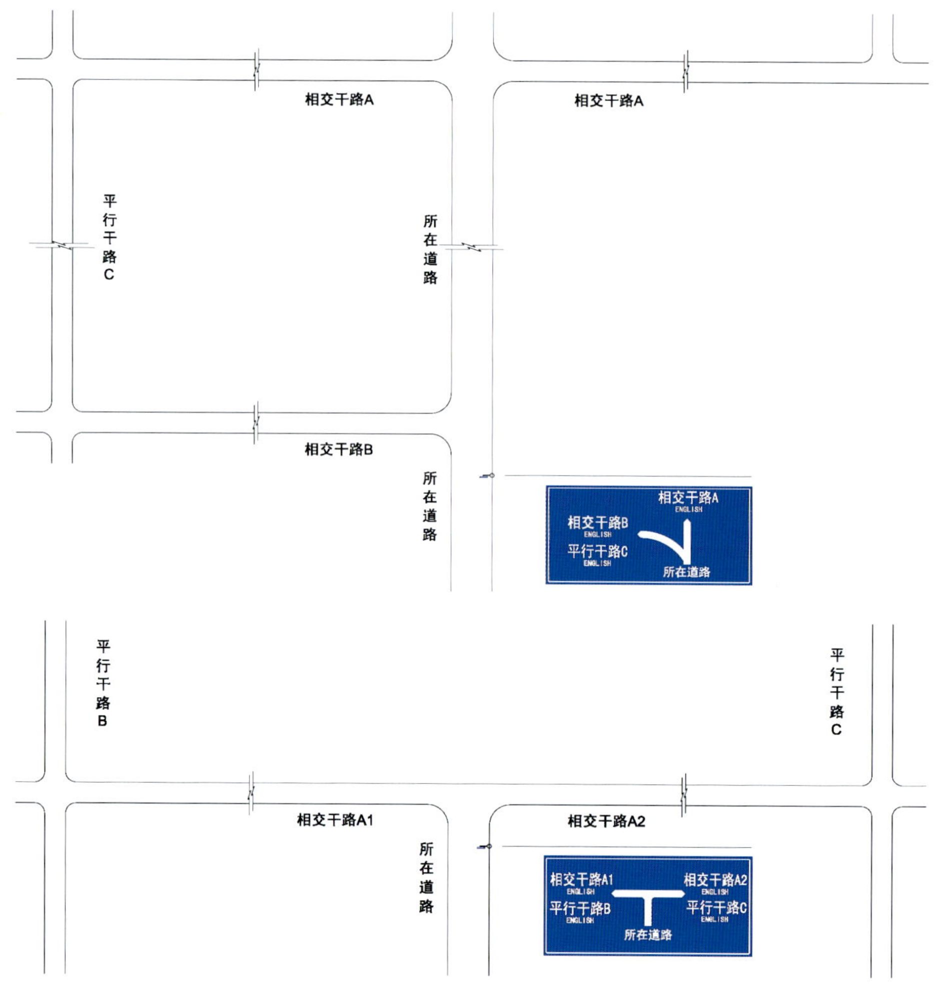

图 1-4-4-7 次要交通集散点（一般主次干路丁字交叉口）指路标志设置示例

④次要交通集散点（交通性主干路与一般主次干路交叉口）指路标志预告信息：交通性主干路方向上，按照主要交通集散点（交通性主干路交叉口）指路标志的方式指示，采用远近结合的信息预告方式；一般主次干路方向上，按照次要交通集散点（一般主次干路交叉口）指路标志的方式指示，主要预告其周边相邻道路信息。如图 1-4-4-8 所示。

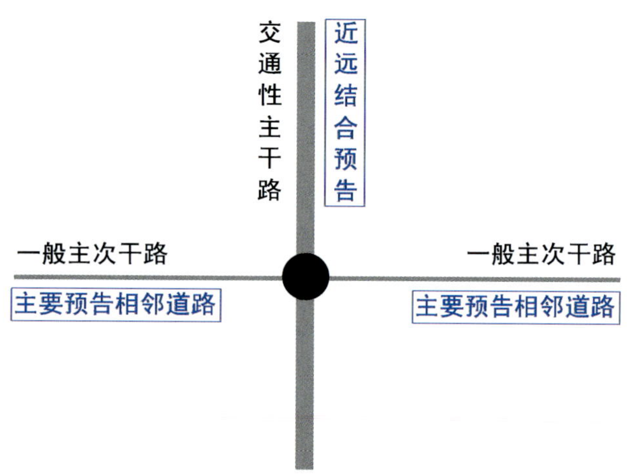

图 1-4-4-8 次要交通集散点（交通性主干路与一般主次干路交叉口）预告信息示意

(2) 支路交叉口（包括主次干路与支路交叉口）指路标志每个指向预告的信息数目宜为1条，预告信息内容仅包括该交叉口各方向直接衔接的道路信息。如图1—4—4—9 所示。

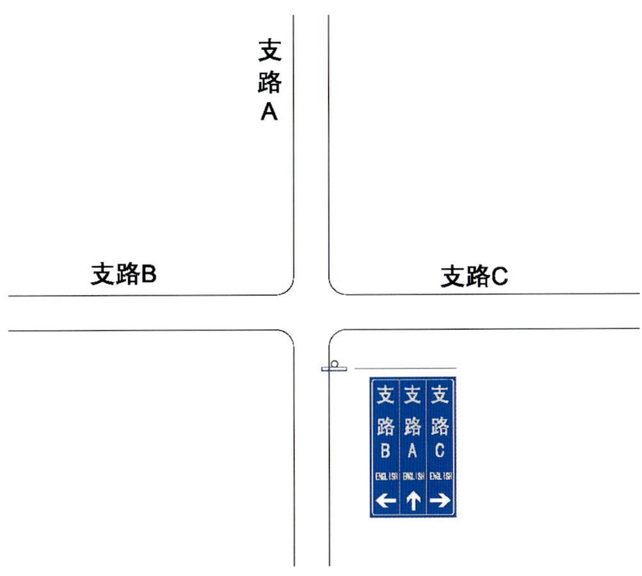

图 1—4—4—9　支路交叉口指路标志设置示例

(3) 不同类型分岔指路标志每个指向预告的信息内容应符合下列要求：

①道路车道分向隔离带或分岔口处的分岔指路标志预告信息总数目不宜超过3条，预告信息内容应包括分岔处不同指向直接衔接的下游第一条道路或重要交通结点信息。

②跨线高架路或立交匝道起点处的分岔指路标志每个指向预告的信息数目不宜超过3条，预告信息内容应包括匝道起点不同指向所能到达的道路或重要交通结点信息；预告远点信息时，可适当增加距离信息。

(4) 绕行指路标志预告的信息内容应符合下列要求：

①前方实施交通管制的路段及管制措施。

②正确绕行路线及途经道路、街区的示意图，且标示道路名称。

绕行指路标志指示信息示例，见图 1—4—4—10。

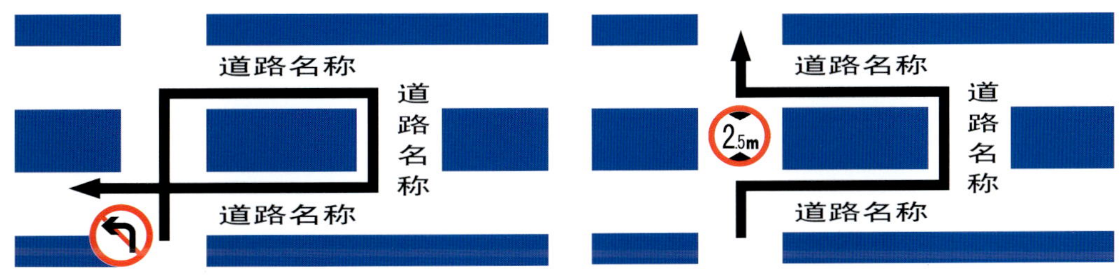

图 1—4—4—10　绕行指路标志指示信息示例

(5) 交叉口进口道预告标志预告的信息内容应符合下列要求：

①交叉口进口道各车道划分。

②各车道行驶方向箭头。

③当交叉口进口道预告标志与交叉口指路标志结合设置时，应在行驶方向箭头上方增加该方向可到达的道路或地点信息(仅适用于预告信息数目较少的情况)。如图1—4—4—11 所示。

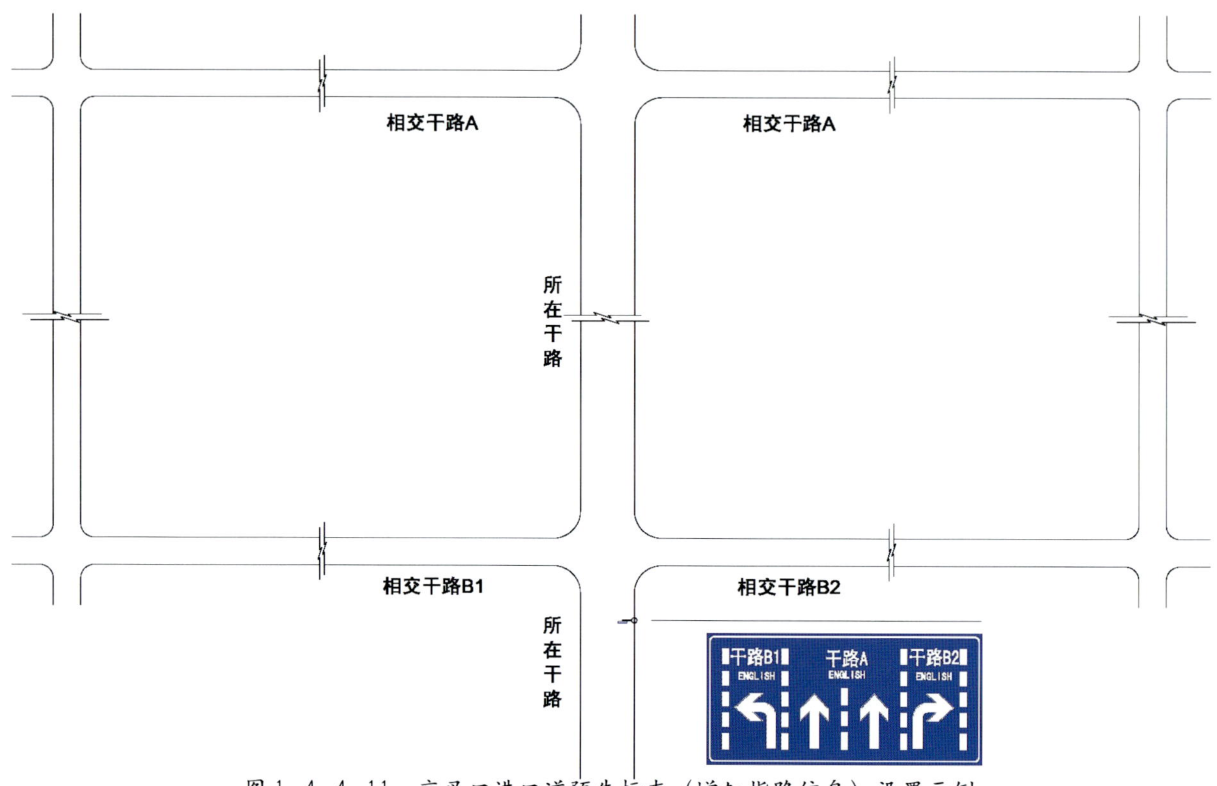

图 1—4—4—11 交叉口进口道预告标志（增加指路信息）设置示例

2. 指路标志传递信息的协调设置

一般道路是城市道路网络的主体构成部分，纵横交错的道路形成了一个复杂的系统，在这样一个系统里，每一个交叉口或分岔口对驾驶者来说都面临一次选择，驾驶者必须经过无数次的选择才能到达目的地，指路标志系统就是承担了引导驾驶者做出正确选择的重要任务。因此，指路标志系统必须是结合路网设置、环环相扣的系统，其信息的传递必须具备系统的连续性，一旦出现信息链中断，就容易产生误导或引起驾驶者的混乱。因此，预告信息的传递必须保持一定的连续性，基本要求如下：

(1)交叉口预告标志一旦出现的预告信息，必须在到达该预告道路起点或预告地点之前的交叉口预告标志上连续出现，不得中断。

(2)分岔指路标志一旦出现的预告信息，必须在紧邻的交叉口预告标志或分岔指路标志上连续出现，不得中断。

一般城市道路指路标志信息传递连续性设置示例，见图 1—4—4—12。

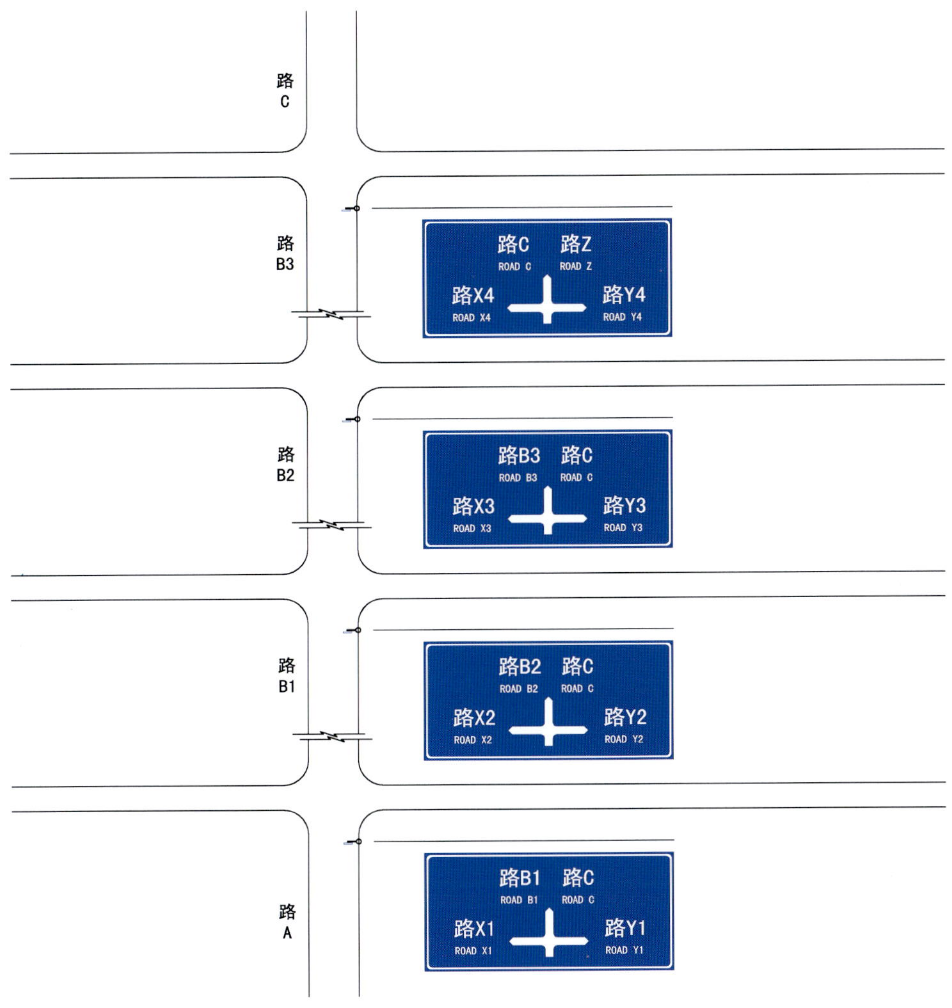

图 1—4—4—12　一般城市道路指路标志信息传递连续性设置示例

4.4.3 牌面规格及信息排版

城市道路各类型指路标志的牌面信息排版，应按照国标中有关城市道路指路标志的排版格式示例，并根据传递信息量及采用的实际牌面规格，合理排版图形符号及信息文字。一般城市道路各类型指路标志牌面规格的选用，可参考表1—4—4—1的推荐值。

如果预告信息量较多时，指路标志牌面的高度规格宜参考表1—4—4—1的规定，但指路标志牌面的宽度规格可适当加宽，加宽量尽量保持为10整除（按cm计）的规格尺寸，经常使用的加宽牌面规格有600 × 240和800 × 240两种。

一般城市道路指路标志常用牌面规格推荐值（单位：cm）　　表1—4—4—1

指路标志类型		汉字高度	规格（宽×高）
交叉口指路标志	交通性主干路 一般主次干路	35～45	500 × 240
	支路指路标志	25～35	120 × 200、100 × 200
分岔指路标志		35～45	600 × 240、500 × 240、240 × 240
		25～35	120 × 200、100 × 200
绕行指路标志		35～45	400 × 240
交叉口进口道预告标志			500 × 240

4.4.4 指路标志的设置

在城市路网中，干道以上的平交路口基本上都实行了进口道展宽，展宽段范围内的车道一般按行驶方向布置，尤其车流量较大的主干道，一般根据车流量情况在停止线之前设置有一定长度的禁止变换车道线渠化各方向车流，因此交叉口指路标志的设置应适当提前，确保驾驶员在进入展宽段范围内的专用转向车道前，有足够的时间和距离做好变道行驶。以下将综合考虑禁止变换车道线的设置长度、交叉口展宽段设置长度、以及前后交叉路口的实际距离等因素，提出城市道路中各类型指路标志的设置要求。

（1）交叉口指路标志的设置位置应符合下列要求：

①交通性主干路交叉口指路标志应设在距该交叉口车辆停止线之前80～120m处，且应保证距该交叉口的禁止变换车道线起点至少50m，设置示例见图1-4-4-13；当两个交叉口间距不足80～120m时，则设于该交叉口的禁止变换车道线起点与上游交叉口的中间部位。

②一般主次干路交叉口指路标志应设在距该交叉口车辆停止线之前60～100m处，且应保证距该交叉口的禁止变换车道线起点至少30m；当2个交叉口间距不足60～100m时，则设于该交叉口的禁止变换车道线起点与上游交叉口的中间部位。

③支路交叉口指路标志应设于距该交叉口车辆停止线之前20～60m处。

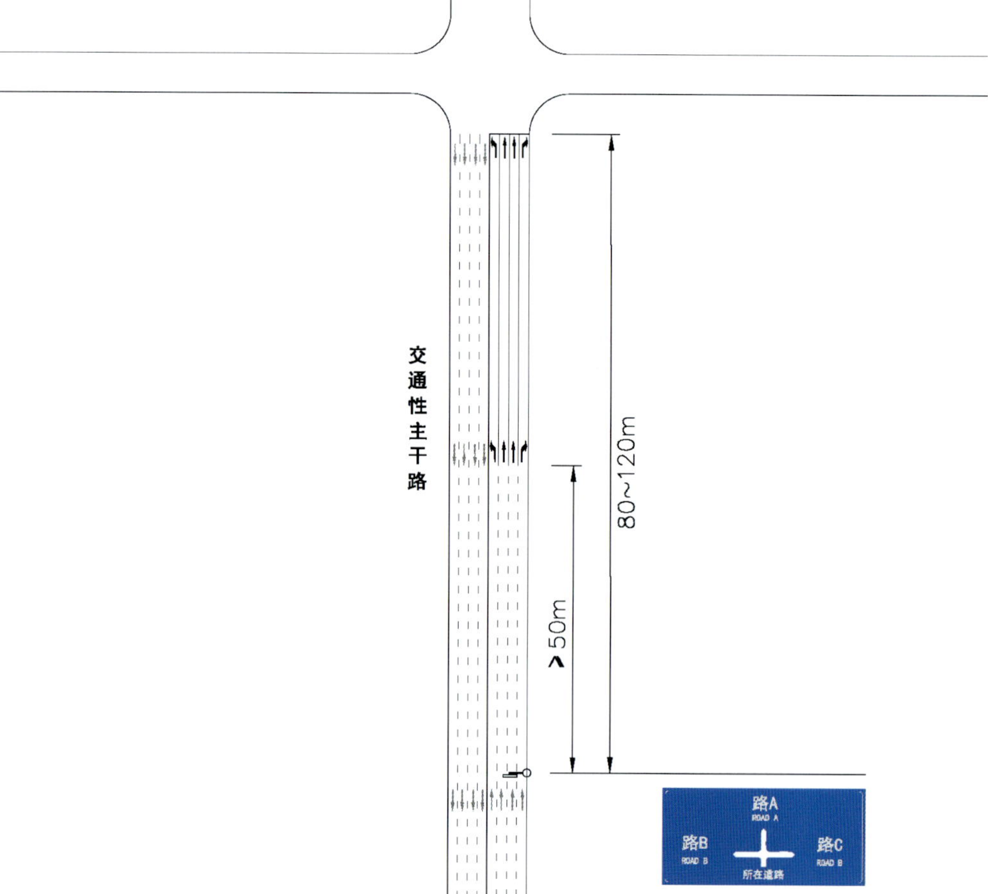

图1-4-4-13 交通性主干路交叉口指路标志设置示例

（2）分岔指路标志的设置位置应符合下列要求：

①由于在前方的交叉口或路段上一般已设置有分方向预告的指路标志，因此分岔指路标志只需要在车道分向隔离带端部或分岔口三角地带端部设置即可，直接指示不同行驶方向信息，对之前的预告指路标志起到延续的作用。

②对于跨线高架路或互通立交来说，桥上和桥下代表着不同的行驶方向，因此对应的分岔指路标志必须设置在2个方向的分界点处，即分岔匝道的起点。

（3）绕行指路标志设于实施交通管制措施道路的上游交叉口，距车辆停止线之前60～120m处，且应保证距该交叉口的禁止变换车道线起点至少30m，当两个交叉口间距不足60～120m时，则设于该交叉口的禁止变换车道线起点与上游交叉口的中间部位。

（4）为确保车辆快速有序地通过交叉口，当主次干路交叉口单向进口超过3条车道时，宜设置交叉口进口道预告标志，其设置位置应符合下列要求：

①交叉口进口道预告标志应设在距该交叉口车辆停止线之前60～120m处，且应保证距该交叉口的禁止变换车道线起点至少30m。。

②需同时设置交叉口指路标志和交叉口进口道预告标志时，交叉口指路标志应设于交叉口进口道预告标志前60～100m处。

③交叉口间距不满足交叉口指路标志和交叉口进口道预告标志分开设置时，两者宜并行设置或相互结合设置，但是仅适用于预告信息数目较少的情况。

交叉口指路标志与交叉口进口道预告标志结合设置示例，见图1—4—4—14。

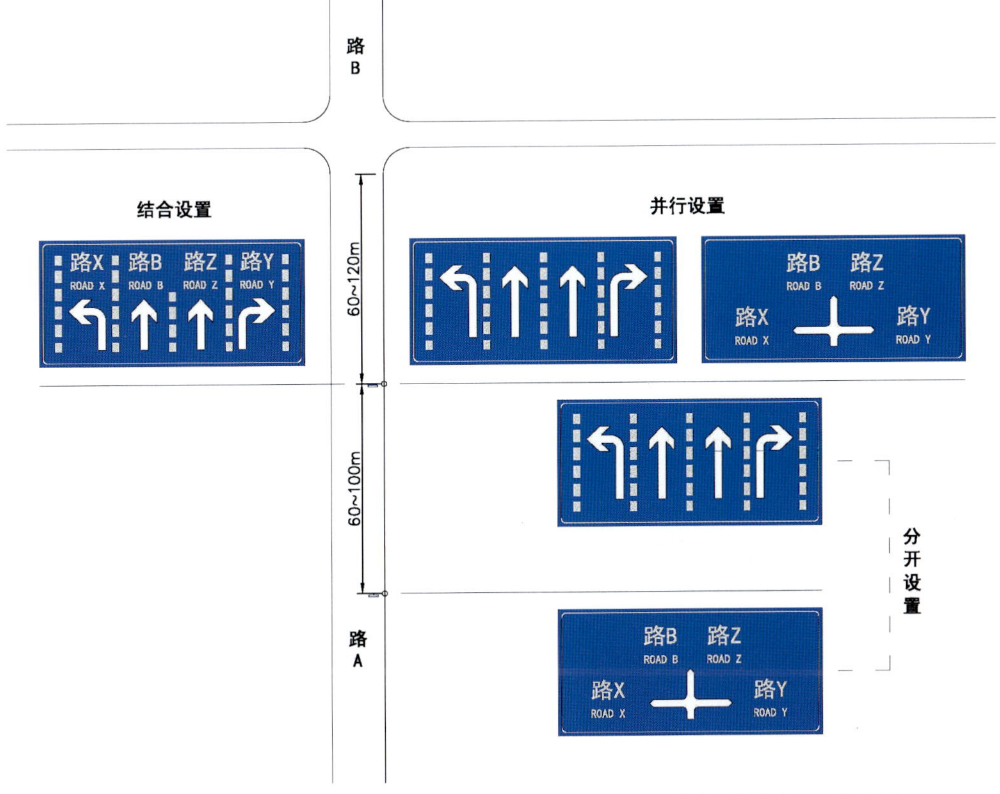

图1—4—4—14　交叉口指路标志与交叉口进口道预告标志结合设置示例

4.4.5 支撑方式选用

根据一般城市道路指路标志系统各类型指路标志的设置特点，提出了各类型指路标志适宜采用的支撑方式，但在实际使用当中，应根据现场实际，因地制宜地选用合适的支撑方式，并且强调所选支撑方式与周边环境的协调性。

1. 交通性主干路、一般主次干路交叉口指路标志以及跨线高架路或立交匝道起点设置的分岔指路标志宜采用L形悬臂式，有条件设置门式的地点宜采用门式。

2. 支路交叉口指路标志一般采用单柱式，路幅较宽的支路宜采用F 形悬臂式。

3. 道路车道分向隔离带或分岔口设置的分岔指路标志宜采用单柱式或双柱式。

4. 交叉口进口道预告标志宜采用L形悬臂式。

5. 绕行指路标志设于次干路以上等级道路时宜采用L形悬臂式；设于支路时宜采用F形悬臂式。

4.5 重要场所旅游景区指路标志的设置

4.5.1 适用范围及信息内容

这里所制定的重要场所、旅游景区指路标志设置方法，适用于在城市范围内的高速公路、快速路、一般城市道路上设置重要场所、旅游景区指路标志，或者在各等级道路指路标志上设置重要场所、旅游景区指路信息时参考使用。

符合设置重要场所、旅游景区指路标志的对象应具有普遍公众服务性或具有显著标志性意义，具体包括重要政府机关单位、大型医院、重点学院、大型商业中心、大型文体设施、展览会议中心、交通枢纽、著名园区、著名旅游区等九大类。以广州市为例，设置对象类型、选取标准及信息名称示例，如表1–4–5–1所列。

广州市区重要场所、旅游景区信息名称表 **表1–4–5–1**

序号	对象类型	选取标准	信息名称示例
1	重要政府机关单位	省、市五套班子，区级人民政府，服务广大市民设有对外办理业务的市、区级政府机构	中国共产党广东省委员会，广东省人民代表大会常务委员会，广东省人民政府，人民政协广东省委员会，广东省纪律检查委员会
2	大型医院	三级甲等以上的大型医院	空军广州医院，广东省人民医院，广东省第二人民医院，广东省中医院，广东省第二中医院，广东省妇幼保健院
3	重点学院	国家、地方重点大学、本科院校	中山大学，华南理工大学，暨南大学，华南师范大学，华南农业大学，南方医科大学，广东工业大学，广东外语外贸大学
4	大型商业中心	市级以上的商业中心、商业步行街	北京路商业步行街，上下九商业步行街
5	大型文体设施	市、区级以上综合性大型体育场馆，市级以上大型图书馆、博物馆	奥林匹克中心，天河体育中心，新体育馆，广东国际划船中心，广东省体育场，广东省体育馆
6	展览会议中心	市级以上的展览馆、会议中心	广州国际会议展览中心，中国出口商品交易会馆
7	交通枢纽	机场、火车站、大型客运站、重要港口等重要交通枢纽	白云机场，广州火车站，广州火车东站，省客运站，市客运站
8	著名园区	市级以上显著标志性的城区或开发建设性园区	珠江新城，广州新城，白云新城，广州科学城，广州大学城，广州经济技术开发区，南沙经济开发区
9	著名旅游区	对外开放的国家级、省级、市级以上具有代表性、大众化的著名旅游区，主题公园，重要城市公园和大型游乐场所	黄花岗七十二烈士墓，广州农民运动讲习所，光孝寺，陈家祠，怀圣寺，石室，沙面建筑群，南越王墓，中山纪念堂

4.5.2 牌面规格及信息排版

在设置重要场所、旅游景区指路信息时，在利用适宜文字传递指路信息的基础上，应有效结合国家或行业标准规定的图形符号或反映自身特征的图案标识（如医院、交通枢纽、旅游区等），合理排版重要场所、旅游景区指路信息，以便更加有利于指路信息的辨认与识别。重要场所、旅游景区指路标志信息的设置主要有以下 2 种形式：

1. 结合各等级道路体系的交通指路标志设置重要场所、旅游景区指路信息时，应按照不同等级道路体系指路标志的相关规定，采用合适的牌面规格，合理排版各类指路信息，如图 1—4—5—1 所示。

图 1—4—5—1　结合城市道路指路标志设置重要场所、旅游景区指路信息示例

2. 单独设置重要场所、旅游景区指路标志时，根据采用不同的支撑方式，选用合适的牌面规格，且优先考虑不同类型指路信息合理组合的形式进行排版设计，选用的牌面规格宜参照表1—4—5—2的推荐值。单独设置的重要场所、旅游景区指路标志示例，见图 1—4—5—2。

牌面规格与支撑方式对应表（单位：cm）　　表 1—4—5—2

序号	支撑方式	牌面规格（宽 × 高）
1	新设悬臂式	350 × 200
2	新设单柱式或附着式	120 × 200
3	已设悬臂式或门架式	240 × 240（高度须与原指路标志平齐）

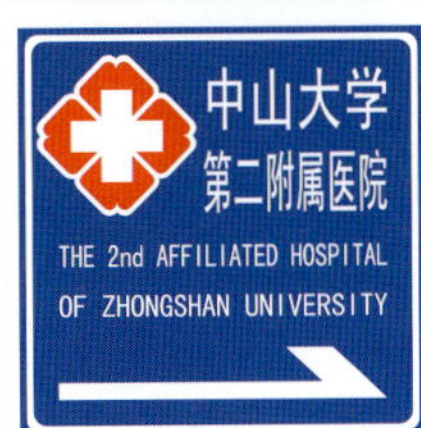

图 1—4—5—2　单独设置的重要场所、旅游景区指路标志示例

4.5.3 指路标志的设置

在设置重要场所、旅游景区指路标志时，应优先考虑将该类指路信息与道路交通指路信息组合设置，或者将不同类型的重要场所、旅游景区指路信息组合设置，避免城市道路中指路标志设置数量过多，但重要政府机关单位这一类型的指路标志或指路信息宜单独设置，以保持一定的严肃性。重要场所、旅游景区指路标志或指路信息的设置可分为不提前设置、可提前设置、宜提前设置和须提前设置四种类型，具体见表1—4—5—3。

不提前设置类型的重要政府机关单位、大型医院、重点学院、一般大型文体设施、一般著名旅游区等指路标志或指路信息，仅在其主出入口所处道路上或者与其主出入口邻近衔接重要道路上视线良好的合适位置，单独设置或者结合现有道路指路标志设置相应的指路标志或指路信息。如图1—4—5—3所示。

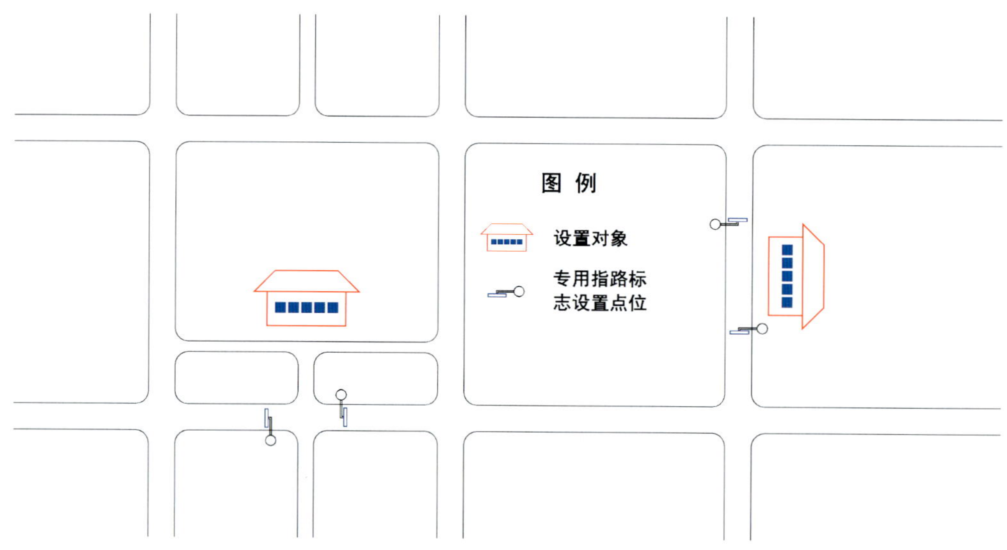

图1—4—5—3 不提前设置类型的指路标志设置示例

根据各类设置对象的服务功能及特点的不同，提前设置的重要场所、旅游景区指路标志或指路信息的辐射半径范围也存在较大差异，通过研究各类设置对象所能辐射服务区域的大小，并根据多年的实践经验，提出了各类设置对象提前设置半径范围的建议值，见表1—4—5—3。提前设置范围是指以设置对象所在区域各主出入口为中心向周边辐射一定距离半径（R）的范围，提前设置范围的辐射半径（R）大小应根据各类设置对象所辐射服务区域大小不同分别进行界定。提前设置范围示例见图1—4—5—4。

各类设置对象提前设置范围建议值 表1—4—5—3

序号	提前设置类型	对象类型	提前设置范围（辐射半径 R）
1	不提前设置	重要政府机关单位、大型医院、重点学院、一般大型文体设施、一般著名旅游区	——
2	可提前设置	大型商业中心、重要大型文体设施、重要著名旅游区	200～400 m
3	宜提前设置	综合性大型体育场馆、展览会议中心	3～5 km
		大型客运站交通枢纽、一般著名园区	1～3 km
4	须提前设置	机场、火车站交通枢纽重要著名园区	8 km～城市边缘

图 1-4-5-4　提前设置范围（辐射半径 R）设置示例

针对各类设置对象所界定的提前设置范围不同，且考虑部分类型重要场所、旅游景区指路标志的提前设置范围比较大，在一个很大的设置范围内不能所有交通结点都设置相应的指路标志或指路信息，因此，根据城市道路网络系统及分级情况，在上述提前设置范围内应再分级分层次地系统设置相应的重要场所、旅游景区指路标志或指路信息。根据上述提前设置范围界定值，宜再划分为两级设置范围，各级设置的划分标准可参照表 1-4-5-4。提前设置范围两级划分及指路标志设置示例见图 1-4-5-5。

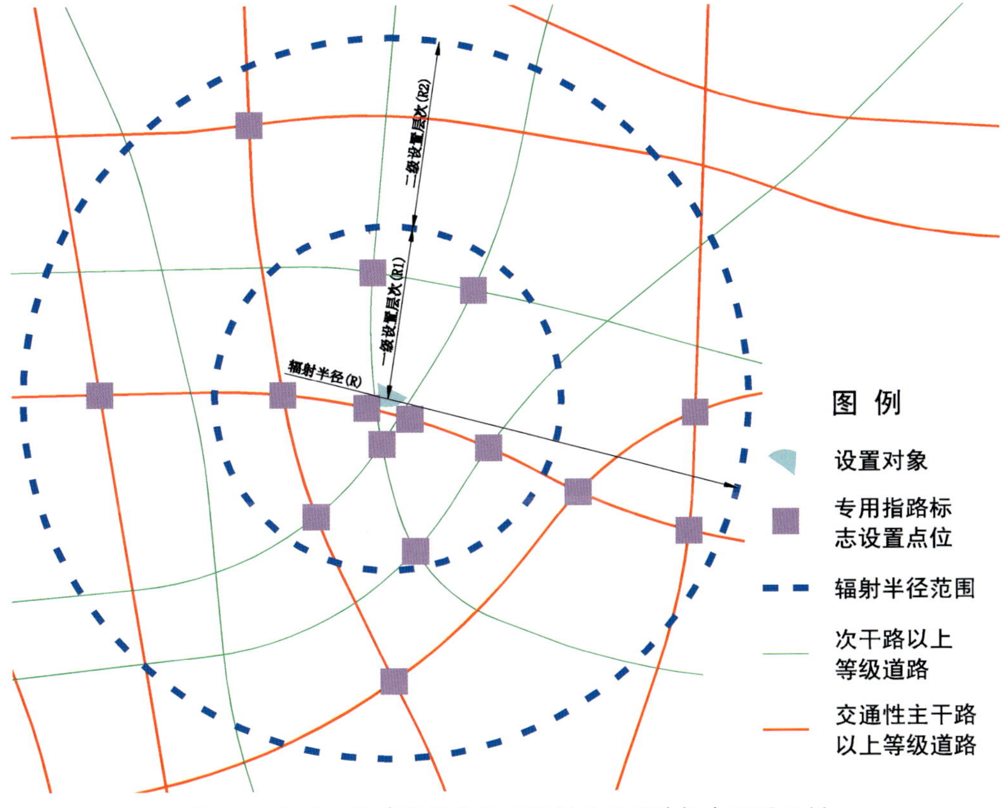

图 1-4-5-5　提前设置范围两级划分及指路标志设置示例

提前设置范围分级设置层次划分标准表 表1-4-5-4

分级类型		一级设置层次范围（R_1）	二级设置层次范围（R_2）
提前设置范围（辐射半径R）	$R \leqslant 500$m	$R_1 \leqslant R$	——
	$R > 500$m	$R_1 \leqslant 500$m	$500\text{m} < R_3 \leqslant R$

根据上述分级设置划分标准，在提前设置范围内系统设置重要场所、旅游景区指路标志或指路信息时，应符合下列要求：

一级设置范围：该范围内仅在次干路以上等级道路体系沿线相关交叉口涉及区域，合理系统设置重要场所、旅游景区指路标志或指路信息。

二级设置范围：该范围内仅在交通性主干路以上等级道路体系沿线重要交通结点涉及区域和城区重要出入口地段，合理系统设置重要场所、旅游景区指路标志或指路信息。

4.5.4 支撑方式选用

设置重要场所、旅游景区指路标志时，应优先考虑与道路交通指路标志结合设置，通常有两种情况：一种是共用牌面，也就是在道路交通指路标志牌面上增加重要场所、旅游景区的指路信息；另一种是牌面各自独立，两种类型信息内容的指路标志并行设置在同一支撑方式上，且牌面高度保持一致。这两种情形都是以道路交通指路标志为主体，因此支撑方式的选用应参照各等级道路体系交通指路标志设置的相关标准。

如果需要单独设置重要场所、旅游景区指路标志，并且需要新增支撑结构时，应根据设置地点的实际情况，因地制宜地选择合适的支撑方式，具体如下：

- 在高速公路上，宜采用F形悬臂式或双柱式。
- 在快速路、主次干路上，宜采用L形或F形悬臂式，有条件时采用附着式。
- 在城市支路上，宜采用单柱式或附着式。

一般情况下，若设置地点附近有合适的构筑物，如高架桥墩、人行天桥等，一般都利用这些构筑物采用附着式支撑方式，可以避免在道路上设置过多的支撑结构，减少投资且有利于城市景观。

2 第二篇 实践与应用

第一章　广州市重点部门、大型公建及旅游景点指路标志系统布局方案

1.1　概述

根据城市道路指路标志系统的分类及功能特点，重要场所、旅游景区指路标志是专门预告或指示重点部门、大型公建及著名旅游景区等信息的交通标志，是指路标志系统的重要组成部分。根据现状调查显示，广州市区对重点部门、大型公建及旅游景点等信息的指示比较缺乏，而作为“带动全省、辐射华南地区、影响东南亚”的现代化大都市，广州市积极补充此类交通标志显得非常必要，以充分体现地方文化特色和国际化大都市形象。

该项研究建立了合理的筛选标准和布局原则，对全市范围内适合设置指路标志的重要政府机关单位、主要大型医院、重点大学及本科院校、商业步行街及重要文体设施、著名旅游景点等，提出了整体布局方案。同时，选取了公园前周边一定范围区域，根据改善原则，提出了该区域指路标志系统的整体改善方案，为全市范围内道路指路标志系统的完善提供了示范标准。此外，针对进出广州大学城的指路标志不够清晰、缺乏连贯性等问题，提出了广州大学城衔接指路标志改善实施方案。

1.2　重点部门、大型公建及旅游景点指路标志系统布局方案

1.2.1 筛选标准

1. 以具有公众服务性质的重点部门、交通流高度集散的大型公建及体现地方文化特色的旅游景点作为研究对象，具体包括重要政府机关单位、医院、学校、商业中心、文体设施、旅游景点、交通枢纽及展览会议中心等八大类。

2. 重点部门、大型公建及旅游景点设置指路标志的程度要求因各类具体研究对象性质的不同而异，重要政府机关单位、医院、学校、商业中心、文体设施及旅游景点属于“宜设置指路标志”类型，交通枢纽、展览会议中心及综合性大型体育场馆属于“须设置指路标志”类型。符合以下标准的重点部门、大型公建及旅游景点根据所列要求设置相应的指路标志。

（1）省、市五套班子，区级人民政府，服务广大市民并设有对外办理业务的市、区级政府机构等重要政府机关单位宜设置指路标志；

（2）三级甲等以上的大型医院宜设置指路标志；

（3）国家、地方重点大学、本科院校宜设置指路标志；

（4）市级以上的商业中心、商业步行街宜设置指路标志；

（5）市级以上的综合性大型体育场馆须设置指路标志，市、区级以上的大型体育场馆、市级以上大型图书馆、博物馆宜设置指路标志；

（6）对外开放的国家级、省级、具有代表性的市级以上文物保护单位，主题公园，重要城市公园和大型游乐场所宜设置指路标志；

（7）机场、火车站、大型客运站等交通枢纽须设置指路标志；

（8）市级以上的展览馆、会议中心须设置指路标志；

3. 针对广州实际情况，符合上述设置标准的重点部门、大型公建及旅游景点的具体情况详见表 2–1–2–1。

符合设置标准的重点部门、大型公建及旅游景点的具体情况表　　表2-1-2-1

序号	类　别	具体名称
1	重要政府机关单位	中国共产党广东省委员会，广东省人民代表大会常务委员会，广东省人民政府，人民政协广东省委员会，广东省纪律检查委员会，中国共产党广州市委员会，广州市人民代表大会常务委员会，广州市人民政府，人民政协广东省广州市委员会，广州市纪律检查委员会，越秀区政府，东山区政府，荔湾区政府，天河区政府，海珠区政府，白云区政府，芳村区政府，黄埔区政府，广东省公安厅出入境管理处，广州市公安局出入境管理处，广州市公安局综合办证大厅，荔湾区公安分局综合办证中心，越秀区公安分局综合办证中心，海珠区公安分局综合办证中心，芳村区公安分局综合办证中心，黄埔区公安分局综合办证中心，广州市交通警察支队，车辆管理所
2	医　院	空军广州医院，广东省人民医院，广东省第二人民医院（一七七医院），广东省中医院，广东省第二中医院，广东省妇幼保健院，广州市第一人民医院，广州市第二人民医院，广州市中医院，中山大学附属第一医院，中山大学孙逸仙纪念医院，中山大学附属第三医院，广州医学院第一附属医院，广州医学院第二附属医院，广州中医药大学第一附属医院，暨南大学医学院第一附属医院，广州市儿童医院，广州市第十二医院，广州市红十字会医院，广州军区广州总医院，海军广州421医院，解放军广州157医院，南方医科大学南方医院，南方医科大学珠江医院，广州铁路局广州铁路中心医院，广州市脑科医院，广东三九脑科医院，广州市妇婴医院
3	学　校	中山大学（南校区、北校区），华南理工大学（本校区），暨南大学（本校区），华南师范大学（本校区），华南农业大学，南方医科大学（本校区），广东工业大学（东风路校区），广东外语外贸大学（本校区），广州中医药大学（本校区），广东商学院，广东药学院（本校区），广州大学（麓湖校区），广州医学院，广州美术学院（本校区），星海音乐学院（本校区）
4	商业中心	北京路商业步行街，上下九商业步行街
5	大型文体设施	奥林匹克中心，天河体育中心，新体育馆，广东国际划船中心，广东省体育场，广东省体育馆，荔湾体育场，越秀山体育场，东山体育场，宝岗体育场，燕子岗体育场，芳村体育中心，黄埔体育馆，黄埔体育中心，广东省博物馆，中山图书馆，广州图书馆
6	著名旅游景点	黄花岗七十二烈士墓，广州农民运动讲习所，光孝寺，陈家祠，怀圣寺，石室，沙面建筑群，南越王墓，中山纪念堂，广州起义烈士陵园，六榕寺，五仙观，药洲遗址，华林寺，大佛寺，广州市艺术博物院，南越国宫署遗址，琶洲塔，广东人民抗英斗争烈士纪念碑，十九路军烈士陵园，秦代造船遗址，广州公社旧址，中共广东区委员会旧址，三元里平英团旧址，广州大元帅府旧址，黄埔军校旧址(包括东征烈士墓)，中华全国总工会旧址，广东贡院明远楼与中山大学天文台旧址，廖仲恺、何香凝纪念馆，清真先贤古墓，国民党“一大”旧址(包括革命广场)，白云山风景区，广州动物园，荔湾湖公园，文化公园，越秀公园，流花湖公园，东山湖公园，天河公园，晓港公园，海幢公园，雕塑公园，醉观公园，东方乐园，世界大观园
7	交通枢纽	白云机场，广州火车站，广州火车东站，省客运站，市客运站，天河客运站，芳村客运站，窖口客运站，海珠客运站，罗冲围客运站，广园客运站，东圃客运站
8	展览会议中心	广州国际会议展览中心，中国出口商品交易会馆

1.2.2 布局准则

1. 遵循统筹布局原则，系统布设重点部门、大型公建及旅游景点等信息的指路标志，保证指路标志系统指示信息的系统性。

2. 重点部门、大型公建及旅游景点指路标志的预告设置程度及范围因其服务对象、特征的不同而异：

（1）重要政府机关单位、医院、小型旅游景点等指路标志可不提前预告设置，根据其所处路段的实际情况，结合周边景观要求及与其他设施的协调，设于视线良好的地点。

（2）学校、商业中心、文体设施、旅游景点等指路标志应适当提前预告设置，根据其所处地段及影响范围，主要设于周边服务区域的主要路段和出入口适当地点。

（3）交通枢纽、会议展览中心、综合性大型体育场馆等指路标志系统必须提前预告设置，并应开展专题研究来确定提前预告设置的范围和地点。

3. 布设重点部门、大型公建及旅游景点各类型指路标志时，应优先考虑不同类型指示信息的组合设置，尽量避免指路标志设置的数量过多，考虑到重要政府机关单位的特殊性，有关重要政府机关单位的指示信息不宜与其他类型的指示信息合设，应单独设置相应的指路标志。

4. 设立重点部门、大型公建及旅游景点指路标志时，结合实际优先考虑原有指路标志牌面增设指示信息，或者利用原有支撑增设指路标志牌，其次是考虑更换原有指路标志及支撑，最后考虑新设指路标志及支撑。

5. 新设重点部门、大型公建及旅游景点指路标志时，根据设置地点的实际情况，因地制宜选择合适的支撑形式，考虑景观协调性及美观效果，优先采用"L"形或"F"形悬臂式，有条件设置附着式的地点尽量采用附着式。

6. 规划红线大于等于40m或设有中央绿化分隔带的城市道路必须单向设置重点部门、大型公建及旅游景点指路标志，规划红线小于40m且未设中央绿化分隔带的城市道路可单向双面设置重点部门、大型公建及旅游景点指路标志。

7. 新设重点部门、大型公建及旅游景点指路标志时，"L"形或"F"形悬臂式指路标志宜统一采用3.5m×2.0m的牌面规格，原"L"形悬臂式或门架式增设指路标志宜统一采用2.4m×2.4m的牌面规格，单柱式指路标志宜统一采用1.2m×2.0m的牌面规格，附着式指路标志根据现场实际采用合适牌面规格，有条件设置地点宜统一采用1.2m×2.0m的牌面规格。

8. 重点部门、大型公建及旅游景点指路标志指示信息表现形式应采用统一的中英文对照形式：专名译写采用汉语拼音形式，通名译写采用英文形式。

9. 医院、旅游景点指路标志牌面宜设置具有自身特征的图案标识，便于此类指路标志指示信息的辨认与识别。

1.2.3 布局方案

根据上述布局准则和现场勘察的实际情况，提出了重要政府机关单位、主要大型医院、重点大学及本科院校、商业步行街及重要文体设施、著名旅游景点指路标志系统的整体布局方案。至于大型交通枢纽，比如火车站、飞机场等，以及大型展览会议中心的指路标志布局方案则应该另外开设专题研究

1. 重要政府机关单位指路标志系统布局方案

重要政府机关单位指路标志的设置可不考虑前置，宜设置指路标志的重要政府机关单位主要包括省委、省人大、省政府，省政协、省纪委、市委、市人大、市政府，市政协、市纪委、各区人民政府和服务广大市民对外办理业务的市区级政府机构等，见图2-1-2-1。

图 2—1—2—1　重要政府机关单位指路标志系统布局方案

2．主要大型医院指路标志系统布局方案

根据现场勘察的实际情况，对三级甲等以上的主要大型医院进行指路标志系统布设，见图 2—1—2—2。

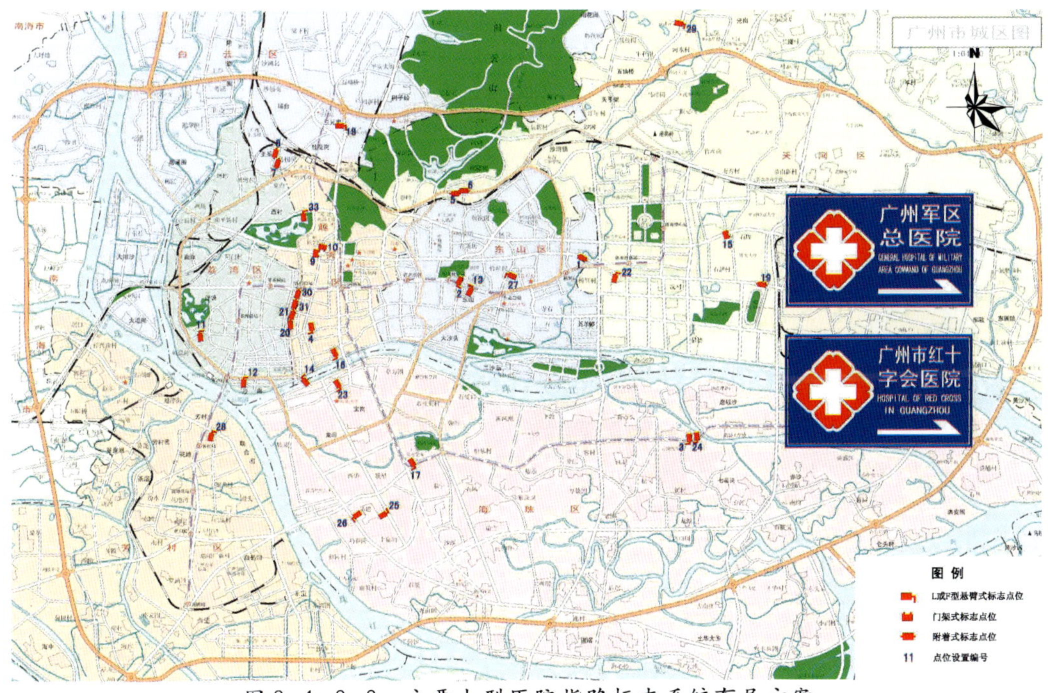

图 2—1—2—2　主要大型医院指路标志系统布局方案

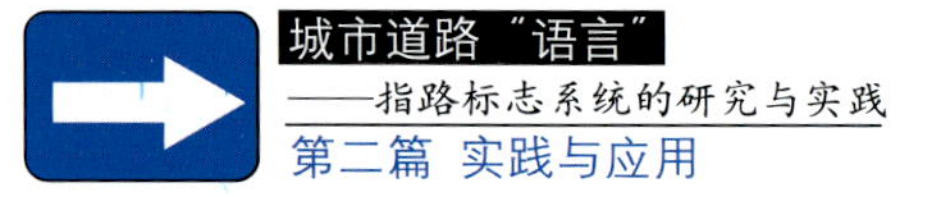

3. 重点大学、本科院校指路标志系统布局方案

针对国家和地方重点大学、著名本科院校的本校区提出指路标志的布局方案，此类指路标志可适当提前预告设置，见图2-1-2-3。布局方案不列入已设有指路标志的部分大学院校。

4. 商业步行街及重要文体设施指路标志系统布局方案

主要针对商业步行街、重要体育场馆、图书馆及博物馆，提出指路标志的布局方案，见图2-1-2-4。考虑到"申亚"成功，应结合新增亚运体育设施的建设情况，另设专题研究大型体育场馆指路标志的统筹布局。

图2-1-2-3 重点大学、本科院校指路标志系统布局方案

图2-1-2-4 商业步行街及重要文体设施指路标志系统布局方案

5. 著名旅游景点指路标志系统布局方案

主要针对市民参观较多、具有代表性、地方特色的著名旅游景点，提出相应指路标志的布局方案，见图 2–1–2–5。

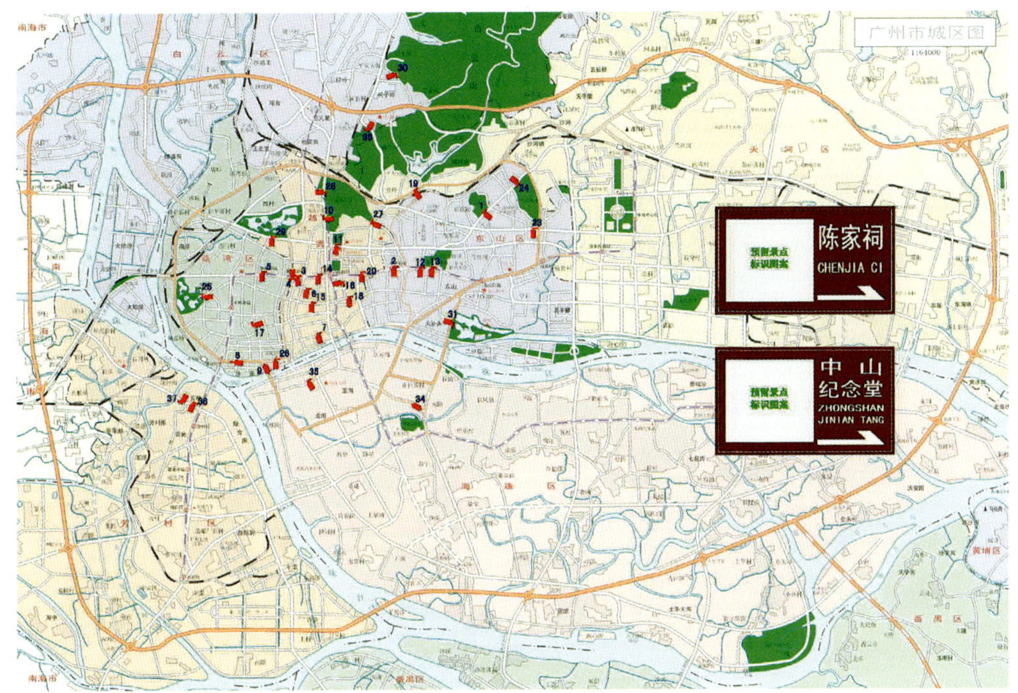

图 2–1–2–5　著名旅游景点指路标志系统布局方案

1.2.4 指路标志牌面及支撑形式概念设计

设置重点部门、大型公建及旅游景点指路标志系统的主要目的是提示所处位置及给予交通参与者相应的指示信息，根据上述重点部门、大型公建及旅游景点等具体类型的特点，考虑广州市的实际情况，并参照《道路交通标志和标线》（GB5768–1999）有关指路标志设计的规范要求。针对此类指路标志的牌面及支撑形式提出概念设计。

1. 牌面及支撑形式概念设计

参照有关规范要求，针对上述各类指路标志系统反映信息的不同采用不同的牌面形式：重要政府机关单位、医院、学校、文体设施、交通枢纽及展览会议中心等指路标志牌面均采用一般道路指路标志形式，牌面颜色为蓝底白图案；具有旅游特色的商业中心及商业步行街、旅游景点采用旅游区指引标志形式，牌面颜色为棕底白图案。

为与原有指路标志系统保持协调统一性，新设指路标志的支撑形式采用目前广州市区常用的“L”形或“F”形悬臂式、门架式、单柱式、附着式，考虑与周边景观的协调及设施建设的经济性，主要采用“F”形悬臂式。

2. 指路标志牌面规格概念设计

从广州市区现有指路标志系统牌面规格的使用情况看，一般道路指路标志牌面主要有 5.0m × 2.4m（悬臂式、门架式）、2.4m × 2.4m（门架式）、1.0m × 2.0m 和 1.2m × 2.0m（单柱式、附着式）3 种规格，考虑到重点部门、大型公建及旅游景点等指路标志指示信息的特点，新设“L”形或“F”形悬臂式指路标志牌面采用 3.5m × 2.0m 的规格，单柱式指路标志牌面采用 1.2m × 2.0m 的规格，原“L”形悬臂式或门架式增设指路标志牌面采用 2.4m × 2.4m 的牌面规格，附着式指路标志牌面应根据实际情况采用合适的牌面规格，本次研究方案涉及的附着式指路标志牌面统一采用 1.2m × 2.0m 的规格。本次概念设计提出的指示牌面及支撑形式与原有指路标志规格保持了一定的协调统一性。

1.2.5 指路标志示范牌面概念设计

针对重点部门、大型公建及旅游景点等指路标志新设、增设和改造的各种情况，设计几类典型规格的指路标志示范牌面，详见图 2-1-2-6。

重点部门示范标志牌

重点部门示范标志牌

旅游景点示范标志牌

旅游景点示范标志牌

医院示范标志牌

广东省
人民医院
PEOPLE'S HOSPITAL
OF GUANGDONG

组合设置示范标志牌

文体设施示范标志牌

东山
体育场
STADIUM
OF DONGSHAN

医院示范标志牌

图 2-1-2-6 指路标志示范牌面概念设计图

1.3 示范区域指路标志系统改善方案

针对广州市指路标志系统存在的种种问题，选择公园前地区作为示范改善区域，完善区域原有指路标志系统指示信息的不足，及时更新区域过期及不规范使用的指路标志，为后续研究提供借鉴。

1.3.1 改善原则

1. 系统完善原则

充分考虑区域道路等级功能的不同，合理采用不同类型的指路标志，更新、增设或新建必要的指路标志，遵循统筹布局的原则，系统完善区域原有指路标志系统，保证区域指路标志系统指示信息的连贯性。

2. 改善与补充相结合原则

按最新的规范要求改善过期使用的指路标志，更正设置位置不合理、牌面及支撑形式使用不规范、信息表现形式不统一的指路标志，增设必要的指路标志，弥补区域指路标志系统指示信息的不足，保证整个区域指路标志系统的完整性。

3. 协调统一原则

考虑到城市道路的实际行车速度相差不大，针对广州城市道路的特点，在满足规范要求的前提下，新设指路标志的牌面规格和支撑形式应选择原有指路标志系统常用的牌面规格和支撑形式，并根据现场实际情况，确定合适的牌面规格和支撑形式，保证区域指路标志系统的统一性和协调性。

4. 规范设置原则

指路标志牌面信息表现形式采用统一的中英文对照标准形式：专名译写采用汉语拼音形式，通名译写采用英文形式，保证区域指路标志系统指示信息形式的标准化。

1.3.2 改善方案

根据上述改善准则，在详细调查示范区域原有指路标志系统的基础上，针对示范区域指路标志系统存在的主要问题，提出下列4方面的改善对策。

1. 更换过期及不规范使用指路标志

示范区域内已超过使用期限且不规范使用的指路标志牌有2块，分别位于越秀路／东风路南进口、东风路／越秀路口桥墩。牌面为旧式牌面，且未采用中英文对照形式，与其他原有指路标志不统一，应按新国标全面更换整个指路标志。

2. 更新或补充原有牌面指示信息

更新牌面指示信息—— 北京路现已改为全天候商业步行街，中山路／北京路口西进口的指路标志南向的指示信息仍为“北京路”，应根据实际情况更新为“北京路步行街”，考虑到北京路步行街具有一定的地方旅游特点，指示信息宜采用棕底白图案的旅游景点指引标志形式，突出广州市步行街的特色。

补充牌面指示信息—— 需要补充指示信息的指路标志有3块，一是解放路／中山路北进口门架上的指路标志中山五路方向宜补充“北京路步行街”的指示信息，采用棕底白图案形式。二是中山路／德政路东、西进口的标志牌，原有信息仅对德政路单方向作出指引，容易使道路使用者误认为该十字交叉口为“T”形交叉口。指路标志作为道路信息反映的载体，应正确提供道路实际状况，西进口标牌应补充南向道路指示信息，东进口标牌补充北向道路指示信息。

3. 统一中英文对照形式

示范区域指路标志指示信息的中英文对照形式存在不统一的现象：“路”名称的译写形式多数采用汉语拼音，少数采用英文拼写，根据本次研究提出的改善原则，统一采用英文，其他通名的译写形式也均采用英文标准；少数旧式指路标志仍采用中文单一形式，宜统一规范，增加相应的英文对照形式。

4. 增设必要信息指路标志

针对示范区域较缺乏重点部门、商业步行街及旅游景点信息的指路标志，结合示范区域的实际情况，主要增设省政府、市委、市人大、市政府、市纪委、越秀区政府、中山纪念堂、北京路步行街等指路标志，其中北京路步行街指示信息主要结合原有指路标志进行补充，新设指路标志除越秀区政府外分别为单面设置，这些新增指路标志分别设于东风路广东大厦对出L杆上、东风路德政路口人行天桥上、东风路中山纪念堂附近、东风路／连新路交叉口东南角、东风路／吉祥路交叉口西南角、解放路／府前路南进口及北进口处、越华路区府对面路侧。

示范区域内改善原有指路标志和新增指路标志的布设情况见图2-1-3-1。

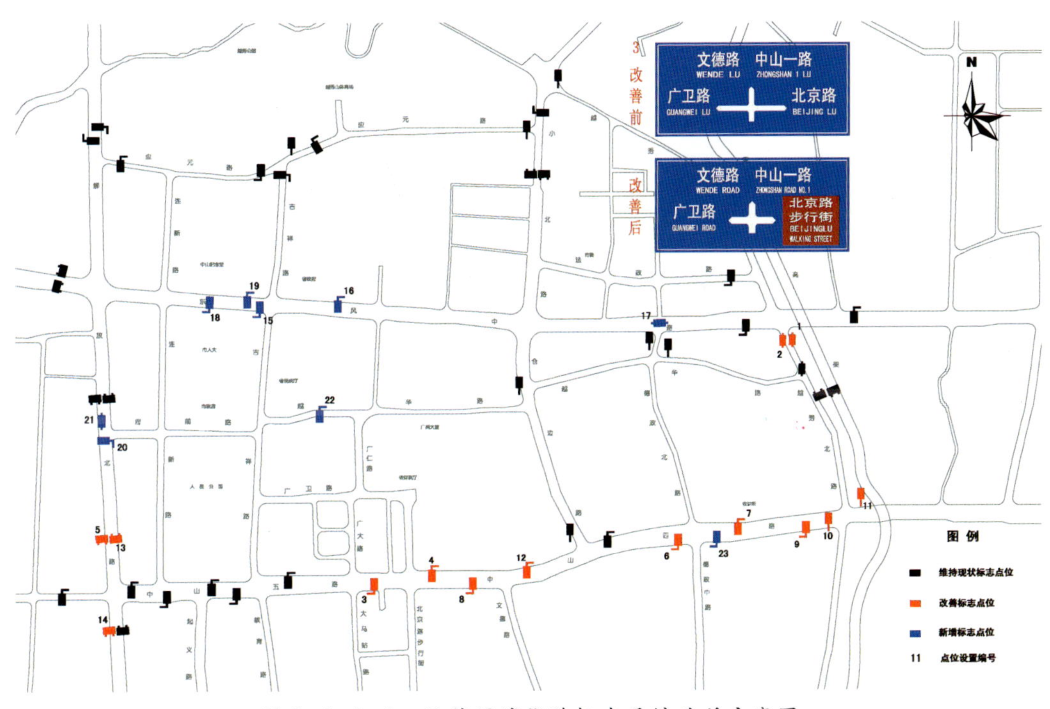

图2-1-3-1　示范区域指路标志系统改善方案图

1.4 广州大学城衔接指路标志改善实施方案

广州大学城是国家一流的大学园区，华南地区高级人才培养、科学研究和交流的中心，集学、研、产一体化发展的城市新区，是面向21世纪适应市场经济体制和广州国际化区域中心城市地位、生态化和信息化的大学园区。广州大学城对外交通组织主要是利用华南快速、环城高速、南沙港快速组成的高、快速网络，但原有指路标志系统对大学城的指示不够清晰，缺乏连贯性，并且没有达到有关标准的要求，对进出大学城的交通流没有起到正常的引导作用。该研究在确定进出大学城的各条路线的基础上，遵循改善原则及布局准则，提出科学合理的改善实施方案。

1.4.1 进出大学城路线

1. 进入大学城路线

经调查分析，主要有5条路线可到达大学城。路线一至路线四依靠华南快速、环城高速、南沙港快速组成的高快速路网，而路线五则通过地面支路。

(1)路线一：从广州市中心区域出发，通过华南快速路北往南经土华立交进入环城高速，再经仑头立交进入南沙港快速路往南，到达广州大学城。

(2)路线二：从番禺北部区域出发，通过华南快速路南往北经土华立交进入环城高速，再经仑头立交进入南沙港快速路往南，到达广州大学城。

(3)路线三：从广州市东部区域出发，通过环城高速东往西经仑头立交进入南沙港快速路往南，到达广州大学城。

(4)路线四：从番禺东部区域出发，通过南沙港快速路南往北行驶，在大学城出入口直接进入广州大学城。

(5)路线五（地面）：经新滘南路，通过地区支路再由过江便桥进入广州大学城。鉴于过江便桥为临时性质，该路线不作为改善的重点。

2. 离开大学城路线

离开广州大学城也主要依靠高快速路网：从大学城地面道路进入南沙港快速路，可分别往北至广州城区、或往南至番禺；往广州城区方向的车辆，通过南沙港快速路往北行至仑头立交，可进入环城高速，分别往东至广州东部区域、或往西至土华立交；继续沿环城高速往西行驶的车辆，到达土华立交可分别往北至广州城区、往西至广州西部区域、或往南至番禺北部。

1.4.2 改善原则及布局准则

1. 改善原则

(1)遵循统筹布局原则，系统布设大学城、会展中心专用指路标志，保证专用指路标志系统设置的系统性、传递信息的连贯性。

(2)大学城、会展中心的指引信息应提前系统设置，提前范围以设置对象为中心向周边辐射一定距离半径进行界定，大学城的提前半径为10～12 km，会展中心的提前半径为3～5km。在界定范围内，远距离处在高、快速路和交通性主干道上设置方向性的引导信息；近距离处在城市支路以上的道路设置指示性信息。

(3)指路标志系统对专用名称的标示应保持统一性，如广州大学城（简称：大学城）、广州国际会议展览中心（简称：会展中心）。根据现场条件，牌面空间足够且能保证视认性则采用全称，牌面空间不足则采用简称。

(4)设置此类专用指路信息时，牌面信息的表现形式应统一采用中英文对照形式：专名译写采用汉语拼音形式，通名译写采用英文形式。

(5)设置在高、快速路，交通性主干道进口匝道分岔点处的指路标志牌应明确标示车辆行驶方向（南行、北行，东行、西行）。

(6)广州市辖十区二市，但目前指路标志系统对进城方向和出城方向的指引没有形成统一标准，现制定原则如下。

2. 布局准则

(1)进城方向：

①由广州市以外的相邻城市进入广州市域（十区二市），指示"广州市"；如图2-1-4-1。

②外围两区两市（花都、番禺、从化、增城）和原八区在环城高速以外的区域，在进城方向指示"广州城区"；

③在广州市辖范围内，各区、市之间的互相指示可直接用各区、市的名称；

④以环城高速为核心组成的放射状高快速路网，在环城高速以外进城方向的高快速路指示"广州城区"或可直接进入的"行政区"；在环城高速上主要指示"行政区"或出口衔接的"道路名称"，以及出口辐射范围内著名的大型公建或旅游景点；

⑤环城高速以内的区域主要指示"道路名称"或重点部门、大型公建及旅游景点等信息；

(2)出城方向：

①在环城高速以内区域，尤其在放射性主干道，主要把出城交通引导上环城高速，并明确标示进入环城高速的所在路段（东环、南环、西环、北环）；

②在环城高速上主要指示所衔接的放射状高、快速路，以及可到达的外围地区及城市。

图 2—1—4—1　“广州方向”指示图示

1.4.3 改善方案

根据上述改善原则，在详细地调查区域范围内指路标志系统情况的基础上，针对原有指路标志系统存在的主要问题，围绕广州大学城并兼顾会展中心的指示，提出沿线指路标志系统的整体改善方案

1. 进入大学城路线的指路标志改善

以路线一为例，即从广州市中心区域出发，通过华南快速路北往南经土华立交进入环城高速，再经仑头立交进入南沙港快速路往南，到达广州大学城。车辆首先通过土华立交由华南快速进入环城高速，指路标志改善前的问题在于出口预告标志上连续出现的"广州大学城"信息，在出口分岔处突然缺失，导致车辆错过该出口而直接往番禺方向行驶，改善后使土华立交的出口预告标志信息的连续性得到加强，清晰指示前往广州大学城的方向，详见图 2—1—4—2。

其余进入路线均相应地根据改善原则制定改善方案。

2. 离开大学城路线的指路标志改善

离开大学城主要从大学城地面道路进入南沙港快速路，分别为往北至广州城区、往南至番禺，改善前的问题在于大学城地面道路的指路标志指示南沙港快速入口有误，造成驾驶者无所适从，而且名称未更新、没有采用标准的绿底白图案，指示效果不佳。指路标志改善后清楚指示南沙港快速入口的方向，并采用规范指示，正确引导车辆离开大学城，详见图2—1—4—3。

离开路线的其余部分均相应地根据改善原则制定改善方案。

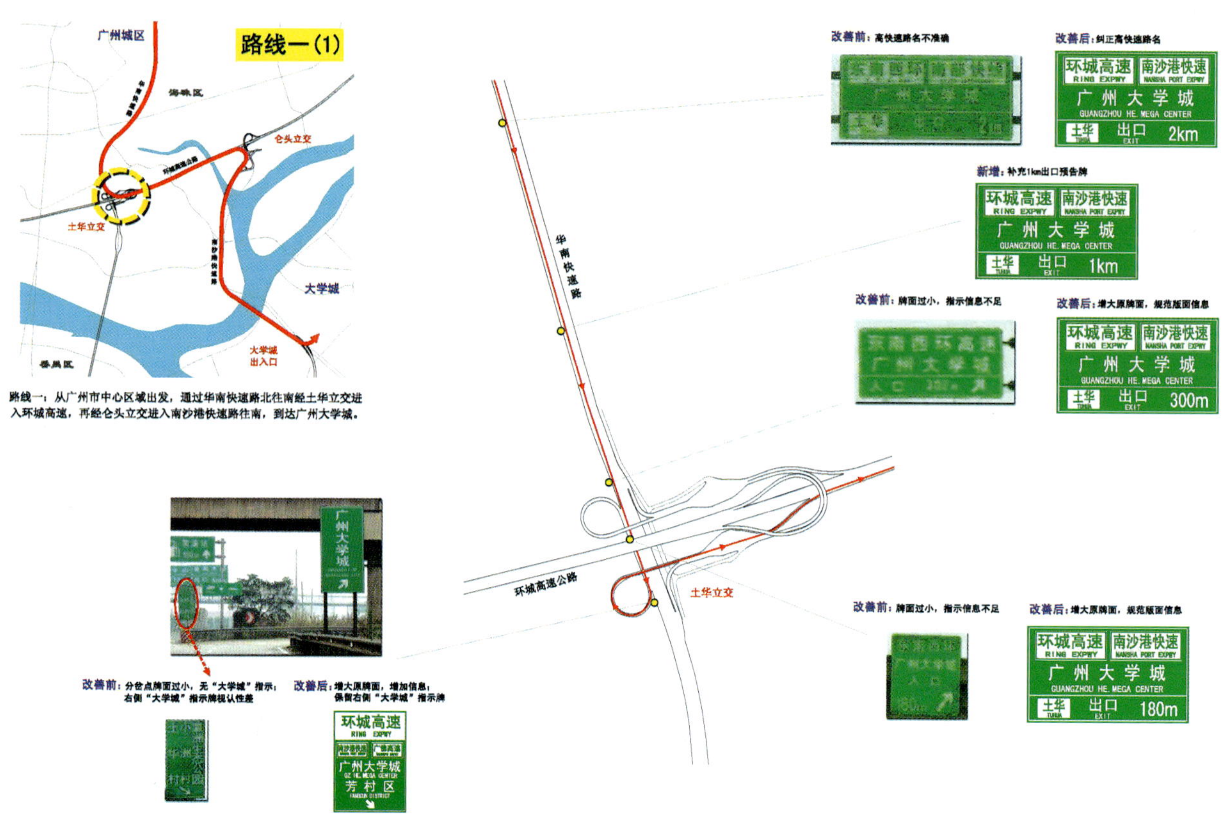

图 2-1-4-2　进入大学城路线一的指路标志改善示例

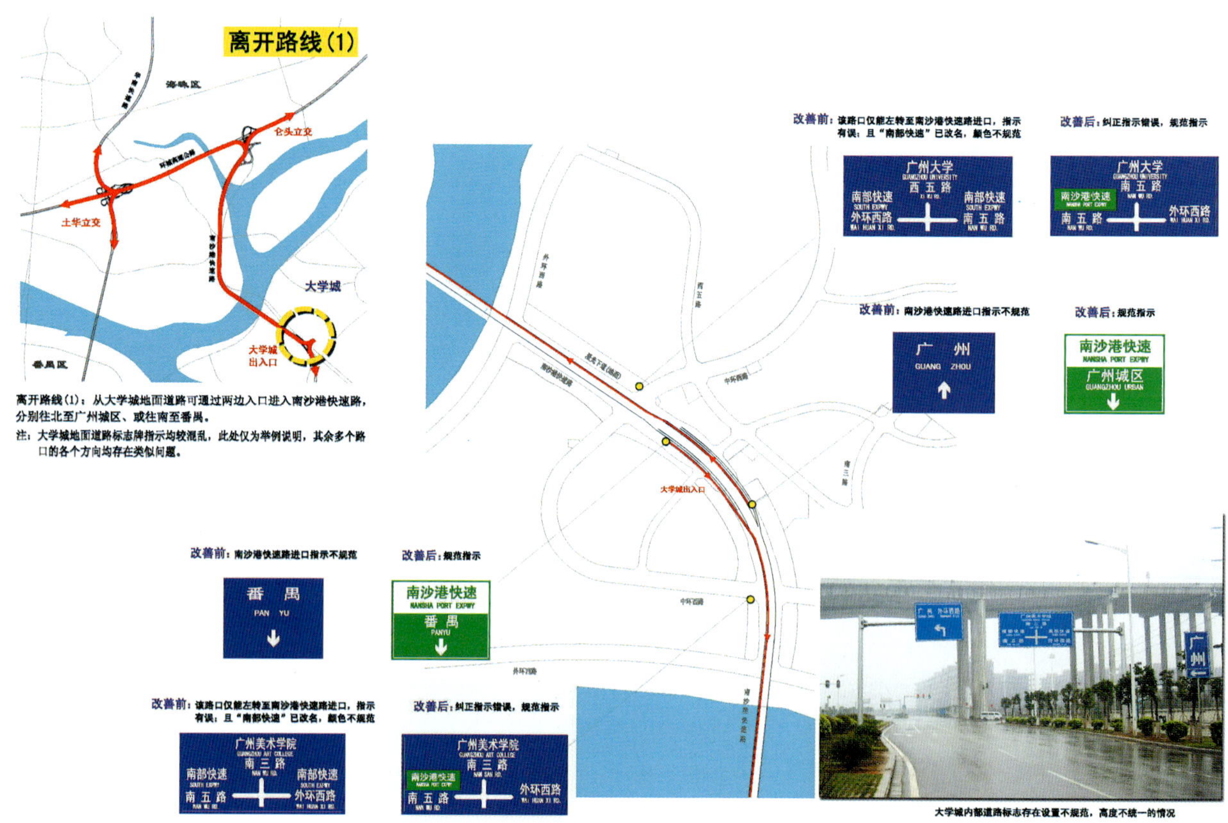

图 2-1-4-3　离开大学城路线的指路标志改善示例

1.5 改善实施效果

2004年9月完成的《重点部门、大型公建及旅游景点指路标志系统布局方案研究》成果，包括新增标志牌面183块、新增标志钢结构142套、实施总投资约500万元，已于2005年下半年在广州市区范围内分步实施完成，为重点部门、大型公建及著名园区、著名旅游区等地点提供了专用的指路标志，清晰地指示了这些重要地点的所在位置，实施效果较明显。

● 增加政府机关单位——市人大、市政府、公安局等的指示如图2-1-5-1：

东风中路人大门前

东风中路／吉祥路西进口

解放南路／大德路北进口

西湖路上

图2-1-5-1　政府机关单位专用指路标志的实施效果

● 增加主要大型医院——广州中医药大学附属医院、中山大学附属医院等的指示如图 2–1–5–2：

解放北路上

中山二路上

图 2–1–5–2　主要大型医院专用指路标志的实施效果

● 增加重点大学、本科院校——广州医学院、中山大学等的指示如图 2–1–5–3：

东风西路上

新港西路上

图 2–1–5–3　重点大学、本科院校专用指路标志的实施效果

● 增加商业步行街——北京路步行街、上下九步行街的指示如图 2–1–5–4：

中山五路／北京路东进口

中山七路／康王路东进口

图 2–1–5–4　商业步行街专用指路标志的实施效果

● 增加著名旅游景点——中山纪念堂、西汉南越王博物馆等的指示如图 2–1–5–5：

东风中路上

解放北路上

图 2–1–5–5　著名旅游景点专用指路标志的实施效果

● 广州大学城衔接指路标志改善方案实施后，指路标志系统对各条进出大学城的路线进行了合理、清晰的引导。

位置	改善前	改善后
华南快速进入环城高速分岔处		
南沙港快速大学城出口		

图 2-1-5-6 广州大学城衔接指路标志的实施效果

第二章　广州市环城高速公路指路标志系统改善方案

2.1　概述

广州市环城高速公路（简称环城高速，下同）是环绕广州市区而行的一条安全、高速、舒适、美观的环线高速公路，全长约60km，穿越广州市白云、天河、海珠、荔湾等4个行政区以及佛山市南海区，大部分路段由高架桥组成，全线双向6车道，现状共设有17个立交出入口，与新光快速连接后将增至18个立交出入口。

环城高速指路标志系统是道路的重要组成部分，它为交通参与者提供必要的道路信息，合理引导交通流，对于提高路网整体的使用功能起到关键性的作用。环城高速原有指路标志系统具有一定的规范性和合理性，牌面的颜色、图案、中英文对照多数能够按国标的有关规定制作，支撑形式的选择也充分考虑了环城高速的道路特点。但原有指路标志系统存在牌面规格不统一，设计欠缺标准化，指示信息不连贯，信息组成不合理等众多不足，影响了整个指路标志系统的交通引导效率。

在这次专项改善方案研究中，根据系统性、规范性的改善原则及准则，提出了环城高速公路沿线及立交范围内指路标志系统的整体改善方案，同时针对环城高速公路承担交通功能的特殊性，提出了环城高速公路指路标志系统与城市道路相衔接的规划方案，加强环城高速公路与城市道路网络体系之间联系。

2.2　环城高速的交通功能

环城高速环绕广州市区外围，在分流过境交通、集散对外交通、缓解市区交通压力等方面起着十分重要的作用。通过18个立交出入口，环城高速与多条高、快速路、城市道路相连，成为进、出城交通转换的重要载体，其中5个立交与高速公路相连，4个立交与快速路相连，9个立交与一般城市道路相连，各立交出口交通功能如下（如图2–2–2–1）：

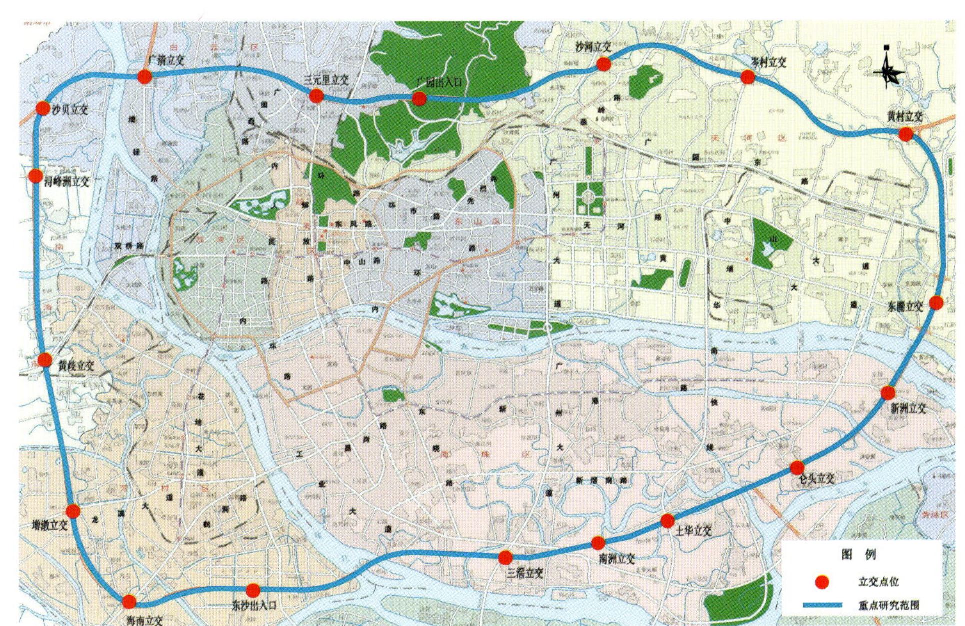

图2–2–2–1　环城高速公路立交出入口分布图

1. 与高速公路相连的立交

(1)沙贝立交：沙贝立交与广佛高速公路直接相连，是广州市西北面最重要的出入口之一，交通流量非常大。通过广佛高速与广肇高速衔接，该立交出口可以到达三水、肇庆、广西等地，与广湛高速的衔接则可以辐射开平、茂名、湛江、海南等地。

(2)广清立交：广清立交与广清高速直接相连，出城方向可以快速到达花都、清远等地；进城方向，经增槎路过渡后与东风路、内环路衔接，可以快捷地进入城市中心区。另外，增槎路沿线地区是广州市北部物流基地，地区经贸活动频繁，是巨大的交通流吸引和集散源。众多因素致使广清立交目前成为广州市北部最繁忙的出入口之一。

(3)三元里立交：三元里立交与机场高速直接相连，是广州市区连通白云国际机场最便捷的出入口。该出入口通过与广园西高架的衔接，可以使环城高速与内环路直接连通，形成两环之间最短的连接线。车辆经三元里立交转换后可以便捷到达机场、城市中心区、火车站、白云山、广园路等地点，可见三元里立交的重要交通枢纽地位。

(4)黄村立交（广氮出口）：黄村立交连通环城高速与广深高速公路，是广州市区东北面重要的出入口之一。通过广深高速这条交通要道，可以快捷到达"珠三角经济圈"东部，如深圳、东莞等地。另外，通过广深高速连通广惠高速，还可辐射惠州、梅州、汕头等地区，交通流量大，交通功能地位突出。

(5)海南立交：环城高速通过海南立交与广珠西线高速直接相连，可以快速到达中山、顺德、珠海等地。同时通过该结点，环城高速还与重要的城市道路花地大道相连，成为外来车辆通往芳村区的最合理出入口。

2. 与快速路相连的立交

(1)岑村立交：环城高速通过岑村立交在北面与华南快线相连，经该结点的转换，车辆北行方向可以进入京珠高速到达韶关、湖南等地，南行方向可以快捷进入新城市中心区天河区，并可以快速到达重要的大型公建国际会展中心，同时也能辐射到番禺、南沙等广州市城市空间"南拓"的重点地区。

(2)土华立交：土华立交与岑村立交南北呼应，实现环城高速与华南快速干线之间的相互转换。与岑村立交相同，该结点南北方向辐射面较广。通过这两个立交结点的衔接，华南快线分担了环城高速的部分交通量，减少了车辆在东部地区不必要的绕行，提高了整体路网的使用效率。

(3)仑头立交：仑头立交为环城高速与南沙港快速连接的结点，环城高速车辆经南沙港快速可以便捷到达广州大学城，并可快速直达广州新城和南沙经济开发区。随着大学城、广州新城及南沙经济开发区的快速发展，仑头立交必将成为环城高速南部的又一重要出入口。

(4)南洲立交：南洲立交为环城高速与新光快线连接的结点，环城高速的车辆经新光快线可以便捷到达新城市中轴线的重要区域珠江新城，对疏导城市南北交通起到重要的作用，通过该结点还可以快速到达海珠区，番禺区等重要区域，另外，通过该结点进入南洲路还可以到达著名的旅游景点赢洲生态公园。

3. 与一般城市道路相连的立交

(1)广园出入口：该出入口为单向出入口，顺时针方向为进口，逆时针方向为出口。环城高速通过该出口与广园中路、G106衔接，并可以迅速到达白云区，白云山及广州体育馆等地。

(2)沙河立交（广汕、广从出入口）：环城高速通过沙河立交与燕岭路和沙太路直接相连，并借此与旧广从路和G324衔接，通过该结点还可以到达市区天河、沙河等地。

(3)东圃立交：东圃立交与广州市东西向两条最主要的交通性干道中山大道和黄埔大道直接相连，借助这两条干线，该结点可辐射到天河区、黄埔区和广州经济开发区。

(4)新洲立交：该结点与海珠区内重要的横向干道新港路直接相连，借此可辐射至海珠区和番禺区，并成为广东省东部地区交通通往广州国际会展中心最捷近的出入口。

(5)三滘立交：环城高速通过三滘立交与广州大道、南洲路相连，并通过南洲路、广州大道间接连通东晓路、工业大道、内环路、G105等市区主要道路和重要国道，由此可见三滘立交是环城高速南面重要的交通枢纽，通过该结点的转换可以辐射整个广州市区以及番禺、顺德、中山、珠海等地区。

(6)东沙出入口：该出入口也是单向出入口，主线顺时针方向为出口，逆时针方向为进口。环城高速通过该结点连接东沙大道，快捷地进入东沙经济开发区。

(7)增滘立交：环城高速通过增滘立交与城市西南面的重要干线龙溪大道相连，从而连接佛山、南海，并可以通过龙溪大道与广佛高速相连，在高峰时段能有效减轻北面沙贝立交的交通压力。

(8)黄岐立交：环城高速通过黄岐立交与广佛公路、穗盐路、G324等道路衔接，可以到达佛山、南海、黄岐等地，也是环城高速在西面的重要出入口之一。

(9)浔峰洲立交：该立交辐射环城高速途经的地方性区域沙溪、白沙、泌冲等。

2.3 改善前情况分析

2.3.1 指路标志系统的总体布设

环城高速指路标志系统基本可分为入口预告标志、路段直行预告标志及出口预告标志3种类型，其整套指路标志系统的布点设置情况如图2—2—3—1所示。

环城高速现状共设有17个出入口，新光快速与环城高速连接后共有18个出入口，立交出入口的分布密度很大，同时因环城高路在路网结构中的地位，其指路标志系统的总体布局必须达到相应的合理化程度才能满足道路交通的使用要求。据统计，环城高速主线和立交范围内改善前共设有467块标志牌，从布点整体情况来看，基本能满足使用要求，但在部分区域的指路标志仍存在分布不均的情况。在广州市城市道路网络整个面的角度上考虑，分别从以下3部分对其布点情况进行分析：

1. 主线部分

在环城高速公路的主线，如果2个互通立交之间的间距大于2km，则出口预告的设置点位至少有4个，即在2km、1km、500m、分岔点各发布1次；如果两个互通立交之间的间距小于2km，则一般发布3次，而且在每个点位的信息设置采用了预告直行方向信息和预告出口方向信息并排设

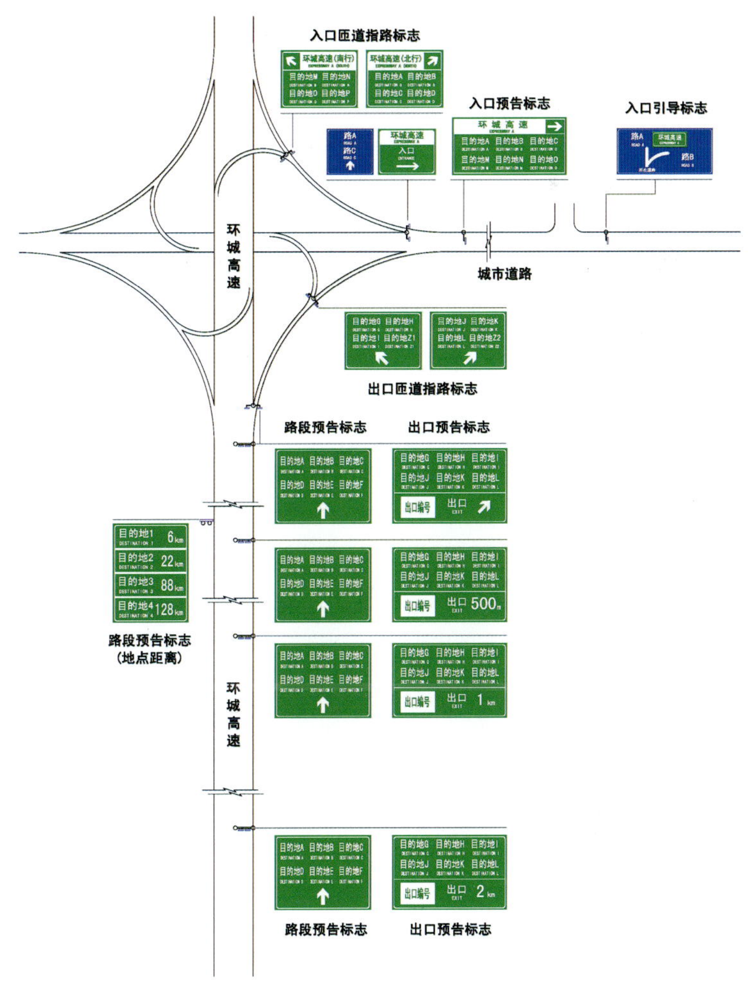

图2—2—3—1　环城高速指路标志系统整套设置示例图

置的方式，有效地减少了主线上的布设点位，防止出现标志设置过密的现象。总体上看，主线部分的点位布设比较合理，但各点位之间信息内容方面的连贯性，系统性还需要进一步完善。

2. 立交范围部分

立交范围部分的指路标志主要包括了出口匝道、入口匝道及相连道路上布设的指路标志，出、入口匝道的点位布设基本上满足使用要求，但存在不规范增设的小型标志牌过多，以及部分单柱式或双柱式标志被绿化遮挡，视认性不好的现象。立交范围部分的突出问题在于相连道路上的入口预告标志，目前，入口预告标志的设置点位只有1个或者2个，但根据国标的要求，高速公路的入口预告点位应该为4个比较合适。因此，在综合考虑城市景观要求及道路使用要求，分析认为环城高速公路入口预告标志在相连道路上的预告点位为2个或者3个比较合适。

3. 市区范围部分

集散对外交通，缓解路网交通负荷是环城高速公路的重要功能，为了把市区范围内的车辆顺利引导到环城高速公路，需要城市道路指路系统与环城高速公路指路系统的有效结合，成为同一整体，即需要在城市道路的重要结点上设置指引到环城高速公路入口的信息。总体上原有点位设置不足，分布不均，整个内环路及放射线以南北两个方向分布较多，而东西方向则相对不足。部分点位设置不合理，如在芳村区，东滘南路、东滘北路、花蕾路等等级相对较低的道路上设置了较多点位，但与东滘北路基本平行的花地大道作为芳村区内与环城高速直接相连的主要交通性干道，却基本没有相应点位。

2.3.2 指路标志牌面信息组成

指路标志是道路的语言，通过为交通参与者传递道路方向、地点、距离等信息来引导交通，因此，指路标志的信息组成最直接地影响到标志的使用功能，只有合理的信息组成才能为交通参与者提供明确、及时、直观、清晰的交通信息。原有指路标志的信息组成存在指示信息不足，指示信息引导的路径不合理，地点信息与路名信息结合方式不统一，信息组成缺乏系统性等问题。

1. 指示信息不足

部分环城高速公路指路标志缺乏一些重要的信息内容，主要表现在以下方面：

(1)环城高速部分指路标志缺乏对途径或辐射的重要行政区域、重要大型公建、著名旅游景点等信息的指示。比如，在广园出口的指示信息只有机场高速和广园路2个信息，而缺乏途径的重要行政区域白云区、辐射的重要公建广州体育馆和著名旅游景点白云山的指示。

(2)分流过境交通是环城高速重要的交通功能之一，环城高速直接或间接地与一些放射线相衔接，但缺乏对一些重要放射线的指示，比如：在北环高速只是预告了国道G107，但对于同样重要的国道G105、G324却没有预告。具体情况详见示例图2-2-3-2。

2. 指示信息引导的路径不合理

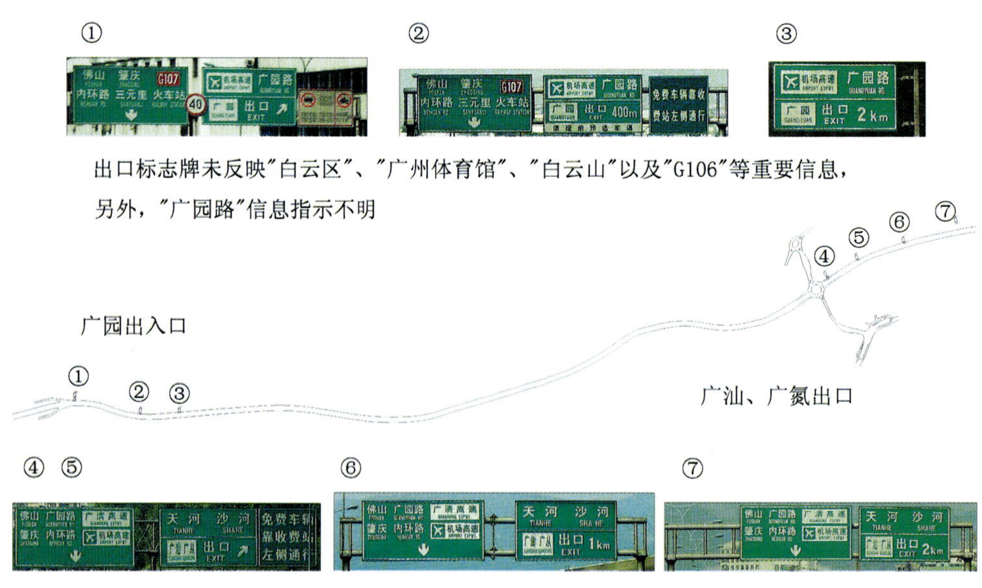

出口标志牌未反映"燕岭路"、"沙太路"、以及"G324"等重要信息

图 2-2-3-2 指示信息不足示例图

指路标志的信息选用必须是经过合理的筛选，引导交通参与者使用最合理的路线，但环城高速原有指路标志系统中还存在着因欠缺从整体路网考虑而导致指示信息引导的路径不合理的现象。比如，广珠西线开通后，前往珠海方向的最合理出口应为海南立交，但在三滘立交出口标志牌却指引交通参与者选择三滘立交出口前往，详见示例图 2-2-3-3；在北环高速由东往西方向的岑村出口，有指示进入华南快速干线到达机场高速的信息，但从整体路网考虑，选择北环到达三元里立交直接进入机场高速才是最合理的路径。

3. 地名信息与路名信息结合方式不统一

指路标志的信息内容一般是通过指示地名和路名体现的，指示地名起到区域、方向性的引导作用，指示路名是提示到达目的地的路径，对路况和区域环境不熟悉的陌生者，则两种信息都非常重要，两者密切配合才有最佳的使用效果。环城高速对地名和路名的指示没有形成统一的方式。比如，在北环高速往西方向有多次预告佛山，但没有一次预告广佛高速，而在北环往东方向有多次预告广深高速，但没有预告深圳的地名信息，详见示例图2-2-3-4。

4. 信息组成缺乏系统性

高速公路指路标志一

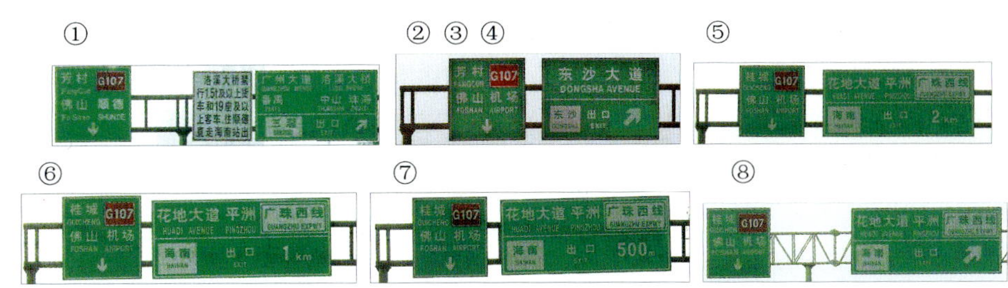

广珠西线开通后，前往珠海方向的最合理出口应为海南立交出口，①中指引的路径不合理；
②③④等三滘立交～海南立交路段上的直行预告牌中缺少对珠海方向的指引；
⑤～⑧等海南立交出口预告牌中仅指示广珠西线，方向性预告不强

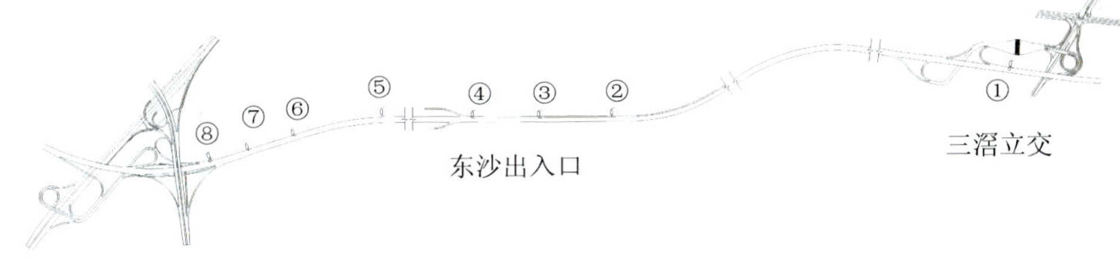

图 2-2-3-3　指示信息引导路径不合理示例图

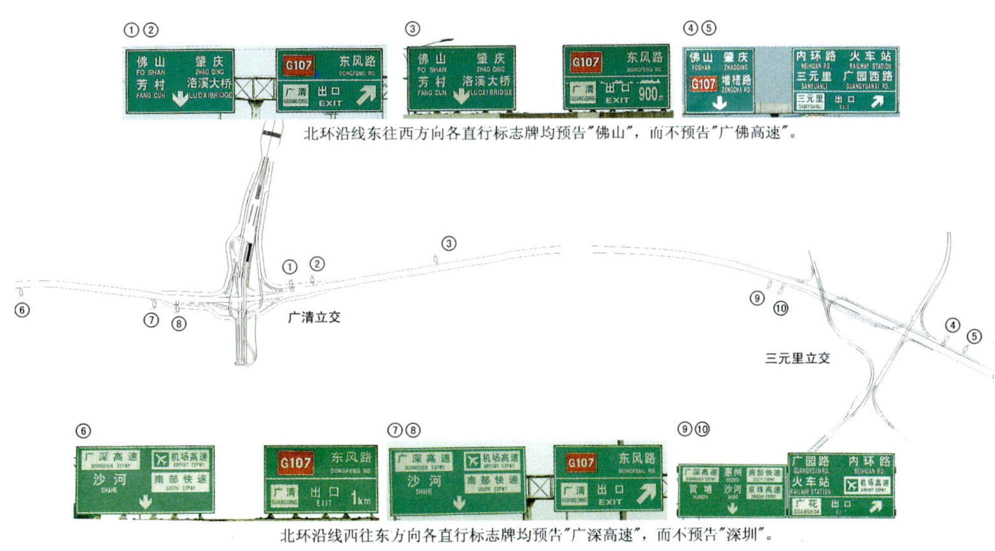

图 2-2-3-4　地名信息和路名信息结合方式不统一示例图

般分为：入口预告指示标志、路段预告指示标志、出口预告指示标志 3 种类型。作为环状高速公路，这 3 类指路标志是相互关联的，必须站在整体角度统筹考虑，但由于环城高速是分期分段实施，而且由不同的设计单位进行设计，因此信息筛选的思路方法也无法统一，造成原有指路标志系统的信息组成缺乏系统性，入口、路段、出口 3 类指路标志没有形成相互关联的有机整体，这也是环城高速的交通指示比较混乱的深层次原因，详见示例图 2-2-3-5。

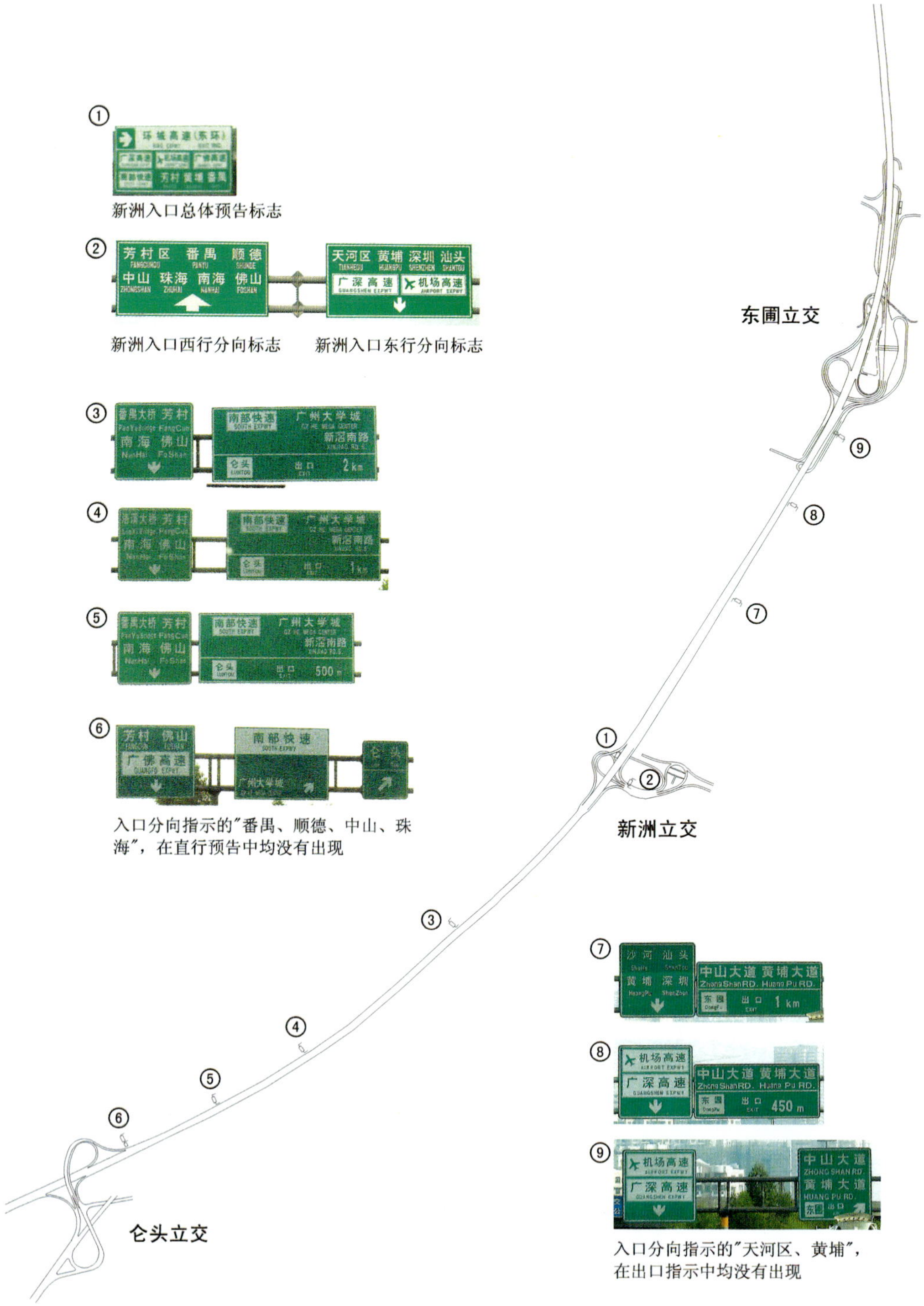
①
新洲入口总体预告标志
②
芳村区 番禺 顺德
中山 珠海 南海 佛山
天河区 黄埔 深圳 汕头
广深高速 机场高速
新洲入口西行分向标志
新洲入口东行分向标志
③
南部快速 广州大学城 新滘南路
出口 2km
④
⑤
出口 500m
⑥
入口分向指示的"番禺、顺德、中山、珠海"，在直行预告中均没有出现
⑦
中山大道 黄埔大道
出口 1km
⑧
机场高速
广深高速
出口 450m
⑨
入口分向指示的"天河区、黄埔"，在出口指示中均没有出现
东圃立交
新洲立交
仑头立交

图 2-2-3-5 信息组成缺乏系统性示例图

2.3.3 指路标志系统信息发布

1．指示信息不连贯

原有环城高速指路标志系统的指示信息缺乏一定的连贯性，难以发挥整体系统良好的引导作用。指示信息不连贯主要表现在两方面：一是前后信息不匹配，二是指示信息的突然缺失，比如：在西环的南行方向，在起点就开始预告芳村，途经3个立交也有多次的直行预告，一直引导到了第4个出口海南立交时，出口指示标志反而缺失芳村的信息，虽有花地大道的指示信息，但对于外地司机就无法肯定出口可到达芳村。

2．部分预告信息提前量和重复次数不合理

预告信息的提前量应该根据道路特点、信息重要程度以及立交的分布情况进行统筹考虑，并形成相对统一的标准，国内有城市统一规定为提前3个立交进行预告，即三级预告。环城高速地点预告方向标志一般是提前3～6个立交进行预告，由于环城高速全长60km，现状共设有17个出入口，立交出入口的分布密度很大，提前6个立交预告的提前量约为20km，即为环线的1/3。由此可见，对于指示大方向性的地点信息，如指示深圳，预告信息提前6个立交是合理的，但对于指示沙河、洛溪大桥、番禺大桥等不代表区域方向的地点应该把范围缩小。

环城高速有少部分预告信息提前量过大，而且在每个立交重复出现的次数过多，最高为5次，相反地，对于当前立交出口的信息量和发布次数有所缺乏。比如，在三滘出口，预告直行方向的信息共发布4次，而对于重要的出口指示内容番禺、中山、珠海仅在出口匝道前指示1次。直行预告信息在每个立交出口前的发布次数不宜过多，最重要是保证出口信息得到充分的指示。

2.3.4 指路标志与道路整体系统匹配性

存在部分指路标志与道路整体系统不匹配的现象，主要是体现在道路网络或周边区域环境发展变化后，原有的指路标志，甚至近期增设的指路标志不再适应变化后的状况或者这些指路标志没有达到标准和规范的要求。

1．部分增设的指路标志与道路整体系统不匹配

(1)道路衔接改造增设的情况。由于环城高速与放射线的衔接是随着所连接的高速公路、快速干线的建成开通而逐步完善，因此，道路衔接改造增设的指路标志必须与现状道路的指路标志系统相匹配，标准必须统一。在东环高速北行进入黄村收费站路段，由于道路通行改造为在收费站前进行分道，因此在收费站前增设环城高速和广深高速的分道指示标志，但如此重要的标志目前只增设单柱式小型标志，而且改造前留下的不适合现状交通组织的指路标志也没有及时拆除。

(2)临时性增设的情况。由于道路网络或周边区域环境发展变化后，原标志牌的信息量不满足需求而另外增设一些小型标志牌，甚至增设了一些带有商业广告性质的标志牌，这类指路标志牌没有达到高速公路指路标志系统的规范要求，应进行拆除或改造。

2．部分原有的指路标志与道路整体系统不匹配

这种情况主要体现在北环高速的地点距离预告标志，这类标志主要用来预告高速公路前方所要经过或到达的地点和距离，适合用在线状的道路，但不太适合环状道路，早期北环高速只是1条线状高速公路，但东南西环高速建成后整个环城高速已形成为一个完整的环，这种情况下，该类标志已经不太适用。另外，地点距离预告标志一般适合采用双柱式支撑结构，还存在绿化树木遮挡牌面，外侧车道的车辆阻挡内侧车辆视线等视认性问题。因此，设在北环高速的地点距离预告标志已经与环城高速系统整体之间不匹配如图2-2-3-6。

图 2-2-3-6　使用效果欠佳的地点距离预告标志

2.4 改善方案

2.4.1 改善思路

环城高速公路与多条高速公路、快速路和城市主干道相连，主要作为交通的衔接道路，它在整个城市的道路网络体系中处于较高位置，起到分流过境交通、集散对外交通，缓解市区交通的重要作用。针对环城高速公路的主要交通功能和道路特点，改善环城高速公路指路标志系统主要从以下方面进行考虑：

1. 指路标志系统的规范化

环城高速公路指路标志系统存在牌面规格不统一，信息表现不规范，部分指路标志与整体系统不匹配等问题，这些因素也将影响到指路标志系统的整体使用效果，因此，在考虑现场实际的基础上，提出一套统一的规范的指路标志系统，使它更符合国标的有关要求。

2. 建立起道路信息的分级体系

为了突现道路信息的层次性，根据信息重要程度、代表性等建立起道路信息的分级体系，以便根据不同层次的信息决定提前预告的范围和预告的次数。

(1)第一层次信息：

①与环城高速公路直接相连的放射性高速公路、快速路、国道的路名信息；

②以上每条放射线可以到达的主要目的地地名信息；

③环城高速公路途径的行政区域地名信息；

④环城高路公路途经或辐射范围内的大型交通枢纽、城市标志性园区。

(2)第二层次信息：

①与环城高速公路直接相连的城市道路路名信息；

②环城高路公路各出口辐射范围内的高、快速路、国道、城市主干道路名信息；

③环城高速公路各出口辐射范围内的重要公建、著名景点等信息；

④环城高速公路各出口直接可以到达的地方性区域地名信息。

3. 优化入口、路段、出口三类预告指示标志的关联体系

为了体现环城高速公路指路标志的系统性，入口、路段、出口三类预告指示标志的信息必须形成相互关联的体系。入口预告指示的信息以第一层次的信息为基础，包括路名和地名的信息；路段上直行预告指示的信息以入口预告指示的信息内容为基础，但只选择具有方向性的地名信息；出口预告指示的信息包括入口、路段预告的对应该出口的地名和路名信息，而且包括与该出口对应的第二层次的信息。

4. 加强城市道路与环城高速指路标志系统的有效衔接

环城高速指路标志系统不是一个孤立存在的系统，它和城市道路指路标志系统形成密不可分的有机整体。为了使环城高速与城市道路之间良好衔接，合理、快捷地将城区内的出境交通引至环城高速公路各入口处，有必要系统完善环城高速指引信息在全市范围内的布点。

2.4.2 改善原则

1. 环城高速公路指路标志系统的更新及整体改善，必须符合《道路交通标志和标线》(GB5768—1999)有关高速公路指路标志设置的相关规定。

2. 根据环城高速公路承担城市交通功能的重要性，结合广州城市道路网络系统的特点，系统完善沿线影响范围内原有指路标志系统的信息内容与设置。

3. 环城高速公路指路标志系统指路信息所用的路名、地名必须沿线统一，并与全市及辐射影响区域内所有指路标志系统使用的路名、地名保持一致。

4. 环城高速公路指路标志系统传递的信息应包括沿线途经及所能辐射的以下道路信息：著名地点、重要区域、交通枢纽、重要大型公建、著名旅游景点、重要结点和道路。

5. 指路标志提供预告信息必须以引导交通参与者按最合理路线到达目的地为前提，环形道路上不应在入口指路标志双向指示相同预告信息；出口预告不能在连续2个或2个以上的立交出口指示相同预告信息，应选择其中最合理的立交出口指示，尽量避免或减少不必要的绕行。

6. 指路标志系统预告信息的传递必须保持一定的连贯性，入口、路段、出口3种类型指路标志牌的信息选择必须前后呼应，保证信息前后匹配，避免信息的突然缺失。

7. 设置在高、快速路进口匝道分岔点处的指路标志牌应明确标示车辆行驶方向(南行、北行、东行、西行)。

8. 改善方案考虑不同使用者不同的使用习惯，尽量在入口预告和出口预告标志牌上同时标示路名信息和可到达的地名信息，若确实受牌面空间限制而无法保证视认性才可选择其中之一。

9. 为提高方案的可操作性，降低实施成本，改善方案首先考虑在原标志牌面上完善原有指路信息，其次考虑利用原有支撑结构更换或增设指路标志牌，最后考虑更换原有指路标志牌和支撑结构或另外增设整个指路标志。

10. 增设指路标志的牌面规格应与环城高速公路原有指路标志牌面规格相协调，并在东南西北环高速形成统一标准。

11. 指路标志的信息内容表现应采用统一的中英文对照形式：地名、路名专名用汉语拼音，专用名词、路名通名译写统一采用英文译写形式。

12. 符合规定的著名地点、交通枢纽、重要大型公建、著名旅游景点，可增加相应特征图案标识，随预告信息

共同设于指路标志上，有利于提高此类指路信息辨认识别的直观性。

2.4.3 改善方案

根据上述改善原则，在详细调查环城高速公路沿线涉及的指路标志系统的基础上，针对环城高速公路原有指路标志系统存在的主要问题，提出沿线指路标志系统的整体改善方案。

1．指路标志牌面信息组成改善

（1）增加重要的预告信息，解决原有指路标志指示不足的问题

①加强对环城高速沿线经过或在合理辐射范围内的重要区域、重要大型公建、著名旅游景点等信息的指引。比如，在广园出口增加指示重要行政区域白云区、重要公建广州体育馆和著名旅游景点白云山的指示。

②加强对与环城高速直接或间接相连的干道放射线的指示，增强环城高速对过境交通的分流引导作用。比如：在北环高速增加对重要国道G105、G324的预告指示。

（2）提高牌面信息引导路径的合理性

在改善过程中，从整体路网的合理引导为出发点，把环城高速放在整体路网中统筹考虑。比如，广珠西线开通后，应将前往珠海方向的交通引至海南立交出口，而不是三滘立交出口；在北环高速由东往西方向的岑村出口，不能指示进入华南快速干线到达机场高速的信息，而应引导到北环的机场高速出口；在黄岐入口，引导深圳、汕头

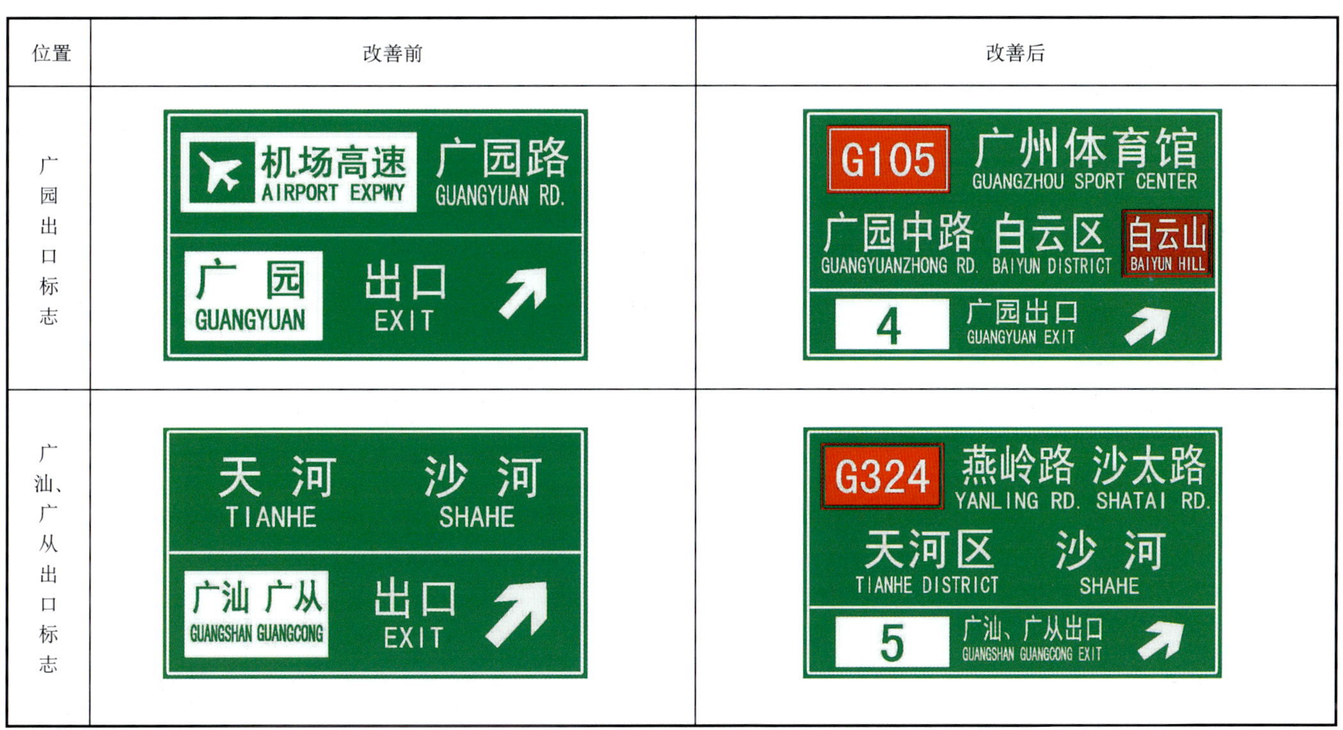

位置	改善前	改善后
广园出口标志	机场高速 AIRPORT EXPWY 广园路 GUANGYUAN RD. 广园 GUANGYUAN 出口 EXIT	G105 广州体育馆 GUANGZHOU SPORT CENTER 广园中路 GUANGYUANZHONG RD. 白云区 BAIYUN DISTRICT 白云山 BAIYUN HILL 4 广园出口 GUANGYUAN EXIT
广汕、广从出口标志	天河 TIANHE 沙河 SHAHE 广汕 广从 GUANGSHAN GUANGCONG 出口 EXIT	G324 燕岭路 YANLING RD. 沙太路 SHATAI RD. 天河区 TIANHE DISTRICT 沙河 SHAHE 5 广汕、广从出口 GUANGSHAN GUANGCONG EXIT

图 2-2-4-1　指示信息不足改善示例图

方向的车流往北环方向，而非东南环方向。

（3）优化牌面信息组成，形成系统性

按高速公路系统入口预告指示标志、路段预告指示标志、出口预告指示标志这3类标志的特点，并且充分考虑指示地名和指示路名的系统结合，并采用道路信息的分级体系，优化牌面信息组成如下：

①入口预告指示标志

入口预告指示标志按信息组成和设置地点的不同又分为：进入收费站前，设在城市

道路上的总体入口预告指示标志和进入收费站后，设在2个方向分岔口的分向入口预告指示标志。设在城市道路上的总体入口预告指示标志基本上是悬臂式结构，牌面不大，而且必须预告进入环城高速后两个方向的内容，因此只能选择最具代表性，方向性强的信息，包括路名和地名的信息。进入收费站后，设在2个方向分岔口的分向入口预告指示标志基本上是门架式标志，牌面较大，而且刚出收费站所以车速较慢，因此可以加大信息预告量。分向入口指示标志的信息内容必须包括总体入口预告指示标志的内容，并在此基础上进一步细化信息，即分向可到达的，具有合理性的路名和地名信息，可同时体现如图 2–2–4–1。

②路段预告指示标志

路段预告指示标志主要是指示直行方向可以到达的地点区域，由于指路标志提供的信息量有限，路段预告指示标志的牌面信息统一只选用代表方向性的地名信息，而不选用路名信息，因为对于不熟悉路况的使用者，获得地名信息更重要于获得路名信息。但对于机场高速这种有带标识符号表示地点的路名信息也可作为特例选用为路段直行预告信息。地名信息的选择是按前一立交入口往该方向的预告指示标志上的地名信息为选择对象，以便形成系统性。

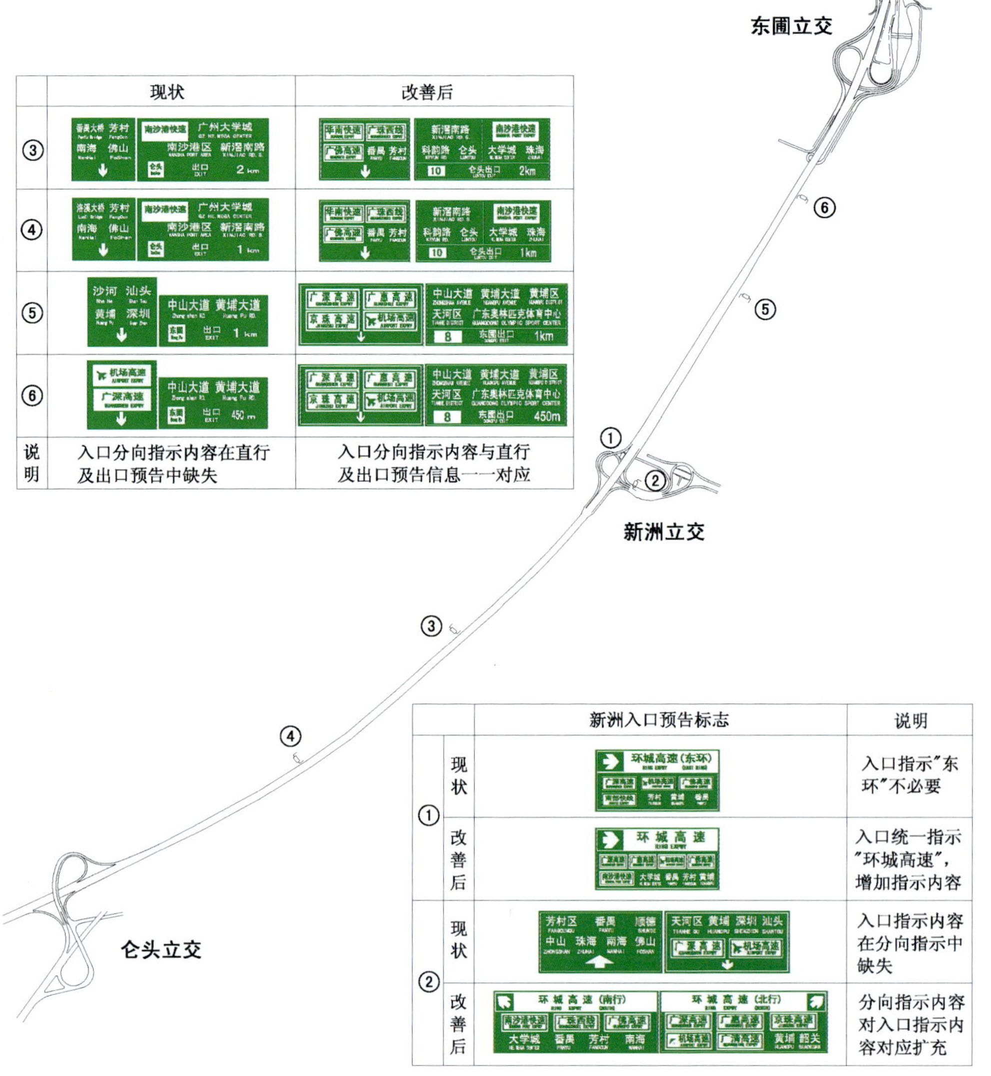

图 2–2–4–2　信息组成缺乏系统性改善示例图

③出口预告指示标志

出口预告指示标志的内容是路名和地名的信息同时体现，比路段直行预告指示标志的内容更加全面，增加了路名信息的预告和指示，而且保证入口预告系统具有的信息内容必须在出口预告系统也出现。对于同一区域有多个立交出口可以到达的情况，路段预告指示标志和出口预告指示标志都应该引导车流到达最合理的一个出口。如图 2–2–4–2。

(4)增加出口编码系统

改善前，环城高速公路各出口是以立交名称进行标示，但根据国标的规定和国外的成功经验，高速公路出口使用编号更清晰简单，容易记忆，而且驾驶员可以按出口顺序号判断目标出口的大约距离以及还要经过的立交出口数，而不需要每次经过立交出口都要看出口名称来作出判断。因此，本次改善建议在环城高速指路标志系统中增加出口数字编码系统。

考虑到有部分驾驶员已经习惯原有的出口名称，本次改善采取循序渐进的方式，在增加出口数字编码的同时还保留原出口名称内容，但排版有所改动，左下角白框内容为出口编号，原出口名称提到白框外。出口号码以沙贝立交为起点，寻峰洲立交为终点，按顺时针编排，每个立交固定一个编号，如有立交只是单向有出口而另一方向没有出口，则另一方向的顺序号空缺，增加出口编码示例详见图

2–2–4–3。

2. 指路标志系统信息发布改善

(1) 从整体系统考虑，增强信息发布的连贯性

①增强系统性，入口预告指示标志、路段预告指示标志、出口预告指示标志3种类型标志牌的信息选择必须前后呼应，搭配合理。

②保证前后信息相匹配，比如：新洲出口的2km、1km、500m预告牌都是预告新港东路，出口也应该统一指示新港东路，而不能突然指示新港大道，改善示例详见图2–2–4–4。

③避免信息的突然缺失，比如：在西环的南行方向，在起点开始预告芳村，则在最合理出口也应指示芳村的信息。

(2) 根据预告信息的重要程度和代表性，确定预告信息的提前量。

环城高速全长60km，目前共设有17个出入口，新光快线连通后共有18个出入口，立交出入口的分布密度很大，提前6个立交预告的提前量约为20km，即为环线的1/3。因此，对于指示大方向性的地点信息，如指示深圳，预告信息提前4～8个立交比较合理，但对于指示沙河、洛溪大桥、番禺大桥等不代表区域方向的地点应该缩小范围。另外，对于和环城高速不直接相交的相邻道路以及不代表方向性的地点，一般只在出口预告标志上指示，而不在路段直行预告标志上体现。

3. 指路标志与道路整

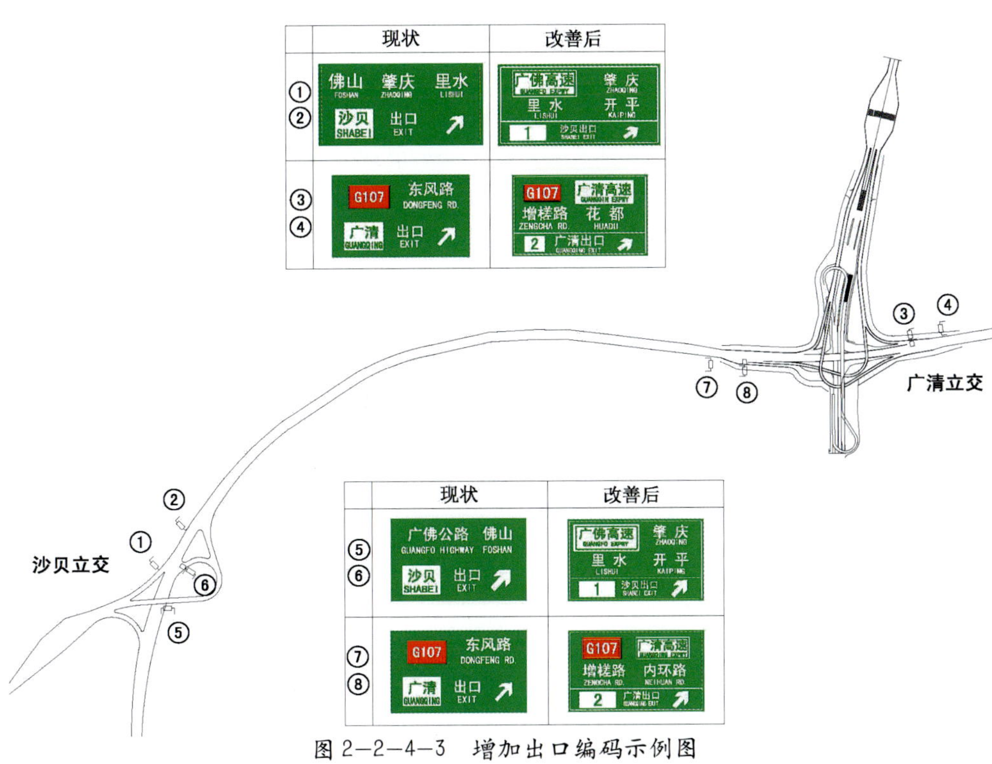

图2–2–4–3　增加出口编码示例图

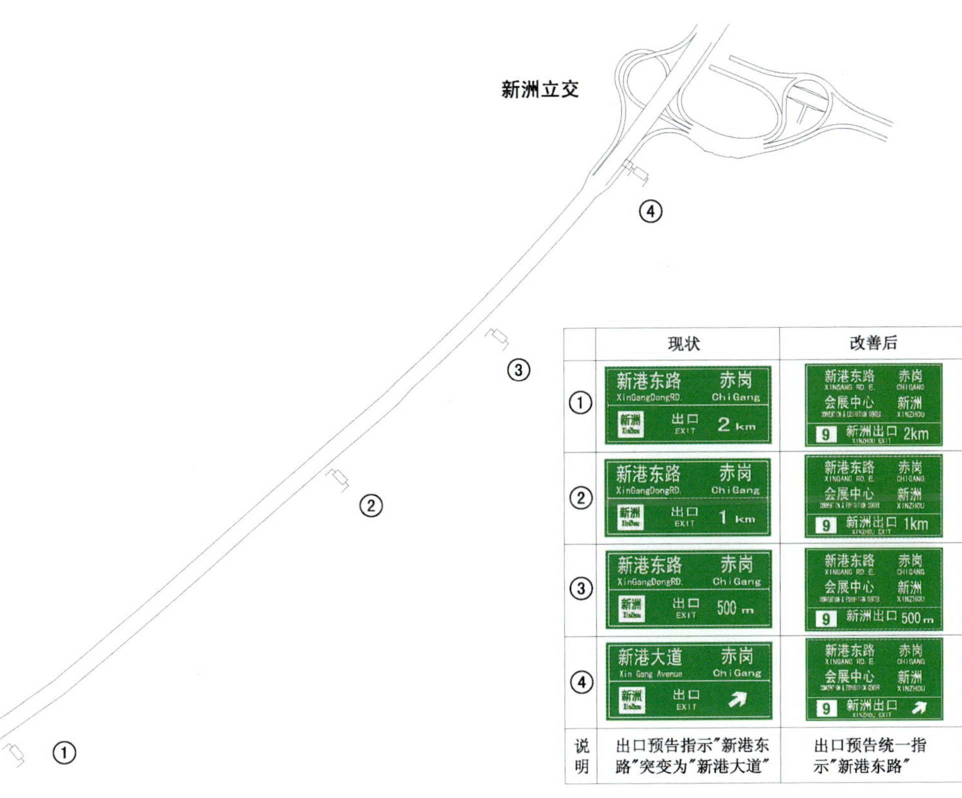

图2–2–4–4　指示信息不连贯——前后信息不匹配改善示例图

体系统匹配性改善方案

（1）增设的指路标志与道路整体系统匹配性改善

①道路衔接改造增设的情况。

由于环城高速与放射线的衔接是随着所连接的高速公路、快速干线的建成开通而逐步完善，因此道路衔接改造增设的指路标志必须与现状道路的指路标志系统相匹配，标准必须统一。例如，在东环高速北行进入黄村收费站路段，现在的道路通行改造为在收费站前进行分道，因此在收费站前增设环城高速和广深高速的分道指示标志，但如此重要的分道标志不应只设置单柱式小型标志，而应设置门架式标志，提高视认性，而且通道改造前遗留的与现状不符的指路标志也应及时拆除。

②临时性增设的情况

临时性增设有两种情况：一是由于道路网络或周边区域环境发展变化后，原指路标志的信息量不满足需求而另外增设一些小型标志牌，这种情况应该进行规范化改造，把确实需要的指路信息融合进统一的牌面；二是增设的信息不重要，甚至有些具有商业广告的性质，这类标志不符合高速公路的设置要求，应进行拆除。

（2）原有的指路标志与道路整体系统匹配性改善

改善的主要对象是北环高速地点距离预告标志，这种标志主要适用于线状道路，而不太适用于环状道路，早期北环高速只是一条线状的高速公路，但目前已经连通为环状高速公路。另外，地点距离预告标志一般采用双柱式支撑结构，因此存在绿化树木遮挡牌面，外侧车道车辆阻挡内侧车辆视线等视认性问题。因此，设在北环高速的地点距离预告标志统一取消，由指示直行的路段预告标志代替其预告的功能。

4．指路标志信息表现形式改善方案

（1）规范和统一牌面颜色

按国标的有关规定，高速公路指路标志的牌面颜色为绿色和白色相结合，一般情况下为绿底白图案，但为了突现高速公路路名或为了在内容表现上有所区分时，采用白底绿图案。旅游景点的牌面颜色采用棕底白图案，并可附加标识符号；国道编号标志为红底白字白边。

（2）规范和统一中英文对照形式

环城高速指路标志统一采用中英文对照形式，并且按国标的要求，地名、路名的专名用汉语拼音，专用名词、路名通名译写统一采用英文译写形式。书写形式统一采用大写，而且对一些专用名词、路名通名采取统一标准的译法，如，大道用“AVENUE”而不是“RD.”；高速公路用“EXPWY”而不是“HIGHWAY”和“FREEWAY”等译法。

（3）规范和统一信息内容排版

根据指路标志的信息内容，按照预告标志到达出口的距离，由近而远从左至右从上而下地排列，并且对高速公路路名、国道编号的预告信息统一排列在上排，地名信息统一排列在下排，适合一般人的阅读习惯，提高标志的易读性。

2.4.4 指路标志牌面设计

通观整个改善方案，主要的改善措施是在原标志牌上修改牌面内容或将原支撑结构上的标志牌更换为另外规格和内容的标志牌，为了使标志牌牌面设计实现规范化和标准化，根据高速公路入口、路段、出口这3类预告指示标志牌的使用特点，并参照《道路交通标志和标线》（GB5768—1999）的有关规定，这里进行以上各类指路标志牌牌面的大样设计。

1．指路标志牌面规格设计

由于环城高速是分期分段建成，全线共分3段由不同的设计单位进行设计，因此环城高速指路标志的规格不够统一，各路段有自己的特点。在本次改善中，部分标志牌是根据实际需要更换为其它规格的标志牌，这种改善类型的指路标志牌在全线采取统一的高度规格标准，即主线范围内标志牌高度规格采用3.6m，立交范围内标志牌高度规格采用3m。本次改善方案中几种常用的规格为：6m × 3m、8m × 3m、4m × 3m、6m × 3.6m、8m × 3.6m。另外，本次改善为了降低方案实施成本，提高方案的可操作性，部分标志牌的改善是采用在原标志牌牌面上修改完善牌面信息的方式，这类标志牌虽然在本次改善中没有对其高度规格进行统一，但为了环城高速指路标志系统的全线统一，在以后的更新中应将其高度规格统一为3.6m和3m。

2. 指路标志牌面内容设计

按国标的有关规定，高速公路指路标志的牌面颜色为绿底白图案，旅游景点信息采用棕底白图案，并可附加标识符号，国道编号标志为红底白字白边。针对改善方案中各类指路标志，设计几种典型规格的指路标志示范牌面，详见图2-2-4-5。

入口预告示范标志牌

入（出）口分向指示示范标志牌

地点方向预告示范标志牌

出口预告（距离）示范标志牌

出口预告（匝道口）示范标志牌

图2-2-4-5 指路标志牌面内容大样设计图

2.5 环城高速指路标志系统与城市道路衔接规划

环城高速公路在整个城市的道路网络体系中处于较高位置，它在屏蔽城区内一般城市道路免受过境交通冲击的同时，还承担着城区内出入境交通的疏导功能。从城市交通整体角度考虑，其指路标志系统与一般城市道路指路标志系统相互依托，密切相连。因此，通过与城市道路之间的良好衔接，合理、快捷地将城区内的出境交通引至环城高速公路各入口处，是环城高速公路指路标志系统的又一重要任务。

但是在城市道路上，各种类型的交通标志系统、城市照明系统以及道路绿化系统相对较多，过多标志牌的设置不但占用道路空间资源，同时也会对城市道路原有交通标志牌体系产生一定程度的干扰。

本节将结合高速公路指路标志系统的特性，将其与城市道路交通标志作为一个系统进行综合考虑，在合理利用现有城市道路资源的基础上，提高环城高速公路指路标志系统与城市道路之间的衔接程度，增强环城高速公路指路标志系统的适用性。主要考虑在城市道路规划相应点位，设置环城高速公路衔接用指路标志信息。

2.5.1 环城高速衔接用指路标志规划思路

针对广州市道路网络结构以及城市土地利用强度的特点，环城高速公路衔接用指路标志信息点位的设置可以从3个区域分别进行考虑：

1．内环路所包围的广州市老城市中心区范围

该区域内道路形态基本为环路加不规则的方格网形状，内环路给区域内的出入境交通提供了较大的方便，使大部分的出入境交通参与者形成了先上内环路后再进行选择的习惯。因此，环城高速公路衔接用指路标志信息在该区域内的规划主要考虑在城市道路上内环路的各入口，内环路相应路段，内环路转向各条放射线的出口的相应位置和区域内两条交通性主干道（东风路、解放路）的重要路口进行设置。该区域的衔接思路示意见图2–2–5–1。

2．天河中心区范围

该区域为广州市新城市中心所在，其道路形态基本呈方格网状。在该区域道路分级体系不佳，主要道路之间等级差异不明显，致使各主要道路被出入境交通参与者所选择的几率大致相当。针对这个特点，环城高速公路衔接用指路标志信息在该区域内应考虑以"井"

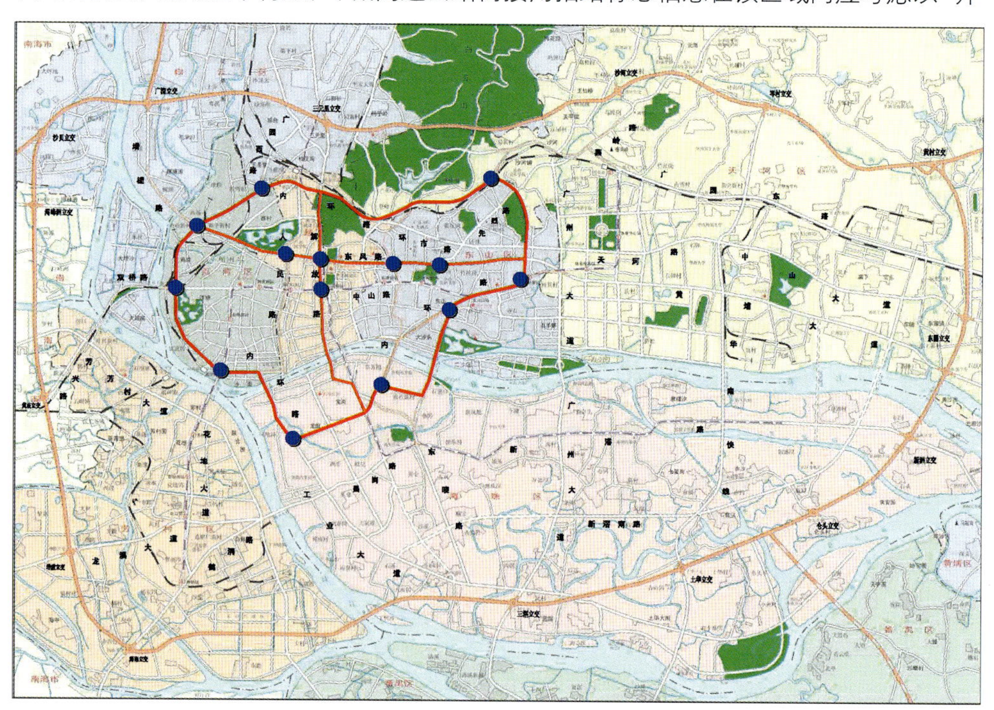

图2–2–5–1 内环路所包围区域衔接思路示意图

字形状分散设置，主要选择在区域内广园东路、天河东路等6条交通性干道路段及其与区内各主要道路的路口相应位置进行设置。该区域的衔接思路示意见图2–2–5–2。

3．环城高速公路以内，上述区域以外的城市边缘区

该区域土地开发强度相对较低，道路建设相对滞后，道路网络尚未完全成型。在该区域内交通出行通常聚集在相对集中的几条主要干道上。因此，环城高速公路衔接用指路标志在该区域内的设置主要集中在区域内交通性干道以及各放射线的路段、路口相应位置。该区域的衔接思路示意见图2–2–5–3。

2.5.2 环城高速衔接用指路标志规划原则

1．环城高速公路与城市道路衔接用指路标志的设置，必须符合《道路交通标志和标线》（GB5768–1999）有关规定。

2．环城高速公路衔接用指路标志应设置在衔接思路中提到的主要干道路段以及这些干道与次干道以上等级城市道路的路口处合理位置，同时应确保不被道路上的行道

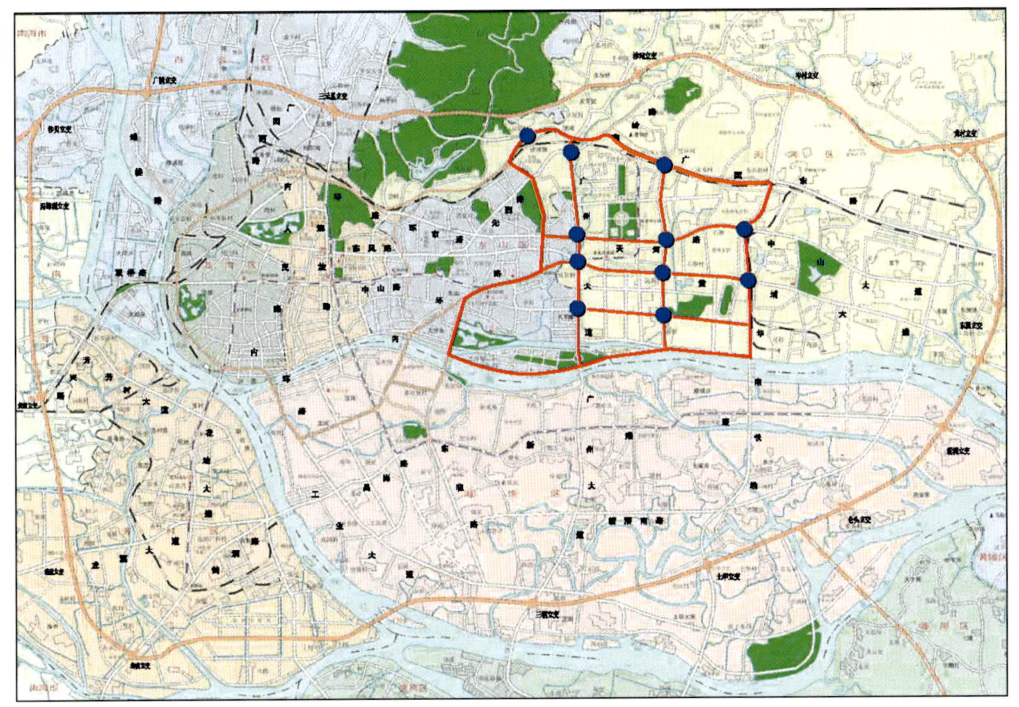

图 2—2—5—2　天河中心区范围衔接思路示意图

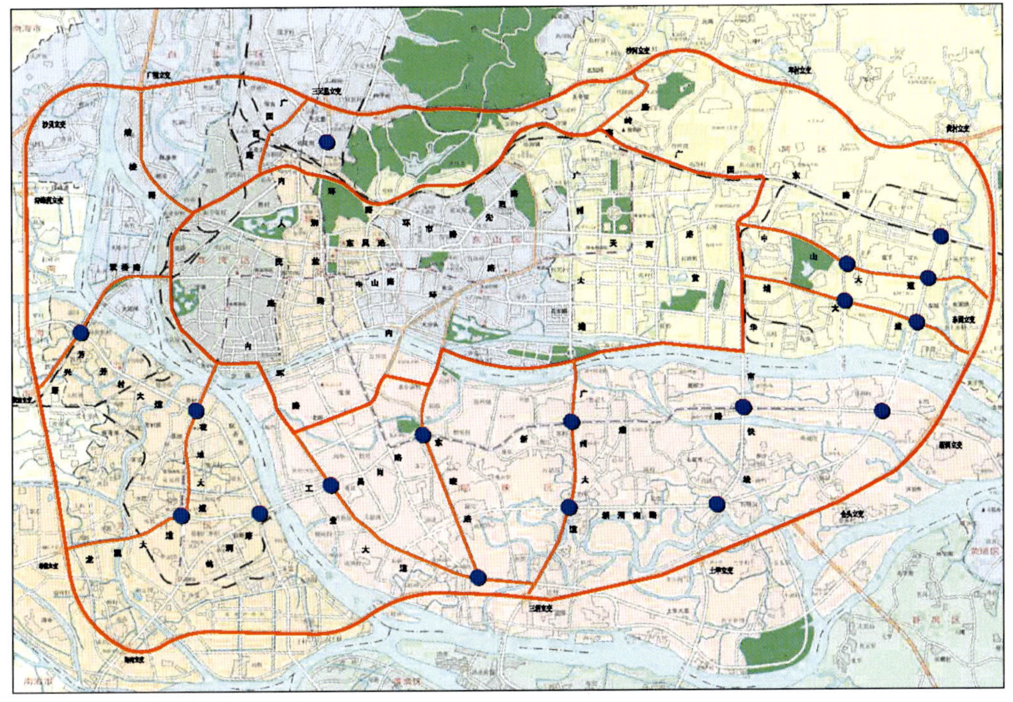

图 2—2—5—3　城市边缘区衔接思路示意图

树、其它标志牌等物体遮挡。

3. 为提高方案的可操作性，降低实施成本，同时不增加城市道路空间资源压力，环城高速公路衔接用指路标志信息首先考虑在城市道路对应位置的原有标志牌面上体现。如原有牌面难以容纳增加的信息，可考虑增大标志牌规格，一般不考虑新增设标志牌。

4. 环城高速公路衔接用指路标志信息必须引导交通参与者按最合理路线进入环城高速公路。

5. 环城高速公路衔接用指路标志牌面内容应与环城高速公路指路标志系统保持统一，但为了防止增大在环城高速公路上的绕行距离，导致出行费用增加，在信息中应附有指示方向性的内容，建议采用"环城高速（东环）"或类似形式。

6. 环城高速公路衔接用指路标志牌面字体大小、字体宽高比等要素应与现有城市道路标志牌字体协调，但字体大小不宜小于300mm，宽高比不宜小于0.67和大于1.5。

7. 环城高速公路衔接用指路标志应保持其连续性，即在出现了的路段上需按路线方向连续指示直至环城高速公路入口。

8. 环城高速公路指路标志牌内容应采用规范的中英文对照形式，"环城高速公路"统一对应为"RING EXPWY"。

2.5.3 环城高速衔接用指路标志规划方案

根据前述衔接思路和设置原则，结合城市道路上原有标志牌的设置状况，制定出全市范围内的环城高速公路与城市道路衔接用的指路标志系统规划方案。同时，为了增强规划方案的可操作性，选择增槎路、黄埔大道等内环路放射线的重要结点进行方案设计，对其道路空间上需设置环城高速公路衔接标志牌的点位提出具体的实施方案。

1. 问题分析

通过对原有城市道路

上环城高速公路衔接用指路标志信息的设置点位、牌面信息内容等进行详细分析后发现其主要存在以下几方面的问题。

（1）总体点位设置不足，分布不均，南、北两向分布较多，而东、西两向则相对不足。

（2）部分点位设置不合理，如在芳村，东滘南路、东滘北路、花蕾路等等级相对较低的道路上设置了较多点位，但与东滘北路基本平行的花地大道作为芳村区内与环城高速直接相连的交通性主干道，设置点位却偏少。

（3）各衔接指路标志牌牌面信息内容不统一，如有“北环高速”、“环城高速”等多种指示形式。

（4）牌面内容不规范，包括中英文对照不规范如对“环城高速”的翻译有“HUANCHENG EXPRWY”、“RING EXPWY”、“RING FREEWAY”等多种不同的提法，及高速公路仍是“蓝底白图案”形式等。

2．环城高速衔接用指路标志规划方案

（1）点位设置。根据前述衔接思路，拟在区域城市道路上内环路的入口、内环路出放射线的出口、内环路及各放射性道路路段相应位置，以及东风路、解放路、快捷路等交通性干道与主要道路相交路口位置的原有指路标志牌上增设环城高速公路衔接用指路标志内容。

（2）信息内容。本次示例中，城市道路与环城高速公路指路标志系统衔接采用的指路标志信息内容统一采用以下几种类型，如图2–2–5–4所示，在指示环城高速信息的同时，还必须标明到达环城高速的方向性路段，为不熟悉路况的使用者提供更准确、清晰的信息。

为了节省城市道路空间资源，环城高速公路衔接用指路标志信息均考虑在规定点位的原有标志牌上增设，例如图2–2–5–5所示。

图2–2–5–4 衔接用指路标志牌面设计图

图2–2–5–5 衔接用指路标志牌设置示例图

2.6 改善实施效果

2005年8月完成的《环城高速公路指路标志系统改善方案研究》成果，已于2005年底实施完成，包括原标志修改牌面209块、新换牌面222块、新增结构21套，总投资约800万元。实施后使环城高速指路标志系统的引导与其交通功能相符合，指路标志系统更具规范化、标准化，增强了指路信息的系统性，加强了环城高速与周边路网之间的有效衔接，起到均衡路网交通流的作用，改善实施效果显著，主要有以下几方面。

1. 加强主骨架路网体系的衔接

广州市主骨架路网体系由四环十八射组成，环城高速属于四环中的第二环，而18条呈放射状的高等级道路的均以环城高速为起点，其指路标志系统在改善实施后重点强化了这些放射线的信息预告，例如在海南立交出口前，前行方向标志预告“南沙港快速、广深高速”，出口标志预告“广珠西线”及其所能到达的重要地点信息“顺德、中山”，大大加强了主骨架路网体系道路之间的衔接如图2-2-6-1。

位置	改善前	改善后
海南立交出口前		

图2-2-6-1　加强环城高速与主骨架路网体系衔接的实施效果

2. 加强与城市道路的衔接

在适当点位的一般城市道路指路标志上增加环城高速的指引信息，使环城高速与城市道路之间形成的良好衔接，合理、快捷地将城区内的出境交通引至环城高速公路各入口处，强化了环城高速疏导城区内出入境交通的功能。如图2-2-6-2所示，在城市道路标志上指示“环城高速”的同时，还标明到达环城高速的方向性路段。

东晓南立交北往南方向

昌岗立交北往南方向

图2-2-6-2　加强环城高速与城市道路衔接的实施效果

3. 出口编码的增设

改善方案实施后，在环城高速所有出口标志牌左下角增加其出口编码，同时保留原出口名称内容结合使用，清晰易记，便于描述出口位置，驾驶员可以按照出口编码的顺序判断目标出口的距离，同时有利于高速公路的交通管理(如图 2–2–6–3)。

位置	改善前	改善后
沙贝立交出口前		

图 2–2–6–3 环城高速增设出口编码的实施效果

4. 入口分向指示的标识

通过各个立交进入环城高速，在经过收费站后将到达分向匝道分岔处，由于高速公路无法掉头，一旦走错方向将带来很大的麻烦，因此分向指路标志的作用非常重要。改善方案实施后环城高速所有的入口分向标志均清晰的标明了不同匝道的行驶方向，彻底改善了以往指示不清，导致驾驶员走错方向的状况如图 2–2–6–4。

位置	改善前	改善后
东圃立交入口分岔处		

图 2–2–6–4 环城高速入口增设分向标识的实施效果

第三章 广州市内环及放射线指路标志系统改善方案

3.1 概述

广州市内环路是环绕市中心区的一条高架连续道路，全长26.7km，穿越荔湾、越秀、海珠、天河、白云等5个行政区，其中高架路段长约20.26km，占75.8%，双向6车道或双向4车道加紧急停车带。全线共设7条放射线、12座立交和13组匝道，设计速度60km/h（困难路段50km/h），匝道设计速度30～40km / h。

内环路主线及大部分上下匝道于2000年1月开通，之后陆续建成各条放射线，其指路标志系统的建设是基于当时的路网布局进行考虑，并符合当时的设计要求，但由于城市道路网络的迅速发展，使得原设指路标志系统无法适应道路系统的动态发展，虽然后期指路标志系统也作了一些适应性调整，但基本上是基于一条道路或者放射线进行，缺乏对内环路及放射线系统的整体考虑，加上前后多家设计单位对指路标志系统的设计理念不同，导致指路标志在设置原则、格式、内容上存在较大差异，并暴露了较多的使用问题。

指路标志系统的研究加强了道路交通功能分析，创新地采用了以OD数据分析指导牌面信息选择的研究方法，达到定性与定量的完美结合，并建立了内环路指路标志的信息分级体系及制订了信息的选用准则；改善方案提出的内环路主线编号及出口编码系统，以及结合出口编码设置立体化预告的方法具有一定的创新性，有效地提高了内环路指路标志的引导功能；针对内环路近距离多出口以及左侧出口等一些特殊情况或设计中的不足，研究提出了针对性较强的改善方案，切实解决了存在的问题。

3.2 内环及放射线的交通功能

内环路是环绕旧城区的一条快速环路，是广州市快速路网的重要组成部分。内环路的主要功能在于为广州市中心区中、长距离车辆交通提供分流及快速疏通的走廊，其次是为不需进出市中心区的车辆提供一条连续高通行能力的环路屏障，以避免过境车辆横穿市中心道路。

随着内环路7条放射线的相继建成通车，中心城区快速路系统基本形成，内环路的交通枢纽地位越来越重要。内环路放射线高峰平均流量4899pcu/h，过境交通比例34.2%。内环路放射线的通达性，包括重要节点的转向功能等决定了内环路的生命力，是内环路交通功能的"灵魂"，放射线与内环路衔接的立交在内环路系统中处于"枢纽"地位。内环路沿线的平行上下匝道数量多、布置灵活，为内环路及放射线道路起到了"集散"交通流的作用。

3.2.1 内环路在广州市道路网络中的位置

广州市规划以中心城区为核心，形成"四环十八射"环型放射状网络形态。广州市中心城区主骨架道路网络，由2个环、7条联络线、2条填充线及6条快捷路所组成（简称2726）。

内环路位于市域主骨架路网体系中的最内一环，加强内环及放射线与外围（环城高速以外）高等级路网的指路衔接，可以更好地发挥内环路疏解长距离对外交通的作用；同时，内环路及其放射线构成了中心城区主骨架路网的主体，加强内环及放射线与中心城区（环城高速以内）主骨架路网的指路衔接，可以更好地发挥内环路缓解中心城区道路交通压力的作用。

3.2.2 内环路总体情况

1．路网衔接条件

出入口设置：内环路全长26.7km，主线分成A线（逆时针方向）和B线（顺时针方向）。A线入口15个，平均间距1780m，出口18个，平均间距1483m，总平均间距809m。B线入口18个，平均间距1483m，出口19个，平均间距1405m，总平均间距721m。出入口数量及分布见表2–3–2–1。

2．交通运作情况

(1) 交通流量

内环路全天12h车公里数约176万，高峰小时出现在下午16：00～17：00，最高断面为大北立交断面，双向流量达到10100pcu/h，最低断面为江湾路断面，双向流量为2388pcu/h。全日流量以广园西～麓湖路区间最高，南田

内环路出入口数量及分布 **表 2-3-2-1**

类型	入口		出口		合计	
	数量（个）	间距（m）	数量（个）	间距（m）	数量（个）	间距（m）
A 线	15	1780	18	1483	33	809
B 线	18	1483	19	1405	37	721
合计	33	–	37	–	70	–

路网衔接条件：根据内环路"环路"的结构特点，将内环路分成四部分，各段出入口及衔接道路数量见表 2-3-2-2。

内环路出入口及衔接道路数量 **表 2-3-2-2**

位置		西环线	北环线	东环线	南环线	合计
起终点		人民桥～广园西路	广园西路～永福路	永福路～江湾桥、海印大桥	江湾桥、海印大桥～人民桥	全线
出入口（个）	出口	12	8	8	9	37
	入口	12	8	8	5	33
立交（个）		5	2	2	3	12
衔接道路（条）	放射线	3	1	1	2	7
	主次干路	10	11	13	12	46

内环路出入口衔接道路见图 2-3-2-1。

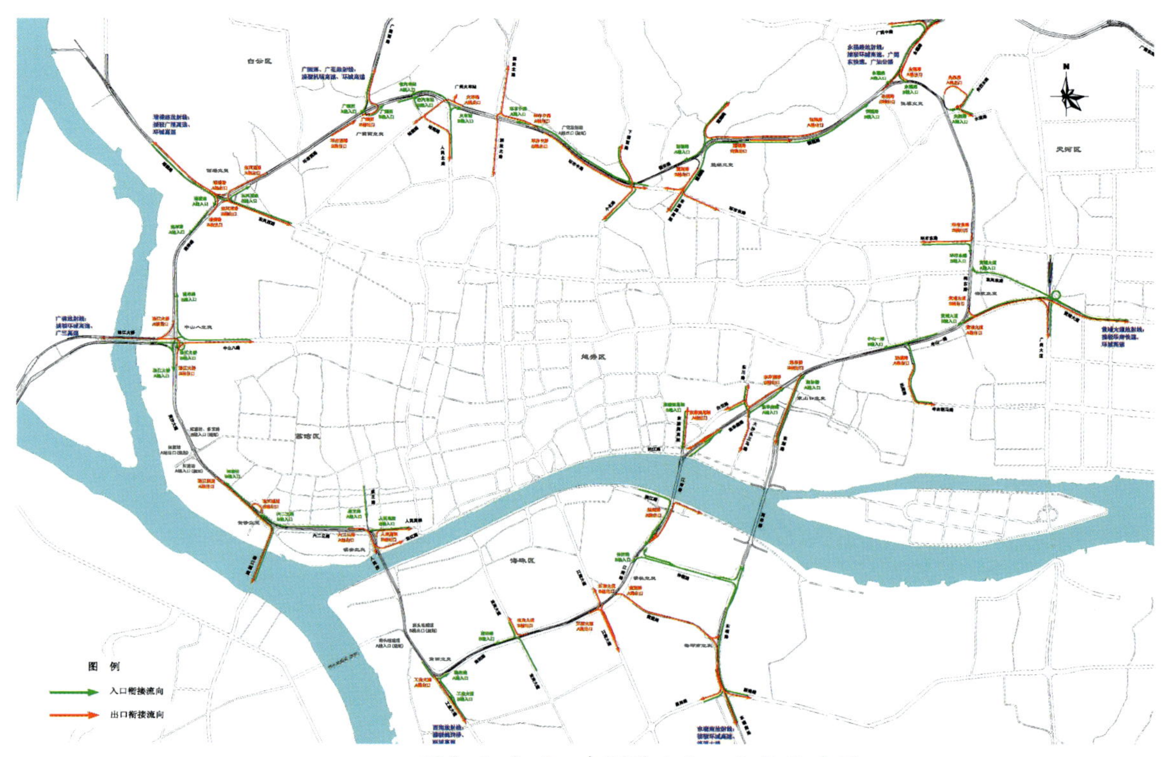

图 2-3-2-1　内环路出入口衔接示意图

路～达道路区间最低，全段平均饱和度0.84。

内环路高峰小时总交通流量52316pcu/h，其中放射线出入口占总交通量的47.1%，路段平行上下匝道出入口占总交通量的52.9%。放射线道路的双向平均流量4899pcu/h。路段平行上下匝道出入口的高峰小时平均流量892pcu/h，其中，珠江隧道A线出口流量最大为1977pcu/h，环市东路B线出口最小为85pcu/h（如图2–3–2–2）。

（2）行程车速

内环路高峰小时车辆平均行程车速为50.9km/h，低于设计车速60km/h，接近市区快速路晚高峰小时平均车速51.7km/h，远高于市区主干道晚高峰小时平均车速23.6km/h。

其中，内环路的六二三路～前进路段的行程车速最高约50~58km/h，东湖路和东华南路段的行程车速最低约20km/h。放射线道路中增槎路、珠江大桥、工业大道出入口的行程车速较低约20km/h，内环路出口匝道的车速约20km/h（如图2–3–2–3）。

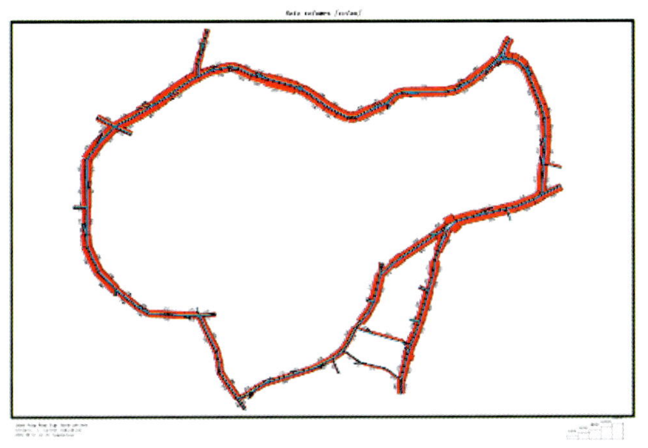

图2–3–2–2　内环路高峰小时流量图

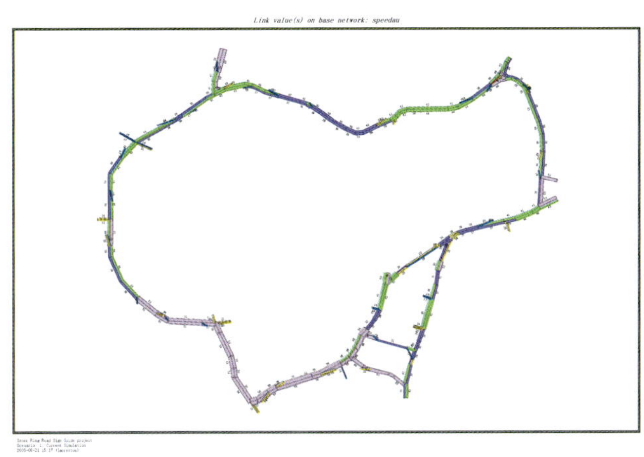

图2–3–2–3　内环路高峰小时行程车速图

（3）行驶距离

内环路高峰小时车辆平均出行时间8.53min，平均行驶距离7.27km，占内环路总长度的27.2%，具有明显的城市道路使用特征（如图2–3–2–4）。

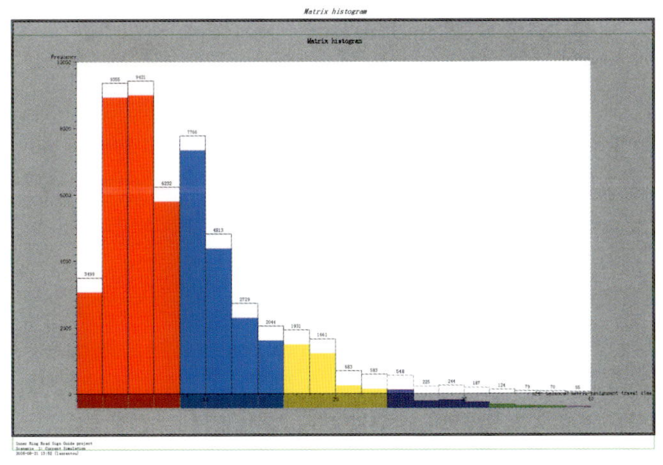

图2–3–2–4　内环路车辆行驶时间分布图

3.2.3 内环路的交通功能

根据内环路"双向分离"的管理特征、"环路"的结构特征和"连续交通"、"准快速路"的使用特征，结合城市空间布局和内环路衔接道路条件的分析，其交通功能具体体现为：

1．利用环路分流对外交通，避免将快速交通流引入环内地区

内环路利用与放射线道路的顺畅衔接和快速通行的优势，避免了直接把放射线的快速交通引入环内地区，而向两侧环路进行引导和分流。一类如广园西路、永福路，与市中心区的联系并不顺畅，但通过建设内环及放射线，向环路两侧分离对外交通流，加强了其在道路网中的地位。另一类如珠江大桥、增槎路、黄埔大道，与市中心区的道路衔接条件较好，其与内环路节点设计上强调放射线与两侧环路的快速联系功能，省略或弱化了与直行方向道路的联系功能。作为特例，东风路具有连续交通的性质，按照"出城快、进城顺"的设计思路，也只设计了出城方向的直行高架桥。

2．利用环路服务过境交通，加强环外地区之间的快速交通联系

内环路沟通了道路网络不发达的环外地区之间的联系，为不需进出市中心区的车辆提供了一条连续高通行能力的环路屏障，体现了局部路段环外的"过境"交通功能。以市中心区西北部为例，由于受铁路、河流的影响，除增槎路、广园西路外，地区道路网络极不发达，环外地区之间交通联系只能通过内环路（或环市西路）。内环路提供了环外地区之间的快速交通联系，部分弥补了现阶段路网功能的欠缺。

3．快速疏解内环路沿线地区的中长距离交通流，加强区域之间交通联系

内环路偏于中心城区西北部，随着城市向东、向南拓展，部分路段完全"淹没"于建成区内部，且沿线设置了众多的上下匝道和立交，方便相交道路的出入转换，吸引了大量的车流使用内环路。首先，内环路分离了沿线地区的中长距离交通流，充分体现了对沿线地区的服务功能，减轻了地面道路的交通压力。如北环线（广园西路~永福路段）设置立交较少，路段平行上下匝道较多，便于沿线地区车流出入内环路，内环路加强了沿线地区之间的交通联系。其次，内环路3次跨越珠江，加强了两端区域之间的交通联系。如内环路（黄埔大道～江南大道段），呈东北～西南走向，与黄埔大道放射线、东晓南放射线、江湾大桥、海印桥和东濠涌高架路联系方便，是海珠区、东山区、天河区之间的一条便捷交通走廊，同时沿线上下匝道多，衔接道路的服务范围广，对沿线地区的服务功能也非常强。

4．重要节点立交与路段平行上下匝道功能互补，因地制宜满足交通需求

内环放射线的功能定位及道路衔接条件的不同，对内环路重要节点立交的功能要求也不相同，与邻近路段平行上下匝道功能结合，可以从不同层次上满足差异性的交通需求。如西南放射线、广佛放射线与内环路顺时针方向有定向匝道或高架连接，通行标准较高，与内环路逆时针方向通过地面道路（黄沙大道、南田路）的一对上下匝道联系，通行标准较低，这样在满足放射线道路主要联系内环方向顺畅交通要求的同时，可以兼顾放射线道路次要联系内环方向的地面交通上下内环路的要求。

5．以永福路放射线～西南放射线为界（东北～西南走向），形成两个联系密切的半环

内环路大致以永福路放射线～西南放射线为界（东北～西南走向），形成两个联系密切的半环，两个半环的结合点在永福路（广汕）放射线，其影响和辐射的范围较广、强度较大。西环线的对外放射线出入口和主线的重要节点偏于北段（珠江大桥～广园西路），且与北环线的主线连接比较顺畅，向东辐射范围较广，因此与北环线交通联系密切，与东环线、南环线的联系非常弱（工业大道除外）。南环线与东环线之间有两座重要的过江桥梁，是海珠区与东山区之间的主要交通走廊，过江段的交通联系比较强。

6．沟通东西向多条平行交通走廊，缓解市区主干道交通压力

内环路及放射线沟通了市中心区东部和北部多条东西向的平行交通走廊，部分克服了市中心区道路网络功能的欠缺和自然地形条件的不利影响，同时缓解了南北向主干道的交通压力。以内环路（永福路～梅东立交段）为例，作为市中心区东部一条南北向快速通道，不仅联系了广园中路～广园东路、恒福路、先烈路、环市东路、黄埔大道等东西向平行交通干道，起到了类似于东濠涌高架路和人民高架路的作用，而且也发挥了为广州大道分流交通压力的作用。

3.2.4 内环放射线的交通功能

1．广佛放射线

广佛放射线与广三高速公路（规划）相连，是广州市西向出口主要通道之一。出城方向，通过黄岐立交与广三高速公路、西环高速公路衔接，可以快速到达佛山、肇庆等地，现状芳村大道~黄岐立交段尚未建成；进城方向，通过中山八立交与内环路、中山八路衔接，可以快捷地进入城市中心区。

根据珠江大桥西向北匝道入环车流ＯＤ分析结果，如图2—3—2—5(a)，高峰入环流量919pcu/h，占内环路（南岸路段）主线流量的27%。车流流向集中在东风西路、增槎路、广园西路、环市西路等出口，珠江大桥~广园西路段离开车辆超过入环车辆总数的2/3。

根据珠江大桥北向西匝道出环车流ＯＤ分析结果，如图2—3—2—5(b)，高峰出环流量921pcu/h，占内环路（南岸路段）主线流量的20.4%。车流来源集中于黄埔大道、永福路、广园西路、增槎路等入口，来自西环线（广园西路～珠江大桥段）的车辆占出环车辆总数的58.2%，其余来自于北环线，车流来源分布比较均匀。

2．增槎路放射线

增槎路放射线与广清高速公路直接相连，是广州市西部北向出口主要通道之一。出城方向，通过广清立交与广清高速公路、北环高速公路、广佛高速公路衔接，可以快速到达花都、清远等地，通过金沙洲大桥可以快速到达金沙洲、佛山和南海；进城方向，通过西场立交与东风西路、内环路衔接，可以快捷地进入城市中心区。增槎路沿线地区是广州市北部物流基地，地区经贸活动频繁，西场立交周围分布有数量众多的新老大型居住区，是巨大的交通流吸引和集散源。

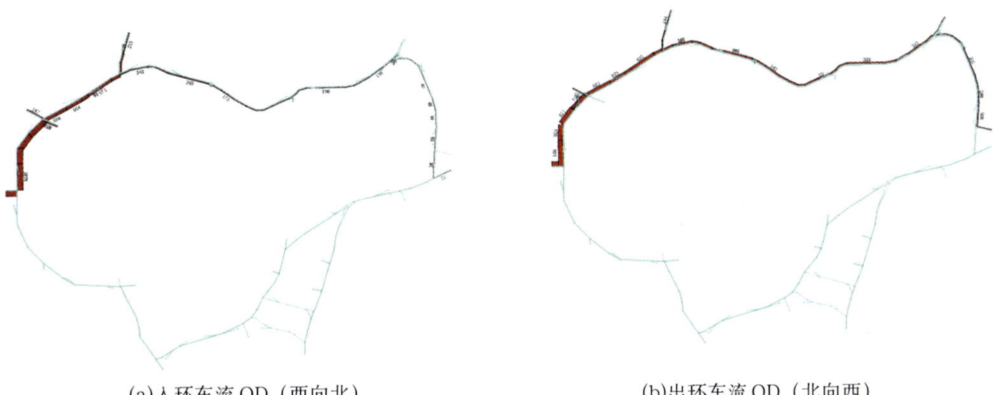

(a)入环车流OD（西向北）　(b)出环车流OD（北向西）

图2—3—2—5　珠江大桥出入环车流OD分布

根据增槎路进入内环路车流ＯＤ分析结果，如图2—3—2—6(a)，高峰入环流量2427pcu/h，车流流向集中在环市西路、广园西路、环市中路、永福路（顺时针方向）等出口，占入环车流量的59.2%，以及珠江大桥、黄沙大道、工业大道（逆时针方向）等出口，占入环车流量的40.8%。

根据增槎路离开内环路车流ＯＤ分析结果，如图2—3—2—6(b)，高峰出环流量2040pcu/h，车流来源集中在广园西路、火车站、

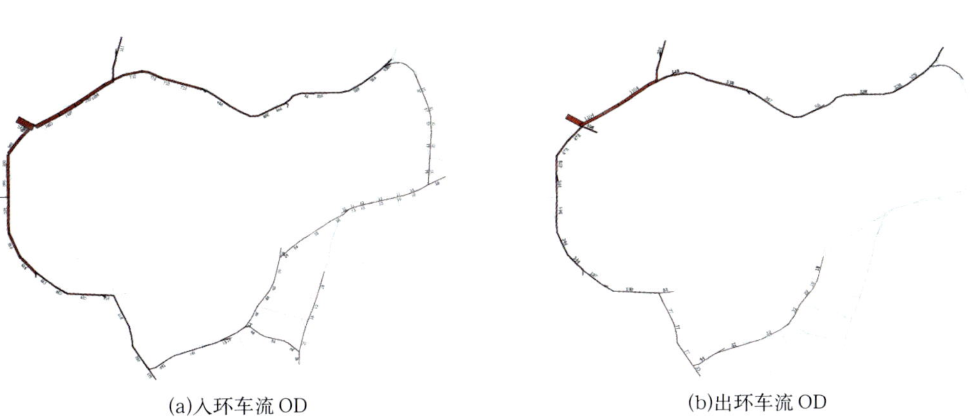

(a)入环车流OD　(b)出环车流OD

图2—3—2—6　增槎路出入环车流OD分布

环市中路、永福路、先烈东路（顺时针方向）等入口，占出环车流量的54.1%，南岸路、黄沙大道（逆时针方向）等入口，占出环车流量的23.4%，以及东风西路（直行方向），占出环车流量的22.5%。

3．广园西、广花放射线

广园西、广花放射线与机场高速公路直接相连，是广州市北向出口主要通道之一。出城方向，通过三元里立交与机场高速公路、北环高速公路衔接，可以快速到达白云机场、花都等地；进城方向，通过广园西立交与内环路衔接，可以快捷的进入城市中心区与海珠、芳村等地。广园西路立交的设计思路是作为机场高速公路的主要进出城通道，进城功能强于出城功能，现状缺少内环路东转北进入广园西路高架的匝道（市区东部交通流通过大北立交专用匝道转向三元里大道上机场高速）。

根据广园西路进入内环路车流O D分析结果，如图2-3-2-7(a)，高峰入环流量3233pcu/h，车流流向集中在环市中路、东濠涌高架路、永福路（顺时针方向）等出口，占入环车流量的28.8%，以及环市西路、增槎路、珠江大桥、黄沙大道、六二三路、工业大道（逆时针方向）等出口，占入环车流量的71.2%。此外，广园西路进入内环路的车流量中，高架桥和地面道路所占比例分别为64.5%和35.5%。

根据广园西路离开内环路车流O D分析结果，如图2-3-2-7(b)，高峰出环流量1973pcu/h，车流来源全部集中

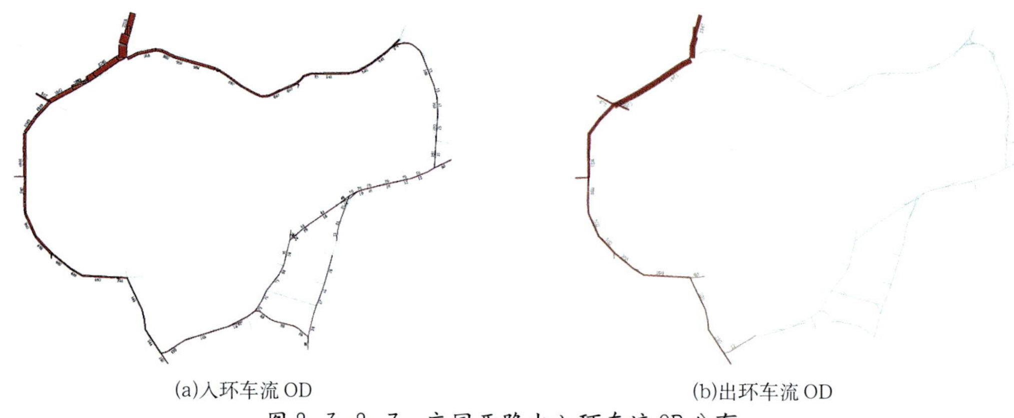

(a)入环车流OD　　(b)出环车流OD

图2-3-2-7　广园西路出入环车流OD分布

在东风西路、增槎路、南岸路、珠江大桥、黄沙大道、工业大道（逆时针方向）等入口。由于现状缺少内环路东转北进入广园西路高架的匝道，广园西立交缺少该方向的"出城"交通功能。

4．永福路（广汕）放射线

永福路放射线与广园东路直接相连，是广州市东北向出口主要通道之一。出城方向，通过沙河立交与北环高速公路、沙太路、广汕公路衔接，可以快速到达白云区东部、天河东北部、增城等地；进城方向，通过恒福立交与内环路衔接，可以快捷的进入城市中心区与海珠等地。受市中心区自然地理条件的制约，永福路高架作为连接广园东路和内环路的高架桥系统，东北向快速出口的功能特别显著，是市区东北部的交通枢纽之一，交通地位十分重要。

根据永福路进入内环路车流O D分析结果，如图2-3-2-8(a)，高峰入环流量3551pcu/h，车流流向集中在恒福

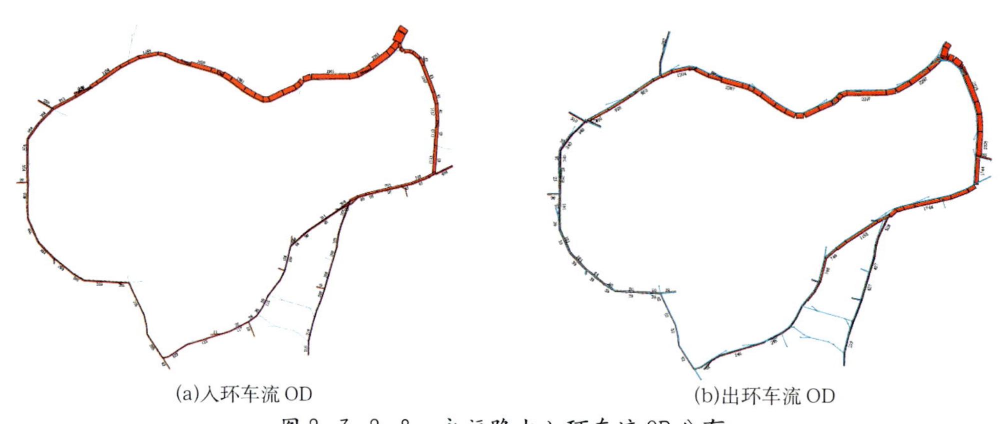

(a)入环车流OD　　(b)出环车流OD

图2-3-2-8　永福路出入环车流OD分布

路、环市中路（电视台）、环市西路（火车站）、增槎路、珠江隧道（逆时针方向）等出口，占入环车流量的66.2%，以及黄埔大道、东晓南路（顺时针方向）等出口，占入环车流量的33.8%。

根据永福路离开内环路车流OD分析结果，如图2–3–2–8(b)，高峰出环流量4626pcu/h，车流来源集中在环市西路（人民北路）、环市西路（市客运站）、广园西路、增槎路、东风西路（逆时针方向）等入口，占出环车流量的49.7%，黄埔大道、东晓南路（顺时针方向）等入口，占出环车流量的50.3%。值得一提的是，广园东路往市区南部的车流大量借道内环路（永福路～中山一路段），从永福立交到达梅东立交的车流量高达585pcu。

5．黄埔大道放射线

黄埔大道放射线与广深沿江高速公路（规划）直接相连，是广州市东向出口主要通道之一。出城方向，通过东圃立交与东环高速公路、广深高速公路、广珠高速公路衔接，可以快速到达深圳、东莞、番禺、增城等地；进城方向，通过梅东立交与内环路衔接，可以快捷地进入城市中心区与海珠等地。黄埔大道位于城市东进的发展主轴上，是市区东部东西向的快速通道，经过天河新城市中心区、东部居住区和黄埔区城市副中心等，线路距离长，交通地位十分重要。

梅东立交由内环路主线与中山一路、东风东路、环市东路的一群上下匝道组成，与黄埔大道中山一立交密切连接。中山一路与梅东路交叉口处的梅东立交主体部分缺少东转北接内环路的上匝道，此转向功能由东风东路东转北接内环路的上匝道完成。

根据黄埔大道进入内环路车流OD分析结果，如图2–3–2–9(a)，高峰入环流量3353pcu/h，车流流向集中在先烈东路、永福路、恒福路、环市中路（电视台）、环市西路（火车站）、环市西路（西场）、珠江大桥、珠江隧道（逆时针方向）等出口，占入环车流量的48.7%，以及东湖路、东华南路、东晓南路（顺时针方向）等出口，占入环车流量的51.3%。

根据黄埔大道离开内环路车流OD分析结果，如图2–3–2–9(b)，高峰出环流量2501pcu/h，车流来源集中在环市东路、恒福路（逆时针方向）等入口，占出环车流量的39.4%，东湖路、东华南路、滨江东路、江湾路（顺时针方向）等入口，占出环车流量的60.6%。

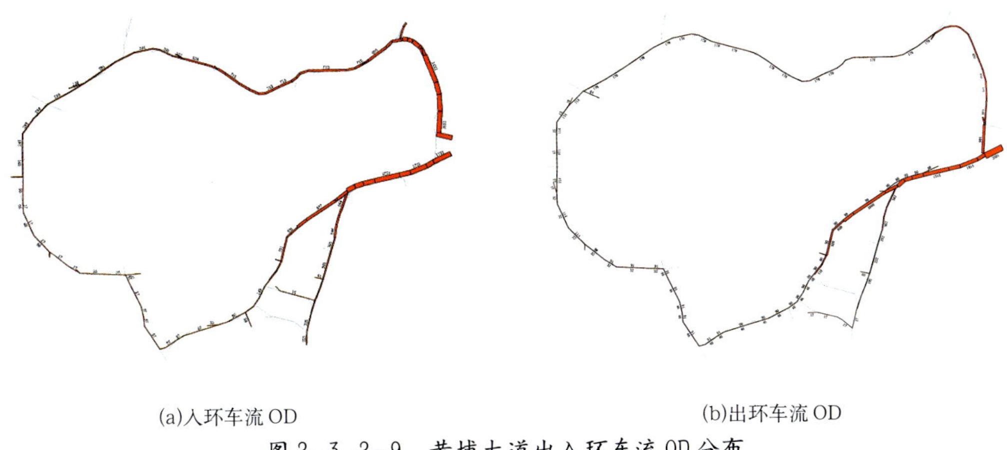

(a)入环车流OD　　(b)出环车流OD

图2–3–2–9　黄埔大道出入环车流OD分布

6．东晓南放射线

东晓南放射线与广州大道（洛溪桥）直接相连，是广州市南向出口主要通道之一。出城方向，通过三滘立交与洛溪桥、南环高速公路衔接，可以快速到达番禺市桥、钟村、大石等地；进城方向，通过海印南立交与内环路衔接，可以快捷地进入城市中心区。东晓南路位于城市南拓的发展轴上，是市区南向的快速通道，沿线地区既有发展成熟的中心区，也有待开发的城郊结合部，房地产开发方兴未艾。东晓南放射线高架桥尚未建成，相交道路交叉口采用信号灯控制。

海印南立交由东晓路与前进路、仲凯路的一群双向匝道组成，其中前进路交叉口包括2个逆时针匝道，仲凯路交叉口包括1个南转西上匝道。海印南立交与昌岗东立交衔接，组成1对双"Y"形高架桥，使得内环路与东晓南路、新港东路、昌岗东路的交通转换非常便捷。

根据东晓南路进入内环路车流ＯＤ分析结果，如图2–3–2–10(a)，高峰入环流量2717pcu/h，车流流向集中在东晓路、沿江路、东湖路、黄埔大道、永福路（逆时针方向）等出口，占入环车流量的75.3%，以及仲凯路、南田路（顺时针方向）等出口，占入环车流量的24.7%。

根据东晓路离开内环路车流ＯＤ分析结果，如图2–3–2–10(b)，高峰出环流量3732pcu/h，车流来源集中在东晓路、沿江路、东湖路、黄埔大道、永福路（逆时针方向）等入口，占出环车流量的77%，以及前进路、南田路（顺时针方向）等入口，占出环车流量的23%。

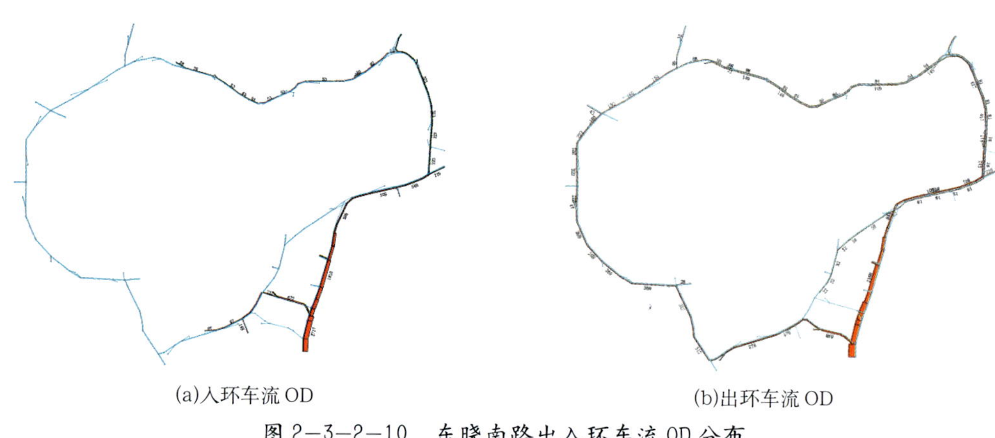

(a)入环车流OD　　(b)出环车流OD

图2–3–2–10　东晓南路出入环车流OD分布

7．西南放射线

西南线由工业大道北、昌岗西路、鹤洞大桥、龙溪路和芳村大道南组成，其中，龙溪路与佛山横三干线、芳村大道南与东沙大道和东新快速干线（规划）直接相连，是广州市西向和南向出口主要通道之一。出城方向，通过增滘立交与佛山横三干线、西环高速公路衔接，可以快速到达佛山、南海等地，通过东沙互通立交（规划）与东新快速干线（规划）、南环高速公路衔接，可以快速到达番禺、新客站（规划）、顺德、中山等地；进城方向，通过南田立交与内环路衔接，可以快捷地进入城市中心区。西南放射线位于城市西联的重要发展区，是市区西南向的快速通道。目前西南放射线东沙互通立交、龙溪路（坑口～鹤洞大桥）尚未建成，现状鹤洞路－花地大道南－海南立交－广珠西线高速公路是对外的重要联系通道。

根据工业大道进入内环路车流ＯＤ分析结果，如图2–3–2–11(a)，高峰入环流量1068pcu/h，车流流向全部集中在人民路高架路、珠江隧道、黄沙大道、东风西路、广园西路（顺时针方向）等出口。

根据工业大道离开内环路车流ＯＤ分析结果，如图2–3–2–11(b)，高峰出环流量1069pcu/h，车流来源全部集中在人民路高架路、康王路、南岸路、增槎路、广园西路、永福路等入口，影响范围比进入内环车流更广。

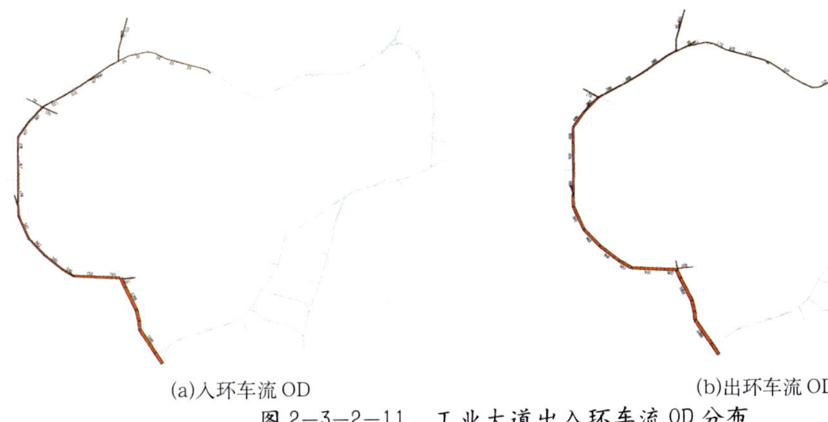
(a)入环车流 OD
(b)出环车流 OD

图 2-3-2-11　工业大道出入环车流 OD 分布

南田路立交缺少南向与东向之间的直接匝道联系，相应车流需要通过南田路平行上下匝道进出内环路。根据工业大道东侧的南田路东向上匝道车流分析结果，高峰入环流量1126pcu/h，车流流向集中在东晓南路、东濠涌高架路、黄埔大道、永福路等出口。

8. 小结

综合以上分析，得到内环放射线的车流量及车流OD分布特征如下，如图 2-3-2-12，图 2-3-2-13：

(1)从放射线承担交通总量上看，最高为永福路（广汕）放射线，高峰流量8117pcu/h，其次为东晓南、黄埔大道、广园西、增槎路放射线，高峰流量在 4500～6500pcu/h之间，最小为西南和广佛放射线（道路衔接条件限制），高峰流量为 2137pcu/h 和 2000pcu/h。

(2)从放射线过境交通比例上看，最高为广佛放射线，过境交通比例 57.6%，其次为增槎路、广园西放射线，过境交通比例为 49.5% 和 45.7%，永福路、黄埔大道、西南放射线的过境交通比例在 30% 左右，最小东晓南放射线为 15.1%。

(3)从放射线之间的车流OD分布上看，以永福路（广汕）放射线为节点，将内环路分成两个联系密切的半环，即西环线～北环线、东环线～南环线（详见前文分析）。广佛、西南和广园西放射线部分节点转向功能的缺失也对放射线之间车流 OD 的分布产生了一定的影响。

3.3　改善前情况分析

内环路主线工程及大部分上下匝道于2000年1月28日建成并开始试通车；同年 4 月份完成了麓湖路、先烈东路、梅东路、东风东路等 8 处上下匝道；2001～2003年陆续建成了增槎路放射线、永福路放射线、黄埔大道放射线等快速高架路，增加南岸路、环市中路、环市东路等上下匝道；2004 年，随着机场高速公路的开通，建成了广园西高架路并对广园西立交的部分匝道进行了改造；2005 年 1 月，永福路放射线改造工程增加了广园东路东往南定向匝道；2005 年 4 月，广佛放射线双向建成通车；2005 年 12 月，广花放射线环市中路接三元里大道的右转匝道开通；东晓南路二期工程将于 2007 年完工；规划的内环路连接线工程包括：洲头咀隧道、如意坊大桥等。

内环路道路系统的分阶段建设，造成了其指路标志系统缺乏整体性、系统性，是内环路指路标志系统存在较

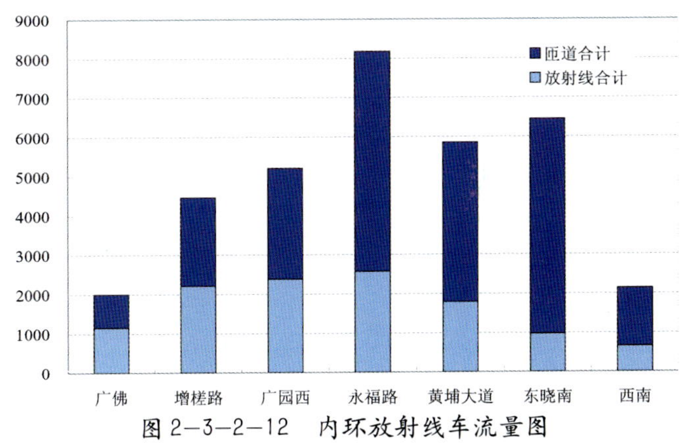

图 2-3-2-12　内环放射线车流量图

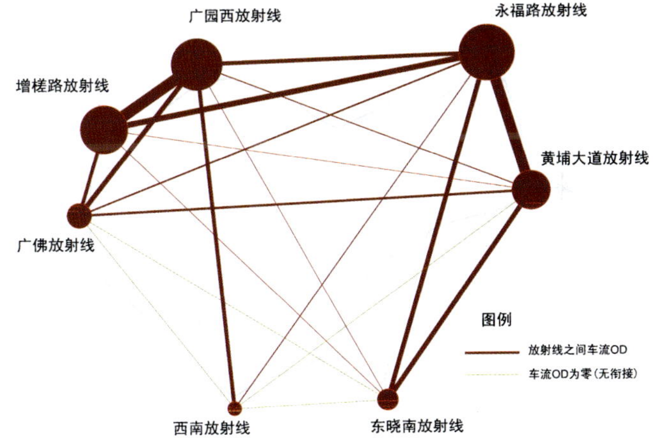

图 2-3-2-13　内环放射线车流 OD 分布图

多问题的根本性原因。该次研究对内环路及放射线指路标志系统进行了全面的调查，并基于交通功能分析，对指路标志系统情况展开深入的分析。

3.3.1 使用情况分析

1. 未能充分发挥道路网络功能

根据交通功能分析，内环及放射线必须与城市道路网络紧密衔接才能充分发挥其对中心区交通的屏障和疏导作用，而原有的指路标志系统未能充分发挥其衔接引导的效能。根据内环衔接情况分析，内环出口有37个，入口有33个，与53条道路衔接（包括放射线），而原有的指路标志系统缺乏对其中一些道路的衔接指示，突出表现在以下3方面：

(1)内环主线出口未能强化放射线的指示，没有突出放射线沟通内外，向外延伸的特殊功能。

(2) 从放射线之间的车流OD分布上看，原有指路标志的指示方向和OD的分布吻合程度不高。

(3)内环路入口引导比较薄弱，在地面道路设置的入口引导信息不足。

2. 缺乏重要公建的指示

指路标志系统传递的信息应包括沿线途经及辐射的重要区域、重要道路、重要交通节点、大型交通枢纽、重要大型公建等，原有内环指路标志系统缺乏对重要大型公建的预告指示，比如，在黄埔大道出口缺少对大学城和会展中心的指示。广州将在2010年举办亚运会，因此，内环及放射线所辐射的大型体育场馆、大型公众设施、大型交通枢纽应列为重要的指示信息。

3. 指路标志系统未能尽量弥补道路设计中的不足

(1) 关于内环路出口的问题

内环路建于城市中心区，受地形、城市建筑物和工程拆迁限制，有部分出口匝道设于道路的左边，A线（逆时针）有珠江隧道，B线（顺时针）有增槎路、永福路、黄埔大道、海印桥、江南大道出口，这些出口的设置与常规不符。另一种情况，如A线（逆时针）的工业大道、前进路、黄埔大道出口，其出口匝道虽然设于右侧，但由于出口匝道处于直行方向，而主线前行处于左转弯方向，且出口匝道与主线的路幅宽度相当，造成司机很难分辨出口匝道方向还是主线前行方向。针对以上两种情况，原有指路标志未能充分预告，及早提醒司机变道行驶，而且在出口分岔点只设置小型单柱标志牌，视认性较差。存在较多问题的出口如图2-3-3-1所示：

(2) 关于道路安全的问题

同样是受先天条件的限制，内环路出现了一些小半径弯道、视距不足、视线受阻的路段，以及加、减速车道不够长，匝道间距不足，连续多个出口匝道等问题，这些路

图2-3-3-1 内环路问题出口分布图

段都是交通事故的多发点，如黄埔大道入内环A线急弯位、增槎路入内环A线转弯位，以及内环A、B线工业大道转弯位等路段。指路标志系统应尽量弥补这些缺陷，减少安全隐患，但有些路段的指路标志未能满足安全的需求，比如，在A线黄埔大道出口，由于受坡度的影响，设在分岔点的小型单柱牌视距不足，曾经诱发多起交通事故。

3.3.2 指路标志系统组成要素分析

根据指路标志系统在使用方面上存在的问题，按指路标志系统的组成，从指路标志的信息内容方面、牌面标识方面、牌面规格方面、牌面表现形式方面、标志设置方面展开全面、详细的分析。

1．信息内容方面

（1）信息选取缺乏层次性

原有内环路指路信息的选取缺乏层次性，如图2–3–3–2，没有形成合理的信息分级体系，主要体现在以下几方面：

(a)增槎路出口未预告广清高速　　(b)永福路出口未预告环城高速

图2–3–3–2　标志预告信息选取缺乏层次性

① 出口预告衔接性不强

主线出口一般只预告直接相连的道路，但缺乏对相衔接的高层次的信息进行预告，比如：有些关键点位未预告相衔接的高速公路。

② 预告信息代表性不强

入口预告或主线上的前行预告牌选择的信息方向代表性不强，如图2–3–3–3，层次不高。比如，黄埔大道的内环入口预告牌，往北方向指示火车站和恒福路，而根据车流OD分析，广汕出口才是主流方向之一，比恒福路出口更具代表性。

(a)黄埔大道入口预告恒福路、火车站

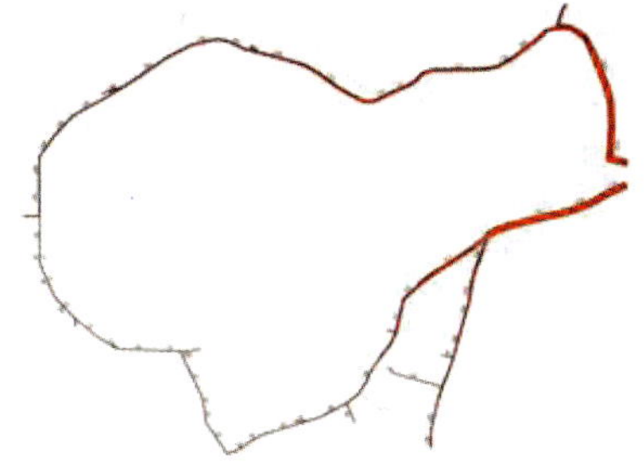

(b)入口车流OD分析显示，广汕出口更具代表性

图2–3–3–3　标志预告信息代表性不强

③ 信息未经分级筛选，遗漏重要信息

根据内环路的道路功能分析，内环与众多的道路相衔接，再加上还有其他大型公建等交通信息，如果没有建立层次分明的分级体系进行全面筛选，比较容易遗漏部分重要的指示信息，如图2–3–3–4。比如，在广汕放射线的出口预告牌上缺少广园中路和广园快速的信息；黄埔大道出口缺少广州大道、大学城、会展中心的指示信息等。

(a)缺少广园中、广园快速信息

(b)缺少广州大道、大学城、会展中心信息

图 2–3–3–4　标志遗漏重要预告信息

(2) 信息发布缺乏连续性

① 同组标志牌的信息前后不连贯(如图2–3–3–5)

这种情况主要体现在内环路出口的同组标志牌上，前置的出口预告牌信息与出口分岔点出口指示牌信息不一致，缺乏连贯性，在珠江大桥出口、增槎路出口、黄埔大道出口等都有类似情况。

② 入口信息与出口信息不匹配

● 入口预告的信息在主线出口没有指示

在入口预告牌上的预告信息，应在某出口指示牌上再次出现，有入必有出，但在荔湾湖公园前的上匝道入口处有预告镇安路，而内环主线没有出口指示镇安路，如图2–3–3–5(a)，同样，在仲恺路的内环路入口预告南田路，但主线上没有任何一个出口指示南田路，如图2–3–3–5(b)。

(a)入口预告镇安路但没有任一出口指示镇安路

(b)入口预告南田路但没有任一出口指示南田路

图 2–3–3–5　内环路入口信息在主线的出口标志不再出现

● 入口信息和出口信息不一致

入口预告的信息与出口指示的信息不一致，没有保持信息的连续性，比如，在工业大道和南田路入口均预告人民南路，但在内环主线的出口却是指示人民高架，如图2-3-3-6。

(a)入口预告人民南路

(b)主线出口指示人民高架

图 2-3-3-6　入口信息与出口信息不一致

(3) 信息引导缺乏合理性

指路标志的信息选取必须是经过合理的筛选，从路网整体角度考虑，尽量形成系统的信息链，引导交通参与者使用最合理的路线，起到疏导和平衡路网交通负荷的作用，但原有内环路指路标志系统存在信息引导路径不符合合理性原则的现象。比如，在内环路A线黄埔大道出口，原有指路标志引导从该出口出去，经黄埔大道转华南快速北上到达机场高速，但绕行距离很远，引导路径缺乏合理性。

2. 牌面标识

(1) 入口分向指示牌缺乏方向性标识

由于内环路属于环状道路，因此需要在一些分向入口牌标示道路走向，以便驾驶员明确行驶方向，虽然内环路一直有逆时针方向为A线、顺时针为B线的定义，但在入口预告标志牌上都没有标示出来。如图所示，在黄埔大道和广园西路的内环入口指示牌都没有标示行驶方向，如图2-3-3-7。

图 2-3-3-7　广园西入口分向指示牌缺乏方向性标识

（2）出口预告牌缺乏有效的标识系统

内环路出口较多，距离较近，原有的出口预告标志牌没有一套有效的标识系统，不便于驾驶员清晰辨认和记忆，同时也不便于交通管理。

3．牌面规格

（1）牌面规格合适，信息量过少

在内环路上的出口预告牌，牌面规格为常用的5.0m × 2.4m，牌面规格比较合适，但改善前没有充分利用牌面空间设置更多的交通信息。内环路地处中心城区，与较多重要城市道路相衔接，但大部分内环路出口只预告一个交通信息，造成对牌面空间的浪费，如图 2-3-3-8。

(a)环市中路出口标志

(b)麓湖路出口标志

图 2-3-3-8　出口标志预告单一信息

（2）出口指示牌规格过小

改善前，在内环主线的出口分岔点都设置小规格牌面的单柱式标志牌，由于内环路的车速较高，流量较大，造成标志牌的视认性较差，或常被大型车辆遮挡，因此常有车辆错过出口。此外，内环路有部分出口为左侧出口，也有少数出口匝道处于直行方向，由于在分岔处只设置一个小型单柱标志牌，因此驾驶员难以分辨是出口匝道还是主线前行。由于出口分岔处没有预留大型标志牌的基础，加上现场条件的限制，要全部改善比较困难，如图 2-3-3-9。

(a)增槎路出口分岔处

(b)珠江隧道出口分岔处

图 2-3-3-9　出口分岔处指示牌规格过小

4. 标志设置

(1) 入口预告或前行预告标志提前量不合理

根据对内环路入口车流的OD分析，一般情况下入环车流分布到前方第3或第4个重要交通节点，平均出行距离为7.24km，但原有内环路预告标志牌的设置缺乏系统考虑，如图2–3–3–10。比如，在环市西路的内环入口只预告了环市中路、麓湖路两个近距离信息，预告范围不够广。相反，在主线的前行预告牌上，有部分信息提前预告的距离过远，比如，在广汕出口附近就开始预告黄沙大道及六二三路的信息。

(a)环市西路入口预告标志

(b)广汕出口附近前行预告标志

图 2–3–3–10　指路标志预告距离过近

(2) 各出口预告距离不一致

内环路各出口预告点位的距离没有形成一致性，预告的距离有2.6Km、2.3Km、1Km、900m、800m、700m、600m、500m，300m、200m，150m等，预告距离点位不一致，使得驾驶员对内环路的预告方式没有固定的认识，但考虑到内环路各出口之间的距离有大有小，而且有部分路段的线形较差，因此不能完全保持统一，但应该在有条件的情况下尽量保持一致性。

(3) 缺少部分入口预告牌

内环路与较多的城市道路衔接，但在一些路段缺少内环路的入口指示，或者未能处理好内环路在2个方向的入口指示。

3.4　改善方案

在正确、深入地分析内环及放射线的交通功能、了解其指路标志系统情况的基础上，针对存在问题制定出了科学合理、可操作性强的系统改善方案，包括改善原则、改善准则、改善方案3部分。

3.4.1 改善原则

(1)规范化原则——内环路及其放射线指路标志的系统更新和整体完善，应符合《道路交通标志和标线》(GB5768—1999)、《广州市道路交通交通管理设施设计施工指南》(市交警支队)的相关规定，并以《重点部门、大型公建及旅游景点指路标志系统布局方案研究》、《环城高速公路指路标志系统改善方案研究》等相关研究成果为参考依据。

(2)功能性原则——根据内环路及其放射线承担城市交通功能的地位及重要性，结合广州城市道路网络结构特点，系统完善原有指路标志系统所传递的信息内容与设置。

(3)匹配性原则——指路标志系统传递信息的选用，应优先考虑所在道路功能等级所对应的同一层次信息，有条件再考虑上一层次信息或下一层次信息。

(4)合理性原则——去往目的地存在2条或2条以上行驶路线时，指路标志系统一般应以引导最短路径的路线为原则，同时兼顾内环路所能辐射道路的通行条件及交通组织的需要，综合确定行驶方向的信息预告。

(5)统一性原则——指路标志系统传递信息必须保持路径引导的一致性、连续性和前后相呼应性，避免信息传递突然缺失。

(6)经济性原则——为提高改善方案的可实施性，尽量降低实施成本，改善方案优先考虑在原有指路标志系统进行整体改善，必要时才考虑更换或增设指路标志。

(7)协调性原则——内环路及其放射线指路标志系统的改善设置，应与内环路工程交通监控系统的实施有机结合、协调统一，以充分发挥内环路及其放射线整体、高效的交通疏导功能。

3.4.2 改善准则

1. 指路标志信息分级体系的选用准则

(1)根据内环路及其放射线承担城市交通功能的地位，其指路标志系统传递的信息应包括沿线途经及其放射线所辐射的重要区域、重要道路、重要交通节点、大型交通枢纽、重要大型公建等。指路标志系统传递信息按区域行政级别、道路功能等级、重大公建服务功能的重要性分为三级，具体分级体系见表2–3–4–1。

指路标志信息分级体系 **表 2–3–4–1**

层次级别	一级信息	二级信息	三级信息
信息类型	高速公路、大型交通枢纽、大学城区、大型会议展览中心	快速路、内环路及其放射线、主干路重要交通节点	次干路、支路

注：重要交通节点具体指内环路与放射线相衔接的立交、过江桥或过江隧道。

(2)内环路及其放射线指路标志系统传递的信息应按层次性原则分级选用，内环路主线指路标志系统传递信息以二级信息为主，所辐射的快速路、放射线、主干路及重要交通节点是其指路标志系统传递信息的重点。

①交叉口预告标志、地点方向标志（前行预告标志）与出口预告标志传递信息的选用：内环路及其放射线与其他等级道路交叉时，指路标志主线方向首先选择二级信息，有条件再考虑最邻近的一级信息；支线道路为高速公路时支线方向首先选择一级信息，有条件再考虑二级信息；支线道路为快速路、主干路时支线方向首先选择二级信息，有条件再考虑最邻近的一级信息；支线道路为次干路、支路时支线方向首先选择三级信息，有条件再考虑最邻近的二级信息，具体参照表2–3–4–2。指路标志主线方向与支线方向示意如图2–3–4–1所示。

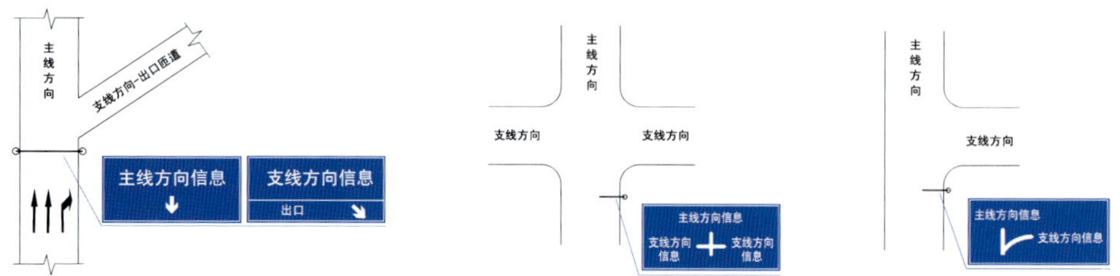

图 2–3–4–1 内环路指路标志主线方向与支线方向示意图

内环路及其放射线交叉路口指路标志传递信息选用参考表　表2-3-4-2

指路标志		指示信息
主线方向		二级、（一级）
支线方向	高速公路	一级、（二级）
	快速路 主干路	二级、（一级）
	次干路 支路	三级、（二级）

②入口（地名、方向）预告标志传递信息的选用：首先选择前行方向重要交通节点出口预告标志上所出现的二级信息，有条件再考虑最邻近重要交通节点出口预告标志上所出现的一级信息。

2．主线编号及出口编码准则

(1)内环路主线编号原则为：逆时针循环方向定义为A线，顺时针循环方向定义为B线，并应于每个入口（地名、方向）预告标志上分别标明A线、B线，以区别内环路主线的两个不同方向。

(2)沿线出口编码原则为：A线以火车站出口为起点、环市中路出口为终点，按逆时针方向编排；B线以环市西路（火车站）出口为起点、东风西路出口为终点，按顺时针方向编排，A、B线均按车辆行驶方向根据沿线出口排列的顺序用阿拉伯数字（1，2，3……）进行编码，规划未建成的出口预留相应的编码。

(3)若将来内环路因需要再增加未规划的出口，增加出口的编码应与相邻2个已有出口的编码相匹配，在最小的那个出口编码后添加小写英文字母“a或b”后缀作为增加出口的编码，A线增加出口的编码添加“a”后缀，B线增加出口的编码添加“b”后缀。例如：A线恒福路出口（A3）与永福路放射线出口（A4）之间段增加一个出口，其出口编码应为A3a；B线永福路放射线出口（B4）与环市东路出口（B5）之间段增加一个出口，其出口编码应为B4b。

3．信息引导路径的优化设置准则

(1)针对整体路网结构及出行分布的特点，以合理引导交通流行驶路径为前提，统筹考虑内环路及其放射线指路标志信息设置，以充分发挥内环路及其放射线在整个路网体系中所承担的交通功能。

(2)一般情况下不应在内环路入口指路标志双向预告相同信息；出口预告不应在连续2个或2个以上的立交出口预告相同信息，应选择其中一个最合理的立交出口进行预告，尽量避免或减少不必要的绕行。

4．提前预告信息的优化设置准则

(1)内环路主线地点方向标志（前行预告标志）提前预告信息的系统设置：选择2个重要交通节点之间合理设置地点方向标志（前行预告标志），其预告信息应选择前行方向第1或第2个重要交通节点出口预告标志上所出现的二级信息，有条件再考虑最邻近重要交通节点出口预告标志上所出现的一级信息，并应标明相应提前的距离信息，使指路信息更加明确。提前预告信息选择设置示意如图2-3-4-2所示。

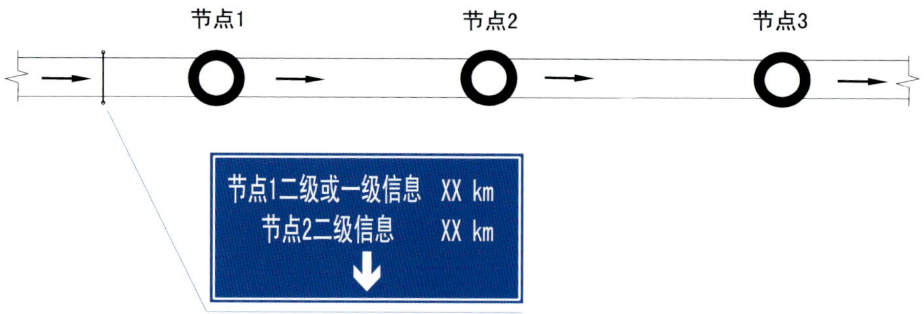

图 2-3-4-2 内环路主线前行预告标志提前预告信息的系统设置示意图

(2)入口(地名、方向)预告标志提前预告信息的系统设置：应采用远近相结合方式，远点信息选择前行方向第3或第4个重要交通节点出口预告标志上所出现的二级信息，近点信息选择邻近2个重要交通节点范围内出口预告标志上所出现的二级或一级信息。提前预告信息选择设置示意如图 2-3-4-3 所示。

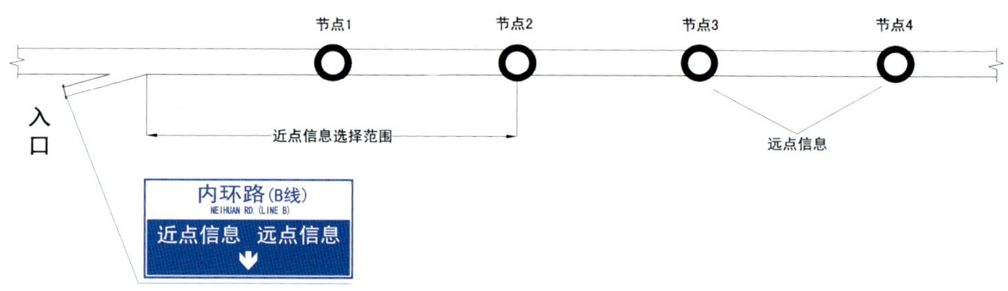

图 2-3-4-3 内环路入口预告标志提前预告信息的系统设置示意图

(3)考虑到机场辐射功能的特殊性，提前预告机场信息应于内环路沿线的重要交通节点进行系统设置。

5. 内环路衔接引导信息的设置准则

在与内环路相衔接的放射线入口、放射线所衔接的高快速路重要交通节点范围进入放射线、与沿线立交或匝道入口相衔接次干路以上等级道路最邻近该入口一个重要交通节点范围内的指路标志上，系统设置"内环路"入口(方向)预告信息。入口(方向)预告信息的系统设置示意如图 2-3-4-4 所示。

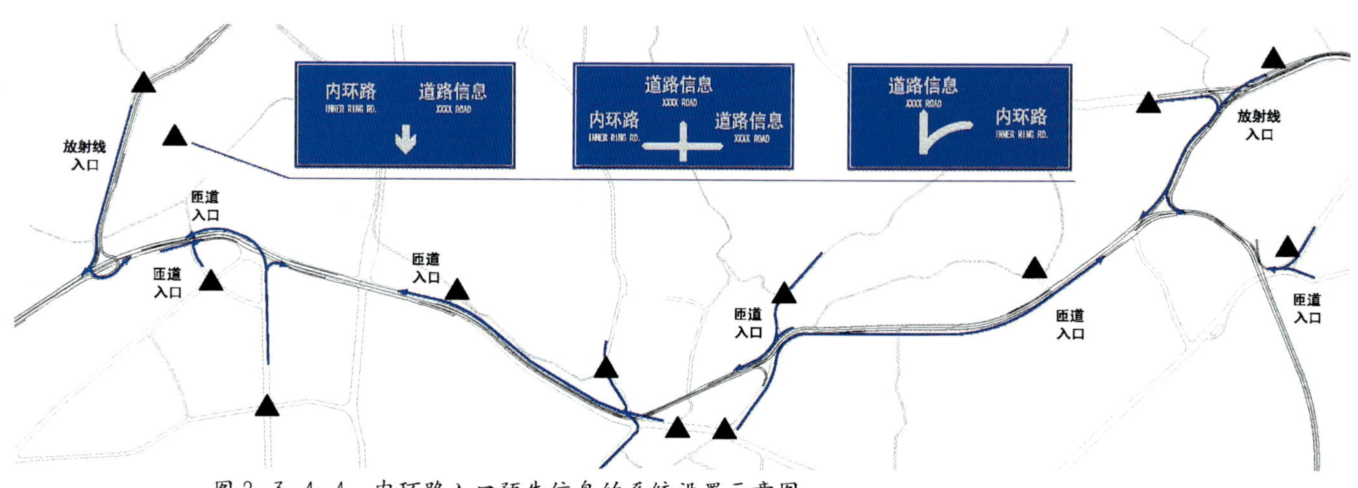

图 2-3-4-4 内环路入口预告信息的系统设置示意图

6．指路标志信息统一性设置准则

(1)指路标志信息所用的路名、地名，应使用交通参与者通常认识或所理解的名称，并应与全市通用性的名称保持一致。

(2)同一指路标志牌面上传递的信息数目不宜超过4条，每条信息的汉字字数不宜超过5个，传递信息所用名称字数较多时尽量采用通用简称。

(3)内环路及其放射线指路标志统一采用蓝底白图案（三级反光膜），其指路标志上反映高速公路、快速路信息采用绿底白图案，反映国道编号采用红底白字白边。

(4)主线指路标志汉字字高不得小于40cm，非主线指路标志汉字字高不得小于30cm，英文字母的高度为汉字高度的1/2；一般情况下汉字字宽与字高必须相等，字数较多时，字宽可适当缩窄，但不得小于字高的0.6倍。

(5)中英文对照方式的统一标准：汉字置于拼音字、英文字之上，拼音字、英文字均应采用大写字母形式；地名、路名专名用汉语拼音，专用名词（如"桥、立交、机场、火车站"等）、路名通名（如"××街、××路、××大道、××高速公路"等）用英文。

(6)内环路及其放射线各类指路标志牌面规格沿用原有常用规格，保持前后的协调统一。

3.4.3 改善方案

根据上述改善原则和改善准则，在对内环路及其放射线交通功能进行详细分析，并对原有指路标志系统进行深入调查分析的基础上，针对内环及放射线指路标志系统存在的主要问题，提出沿线指路标志系统的整体改善方案。

1．牌面信息组成的优化

(1) 信息选取体现层次性

针对内环路及其放射线指路标志系统信息内容组成分级层次不明确的情况，按照信息分级体系及选用原则，对内环路及其放射线沿线途经及所能辐射的具体信息内容进行了分类分级，具体如表2-3-4-3所示，根据内环路及其放射线承担的交通功能地位，其指路标志系统内各类指路标志所传递信息进行层次优化，比如：设在内环路主线上的增槎路出口预告标志牌，在信息选择方面，应首先考虑直接相连的增槎路放射线，在此基础上再选择所辐射的一级信息，广清高速和环城高速。

指路标志信息分级体系 表2-3-4-3

层次级别	一级信息	二级信息	三级信息
具体信息	环城高速、机场高速（白云机场）、广清高速、广三高速（规划）、华南快速广州火车站、广州火车东站、广州大学城、会展中心等	广园快速、内环路、广园西路、广汕公路、黄埔大道、东晓南路、工业大道、广佛公路、增槎路东濠涌高架路、人民路高架路、机场路、白云大道、解放北路、广州大道、东华南路、江湾路、江南大道、南岸路、黄沙大道、芳村大道、广园中路、永福路、环市西路、环市中路、环市东路、先烈路、东风西路、东风路、中山八路、六二三路、昌岗路、新港西路、新滘南路、南洲路、金沙洲大桥、珠江大桥、如意坊大桥（规划）、珠江隧道、洲头咀隧道（规划）、海印桥、江湾大桥、人民桥、鹤洞大桥、洛溪大桥、区庄立交	小北路、麓湖路、恒福路、水荫路、达道路、寺右新马路、白云路、东川路、沿江路、滨江路、纺织路、江湾路、宝岗大道、江南西路等

(2) 加强信息引导路径的合理性

结合整体路网的结构特点，从内环路所处地位及承担交通功能角度考虑，以合理引导交通流行驶路径为前提，统筹考虑信息引导路径设置的改善，比如：在内环路A线的黄埔大道出口，原设标志牌指示从该出口经黄埔大道转华南快速北上到达机场高速，但绕行距离较远，改善后应引导到广花放射线直通机场高速（广花放射线开通前应引导到三元里大道上机场高速），如图2—3—4—5所示。

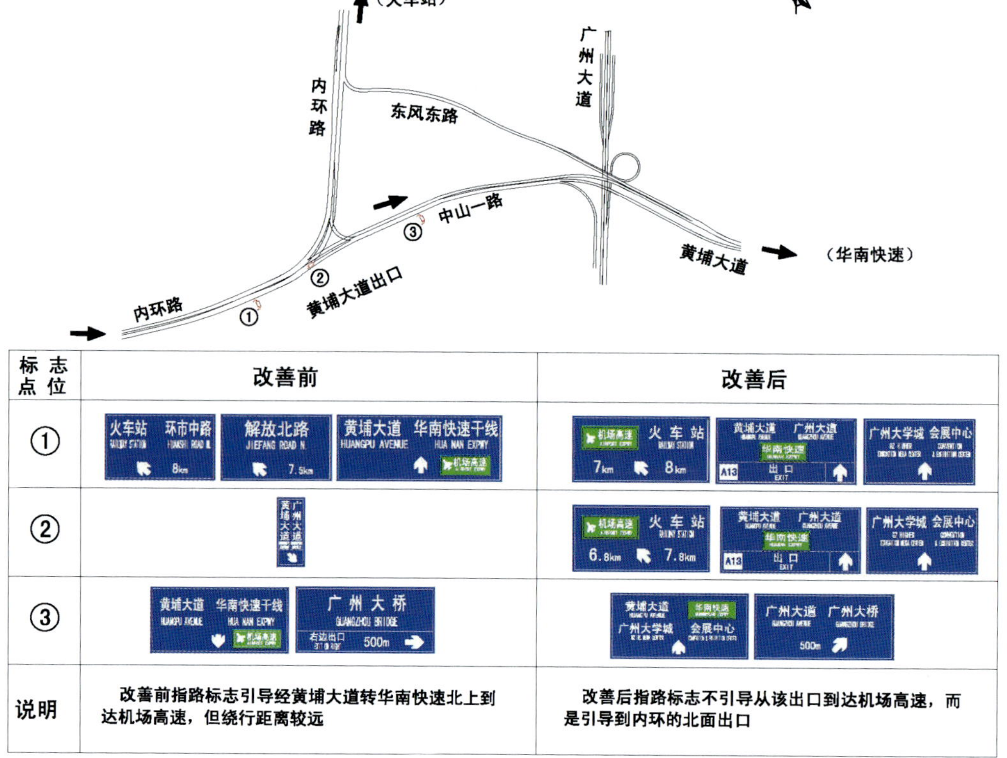

标志点位	改善前	改善后
①	火车站 环市中路 8km；解放北路 7.5km；黄埔大道 华南快速干线 机场高速	机场高速 7km；火车站 8km；黄埔大道 广州大道 华南快速 A13 出口；广州大学城 会展中心
②	黄埔大道 广州大道	机场高速 6.8km；火车站 7.8km；黄埔大道 广州大道 华南快速 A13 出口；广州大学城 会展中心
③	黄埔大道 华南快速干线 机场高速；广州大桥 右边出口 500m	黄埔大道 华南快速 广州大学城 会展中心；广州大道 广州大桥 500m
说明	改善前指路标志引导经黄埔大道转华南快速北上到达机场高速，但绕行距离较远	改善后指路标志不引导从该出口到达机场高速，而是引导到内环的北面出口

图2—3—4—5 加强信息引导路径合理性改善示例图

(3) 增强信息传递的连续性

①保证信息前后相匹配：入口预告标志、出口预告标志或出口指示标志三类指路标志的信息选择必须保持前后相呼应，避免信息的突然缺失，比如：在内环路的珠江大桥出口，原出口预告标志的信息和出口分岔点的出口指示标志信息不匹配，出现信息的突然缺失，改善后前后信息保持一致，详见图2—3—4—6。

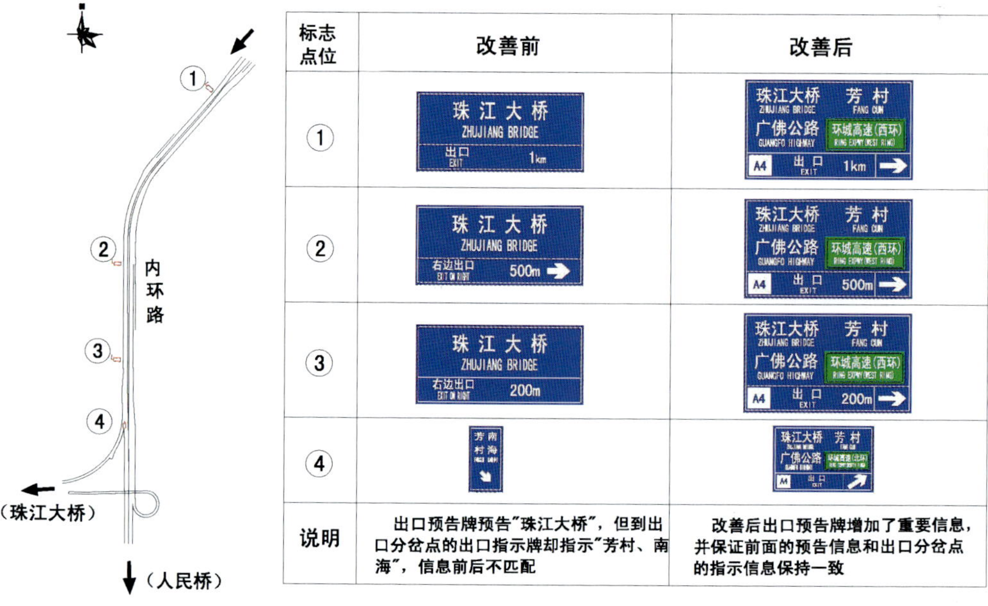

标志点位	改善前	改善后
①	珠江大桥 ZHUJIANG BRIDGE 出口 EXIT 1km	珠江大桥 芳村 广佛公路 环城高速(西环) A4 出口 EXIT 1km
②	珠江大桥 ZHUJIANG BRIDGE 右边出口 500m	珠江大桥 芳村 广佛公路 环城高速(西环) A4 出口 EXIT 500m
③	珠江大桥 ZHUJIANG BRIDGE 右边出口 200m	珠江大桥 芳村 广佛公路 环城高速(西环) A4 出口 EXIT 200m
④	芳南村海	珠江大桥 芳村 广佛公路 A4 出口
说明	出口预告牌预告"珠江大桥"，但到出口分岔点的出口指示牌却指示"芳村、南海"，信息前后不匹配	改善后出口预告牌增加了重要信息，并保证前面的预告信息和出口分岔点的指示信息保持一致

图2—3—4—6 保证信息前后相匹配改善示例图

②保证信息传递的连续性：指路标志上一旦出现过的预告信息，必须在到达相应出口之前的预告标志上连续出现，避免信息的突然中断。比如，在内环路A线的东晓路出口，在内环路出口分岔点前的指路标志有指示"南环高速"，但右转进入前进路上跨高架后，在进入东晓路南北向分岔点前的指路标志没有指示"南环高速"的去向。改善后在这两个重要分岔点处都出现"环城高速（南环）"的信息，保证信息传递的连续性，详见图2-3-4-7。

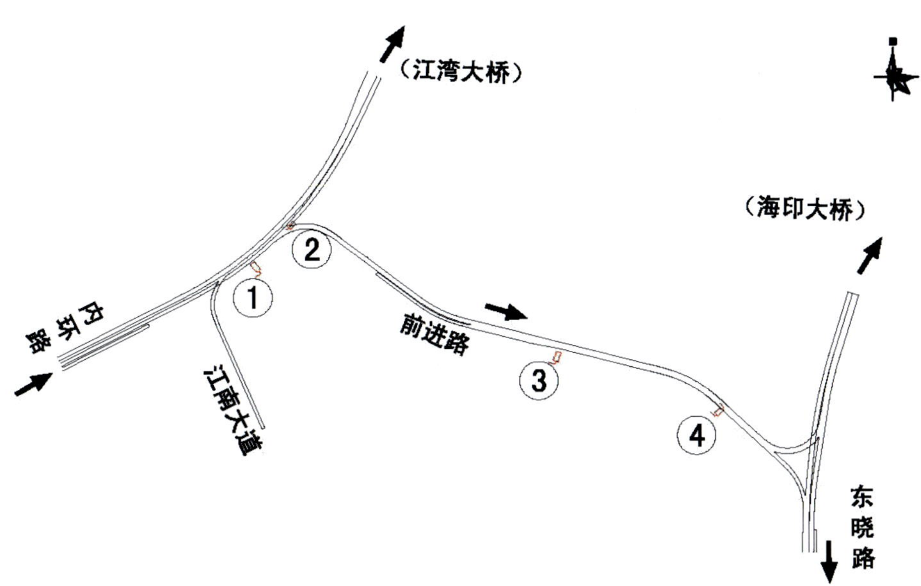

标志点位	改善前	改善后
①	江湾大桥 JIANGWAN BRIDGE 海印大桥 HAIYIN BRIDGE 南环高速	海印大桥 HAIYIN BRIDGE 东晓南路 DONGXIAO RD. S. 新港西路 XINGANG RD. W. 环城高速(南环) A10 出口 EXIT
②	江湾大桥 海印大桥 南环高速	海印大桥 东晓南路 新港西路 A10 出口
③	昌岗东路 CHANGGANG ROAD E. 新港路 XINGANG LU 右边出口 EXIT ON RIGHT 200m	新港西路 东晓南路 环城高速(南环) 200m
④	海印大桥 HAIYIN BRIDGE 1 km 昌岗东路立交 CHANGGANG RD. E. INTERCHANGE 400 m	海印桥 HAIYIN BRIDGE 新港西路 东晓南路 环城高速(南环)
说明	第一分岔点的①、②标志有指示"南环高速"，但在第二分岔点的③、④标志没有指示"南环高速"信息出现中断	改善后"环城高速（南环）"这一信息在两个分岔点都有指示，保证信息传递的连续性

图2-3-4-7　保证信息传递连续性改善示例图

2. 增加主线编号及出口编码系统

(1) 设置主线编号

根据内环路原设计思路和线路特点，对内环路双向主线进行合理编号，逆时针循环方向线路编为A线，顺时针循环方向线路编为B线，并于每个入口的预告标志上分别标明A线、B线，区别内环路双向主线的不同行驶方向，进一步强化驾驶员的方向感。编号实施前后的效果对照情况如图2-3-4-8：

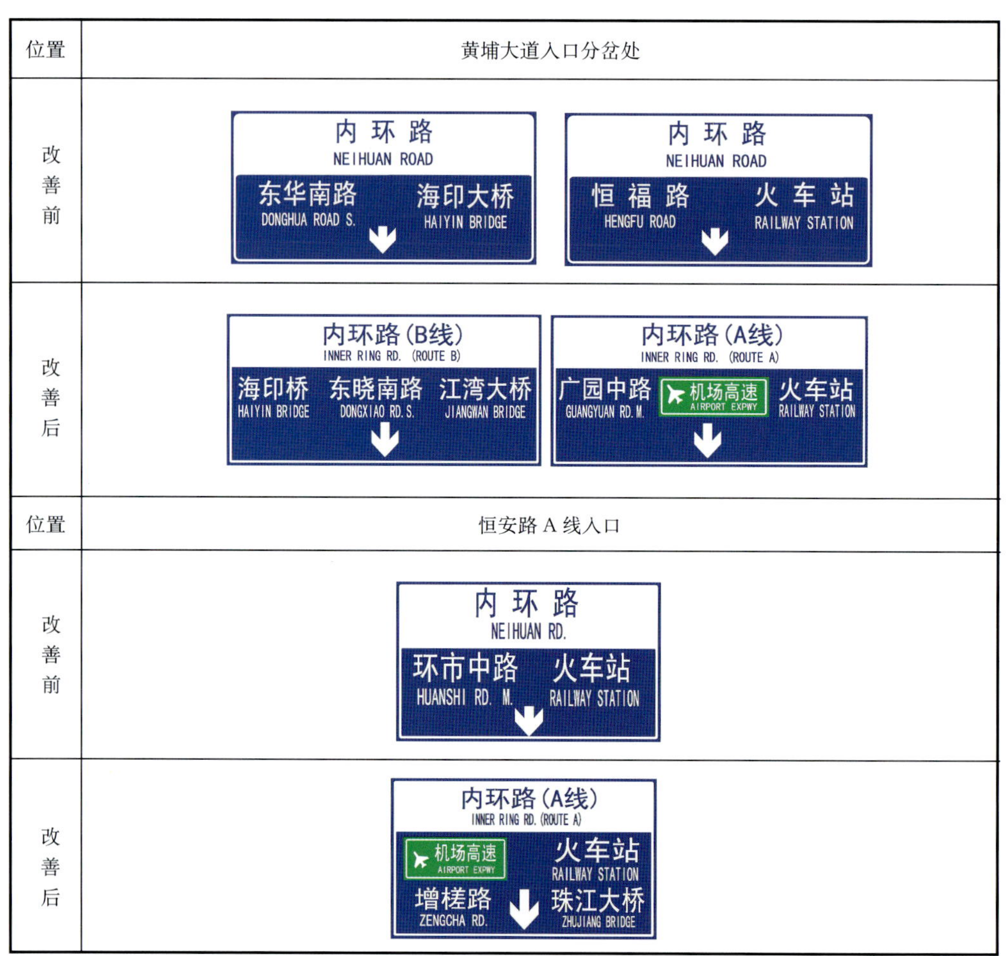

图 2-3-4-8 主线编号实施前后对照

(2) 增加出口编码系统

内环路是一条几乎全封闭性的高架道路，A线设有18个出口，B线设有19个出口，出口数目众多，极大影响驾驶员对沿线出口的识别，根据国外的成功经验，参照现行国标高速公路出口编码的有关规定，内环路沿线出口使用编码识别将更清晰明了，便于记忆和判断。根据内环路沿线出口分布的实际情况，出口编号顺序按车辆行驶的方向递增，能符合一般人的使用习惯。A线以火车站出口为起点、环市中路出口为终点，按逆时针方向编排；B线以环市西路（火车站）出口为起点、东风西路出口为终点，按顺时针方向编排，A、B线均按车辆行驶方向根据沿线出口排列的顺序用阿拉伯数字（1，2，3……）进行编码，规划未建成的同福西路、如意坊放射线、广花放射线3个出口也预留相应的编码，A线、B线沿线出口的具体编码系统参照图2-3-4-9和表2-3-4-4。

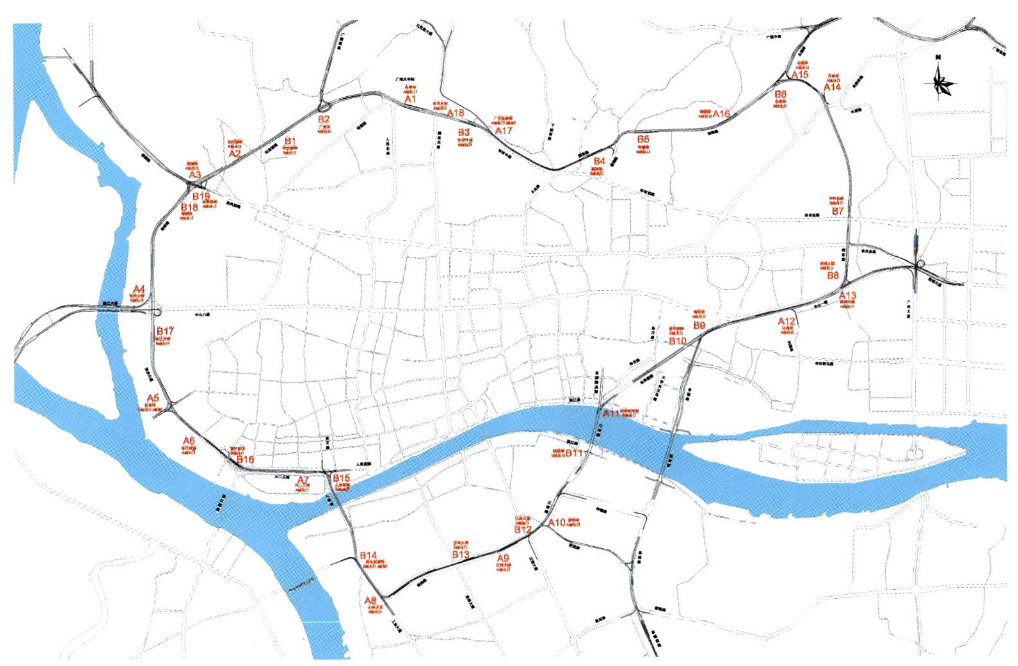

图 2-3-4-9　内环路出口编号系统示意图

A 线、B 线沿线出口的具体编码系统　　　　表 2-3-4-4

编码	出口名称或位置	编码	出口名称或位置
A 线（逆时针）		B 线（顺时针）	
A1	火车站	B1	环市西路（火车站）
A2	东风西路	B2	广园西放射线
A3	增槎路放射线	B3	环市中路
A4	珠江大桥	B4	麓湖路
A5	如意坊放射线（规划）	B5	恒福路
A6	珠江隧道	B6	永福路（广汕）放射线
A7	六二三路	B7	环市东路
A8	工业大道	B8	黄埔大道放射线
A9	江南大道	B9	东晓南路放射线（海印桥）
A10	东晓南放射线（前进路）	B10	东华南路
A11	东濠涌高架	B11	纺织路
A12	达道路	B12	江南大道
A13	黄埔大道放射线（中山一路）	B13	宝岗大道
A14	先烈路	B14	洲头咀隧道（规划）
A15	永福路（广汕）放射线	B15	人民高架
A16	恒福路	B16	珠江隧道
A17	广花放射线（规划）	B17	珠江大桥
A18	环市中路	B18	增槎路放射线
		B19	东风西路

（3）建立出口编码信息的立体化预告

为提高出口预告的引导性，建立出口编码信息的立体化预告，在出口预告标志标明相应出口编码的基础上，在路面增设出口编码文字标记。设置的方式是，从出口斑马线渠化岛的顶端（即开始不能变车道的点位）开始设置第一组，按逆行车方向往后延续，每间隔200m设置一组，根据现场需要可设置2～3组，在路面划设“编码出口（如A3出口）”字样，同时在各车道划设行驶方向箭头。出口编号地面文字设置情况见图2—3—4—10，设置示意及改善后效果图见图2—3—4—11：

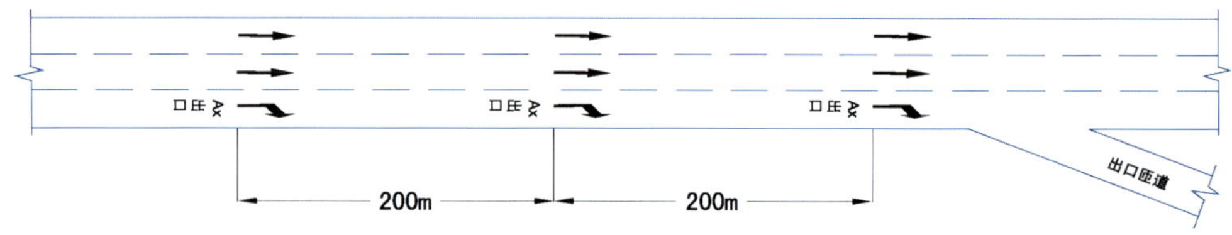

图2—3—4—10 出口编号地面设置示意图

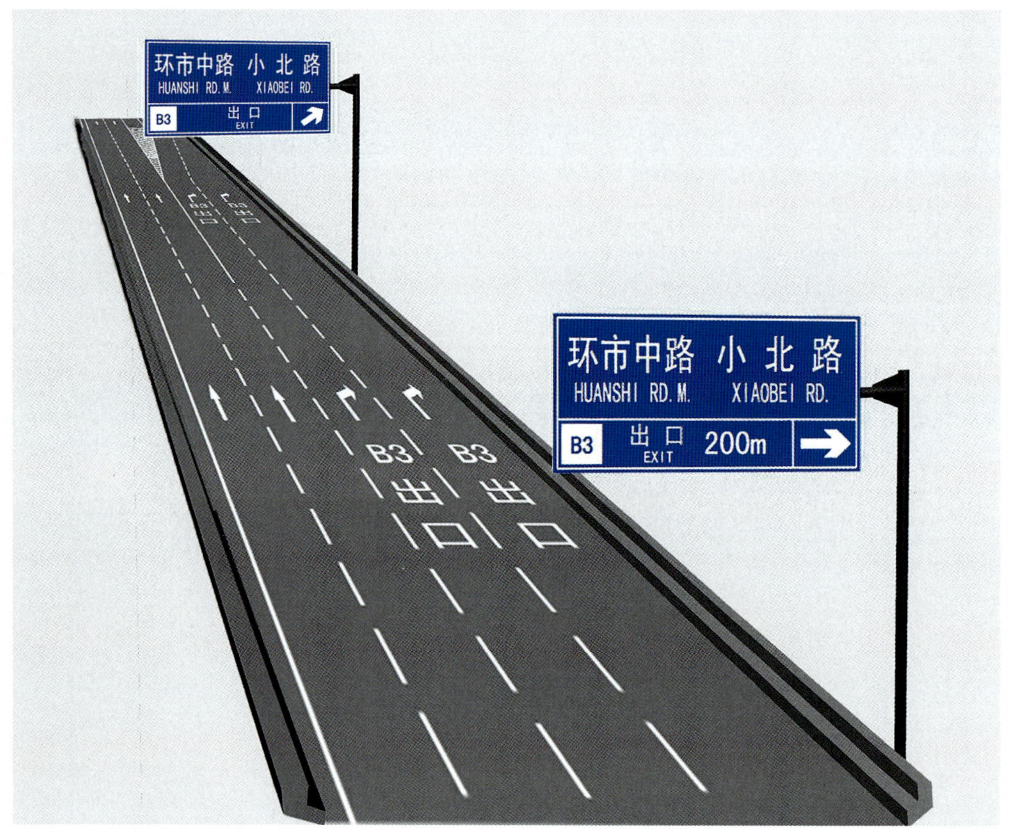

图2—3—4—11 出口立体预告效果图

3. 改善预告系统的设置

（1）优化入口预告信息的设置

入口预告信息应采用远近相结合方式，保证入口引导的方向性、代表性，如果入口标志只发布2个信息，则一远一近，如果有条件发布4个信息则两远两近，一般情况下，发布远点信息选择第3或第4个重要节点的信息，发布近点信息选择邻近两个重要节点的信息。比如：在内环路B线火车站入口，原入口预告标志只发布了“环市中路”和“麓湖路”2个近点出口信息，改善后发布“麓湖路”和“广汕公路”2个近点出口信息，同时还发布“黄埔大道”和“海印桥”2个远点出口信息，详见图2—3—4—12。

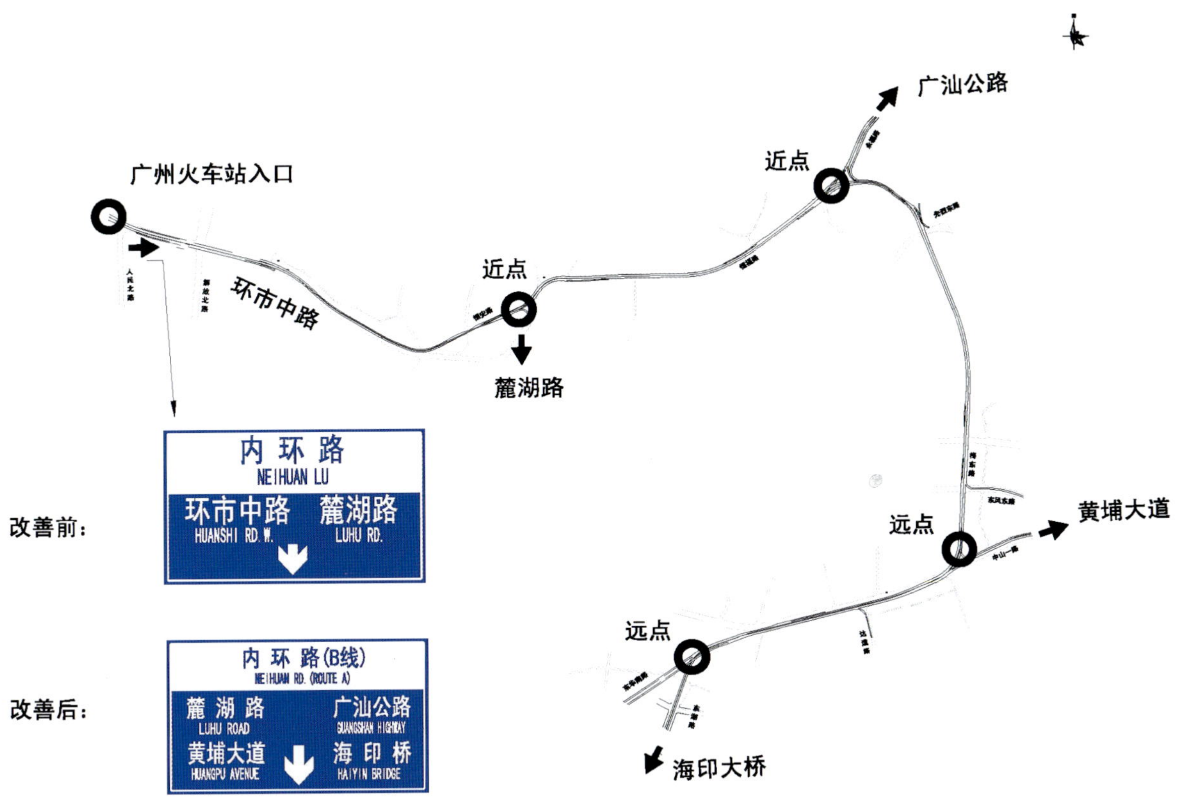

说明： 改善前火车站入口只预告两个近点信息，改善后预告两个近点信息和两个远点信息，采取远近结合的预告方式。

图 2–3–4–12　优化入口预告信息设置改善示例图

(2) 优化前行预告信息的设置

前行预告信息的提前设置应体现方向性和层次性，一般情况下选择2个重要交通节点之间合理设置地点方向标志（前行预告标志），其预告信息应选择前行方向第1或第2个重要交通节点出口预告标志上所出现的二级信息，有条件再考虑最邻近重要交通节点出口预告标志上所出现的一级信息，并应标明相应提前的距离信息，使指路信息更加明确。如在广汕出口前设置的前行预告标志，原选择了黄沙大道、六二三路、环市西路这3个信息，但缺乏层次性，改善后选取机场高速、珠江大桥这两个更具代表性的信息，改善前后对比情况如图 2–3–4–13：

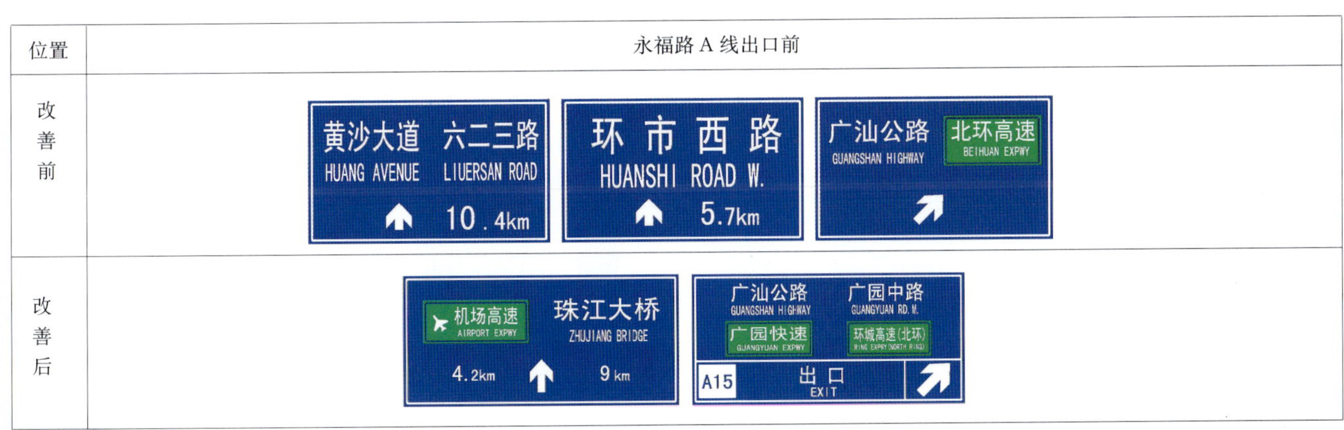

图 2–3–4–13　前行标志预告信息改善后更具代表性

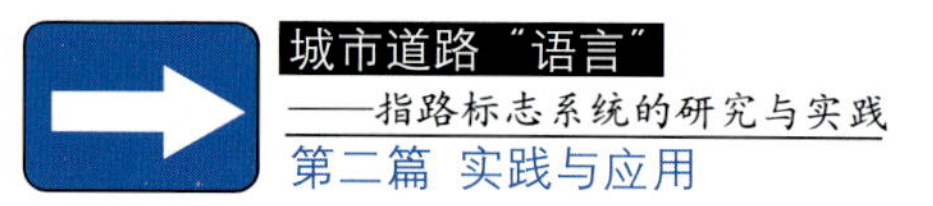

4．加强内环路与其他道路体系的衔接

为更好地引导交通参与者使用内环路，加强内环路与其他道路体系的衔接，在与内环路相衔接道路最邻近入口一个重要交通节点范围内的指路标志上，合理、系统设置"内环路"信息。比如：东华南入口与相连的地面道路衔接不顺畅，交叉口预告标志缺少对内环入口的引导，改善后相应增加了内环路的引导信息，详见图2–3–4–14。

标志点位	改善前	改善后
①	东湖西路 DONGHU ROAD W. 东华南路 DONGHUA ROAD S. 江湾大桥 JIANGWAN BRIDGE	东湖西路 DONGHU ROAD W. 东华南路 江湾大桥 内环路(A线) 内环路(B线)
②	江湾大桥 JIANGWAN BRIDGE 滨江路 BINJIANG ROAD 前进路 QIANJIN ROAD	内环路（B线） 江湾大桥 滨江路
③	无	东华南路 内环路 东川路 白云路 东湖西路
④	无	白云路 东川路 江湾大桥 东华南路 内环路(B线) 内环路(A线)
⑤	内环入口 黄埔大道 火车站	内环路(A线) 入口 黄埔大道 火车站
说明	改善前在内环衔接道路的交叉口缺少"内环路"引导信息。	改善后增加"内环路"入口引导信息，入口预告信息均采用白底蓝字的突现形式。

图2–3–4–14　加强内环路与其他道路衔接改善示例图

5．规范统一性改善

（1）规范统一信息数目及名称

内环及放射线指路标志系统传递信息时，同一指路标志牌面上传递的信息数目尽量不超过4条，每条信息的汉字字数不应超过5个，信息名称字数较多时采用通用性简称，所用路名、地名通用名称如表 2–3–4–5 所示。

常用路名、地名通用名称列表　　　　表 2–3–4–5

序号	通用名称	全称	序号	通用名称	全称
1	环城高速	北环、东南西环高速公路	8	人民高架	人民路高架路
2	机场高速	机场高速公路	9	东濠涌高架	东濠涌高架路
3	广清高速	广清高速公路	10	大学城	广州大学城
4	华南快速	华南快速干线	11	会展中心	广州国际会议展览中心
5	广园快速	广园快速路	12	火车站	广州火车站
6	海印桥	海印大桥	13	火车东站	广州火车东站
7	江湾大桥	江湾大桥			

（2）规范统一标志颜色

内环及放射线指路标志统一采用蓝底白图案（三级反光膜），为突显内环路信息，在内环路入口标志上反映〞内环路〞字样明统一采用白底蓝图案；指路标志上反映高速公路、快速路信息采用绿底白图案，反映国道编号采用红底白字白边。

（3）规范统一中英文对照形式

内环及放射线指路标志信息采用的拼音字、英文字均应为大写字母，地名、路名专名用汉语拼音译写，专用名词（如〞桥、立交、机场、火车站〞等）、路名通名（如〞××街、××路、××大道、××高速公路〞等）用英文译写，所用专用名词、路名通名译写形式参照表 2–3–4–6 进行译写。

常用名词中英译写对照表　　　　表 2–3–4–6

序号	中文名词	英文对照	序号	中文名词	英文对照
1	高速公路	EXPRESSWAY(EXPWY)	8	××高架	×× VIADUCT
2	公路	HIGHWAY(HWY.)	9	××立交	×× INTERCHANGE
3	快速路	EXPRESSWAY(EXPWY)	10	××隧道	×× TUNNEL
4	内环路	INNER RING RD.	11	机场	AIRPORT
5	××大道	×× AVENUE(AVE.)	12	火车站	RAILWAY STATION
6	××路（马路）	×× ROAD(RD.)	13	大学城	HE. MEGA CENTER
7	××桥（大桥）	×× BRIDGE	14	会展中心	CONVENTION & EXHIBITION CENTER

注：英文对照栏括号内译写形式为简称。

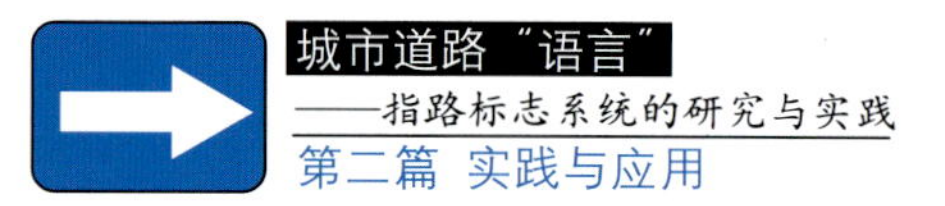

6. 指路标志牌面设计

(1) 牌面规格设计

根据内环路主线的设计车速，参照现行国标规定，主线指路标志汉字字高不得小于40cm，非主线指路标志汉字字高不宜小于30cm，英文字母的高度为汉字高度的1/2。一般情况下汉字字宽与字高必须相等，字数较多时，字宽可适当缩窄，但不得小于字高的0.6倍。

根据广州市城市道路指路标志牌面规格使用习惯，大牌面规格指路标志高通常为2.4m，小牌面规格指路标志高通常为2.0m，本次改善方案考虑经济性原则，基本沿用常用牌面规格，但考虑到部分出口预告标志牌的信息量较大，为了保证字体高度，对于需要排版3条或4条信息的出口预告标志牌根据现场设置条件更换为5m × 3m的规格。本次改善方案中常用牌面规格参照表2-3-4-7。

指路标志牌面常用规格一览表（单位：cm） **表2-3-4-7**

指路标志类型	规格（宽×高）
交叉口预告标志	500 × 240
入口（地名、方向）预告标志	500 × 240，400 × 240、100 × 200
出口预告标志	500 × 300，500 × 240，400 × 240
出口标志 分岔处标志	300 × 200、100 × 250

(2) 牌面排版设计

按现行国标的有关规定，参照高速公路指路标志排版形式，针对改善方案涉及的各类指路标志，设计各类指路标志常用示范牌面，详见图2-3-4-15。

内环路出口预告标志

内环路出口预告标志

内环路出口标志

内环路出口标志

内环路入口标志

内环路直行预告标志

图2-3-4-15 指路标志牌面内容大样设计图

7. 结构设计

根据指路标志采用的支撑形式不同，可分为柱式、悬臂式、门架式、附着式和组合式五大类，其中柱式有单柱式和双柱式两种，悬臂式包括"L"形、"F"形和"T"形三类。原有内环路指路标志常用的类型有单柱式、"L"形悬臂式和门架式，后两种比较适合现场的实际情况，使用效果较好，但设在出口分岔点的小型单柱标志存在较多的使用问题。在有条件的情况下，尽量对设在出口分岔点的小型单柱标志更换为双柱式、门架式或组合式的大型标志，提高标志的视认性。

3.5 改善实施效果

2005年9月完成的《内环及放射线指路标志系统改善方案研究》成果，已于2005年11月实施完成，共新换标志牌面260块、新增钢结构30套，实施总投资约600万元。改善后确保了指路标志系统的引导与内环路的功能相符合，服务水平得到有效提高，加强了内环路与城市路网之间的有效衔接，对合理引导市中心区交通流具有重要意义，改善实施效果受到广泛肯定。其中较为突出的有以下3方面：

1. 近距离多出口路段的改善

以内环路A线环市中路段为例，该路段在500m的距离内连续有3个右侧出口，且该段内环路线形较复杂，容易令驾驶者错过其目标出口，改善实施后利用形象的指示版式，配合出口编码，清晰预告了前方的3个连续出口见图2-3-5-1。

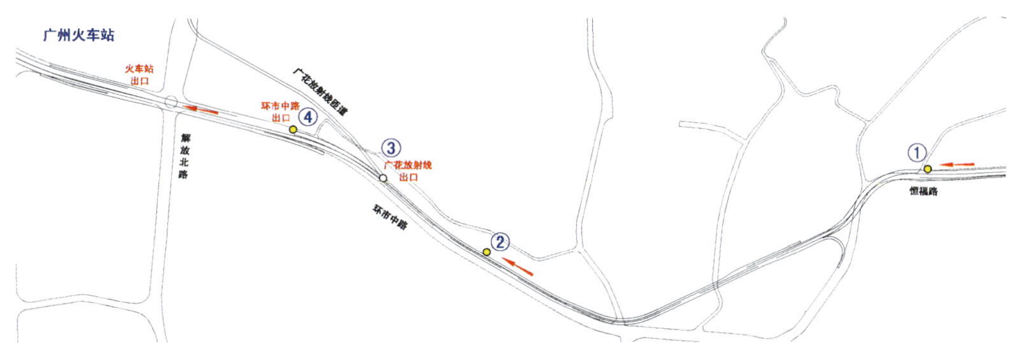

编号	改善前	改善后
①		
②		

编号	改善前	改善后
③		
④		

图 2-3-5-1 近距离多出口路段标志的改善实施效果

2．主线编号及出口编码系统的引入

在内环路的入口标志上标明其双向主线编号，逆时针循环方向线路为A线，顺时针循环方向线路为B线，区分不同行驶方向，强化驾驶者的方向感，如图2-3-5-2。

位置	改善前	改善后
增槎路放射线入口		

图 2-3-5-2 内环路入口标志增加主线编号的实施效果

在内环路的出口标志上标明其出口编码，编码由主线编号与出口编号组成，有利于驾驶员对沿线出口的记忆与判断，同时与交通电台的实时交通状况报道所描述的点位相对应，便于驾驶者确定其位置。此外，出口编码还有利于交警的交通管理工作，如内环路某处发生交通事故，驾驶员报案时可报告出口标志上的编码，交警可以马上确定事故发生的位置并赶到现场处理，如图 2—3—5—3。

位置	改善前	改善后
A线达道路出口前		

图 2—3—5—3　内环路出口标志增加出口编码的实施效果

3. 问题出口的改善

内环路有问题的出口共9个（包括出口匝道设于道路的左边，或出口匝道虽然设于右侧，但由于出口匝道处于直行方向，而主线前行处于左转弯方向），改善后这些点位的小型单柱标志牌更换为门架式或组合式大型标志牌。以A线的珠江隧道、工业大道、黄埔大道出口，B线的增槎路、黄埔大道出口为例，通过照片对比说明改善实施效果，如图 2—3—5—4。

地点	方向	改善前	改善后
珠江隧道左边出口	A线		

图 2—3—5—4　内环路问题出口标志的改善实施效果(一)

地点	方向	改善前	改善后
工业大道右边出口	A线		
黄埔大道右边出口	A线		
黄埔大道左边出口	B线		
增槎路左边出口	B线		

图 2-3-5-4 内环路问题出口标志的改善实施效果(二)

第四章　广州市海珠区道路交通指路标志系统改善方案

4.1　概述

海珠区位于广州市中部，珠江水系的前航道和后航道四面环绕，生态环境优美，是一个素有广州市“南肺”之称的绿色岛区。全区面积90.45平方公里，总人口123.73万。海珠区有着得天独厚的地理优势和人文环境，与荔湾、越秀、天河、黄埔、番禺各区隔江相邻，江岸线长达47.35公里，地理位置优越，有丰富的土地资源、大面积的水网果林风景区，呈现出“山水城市”的格局。从珠三角发展格局和海珠区的区位特点来看，海珠区位于珠三角的中心区域，距离佛山、中山、东莞、深圳、珠海等经济发达城市的距离都很近，极具发展潜力。

海珠区指路标志系统的建设是基于早期的路网布局进行考虑，并符合当时的设计要求，但随着城市道路网络的迅速发展，使得原设指路标志系统无法适应道路系统的动态发展，出现了指路标志布设缺乏系统性，指示信息不连贯，指示信息不足，指示信息引导路径不合理，版面信息表现不规范等问题，严重影响了指路标志系统对交通流的引导效率，降低了道路网络的整体服务水平。

该项研究对现状指路标志系统进行详细调查，并对海珠区路网的交通功能进行全面的分析，在此基础上，积极运用OD分析数据指导信息选择、建立信息分级体系等新方法，制定出科学合理、可操作性强的区域指路标志系统改善实施方案。

4.2　海珠区路网的交通功能

4.2.1 主要交通吸引点

从土地利用和人口分布来看，海珠区的发展是广州市中心老三区（原荔湾、越秀、东山）发展的自然辐射过程，目前海珠区的政治中心、主要公共服务设施仍然主要集中在与老三区隔江相望的西北部地区，主要包括江南大道、工业大道沿线。这一地区的现状土地利用性质主要以居住用地、行政办公用地、商业金融用地为主。近年来，随着琶洲国际会展中心、轨道2号线、3号线等重大项目的建设以及房地产的发展，海珠区南部的南洲路一带、广州大道沿线、琶洲、赤岗等地区发展十分迅速。海珠区东南部地区是号称广州市“南肺”的万亩果园，对于洁净市区空气，改善局部小气候具有重要作用。

根据《广州市海珠区分区规划》，海珠区西部（广州大道以西）除保留局部必要用地或一部分近期搬迁难度较大用地外，对于大部分工业用地、仓库用地、对外交通用地改为居住用地、公共设施用地或广场绿地等生活用地，且要求西部土地存量优先满足道路交通、绿地、公共服务社事、市政公用设施的用地要求；海珠区东部（广州大道以东）应遵循生态优先的原则，积极保护果树保护区，同时依托琶州会展中心重点发展琶州地区、生物岛、依托新城市中轴线和广州大道重点发展洛溪大桥北综合区。

根据广州市城市发展战略规划制定的“南拓、北优、东进、西联”的发展策略以及广州市近期发展规划和海珠区发展规划，海珠区主要交通吸引点有：

● 琶洲国际会展中心

随着今后广州市春、秋交易会全面向琶洲国际会展中心迁移，会展经济对海珠区的影响将逐步体现。目前，为配套琶洲国际会展中心，琶洲地区开发建设日新月异，会展中心周边道路系统和酒店等配套设施建设正在加速进行。

● 广州大学城

广州大学城位于番禺区小谷围岛，毗邻海珠区，与海珠区的交通联系更为密切，荔湾、越秀、天河、黄埔等各区前往大学城均需途经海珠区。

● 重要政府机关单位

主要包括海珠区政府、广州市公安局车辆管理所海珠分所。

● 主要大型医院

包括广州市红十字会医院、广东省第二人民医院（117医院）、广州市医学院第二附属医院、海军421医院、第一军医大珠江医院等。

● 重点大学、本科院校

包括中山大学、广东药学院、广州美术学院、广东商学院等。

● 大型文体设施

包括宝岗体育场、燕子岗体育场等。为配合亚运会的举办，海珠区将根据亚运比赛要求改扩建海珠体育馆、燕子岗体育场、中山大学体育馆等。

● 主要交通枢纽

包括海珠客运站，以及规划的沥滘新客运港。

● 其他重要项目

主要包括建设中的广州电视观光塔、赤岗新领事馆区、海珠区新政府办公区、新城市中轴线等。

4.2.2 区域路网现状与规划

1. 路网结构概况

海珠区道路总长度351km，其中包括高快速路44.6km，城市主干道43.2km，城市次干道25.3km。由于海珠区四面临水，越江桥梁的建设对于海珠区的发展具有重要意义。近年来，随着环城高速公路、内环路的建设，海珠区和周边地区的陆路交通已经十分发达，其中向北跨越珠江前航道的桥梁共计9座（人民桥、解放桥、海珠桥、江湾桥、海印桥、广州大桥、华南大桥、琶洲大桥、东圃大桥），向南跨越珠江后航道的桥梁共计5座（鹤洞大桥、丫髻沙大桥、洛溪大桥、番禺大桥、南沙港快速大桥）。海珠区的内部路网形态受到广州市整体路网架构"四环十八射"环型放射状网络形态的影响，"四环"中的内环路、环城高速、"十八射"中广珠东线高速、南沙港快速干线、华南路都有部分段位于海珠区。

根据广州市道路网络规划，海珠区道路网络形态由"四横六纵三个半环"的干道体系及其他道路组成。

(1)四横：宝岗北路（连接洲头咀隧道）、昌岗路－新港路、新滘南路、南洲路。

(2)六纵：为工业大道、江南大道、东晓南路、广州大道、江海大道、科韵路。

(3)三个半环：为内环路南环部分、快捷路半环部分、环城高速南环一部分。

其中，快捷路系统一期工程由广园西路～广园中路～广园东快速路～科韵路～新滘南路～工业大道～内环路西段组成，工业大道、新滘南路、科韵路南段均位于海珠区。

2. 区域道路设施

近年来，随着穿越海珠区的环城高速公路、内环路、快捷路等高等级道路的建设和局部路网的不断完善，海珠区的整体路网体系初具雏形，道路交通可达性大大提高，海珠区和周边地区的交通联系越来越紧密。

(1) 现状道路情况

海珠区现状路网主要由1条高速公路、3条快速路、9条主干道、37条次干道组成，并通过14条过江桥与周边地区相互联系。从总体上来看，受到地理特点、市域路网架构、越江桥隧分布影响，以及早期土地利用和路网布局的影响，海珠区的规划路网格局以自由式为主，部分新区，如琶洲等地为不规则的方格网形式。目前，海珠区总体路网架构基本形成，上述"三横五纵三个半环"的骨架路网体系大部分均已建成，但贯通性还有待于完善，如江南大道还是断头路，南洲路作为海珠区"三横"之一，只在广州大道以西段达到城市主干道标准，以东段仅为双向2车道，有些路段路面状况很差。新滘南路～科韵路组成的快捷路系统于2006年5月底前通车，内环路东晓路放射线高架部分正在建设中，江海大道北侧跨珠江前航道的猎德大桥和南侧跨珠江后航道的新光大桥正在建设。另外，广珠东线高速公路的海珠区部分正在建设，洲头咀隧道及连接线也正在进行建设的前期论证工作。海珠区现状道路网络见图2-4-2-1。

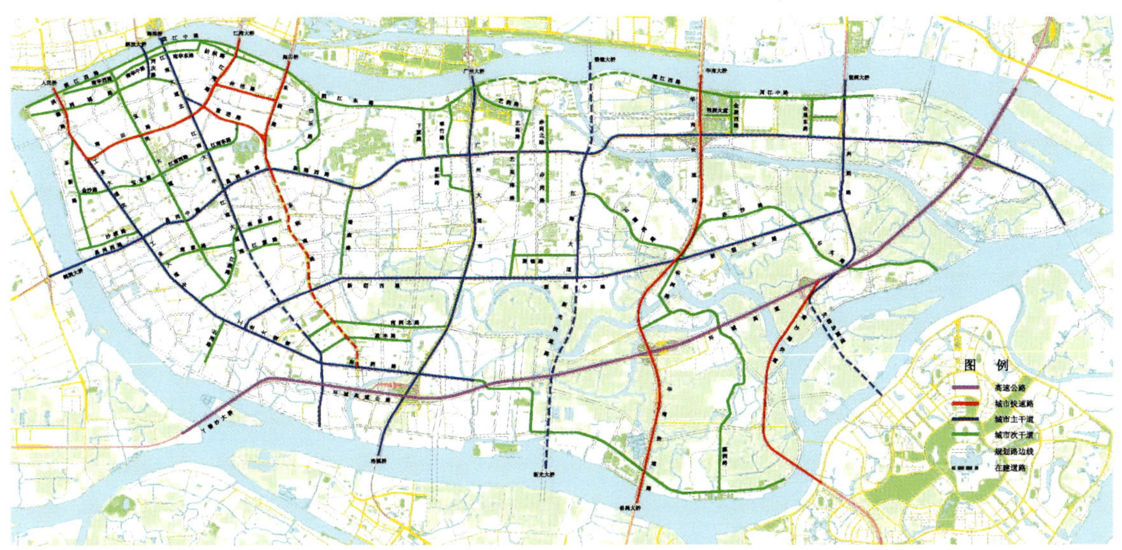

图2-4-2-1　海珠区现状道路网络图

根据《城市道路交通规划设计规范》中200万以上人口特大城市在道路密度方面的规定，海珠区现状高快速路的道路密度指标基本达到要求，主干路的道路密度处于比较接近的水平，次干路和支路的道路密度差距明显。而且从道路级配上来看，次干路和支路严重缺乏，不利于不同等级道路之间分工的明确和各自功能的发挥。另外，级别较低、通行条件较差的地方道路、村镇道路占大部分，其长度相当于其他支路以上道路的总和。

（2）规划道路及近期建设情况

根据广州市道路网络规划，海珠区的路网规划情况见图2-4-2-2所示。

海珠区的规划路网除了继续完善"四环十八射"海珠区段和"三横五纵"的路网结构外，还进一步加密了支路网密度，打通断头路。海珠区规划高快速路基本上全部实施，主干路实施比例约为40%，但次干路和支路实施比例

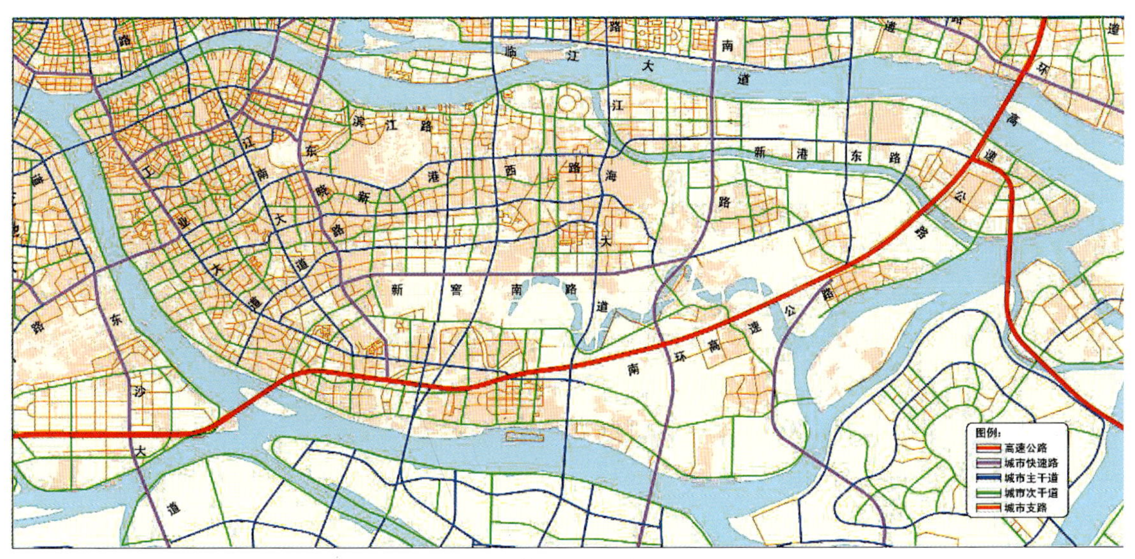

图2-4-2-2　海珠区规划路网图

较低，而且海珠区存在大量未达标的支路以下地方道路和村镇道路。

目前正在开展的高快速路项目主要包括广珠东线高速公路海珠段（新洲立交以南）、猎德大桥－江海大道－新光大桥、洲头咀隧道系统工程、内环路东晓放射线、生物岛隧道等，对于完善海珠区路网格局，缓解洛溪大桥、广州大桥交通拥堵等将发挥重要作用。

根据广州市近期道路建设计划，2010年前海珠区除了完成上述的高快速项目外，同时也将进一步完善区域路网体系、填补区域空白、打通断头路等。据统计，2010年前将新建或改建快速路、主干道及次干道29条，共计长度约53.67公里，详见表2–4–2–1。到2010年，海珠区路网主要由1条高速公路、4条快速路、15条主干道、43条次干道组成，过江桥隧增至18座，具体见图2–4–2–3所示。

2010年前海珠区主要道路实施计划一览表 **表2–4–2–1**

序号	道路名称	起止点	道路性质	长度(km)	宽度(m)	建设性质	开工年份	完工年份
1	东晓放射线二期	昌岗路～南洲路	快速路	3.6	45	在建	2005	2006
2	瑞康路	新港西路～新滘南路	次干道	1.45	40	在建	2005	
3	滨江东路延长线二期	广州大桥～华南大桥	次干道	3.8	40	在建	2005	
4	生物岛隧道工程（1）	仑头立交～官洲岛	主干道	1.3	22	在建	2005	
5	生物岛隧道工程（2）	官洲岛～大学城	主干道	1.3	22	新建	2005	
6	南泰路西段一期	江南大道～东晓路	主干道	0.76	40	新建改建	2006	
7	洲头嘴隧道系统工程	芳村大道～工业大道	主干道	3.3	40	新建	2006	2007
8	江南大道南延长线	江泰路～工业大道	主干道	2.2	60	新建	2006	
9	南洲路东段一期	广州大道南～华南快速路	主干道	3	40	改建	2006	
10	逸景路	东晓南路～广州大道南	主干道	2.7	40	新建	2007	
11	南洲北路	广州大道～东晓南路	次干道	1.9	36	新建改建	2007	
12	海珠环岛西路	滨江西～石岗路	次干道	5.4	40	新建	2008	2008
13	江南东路	江南大道～前进路	次干道	0.6	30	新建	2008	
14	瑞康路南段	新窖南路～南洲北路	次干道	0.8	40	新建	2008	
15	艺苑北路	聚德北路～聚德西路	次干道	0.84	20	改建	2008	
16	双塔大道	赤岗塔～华南路	次干道	2.28	40	新建	2008	
17	碧映路	广州大道～江海大道	主干道	1.9	40	新建	2008	
18	赤岗南路～聚德路改造工程	赤岗南路～聚德路	次干道	0.3	26	新建	2008	
19	捷景路	广州大道南～瑞康路	次干道	2.1	40	改建	2008	2009
20	南泰路西段二期	东晓路～瑞康路	主干道	0.94	40	新建改建	2009	2010
21	宝岗北路西段	洪德路～仲恺路	主干道	2.3	30	新建	前期	–
22	宝岗北路东段	仲恺路～怡乐路	主干道	0.8	30	新建	前期	–
23	同庆路	同福路～宝岗北路	主干道	0.26	26	新建	前期	–
24	下渡路南段	新港路～逸景路	主干道	1.5	40	新建	前期	–
25	石岗路	工业大道～广州助剂厂	次干道	0.8	45	改建	前期	–
26	同庆路延长线	宝岗北路～昌岗路	次干道	2.2	26	新建	–	–
27	凤和路	东晓路～瑞康路	主干道	0.94	26	新建	–	–
28	南泰路东段	广州大道南～江海大道	主干道	1.9	40	新建	–	–
29	南洲路东段二期	华南快速路～广州大学城	主干道	2.5	40	新建	–	–
合计				53.67				

注：20～25号道路均在2008年进行前期工作，评估实施时间；26～29号为列入近期道路建设规划，但未列入建委建设实施计划中的道路。

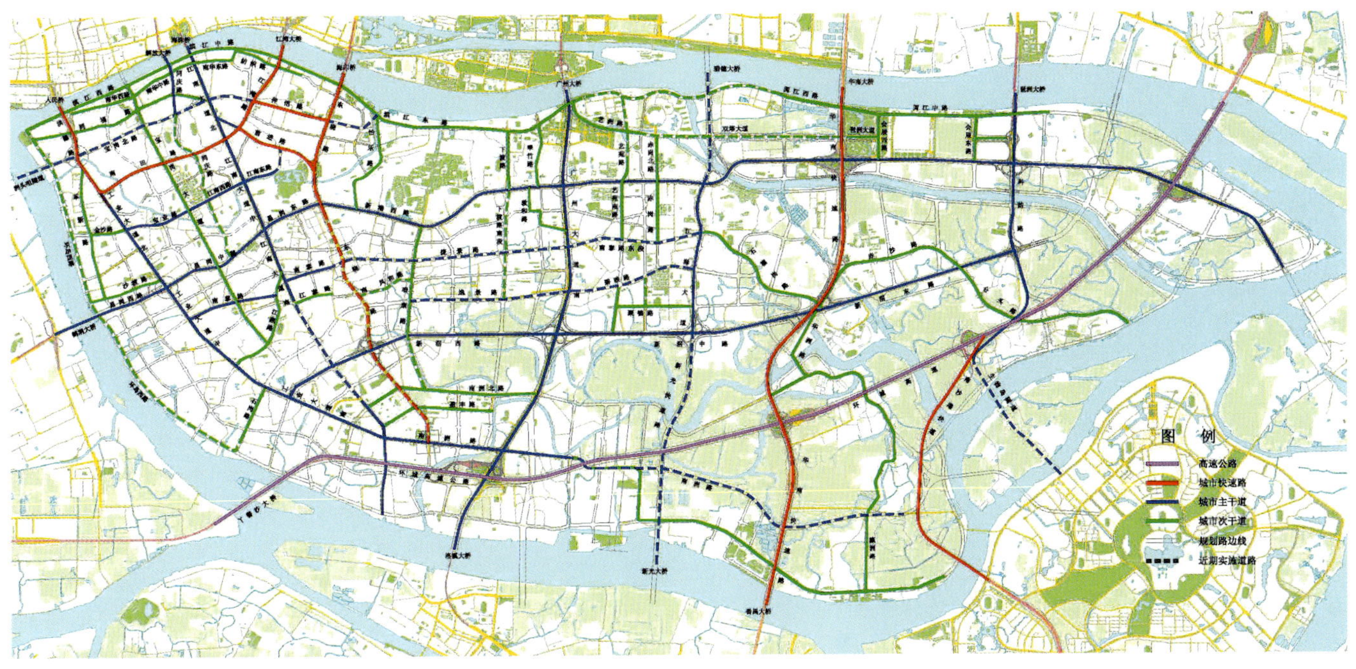

图 2—4—2—3　海珠区 2010 年道路网络图

3. 区域交通组织情况

（1）现状交通组织

根据调查，海珠区目前除环城高速公路、华南快速路、内环路、快捷路等较高等级道路外，主要交叉口大部分为平面信号控制，部分平面交叉口由于流量较大，相位较多，交通比较拥堵，例如昌港路／江南大道交叉口等，如图 2—4—2—4。

此外，海珠区部分旧城区地带道路宽度较小，密度较高，适于采用单向交通组织，如南华中路、南华西路、同福路、前进路、革新路、礼岗路等，但从总体来看数量不多。指路标志系统应在一定程度上反映道路的交通组织情况，尤其是单向交通道路。

（2）近期实施道路交通组织

2010 年前海珠区将新建或改建多条快速路、主干道及次干道，部分路段、交叉口的交通组织可能发生变化，指路标志系统的设置应与道路交通组织相协调。

4. 区域路网交通功能

（1）概况

目前，海珠区整体路网发育不是很理想，除高、快速路外，现状道路多由早期的自然形成道路和村镇道路逐步改建而成，断头路较多。根据2005 年居民出行调查，海珠居民出行数量次数最多且区内出行比较明显，比例约为 80%（跨区出行见右图所示），这些都需要完善的地区性道路做支撑，这无疑与海珠区路网结构中次干道和支路的严重缺乏形成矛盾。另外区内由于支路网严重缺乏，交通主要集中在干道上，使得干道上车流性质混杂多变，严重削弱了道路的通行能力，限制了整个路网系统能力的发挥。而其独特的地理位置特征迫使其承担的旧城区与番禺、珠海等地联系的过境交通量，也是目前海珠区交通问题的另一个重要成因。随着全区房地产业的进一步升温和广州市南拓发展策略的落实，过境交通的影响和区内东西方向道路的先天缺乏对整个地区交通的影响更为明显，并将上升为影响整个海珠区交通问题的主要因素。海珠区主要道路高峰小时双向交通量分布情况见图 2—4—2—5 所示。

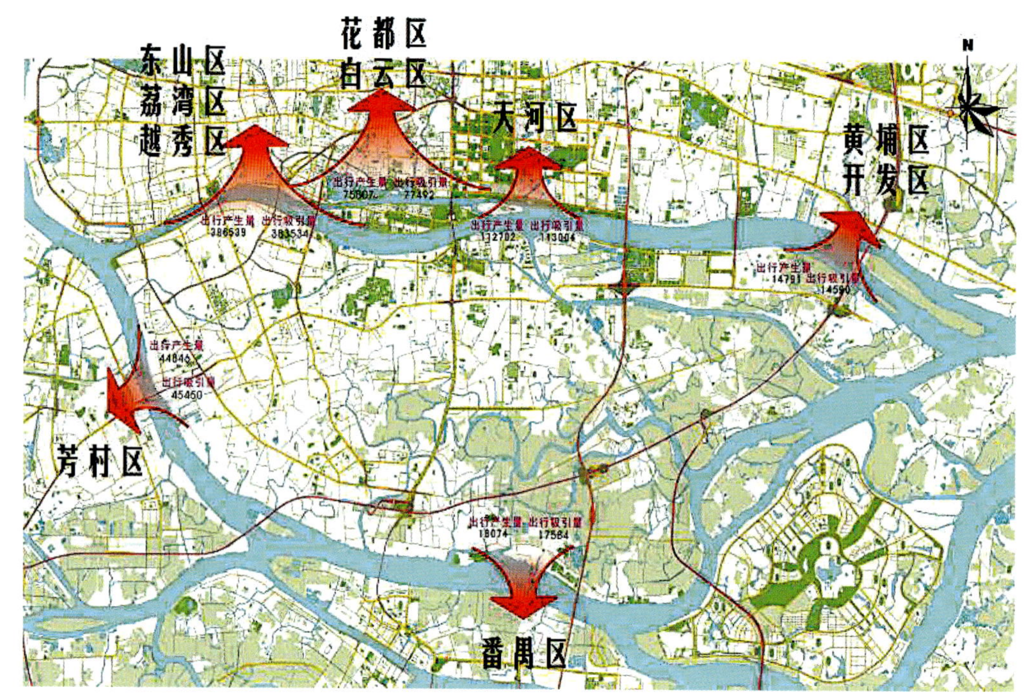

图 2-4-2-4　海珠区居民跨区出行交通量分布

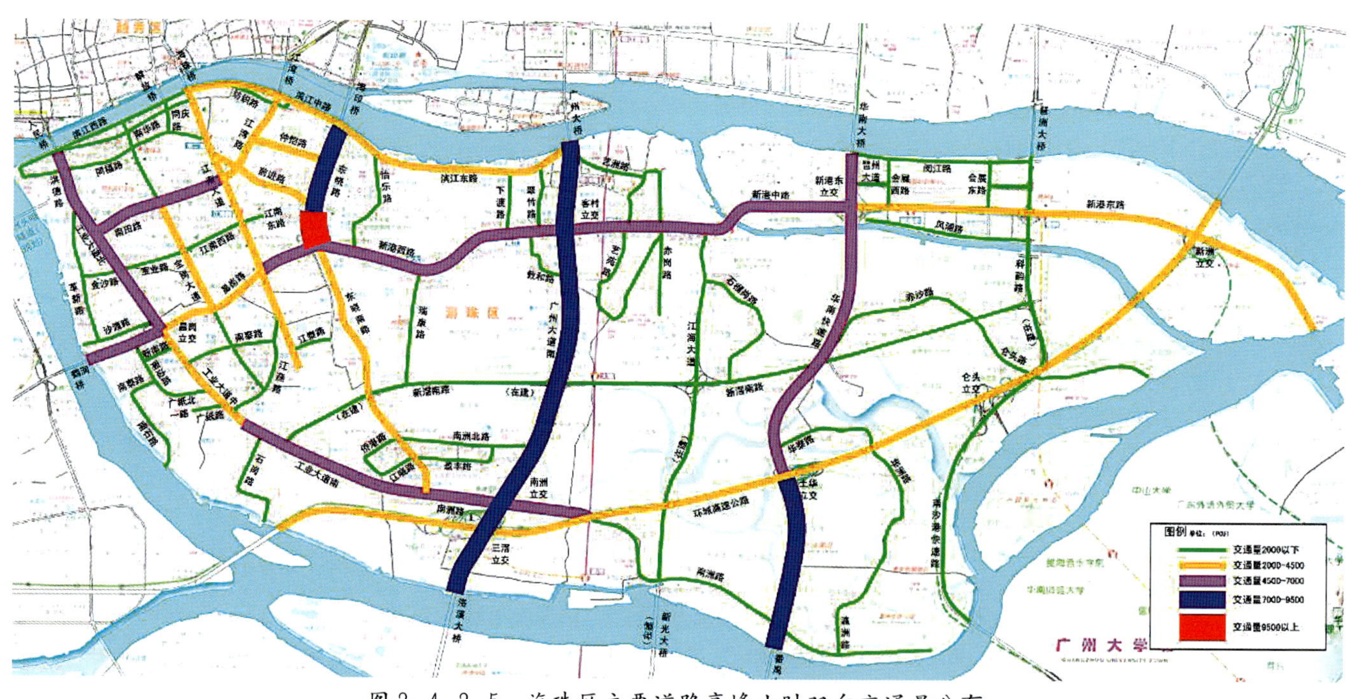

图 2-4-2-5　海珠区主要道路高峰小时双向交通量分布

(2) 区域道路交通功能

①越江通道

目前海珠区共有14条过江桥梁与周边地区相连，其中包括西部与芳村相连的鹤洞桥、丫髻沙大桥，北部与荔湾、越秀相连的人民桥、解放桥、海珠桥、江湾桥、海印桥，与天河区相连的广州大桥、华南大桥、琶州大桥、东圃大桥，南部与番禺区相连的番禺大桥、洛溪大桥、南沙港快速路大桥。根据2005年的调查数据，过江走廊的全日双向交通总量和高峰小时饱和度见图 2-4-2-6 所示。

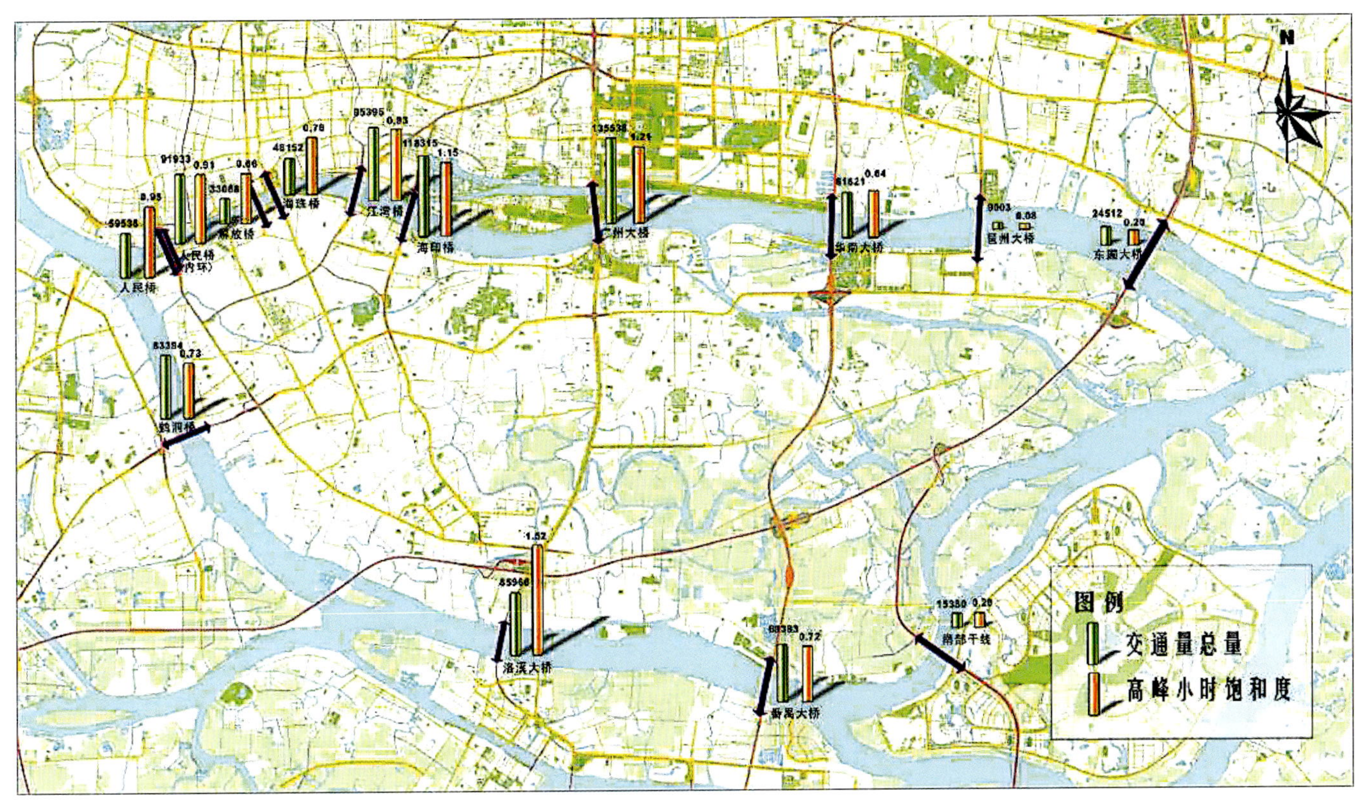

图 2-4-2-6　海珠区过江通道全日双向车流交通量及高峰小时饱和度

内环路（人民桥）、江湾大桥、海印桥：是海珠区与越秀区、荔湾区联系的主要通道，也是内环路的一部分，同时具有内环路的功能，将老城区对外交通及过境交通引出环外，担负过境及出入境双重功能。但对于海珠区来说却是把交通流引入了海珠区中心地带，这与当时对该地区的发展速度预测有关，如图 2-4-2-7。

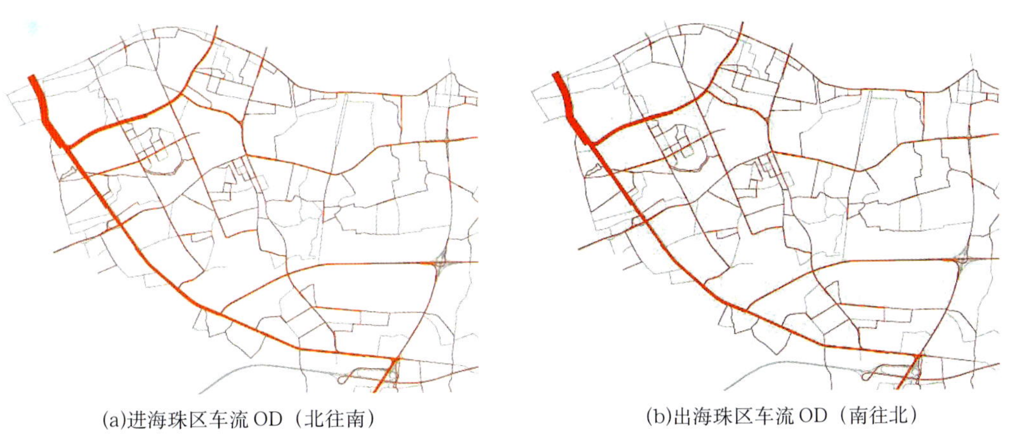

(a)进海珠区车流 OD（北往南）　　(b)出海珠区车流 OD（南往北）

图 2-4-2-7　内环路(人民桥)进出海珠区车流 OD 分布

鹤洞大桥：是除环城高速的丫髻沙大桥外海珠区与芳村区唯一联系通道，也是内环路西南放射线的组成段，通过西面龙溪路与环城高速、广珠高速衔接，可以快速到达佛山、南海等地，担负过境及出入境双重功能，如图 2-4-2-8。

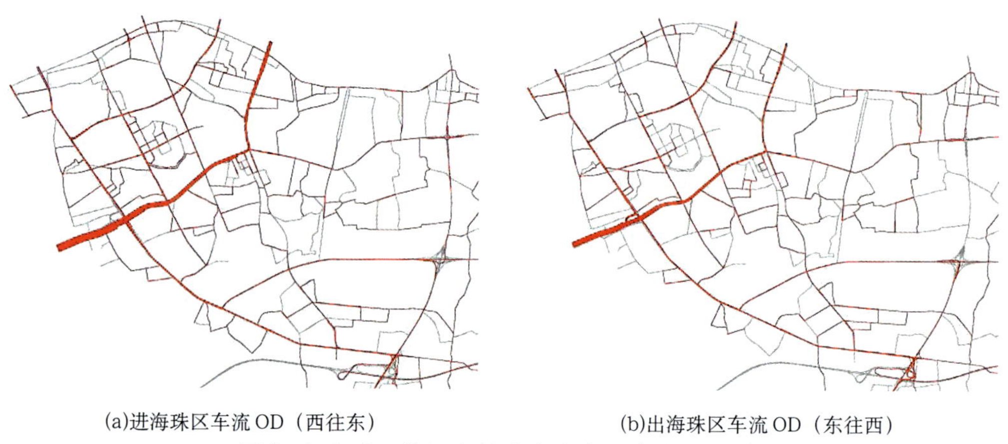

(a)进海珠区车流 OD（西往东） (b)出海珠区车流 OD（东往西）

图 2-4-2-8 鹤洞大桥进出海珠区车流 OD 分布

人民桥、解放大桥、海珠桥：是海珠区西部与老城区联系的主要桥梁，主要担负出入境功能。人民桥与同福路、工业大道直接相连，是海珠区西北部与荔湾区的联系通道；由于解放大桥南面相接的同庆路是断头路，同福路又是单行，无论是去到宝岗大道还是江南大道都需绕行，该桥的利用率不高；海珠桥与江南大道直接相连，江南大道沿线多为繁华的商业区和居民区，是公交客流的主要通道，如图 2-4-2-9。

(a)进海珠区车流 OD（北往南） (b)出海珠区车流 OD（南往北）

图 2-4-2-9 海珠桥进出海珠区车流 OD 分布

广州大桥、洛溪大桥：分别位于海珠区中部的前航道和后航道，是广州大道的两座过江桥梁，主要担负过境功能。广州大道既是海珠区又是广州市贯穿南北的主要通道，因此吸引了大量的车流。但这两座桥梁是早年修建的旧桥，只有双向4车道的设计能力，与南北两侧8车道的路段通行能力很不匹配，且受到东面收费的华南路的影响，华南大桥和番禺大桥对这两座桥梁的分流作用不明显。因此，目前仍然作为首要的南北向过江桥梁超负荷运行，如图2–4–2–10，图2–4–2–11。

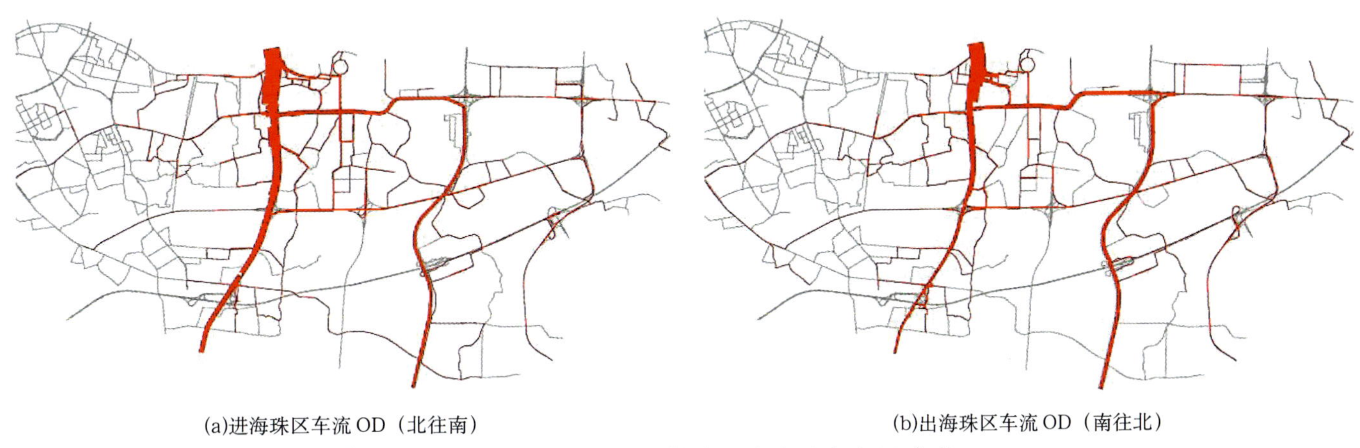

(a)进海珠区车流OD（北往南）　　(b)出海珠区车流OD（南往北）

图2–4–2–10　广州大桥进出海珠区车流OD分布

(a)进海珠区车流OD（南往北）　　(b)出海珠区车流OD（北往南）

图2–4–2–11　洛溪大桥进出海珠区车流OD分布

华南大桥、番禺大桥：是华南路过江桥梁，通行条件良好，是过境车辆、货车的主要通道，主要担负过境功能。目前华南路已经与京珠高速、环城高速相连，也是去往大学城的主要通道，但由于是收费道路，对中短途车流的吸引不大。

琶洲大桥：是城市快捷路新滘南路～科韵路段过江桥，随着2006年3月18日开始由收费桥梁改成年票制收费和快捷路2006年5月底的通车，琶洲大桥成为海珠区联系天河区、黄埔区及出入境交通的主要通道。但目前受到周边用地开发程度限制，流量比较低，现状主要担负出入境功能，快捷路开通后应强化其过境功能，如图2–4–2–12。

(a)进海珠区车流 OD（北往南）

(b)出海珠区车流 OD（南往北）

图 2-4-2-12 琶洲大桥进出海珠区车流 OD 分布

东圃大桥和丫髻沙大桥：是环城高速的跨江桥，主要担负过境功能，通过东圃立交和新洲立交与地区交通相联系，是海珠区去往天河区和黄埔区的高速通道，也是过境车辆、货车通行的主要道路。目前东圃大桥也存在流量上升的趋势。

南沙港快速大桥：南沙港快速路是新建的一条直达南沙港的快速通道，主要担负过境功能，通过仑头立交与环城高速衔接，是货运交通，过境交通去往南沙最便捷的道路，也是去往大学城的主要通道。

多年来，各桥梁的流量分担情况基本形成了以下局面：广州大桥、海印桥和江湾桥流量最大且基本稳定；鹤洞桥次之，但仍有很大的上升空间；人民桥、海珠桥随后，流量基本稳定；华南大桥、东圃大桥和琶洲大桥分担比例较小，但上升的空间很大，上升的趋势正在进行。洛溪大桥和番禺大桥流量虽有均衡的趋势，但洛溪大桥的交通负荷仍然巨大。

近期海珠区还将规划新建 4 座过江桥隧，包括洲头咀隧道、猎德大桥、新光大桥及生物岛隧道，分别连接芳村、天河、番禺及大学城，将使海珠区与周边地区的交通联系更为密切，如图 2-4-2-13。

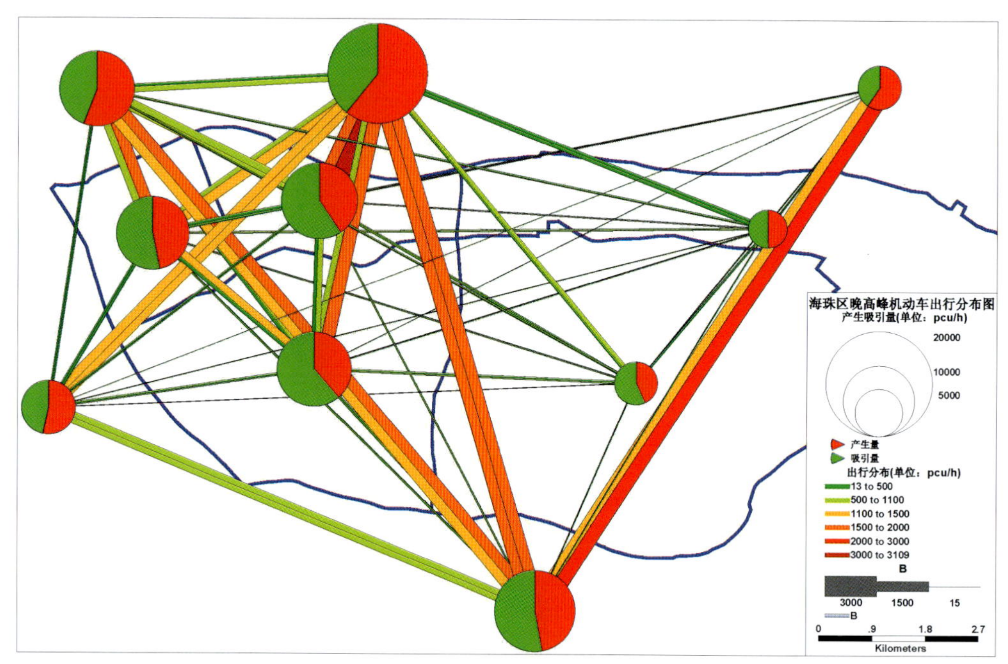

图 2-4-2-13 海珠区车流 OD 分布图

②区域高等级道路

环城高速公路：贯穿海珠区的东部和南部，作为广州市路网骨架“四环十八射”之中的第二个环，在海珠区向内通过工业大道、东晓南路与内环路相连，通过仑头立交和土华立交向外辐射，分别与华南快速路和南沙港快速路衔接，承担海珠区和其他各区去往大学城、番禺、南沙的大量的出入境交通以及通过环城高速转换到其他18条放射线去往珠三角各个方向的过境交通量。

内环路：海珠段为沿人民桥－工业大道北－南田路－江湾路和东晓路高架，在西北部形成一个半环状，主要方向为东西方向。由于内环路的功能等级及在海珠区的布局、位置、较短的距离都使得内环路不能作为海珠区东西向交通的通道；作为内环路的一部分却将老城区及过境交通引入海珠区的中心。调查显示，内环在海珠段除了提供内外的衔接外，对于南北方向的过境车流，其承担的一个主要作用是把车流向工业大道和东晓南两条道路分散。

华南快速路：作为一条收费的城市快速路，投资大，道路等级和服务水平高，华南路北面与京珠高速直接相连，南北贯穿广州市区，沿途与多条城市主干道贯通，南面通过环城高速衔接南沙港快速路。主要承载大量来自湖南省、韶关、清远去往南沙、珠海的过境、货运交通及去往大学城的交通量。在海珠区段的华南路虽与广州大道平行，距离较近，但华南路收费与广州大道过桥费相比较高，不能有效分流广州大道的车辆。

南沙港快速路：位于海珠区东南部，通过仑头立交北接环城高速，南端衔接京珠高速，主要承担着市区去往大学城、南沙地区的出境交通以及去往珠海的出境和过境交通。

新光快速路（在建）：为封闭式收费城市快速路，北连猎德系统～江海大道，南至番禺市桥，建成后将成为贯穿广州市区的又一条南北向过境通道。

③区域东西走廊

昌岗路—新港路：是海珠区目前唯一一条东西贯通的城市主干道，西端通过鹤洞桥连接芳村区，东端通过新洲立交可上环城高速，因此，绝大多数东西向地区性交通、去往会展中心交通、出入境交通及过境交通共用此路，导致道路上车种混杂，限制了海珠区东西向交通的疏通能力。目前，另一条东西向主干道新滘南路已经开通，作为快捷路系统的一部分，应以服务于过境交通为主，而昌岗路—新港路在未来应定性为区域地区性主干道。

新滘南路：广州市城市快捷路的一部分，贯穿海珠区中部的东西干道，西端开口工业大道，东端连接科韵路和仑头立交，其对新港路的分流作用指日可待。主要承担芳村、佛山、南海去往番禺、南沙地区的过境交通量。另外，也是通往会展中心的主要通道，可在会展期间发挥疏散交通的功能。

南洲路：西端与工业大道和东晓南路衔接，过往车辆向东通过南洲立交可去到环城高速，也可通过洛溪桥直接到达番禺。随着广州市城市建设“南拓”战略的实施，南洲地区相应的道路网络建设逐步成熟，南洲路将对整个海珠区南部交通起到重要的作用。

宝岗北路（规划）：规划近期建设的宝岗北路西起洲头咀隧道，东至滨江东路，串联了工业大道、宝岗大道、同庆路、江南大道、江湾路、东晓路等南北向干道，同时使洲头咀隧道与人民桥、解放桥、海珠桥、江湾桥、海印桥五座过江桥相互连通，将能明显加强海珠区、芳村、老城区三地的交通联系。

④区域南北走廊

工业大道：是海珠区最西面的南北向主干道，受宝岗大道、江南大道南部断头影响，芳村区往番禺的大部分车流需经该道路行驶转换至新港路、新滘南路或南洲路再达目的地。目前工业大道北和工业大道中已纳入城市快捷路的标准建设并已开通，因此道路功能应主要定位于过境交通，并快速通畅的疏解出境交通。沿线受到早年厂区的影响和房地产的迅猛发展，道路上自行车较多，多机动车交通干扰严重。另外，工业大道路面状况不好，现有道路红线时宽时窄，这也是工业大道目前经常拥堵的原因。如果不能给予彻底的整治，即使纳入城市快捷路的范围，“快捷”效果不明显，与道路功能定位不相符。

江南大道：江南大道以及与其平行的宝岗大道沿线是海珠区商业及住宅最集中的地区，这两条道路是公交客流和地区交通的主要通道。江南大道周边的支路网很不发达，多处横向干扰制约了江南大道通行能力的发挥。宝岗大道与江燕路、同福路相接处车道数较多、路口很宽，但内部路段车道宽度比较窄，仅为双向四车道，规划为次干道等级，基本没有拓宽的可能。因此，宝岗大道和远期打通后的江南大道还是以疏解地区性交通为主。

东晓南路：原规划为内环路的放射线之一，重点解决城市内外车流快速通过，对海珠区而言可定义为长距离的过境车流。但在西侧工业大道道路条件不好，东侧广州大道不断出现交通告急的情形下，该道路上的地区性车流不断增加，尤其在道路开通后两侧房地产业的迅速发展，大量的摩托车、公交车、非机动车的涌入以及行人过街的干扰，车速迅速下降，与快速路的标准相差较远。目前，东晓南路正在进行包括拓宽地面道路、新建高架和改造节点3方面的改造工程。建成后的东晓南高架将成为真正的内外环联络线，北接内环路，南接环城高速公路和洛溪大桥，去往番禺的车辆走海印桥就可通过高架一路直通番禺，这将一定程度缓解工业大道、广州大桥、广州大道拥挤的局面。

广州大道：不仅是海珠区更是广州市南北方向重要的交通走廊，也是城市南拓的主线轴。广州大道南北贯通，通过客村立交与新港路衔接，通过南洲立交可接上环城高速和工业大道、东晓南路，加上与之平行的华南路收费较高，广州大道一直承担着过境交通、出入境交通及地区性交通等多种功能。随着沿线交通整治及交通组织的重新改善，广州大道吸引了更多的车流，反映了在广州大道城市南北通道上的重要性和强大的潜在需求。

江海大道：沿广州新城市中轴线，北接珠江新城猎德大道，南接番禺番禺迎宾大道，建成后能够分担广州大道的部分车流，减轻广州大道的压力，主要以天河、珠江新城、海珠、番禺之间相互联系的地区性交通为主。

科韵路：已于2006年5月28日开通，与工业大道、新滘南路形成广州市环状快捷路的半环。科韵路由北向南全线没有设置信号灯，全线不设收费站，大大促进了天河区和海珠区路网交通的改善；另外科韵路已经通过仑头立交与环城高速相连，可以有效的分流广州大道的过境车流。同时随着琶洲会展中心商务区的发展科韵路也必将成为疏散客流的主要的南北向干道。

⑤其他内部道路

以下规划次干道（目前多为支路使用）道路主要承担海珠区地区性和生活性交通。

滨江路的交通地位仅次于昌岗路，但与各过江桥梁的衔接不够顺畅，随着海珠区西北部土地的开发，在滨江中路和东路，车流增加很快，是地区出入的主要通道。

同福路虽规划为城市次干道，但其路面不整、线形不顺，两侧横向干扰比较严重，故目前还只作为支路使用。北侧南华中路的东向西单行与之构成地区的单行系统。

江南西路和宝业路西面与工业大道相接，东侧与江南大道相连，在两端各路口均没有转向限制，这对昌岗路和南田路两道路的分流起到很大作用。

江燕路受到江南大道南端断头的影响及沿线地块迅速崛起的住宅小区的影响，车流量很大，是主要的公交通道，沿线设有近10条公交线路。车流主要以上下班通勤为主，过境性质的车流较少。

石榴岗路的一段与江海大道重合，但不通新滘南路，石榴岗路主要承担的是附近村镇和沿线房地产的出入性地区交通。

5．小结

（1）主要存在交通问题

目前海珠区的道路网络仍然处于初级发展阶段，突出表现在：与高快速路相比，区域内的次、支路体系比重偏小；道路密度、道路面积率与国标也有一定距离；就已建成道路来看，除高快速路和近期新建道路外，地方道路达标比例较低。目前海珠区实行的限货和限摩政策，对于减少过境车辆、大型货车对区内交通的影响起到了一定作用，同时也有效改善了道路交通秩序，促进道路交通安全。海珠区的居民出行以区内为主，约占80%，跨区出行仍以荔湾、越秀、天河等城市中心区为主。从对外交通来看，除洛溪大桥、广州大桥外，其他越江桥梁交通运作情况良好；从内部交通来看，除广州大道等个别路段和交叉口外，总体交通运作基本能维持较好的服务水平。

归纳起来，海珠区目前的道路交通存在如下问题：

①过境交通对海珠区的冲击和影响较大

从地理位置来看，海珠区处于广州中心城区和番禺区，以及顺德、中山等地的过境走廊上，由于华南快速路、南沙港快速路及环城高速公路收费较高，不少过境车辆选择广州大桥～广州大道南～洛溪大桥、鹤洞大桥～工业大道～南洲路～洛溪大桥等路线，对海珠区的地方交通造成很大冲击。部分外地车辆不熟悉广州路况和指路标志，往往干扰正常交通秩序，是造成部分地段交通拥堵的重要原因。从指路标志改善的观点出发，合理引导过境交通经行特定过境通道体系，避免过境交通影响地方道路交通运作，是本次指路标志改善的一项重要任务。

②部分越江通道能力不能满足交通需求增长要求

近年来，随着番禺的撤市并区，广州市原八区和番禺区之间人员、货物交流日趋紧密，交通联系持续增长。但从总体来看，海珠区和番禺区的免费地方通道只有洛溪大桥一条，远远不能满足两地交通增长要求，其他道路由于收费等原因流量较小，而且部分外地过境车辆也选择洛溪大桥，更加重了洛溪大桥的拥堵。广州大桥也存在着同样问题。今后随着新光大桥等通道的建设，应统一各越江通道的交通管理，通过指路标志改善等措施平衡交通流量分布。

③区内高快速路存在利用程度不均衡的问题

目前，海珠区内高快速道路中，由于收费、路网连通性等原因，存在利用程度不均衡的现象。例如，华南快速路、内环路流量较大，使用较充分，但环城高速公路（东南西环）、南沙港快速路流量较小。未来应通过一定的交通管理措施，包括指路标志的引导作用，逐步平衡上述道路以及和地方道路之间的流量。

④现状路网仍然存在一定的结构性矛盾，影响交通运作

次、支路网体系在整体路网中的相对缺乏，部分断头路的存在，快捷路系统的尚待完善等问题，都需要采用一定的交通管理手段来局部理顺交通运作和交通组织。

（2）交通功能分析与指路标志系统改善思路

对区域路网交通功能进行分析，确定区域交通吸引点及区域道路的等级、功能性质以及在路网中的地位和

作用，有助于制定指路标志系统的改善思路。

①主要交通吸引点

会展中心、大学城两个主要交通吸引点对海珠区交通产生一定的影响，尤其是每年两次的交易会期间，会展中心吸引了来自各区的大量交通流，对于这些主要交通吸引点，应在一定范围内的指路标志上提前预告其信息。而体育场馆、观光塔、海珠区新政府、使馆区、医院、高校等属于重点部门、大型公建及旅游景点范畴，应设置专用的指示牌。

②区域过境通道

封闭收费的高等级道路包括环城高速公路、华南快速路、南沙港快速路、新光快速路（在建），目前除华南快速路流量较大外，环城高速公路和南沙港快速路流量都较小，没有发挥应有作用。指路标志的改善应引导过境交通充分利用上述道路，以减少过境交通对地方道路的冲击。

现状主要过境通道包括人民桥（内环）～工业大道～南洲路～洛溪大桥、海印桥～东晓南路～南洲路～洛溪大桥、广州大桥～广州大道～洛溪大桥、鹤洞大桥～昌岗路～东晓路～海印桥等，这些通道相互交叉形成区域主要交通集散点，其指路标志应以选取重要干道、过江桥隧信息为主，突出其过境通道的功能。

③出入境通道

主要指海珠区和周边的荔湾、越秀、番禺等区的联系通道，即各越江桥隧和区域交通干道，包括内环路及东晓放射线，与芳村联系的鹤洞大桥、洲头咀隧道（规划），与中心城区联系的人民桥、解放桥、海珠桥、江湾桥、海印桥、广州大桥、猎德大桥、琶洲大桥，与番禺联系的洛溪大桥、新光大桥（在建）、生物岛隧道（在建）。另外还包括快捷路系统（新滘南路、科韵路）、广州大道、工业大道、江海大道、江南大道、新港路等。

区域联系通道主要解决海珠区和周边各区的交通联系，另外也分流部分过境交通，如工业大道、广州大道等通道承担过境与出入境的双重功能。在指路标志改善方面，在通道上可重点指示过江桥隧，强化其作为区域出入口的功能。

④内部联系道路

主要包括一般主次干道及支路，以解决区内交通为主，其指路标志应主要指示周边道路信息，同时合理引导内部联系道路和上一层次道路的联系，为驾驶员提供准确的指引信息。

4.3　现状分析

为了正确、深入地了解海珠区指路标志系统的现状，以便针对存在问题制定出科学合理、可操作性强的改善方案，该项目对研究范围内的现有指路标志系统进行全面的调查，并基于对海珠区路网交通功能分析的基础上，对现状指路标志系统展开深入和详细的分析。

4.3.1 使用情况现状分析

1．未能充分发挥道路网络功能

根据交通功能分析，城市道路之间紧密衔接、形成道路网络才能充分发挥其交通功能，而目前海珠区的指路标志系统未能充分发挥其衔接引导的效能。根据现状情况分析，海珠区路网主要由1条高速公路、3条快速路、9条主干道、37条次干道组成，通过14条过江桥与周边地区相互联系，而目前的指路标志系统缺乏对其中一些道路的衔接指示，突出表现在以下两方面：

（1）在地区通道上未能强化区域方向性指引，没有突出其承担过境交通的功能。

（2）从各过江桥的车流量分布上看，现状指路标志的指示方向和流量的分布情况吻合程度不高。

2．分岔处指路标志指示不清

目前部分路段、立交受地形条件或设计布局的限制，分岔行驶路线比较复杂，指路标志应清楚告知驾驶者如何行驶，但现状部分点位（尤其是立交）的分岔处指路标志无法达到要求，指示不清楚，不仅外地司机常常走错，就连本地司机也可能出错。例如，由南往北方向下洛溪大桥到达三滘立交的匝道入口分岔处，可分别前往四个方向：A、直行至广州大道，B1、环城高速入口，B2、南洲路（西）及工业大道，C、南洲路（东），其中B1、B2需先进入B入口再分向。照片①即为四个方向的分岔处，但L杆式标志没有把往方向B2南洲路（西）、方向C南洲路（东）的信息区分开；照片②中右侧门架式标志处即为往B1、B2两个方向的匝道入口，但标志上仅预告B1环城高速入口的信息，而没有向B2南洲路（西）及工业大道的指示；照片③中才再次出现B1、B2两个方向的分岔指示，如图2-4-3-1。

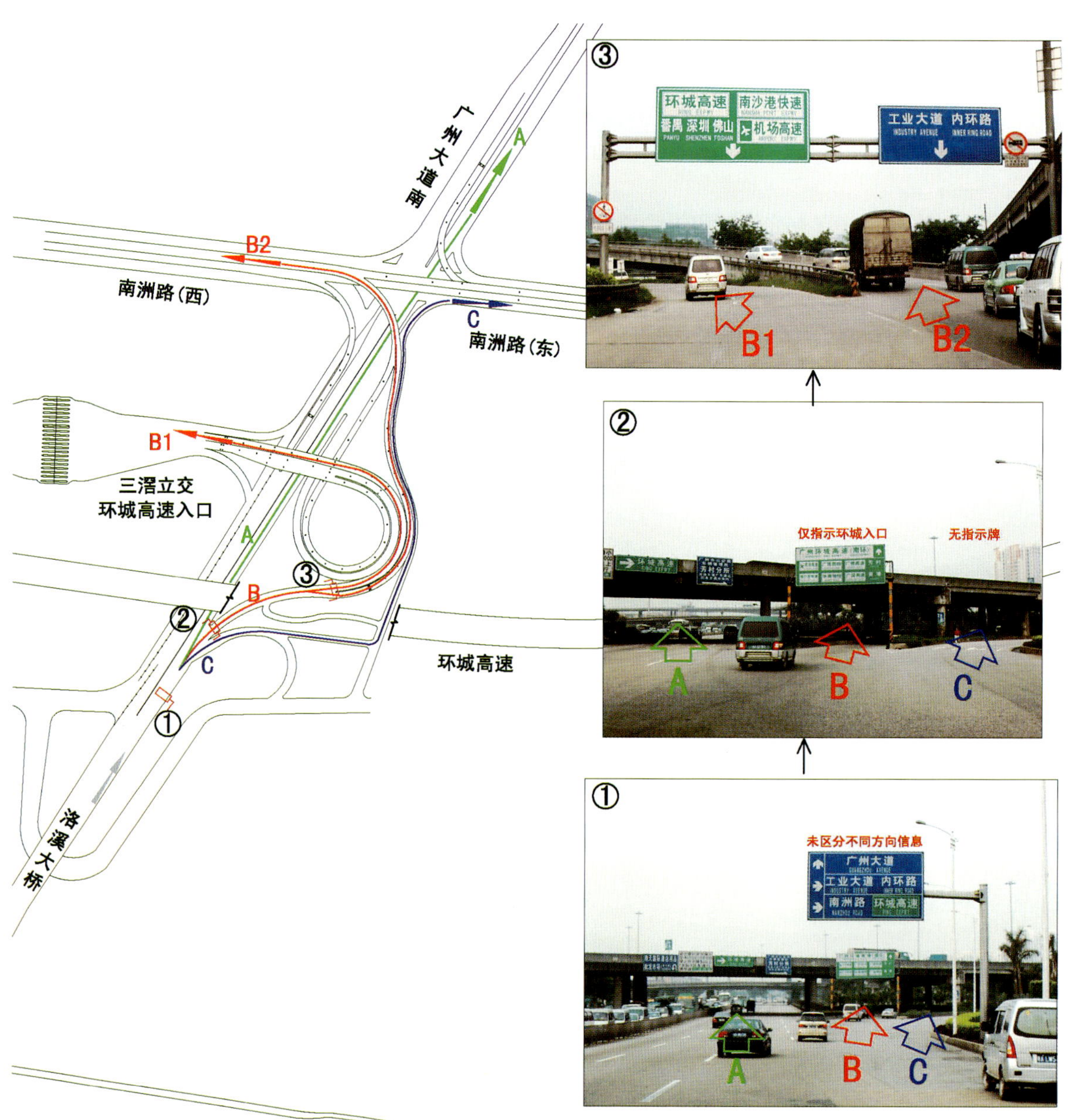

①中没有把往方向B2南洲路(西)、方向C南洲路(东)的信息区分开；②中右侧门架式标志仅预告方向B1环城高速入口，无方向B2南洲路(西)及工业大道的指示；③中才再次出现B1、B2两个方向的指示。

图2-4-3-1　分岔处指路标志指示不清示例图

3．缺乏单向交通组织的指引

该问题集中表现在海珠区西北角由南华路、同福路、洪德路组成的单向交通微循环系统，南华西路、南华北路组织东往西单行，同福路组织西往东单行，洪德路北路组织北往南单行。宝岗大道与南华路、同福路的两个路口实际使用为丁字路口，但交叉口指路标志采用十字交叉的形式，且只设置禁行标志而缺乏绕行指路标志的指引，使不熟悉路网的驾驶者无所适从，如图 2–4–3–2。

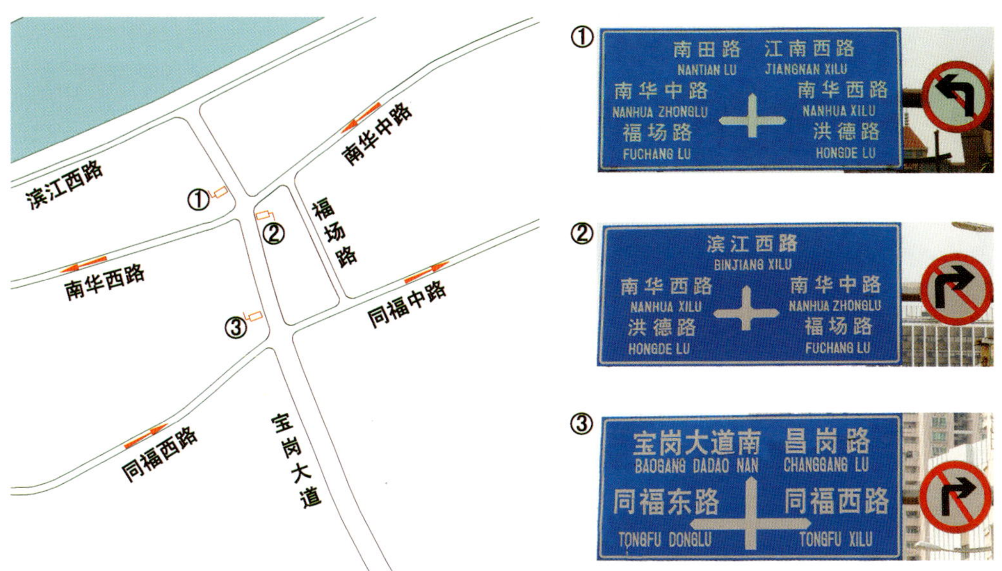

图 2–4–3–2　单向交通组织交叉口缺乏绕行指引示例图

4．标志牌未与路网同步更新

随着海珠区路网的快速建设发展，部分早期设置的标志牌未与新建道路同步更新，造成标志信息与现状路网存在不协调的现象。例如，金沙路、宝业路为近年新建道路，在其开通以前，梅园西路为连接革新路、工业大道、宝岗大道的一条支路，因此宝岗大道／江南西路口 3 个方向均指示西出口方向信息为梅园西路，但随着金沙路、宝业路的开通，现状梅园西路仅为革新路与工业大道之间的一条小路，宝岗大道／江南西路口的指路标志不应再指示该信息，如图 2–4–3–3。

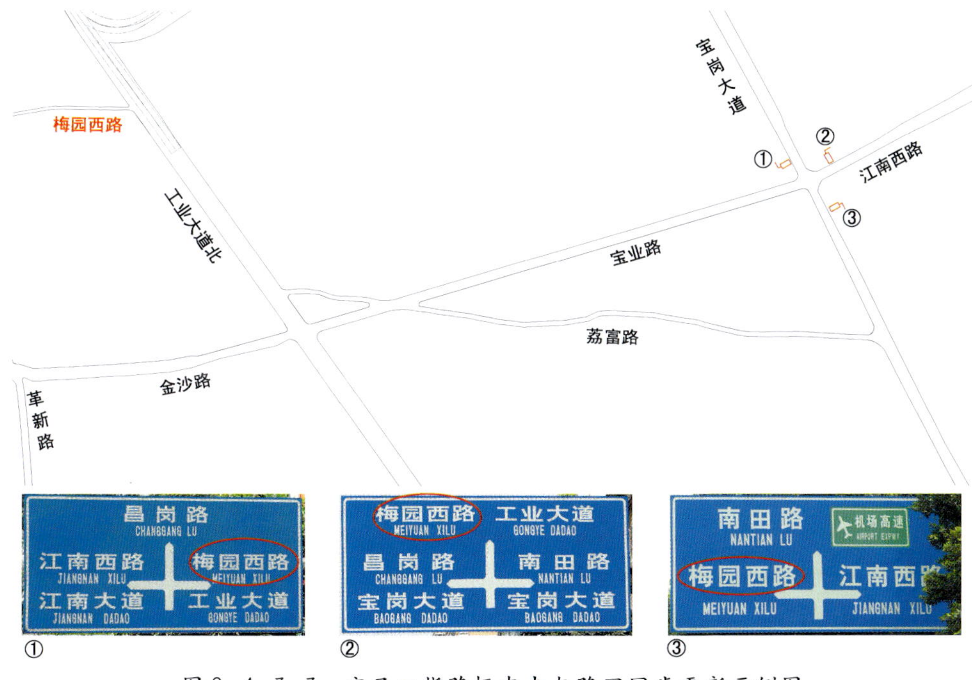

图 2–4–3–3　交叉口指路标志未与路网同步更新示例图

4.3.2 指路标志系统组成要素现状分析

根据指路标志系统在使用方面上存在的问题，按指路标志系统的组成，从指路标志的信息内容方面、牌面标识方面、牌面规格方面、牌面表现形式方面、标志设置方面展开全面、详细的分析。

1．信息内容

(1) 信息选取组成方式不统一

目前指路信息的选取较为随意，不同交叉口采用不同的信息选取组成方式，缺乏合理统一的信息选取体系，容易令不熟悉路网情况的驾驶者无所适从。现状主要有以下几种信息选取组成方式：

①仅指示非直接衔接道路信息

交叉口预告标志上仅指示不同方向上能够到达的较远处道路或结点信息，而不指示与该交叉口直接衔接的道路信息。例如，在宝岗大道／南田路南进口的标志上，仅指示"同福中路"、"工业大道"、"江南大道"等较远处的非直接衔接道路信息，而不指示该路口直接衔接的"南田路"、"宝岗大道"信息，见图 2-4-3-4。

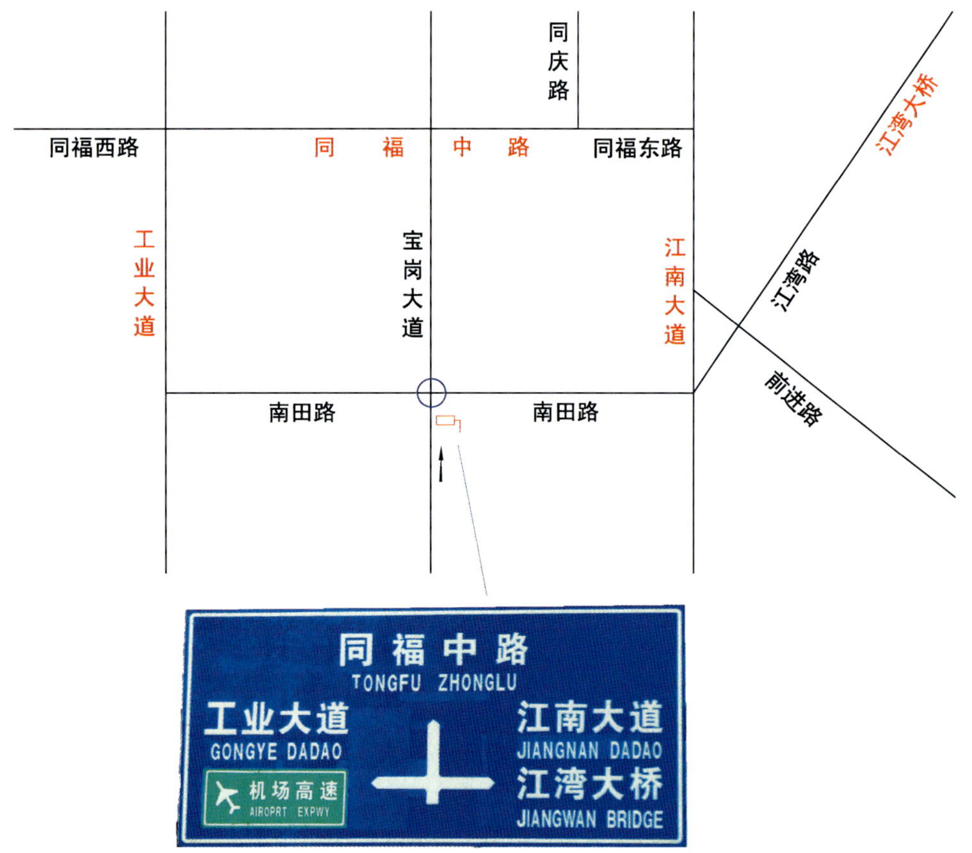

图 2-4-3-4 仅指示较远处，而不指示直接衔接道路的情况

②仅指示直接衔接道路信息

与第一种方式相反，交叉口预告标志上仅指示与该交叉口直接衔接的道路信息，而不指示通过下游交叉口能够到达的道路或结点信息。例如，在工业大道/同福路北进口的标志上，仅指示该路口直接衔接的"同福路"、"工业大道"信息，而不指示"宝岗大道"、"南田路"等较远处的非直接衔接道路信息，见图 2-4-3-5。

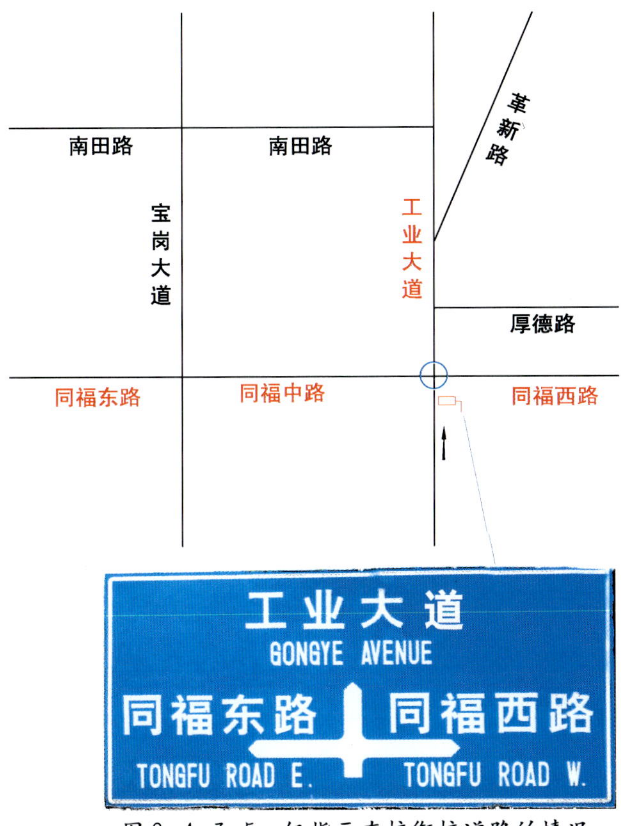

图 2-4-3-5　仅指示直接衔接道路的情况

③混合指示直接及非直接衔接道路信息

综合上述两种方式，交叉口预告标志上同时混合指示直接衔接道路（近处）及通过下游交叉口能够到达的道路或结点（远处）信息，且把与所在道路平行及垂直的不同走向道路并排指示。例如，在宝岗大道／昌岗路南进口标志上，“宝岗大道”、“昌岗路”为该交叉口直接衔接道路，“同福路”、“工业大道”、“江南大道”为通过下游交叉口才能到达的非直接衔接道路，此外，在标志上前行方向的信息中，宝岗大道为所在道路前行方向，而同福路则为宝岗大道垂直相交道路，两者并排放置产生混淆，见图 2-4-3-6。

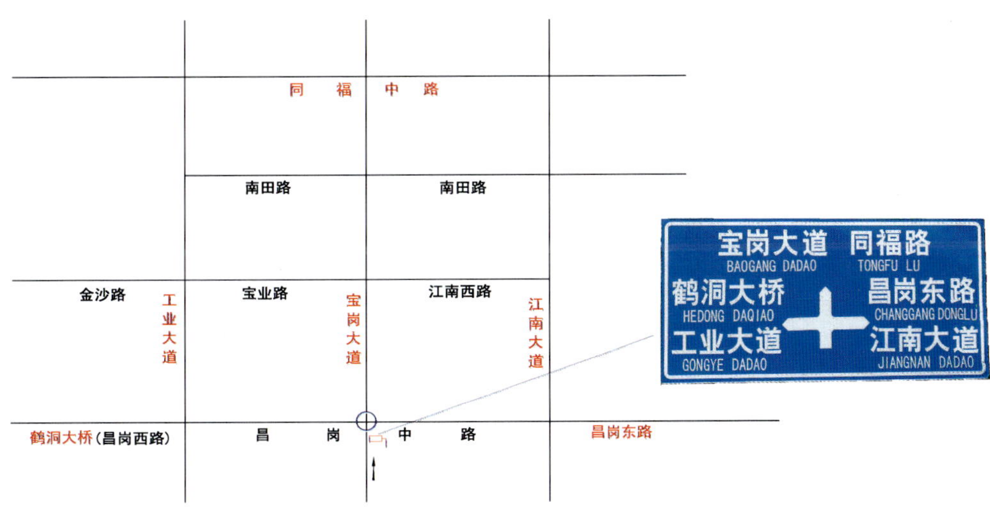

图 2-4-3-6　把直接与非直接衔接道路信息混合指示的情况

(2) 信息引导缺乏合理性

指路标志的信息选取必须是经过合理的筛选，从路网整体角度考虑，尽量形成系统的信息链，引导交通参与者使用最合理的路线，起到疏导和平衡路网交通负荷的作用，但目前海珠区部分指路标志存在信息引导路径不符合合理性原则的现象。例如、在江湾路南往北方向上，现状指路标志引导经仲恺路前往海印桥，但仲恺路不能西往北左转上海印桥，车辆需右转到东晓路／前进路口掉头才能往北上海印桥，引导路径缺乏合理性，如图 2–4–3–7。

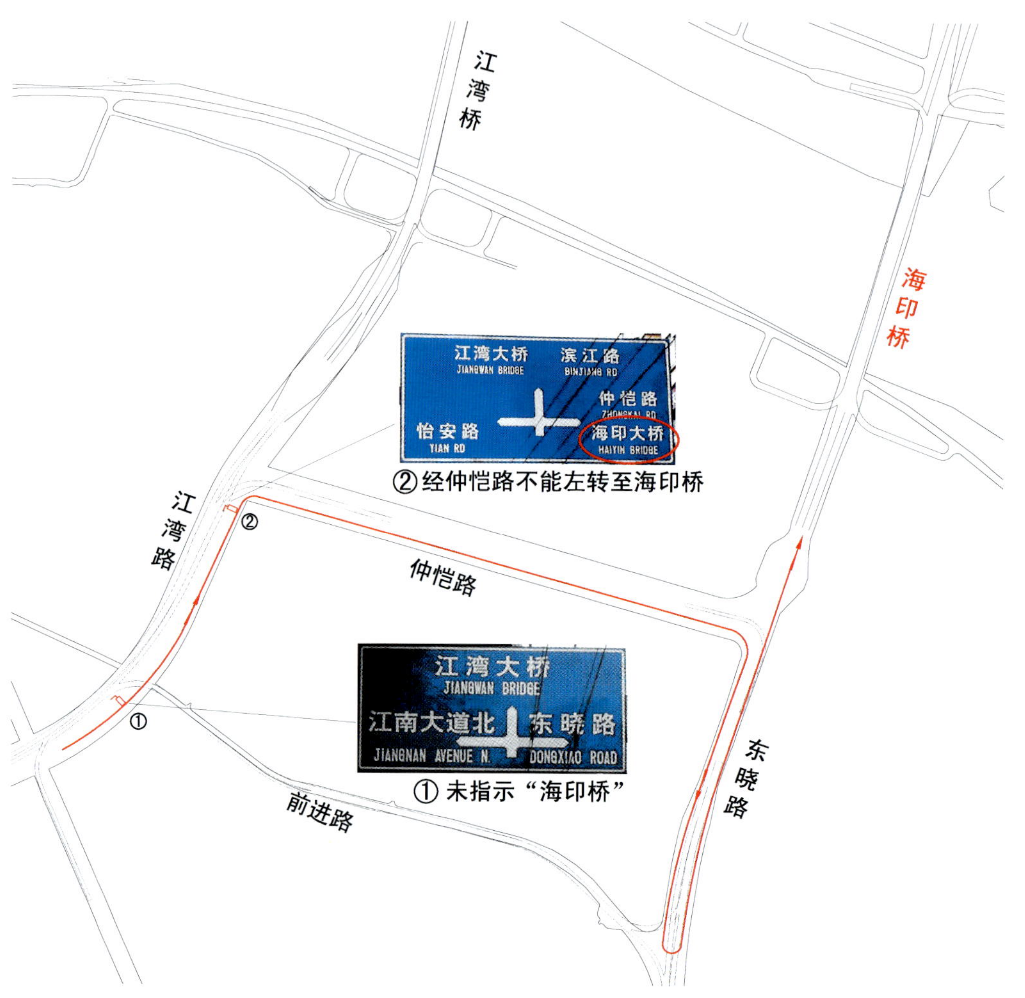

图 2–4–3–7　引导车辆经仲恺路至海印桥缺乏合理性

(3) 信息发布缺乏连续性

区域路网由不同等级的城市道路纵横交错而成，相邻的路段、交叉口的指路标志信息应做到连续发布、环环相扣，才能达到信息引导的目的，但现状海珠区路网指路标志系统却存在前后信息发布突然缺失的情况。例如，在广州大道南往东右转新滘南路方向，交叉口标志右转方向首先指示〝华南快速干线〞，但到了新滘南路段标志上却没有出现该信息，改而指示〝新光快速路、石榴岗路〞，再前行到江海大道路口前的立交标志上，前面的预告信息均没有再出现，令驾驶者无法分辨方向，见图 2–4–3–8。

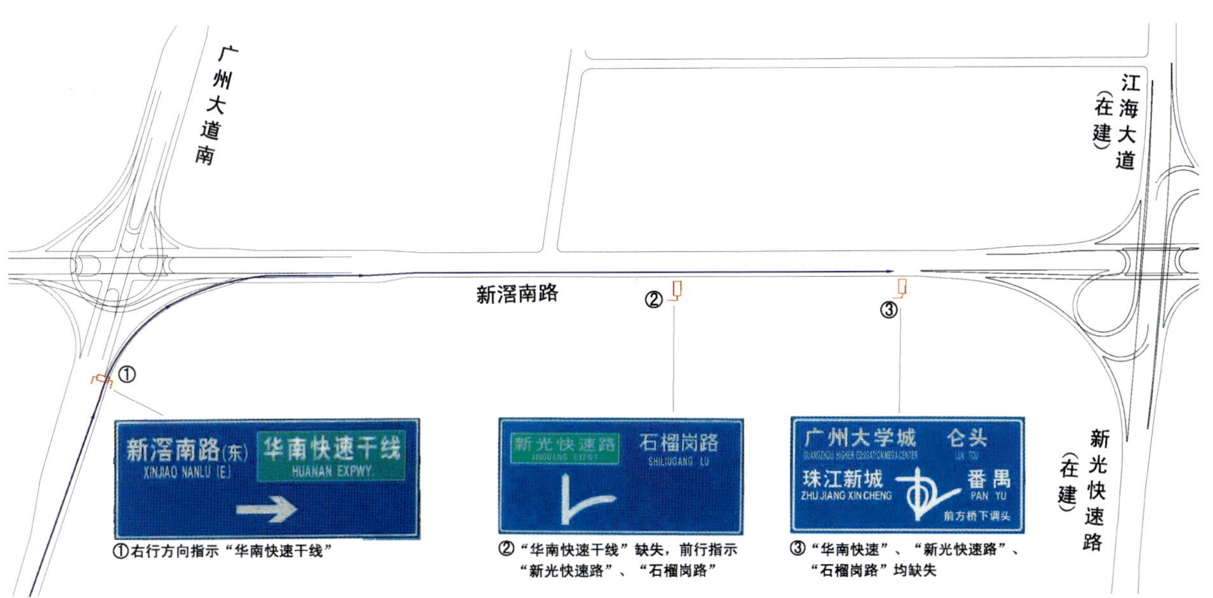

图 2-4-3-8　标志牌前后信息缺乏连续性

2. 牌面表现形式

（1）牌面排版可能导致误解部分指路标志由于主干道路面较宽、车道较多，采用了交叉口进口道预告标志与道路信息结合的表现形式，可较为有效地提前告知驾驶者变车道，但在牌面排版上可能导致误解。例如，江南大道北往南方向的分车道指示牌中，实际上几条直行车道均可到达上方指示的道路，但由于一个直行箭头正对一个道路信息，可能令驾驶者唔以为各条直行车道只能前往一个目的地，而相应变换车道，造成不必要的横向交通干扰，见图 2-4-3-9。

图 2-4-3-9　可能令人误解各条直行车道分别前往不同目的地的排版

（2）另一种情况为，在一些丁字路口预告标志牌面上，直行信息与左（右）行信息摆放位置接近同一列，可能令人误解混淆不同方向的信息，见图 2-4-3-10。

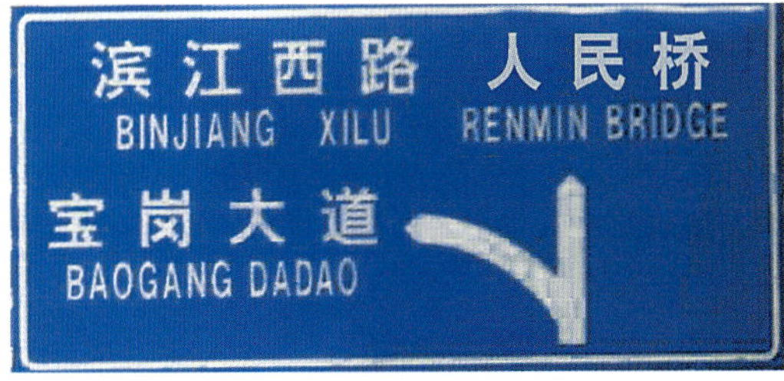

图 2-4-3-10　直行与右行方向信息摆放接近同列而导致误解混淆的排版

4.4 改善方案

交通参与者按照对路网的熟悉程度可分为非常熟悉、有一定认识及毫无认识等三类，改善实施方案的主要服务目标人群为其中的第二类，对区域路网有一定认识但未达到熟悉程度的交通参与者，指路标志系统为其提供必要的道路指示信息，同时避免信息过载或不足，提高区域内道路指路标志系统的整体服务水平。

4.4.1 改善原则

（1）规范化原则——海珠区指路标志的系统更新和整体完善，应符合《道路交通标志和标线》(GB5768—1999)、《广州市道路交通交通管理设施设计施工指南》(市交警支队）的相关规定，并以《重点部门、大型公建及旅游景点指路标志系统布局方案研究》、《环城高速公路指路标志系统改善方案研究》、《内环及放射线指路标志系统改善方案研究》等相关研究成果为参考依据。

（2）功能性原则——根据城市道路承担的城市交通功能，结合广州城市道路网络结构特点，系统完善海珠区现有指路标志系统所传递的信息内容与设置。

（3）层级性原则——指路标志系统传递信息的选用，应优先考虑所在道路功能等级所对应的同一层次信息，有条件再考虑上一层次信息或下一层次信息。

（4）合理性原则——去往目的地存在两条或两条以上行驶路线时，指路标志系统一般应以引导最短路径的路线为原则，同时兼顾所能辐射道路的通行条件及交通组织的需要，综合确定行驶方向的信息预告。

（5）连续性原则——指路标志系统传递信息必须保持路径引导的一致、连贯和前后相呼应，避免信息传递突然缺失。

（6）可实施性原则——为提高改善方案的可实施性，尽量降低实施成本，改善方案优先考虑在现有指路标志系统进行整体改善，必要时才考虑更换或增设指路标志，并应结合考虑近期道路建设计划，与道路工程的实施相协调。

4.4.2 改善准则

本改善准则的适用范围为主、次干路等一般城市道路体系指路标志系统，以及非封闭式、交通功能等级基本接近交通性主干路的快速路指路标志系统的设置。

1．指路标志信息分级体系的选用准则

(1)根据城市道路承担城市交通功能的地位，其指路标志系统传递的信息应包括道路沿线途经及所辐射的重要区域、重要道路、重要交通结点、大型交通枢纽、重要大型公建等。指路标志系统传递信息按区域行政级别、道路功能等级、重大公建服务功能的层级性分为3类，具体分级体系见表2—4—4—1。

指路标志信息分级体系 **表2—4—4—1**

层次级别	Ⅰ类信息	Ⅱ类信息	Ⅲ类信息
信息类型	高速公路、封闭式快速路、大型交通枢纽、行政区域、大学城区、大型会议展览中心	非封闭式快速路、内环路、主干路、重要交通结点	次干路、支路

注：重要交通结点具体指大型立交、过江桥或过江隧道。

(2)一般城市道路指路标志系统传递的信息应按层级性原则分类选用，如图2-4-4-1，主干路指路标志传递信息以II类信息为主，次干路指路标志传递信息以III类信息为主，即一般城市道路指路标志系统传递的信息主要为II类及III类信息。

①交叉口指路标志传递信息的选用：

● 所在道路与高速公路、封闭式快速路设有匝道连接时，即为入口预告标志，首先选择I类信息，有条件再考虑II类信息；

● 衔接道路为主干路、非封闭式快速路时，指路标志首先选择该方向衔接的II类信息，有条件再考虑最邻近的I类信息；

● 衔接道路为次干路、支路时，指路标志首先选择该方向衔接的III类信息，有条件再考虑邻近的II类信息。具体见表2-4-4-2。

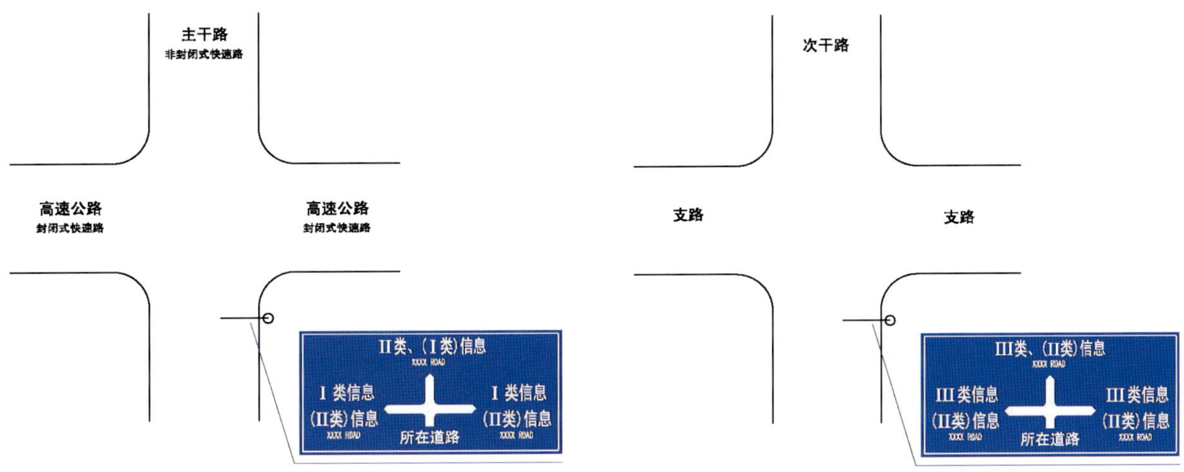

图2-4-4-1　一般城市道路交叉口指路标志传递信息选用示意图

一般城市道路交叉口指路标志传递信息选用参考表　　表2-4-4-2

各方向衔接道路	各方向指示信息
高速公路 封闭式快速路	I类、(II类)
主干路 非封闭式快速路	II类、(I类)
次干路 支路	III类、(II类)

注：一般城市道路与高速公路及封闭式快速路交叉口的指路标志即为高速公路及封闭式快速路的出入口预告标志，其信息选取在已完成的指路标志系统系列研究成果中体现，本次研究不作重复阐述。

②分岔处指路标志传递信息的选用：分岔口不同指向应首先选择该指向衔接的II类或III类信息，有条件再考虑邻近的I类信息。

2．指路标志传递信息内容组成准则

一般城市道路体系沿线设置的指路标志按其使用功能分为以下几种类型：

(1) 交叉口指路标志

根据道路结构、道路功能以及城市路网的布局，交叉口指路标志可分为主要交通集散点指路标志和次要交通集散点指路标志。

1）主要交通集散点（交通性主干路交叉口）指路标志

交通性主干路为通行能力强、服务水平高、贯穿城区的主要道路，其相互交叉构成区域主要交通集散点，通过这些集散点，城市主要交通流可以快速地集合与疏散。该类型交叉口指路标志应采用近远结合的方式，结合预告交通性主干路、重要交通结点、高速公路、重要地点等远点信息。

①互通式立交预告信息：各方向下游直接衔接的交通性主干路或重要交通结点信息（统称"近点信息"），以及各方向所能到达的较邻近的交通性主干路、重要交通结点或高速公路、重要地点等信息（统称"远点信息"），同时把该立交的名称置于立体交叉图案下方，如图2-4-4-2。

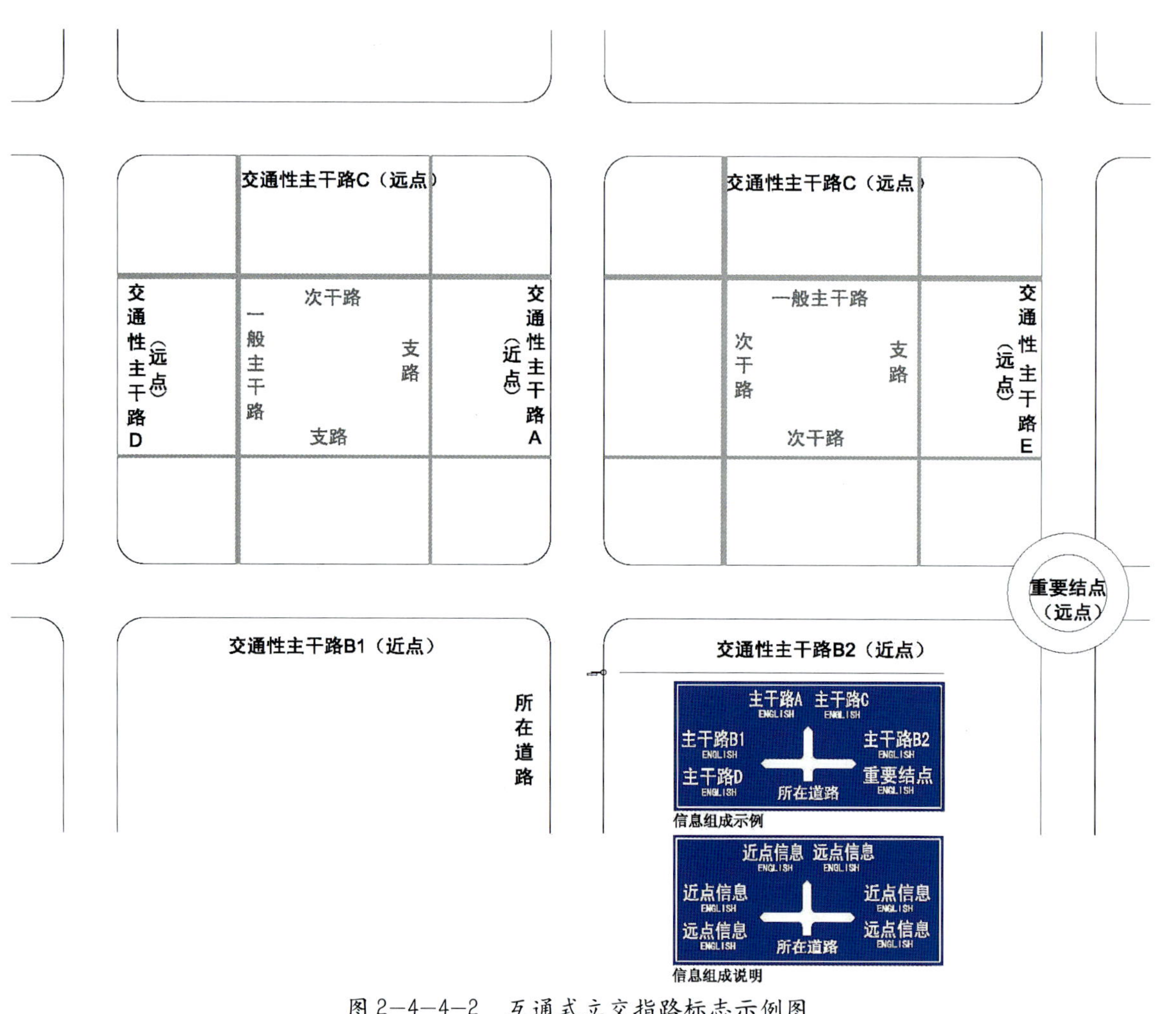

图2-4-4-2 互通式立交指路标志示例图

②平面交叉口预告信息：与立交预告信息组成基本相同，不同点在于把所在交通性主干路信息置于十字交叉图案下方，信息内容组成示例见下图。对于前行方向直接衔接道路与所在道路为同一道路的情况，可直接把该道路信息置于十字交叉图案下方，见图2-4-4-3。

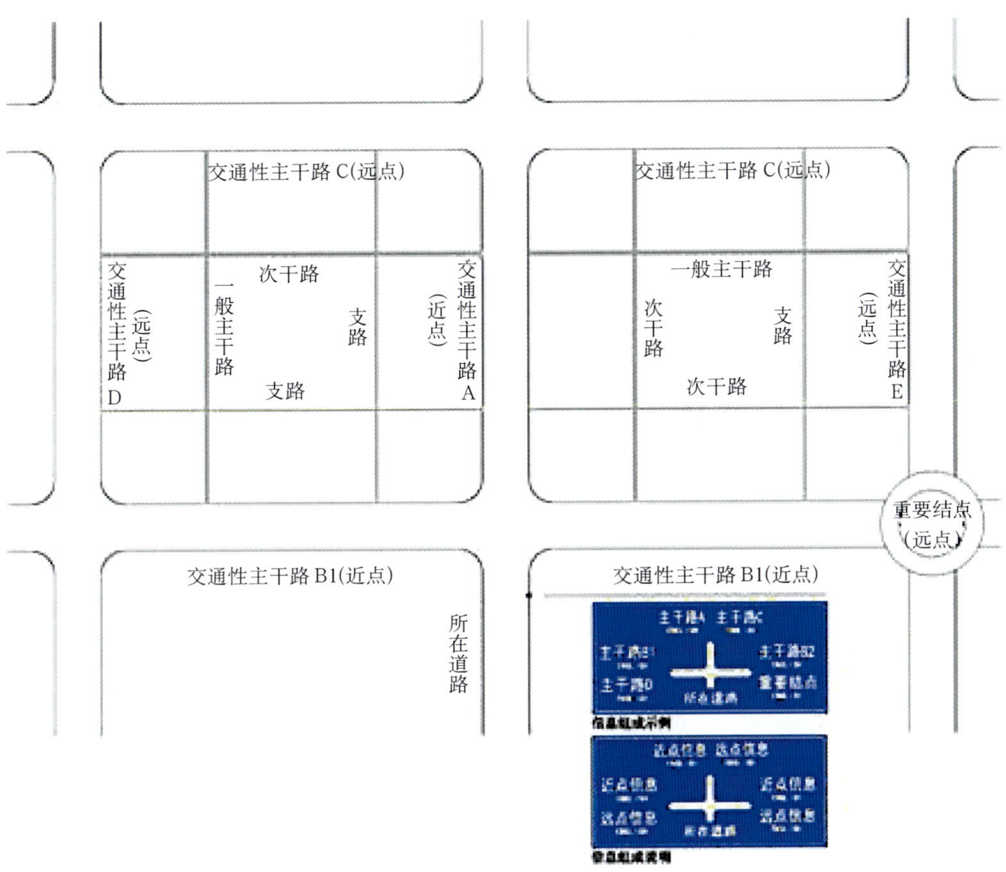

图2-4-4-3　交通性主干路平面交叉口标志示例图

2)次要交通集散点（生活性道路交叉口）指路标志

由一般主次干路、支路构成了局域性地区交通网络，其相互交叉构成了次要交通集散点，通过这些集散点，交通流可以驶达目的地或驶入交通性主干路。该类型交叉口的指路标志应主要预告其周边相邻道路的信息。

①一般主次干路交叉口指路标志

十字交叉口预告信息：各方向预告该方向直接衔接的主次干路信息，以及预告该方向下一交叉口相交干路或重要交通结点信息，并把所在干路信息置于十字交叉图案下方。城市路网中多为前行方向直接衔接道路与所在道路为同一道路的情况，可直接把该道路信息置于十字交叉图案下方，信息内容组成示例见下图。与十字交叉口类似，丁字交叉口标志信息内容组成示例见图2-4-4-4、图2-4-4-5、图2-4-4-6。

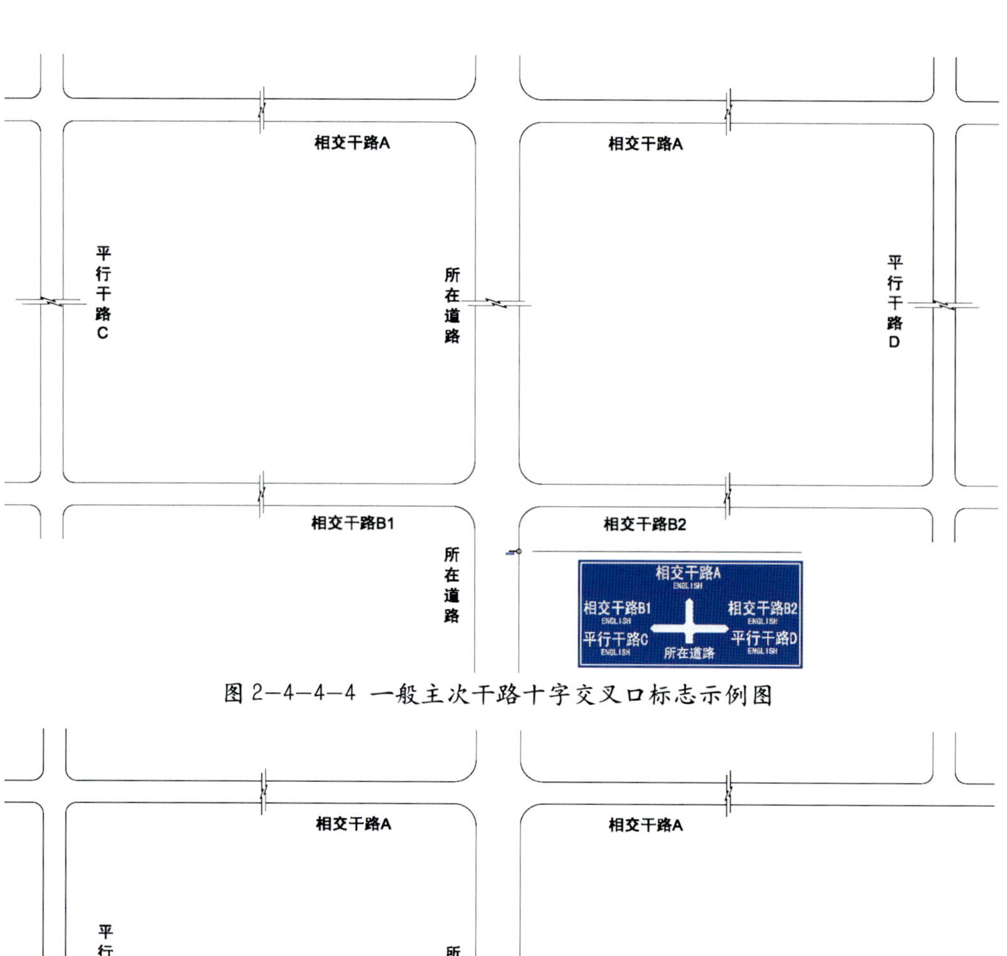

图 2-4-4-4 一般主次干路十字交叉口标志示例图

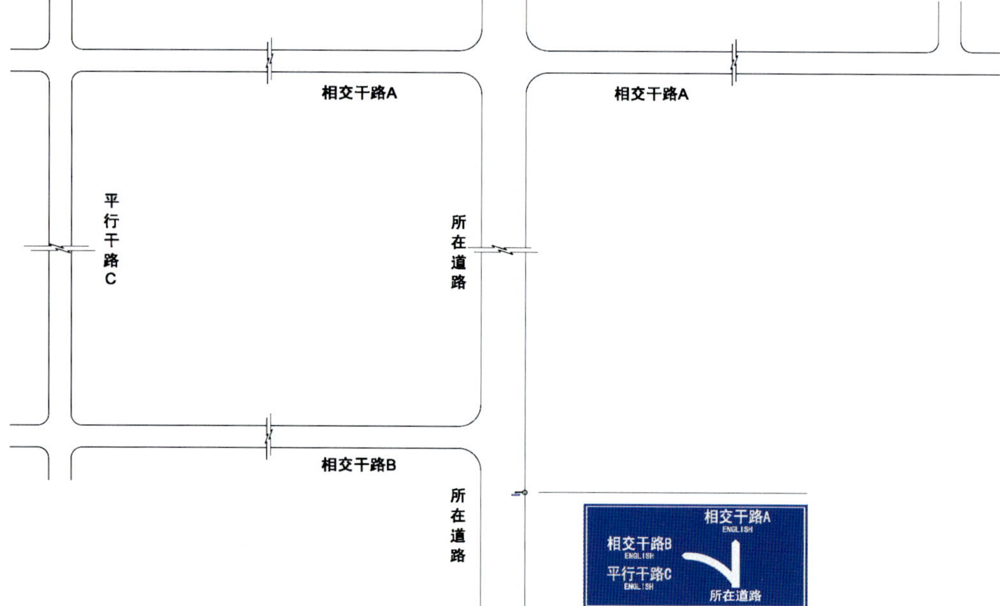

图 2-4-4-5 丁字交叉口标志示例图 1

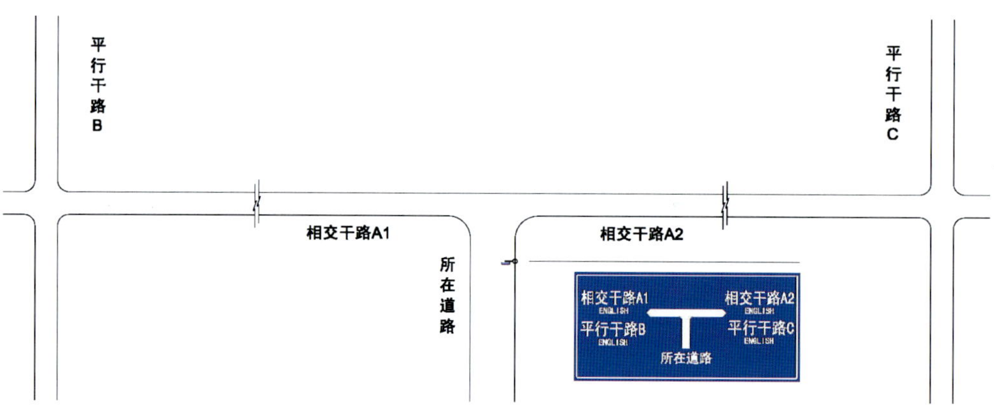

图 2-4-4-6 丁字交叉口标志示例图 2

交叉口进口道（含指路信息）预告标志：交叉口进口道预告标志（《国标》中称为车道行驶方向标志）一般为预告交叉口进口各车道行驶方向信息的指路标志，当实际条件不满足交叉口预告标志和交叉口进口道预告标志分开设置要求时可相互结合设置（仅适用于预告信息数目较少的情况）。信息内容为直行车道方向预告下一交叉口相交干路或重要交通结点信息，左（右）行车道方向预告该方向直接衔接的主次干路信息，其内容组成示例见图2—4—4—7。

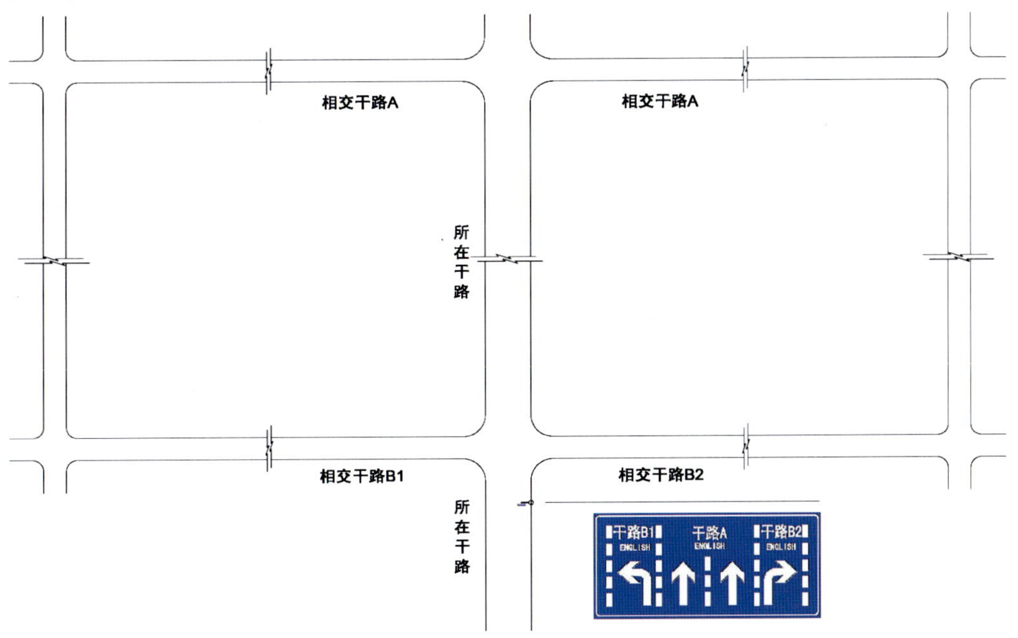

图2—4—4—7　交叉口进口道（含指路信息）预告标志示例图

②交通性主干路与一般主次干路交叉口指路标志

即为交通性主干路上各主要交通集散点间的次要交通集散点。

交通性主干路方向上，按照主要交通集散点（交通性主干路交叉口）指路标志的方式指示，即近远结合的信息预告方式。

一般主次干路方向上，按照次要交通集散点（生活性道路交叉口）指路标志的方式指示，即主要预告其周边相邻道路的信息。

③主次干路与支路交叉口指路标志

主次干路与支路交叉口主要预告与其直接衔接的道路信息，采用单立柱小型标志牌，预告信息总数目不应超过3条，预告信息内容应包括交叉口直行方向可达道路信息，以及左（右）行方向直接衔接的道路信息，示例见图（图2—4—4—8）。

图2—4—4—8

（2）分岔处指路标志

即为预告道路车道分向隔离带或分岔口、跨线高架路或立交匝道起点不同行驶方向衔接的道路及其可到达地点信息的指路标志，见图2—4—4—9。

跨线高架桥或立交匝道起点处

车道分向隔离带或分岔口处

图2—4—4—9　分岔处指路标志示例图

①道路车道分向隔离带或分岔口处的指路标志预告信息总数目不应超过3条，预告信息内容应包括分岔口不同指向直接衔接的下游第一条道路或重要交通结点信息。

②跨线高架桥或立交匝道起点分岔处的指路标志每个指向预告的信息数目不宜超过4条，预告信息内容应包括匝道起点不同指向所能到达的道路或重要交通结点信息；预告远点重要信息时，可适当增加距离预告。

③绕行指路标志

属于辅助性指路标志，用以预告前方实施交通管制路段及受限制车辆正确行驶路线信息。《国标》中该类标志的示例图无标示道路名称，宜在其基础上增加，见下图2–4–4–10：

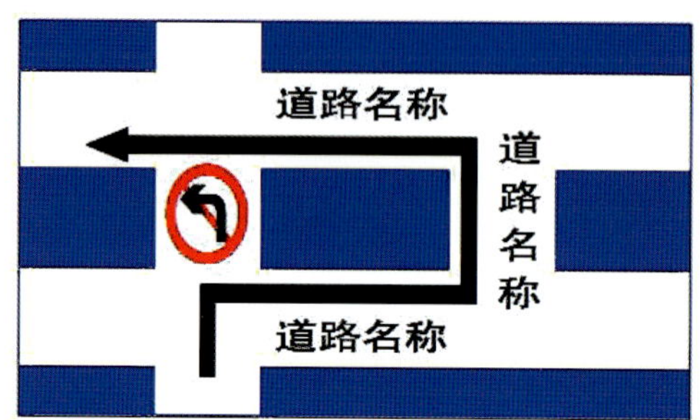

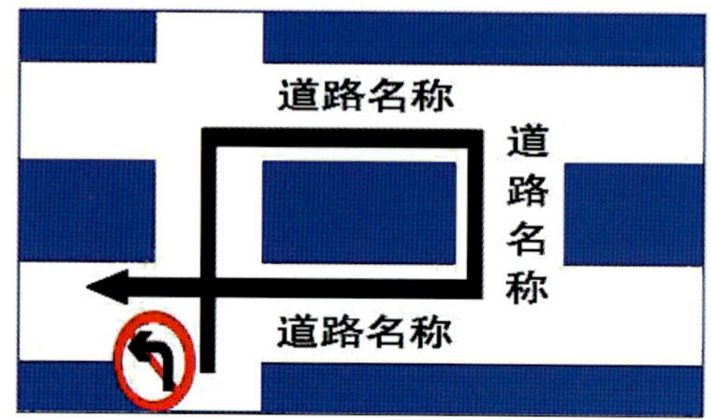

图 2–4–4–10　绕行指路标志示例图

3．信息引导路径的优化设置准则

(1)针对整体路网结构及出行分布的特点，以合理引导交通流行驶路径为提前，统筹考虑区域路网指路标志信息设置，以充分发挥其在整个城市路网体系中所承担的交通功能。

(2)不应在交叉口指路标志的不同方向预告相同信息，应选择其中一个最合理的方向进行预告，尽量避免或减少不必要的绕行。

4．指路标志信息连续性设置准则

指路标志系统预告信息的传递必须保持一定的连续性：

(1)交叉口指路标志一旦出现的预告信息，必须在到达该预告道路起点或预告地点之前的交叉口预告标志上连续出现，不得中断。

(2)分岔处指路标志一旦出现的预告信息，必须在紧邻的交叉口预告标志或分岔指路标志上连续出现，不得中断。

5．道路预告信息方向性标识准则

针对大型立交指路标志的不同方向需预告同一道路信息的情况，应相应为该道路预告信息增加方向性标识：

(1)预告道路名称为"XX大道"，不同方向可标识为"XX大道(东行)"、"XX大道(西行)"等。

(2)预告道路名称为"XX路"，不同方向可标识为"XX路(东行)"、"XX路(西行)"等；预告道路名称已含方向如"XX东路"，不同方向可标识为"XX东路(东行)"、"XX东路(西行)"等。

6．指路标志信息规范统一性设置准则

(1)指路标志信息所用的路名、地名，应使用交通参与者通常认识或所理解的名称，并应与全市通用性的名称保持一致。

(2)同一交叉口指路标志牌面上每个指向预告的信息数目不宜超过2条、牌面信息总数目不宜超过6条，分岔处指路标志牌面上每个指向预告的信息数目不宜超过4条，单立柱小型标志牌面的信息总数目不宜超过3条，每条信息的汉字字数不宜超过5个，传递信息所用名称字数较多时尽量采用通用简称。

(3)一般城市道路指路标志统一采用蓝底白图案(三级反光膜)，其指路标志上反映高速公路、快速路信息采用绿底白图案，反映国道编号采用红底白字白边。

(4)交叉口指路标志汉字字高为25或35cm，交叉口进口道（含指路信息）预告标志汉字字高为40cm，分岔处指路标志汉字字高为25或35cm，绕行指路标志汉字字高为20cm，英文字母的高度为汉字高度的1/3～1/2；一般情况下汉字字宽与字高必须相等，字数较多时，字宽可适当缩窄，但不得小于字高的0.6倍。

(5)中英文对照方式的统一标准：汉字置于拼音字、英文字之上，拼音字、英文字均应采用大写字母形式；地名、路名专名用汉语拼音，专用名词（如"桥、立交、机场、火车站"等)、路名通名（如"××街、××路、××大道、××高速公路"等）用英文。

(6)各类指路标志牌面规格沿用现状常用规格，保持前后的协调统一。

7．指路标志清晰可视区域设置准则

(1)指路标志清晰可视区域的设置，应充分考虑与道路沿线其他设施相协调的原则，以保证柱式标志（不应侵入道路限界以内，标志边缘距路肩边缘不得小于25cm）的清晰可视性为基准，清晰可视区域设置的最小距离L宜符合表2-4-4-3的规定。

各级道路体系指路标志清晰可视区域设置的最小距离L（单位：m）表2-4-4-3

道路等级	快速路	主干路	次干路	支路
清晰可视区域设置最小距离	75	50	30	15

(2)指路标志清晰可视区域的最小距离范围内，任何类型的景观美化种植、道路沿线其他附属设施不能遮挡标志牌面。

4.4.3 改善方案

根据上述改善原则和改善准则，在对海珠区路网交通功能进行详细分析，并对现状指路标志系统进行深入调查分析的基础上，针对道路交通指路标志系统存在的主要问题，提出指路标志系统的整体改善方案。

1．牌面信息组成的优化

(1) 采用统一的信息选取组成方式

针对区域路网指路标志系统信息内容组成分级层次不明确的现状，按照信息分级体系及选用原则，对海珠区路网所能辐射的具体信息内容进行了分类分级，具体如表2-4-4-4所示，根据区域路网承担的交通功能地位，其指路标志系统内各类指路标志所传递信息进行层次优化，例如：在广州大道／新滘中路北进口的标志牌上，在信息选择方面，由于广州大道属于II类信息，其北往南直行方向应首先考虑直接相连的II类信息洛溪大桥，在此基础上再选择所衔接的I类信息－环城高速（南环），而不预告南

海珠区指路标志信息分级体系 **表 2-4-4-4**

层次级别	I 类信息	II 类信息	III 类信息
具体信息	环城高速、机场高速（白云机场）、华南快速、南沙港快速、新光快速(在建) 广州火车站、番禺、芳村、广州大学城、会展中心等	内环路、工业大道、江南大道、东晓路、东晓南路、广州大道、江海大道、科韵路、宝岗北路(规划)、昌岗路、新港西路、新滘西路、新滘中路、新滘东路、南洲路 人民桥、解放大桥、海珠桥、江湾大桥、海印桥、广州大桥、猎德大桥(规划)、琶洲大桥、生物岛隧道(规划)、洛溪大桥、鹤洞大桥、洲头咀隧道(规划)	滨江路、南华路、同福路、纺织路、仲恺路、南田路、前进路、金沙路、宝业路、江南西路、江南东路(规划)、江泰路、南泰路、江燕路、阅江路、艺洲路、琶洲大道、凤浦路、赤沙路、石榴岗路、仑头路、南洲北路、盈丰路、革新路、洪德路、宝岗大道、同庆路、江湾路、怡乐路、瑞康路、下渡路、翠竹路、艺苑路、赤岗路、华洲路、会展西路、会展东路等

注："新滘南路"名称更改，并分为三段，工业大道～广州大道段命名为"新滘西路"，广州大道～华南快速段命名为"新滘中路"，华南快速以东段命名为"新滘东路"。

洲北路等 III 类信息。

海珠区一般城市道路分类见表 2-4-4-5，按照指路标志传递信息内容组成准则，对交叉口指路标志、分岔处指路标志及绕行指路标志分别进行改善，使指路标志的信息选取组成系统统一。

海珠区一般城市道路分类一览表 **表 2-4-4-5**

道路分类	交通性主干路	一般主次干路	支路
道路名称	工业大道、江南大道、东晓路、东晓南路、广州大道、江海大道、科韵路、宝岗北路(规划)、昌岗路、新港西路、新滘西路、新滘中路、新滘东路、南洲路	滨江路、南华路、同福路、纺织路、仲恺路、南田路、前进路、金沙路、宝业路、江南西路、江南东路(规划)、江泰路、南泰路、江燕路、阅江路、艺洲路、琶洲大道、凤浦路、赤沙路、石榴岗路、仑头路、侨港路、江晓路、南洲北路、盈丰路、革新路、洪德路、宝岗大道、同庆路、江湾路、怡乐路、瑞康路、下渡路、翠竹路、艺苑路、赤岗路、华洲路、会展西路、会展东路、会展南一～五路等	南边路、广纸北一路、广纸北二路、福场路、小港路、礼岗路、晓港中马路、晓港南马路、小洲东路等

（2）加强信息引导路径的合理性

结合整体路网的结构特点，从区域路网承担的交通功能角度考虑，以合理引导交通流行驶路径为前提，统筹考虑信息引导路径设置的改善。例如在江湾路南往北方向上，现状指路标志引导经仲恺路前往海印桥，增加了不必要的绕行距离，改善后指路

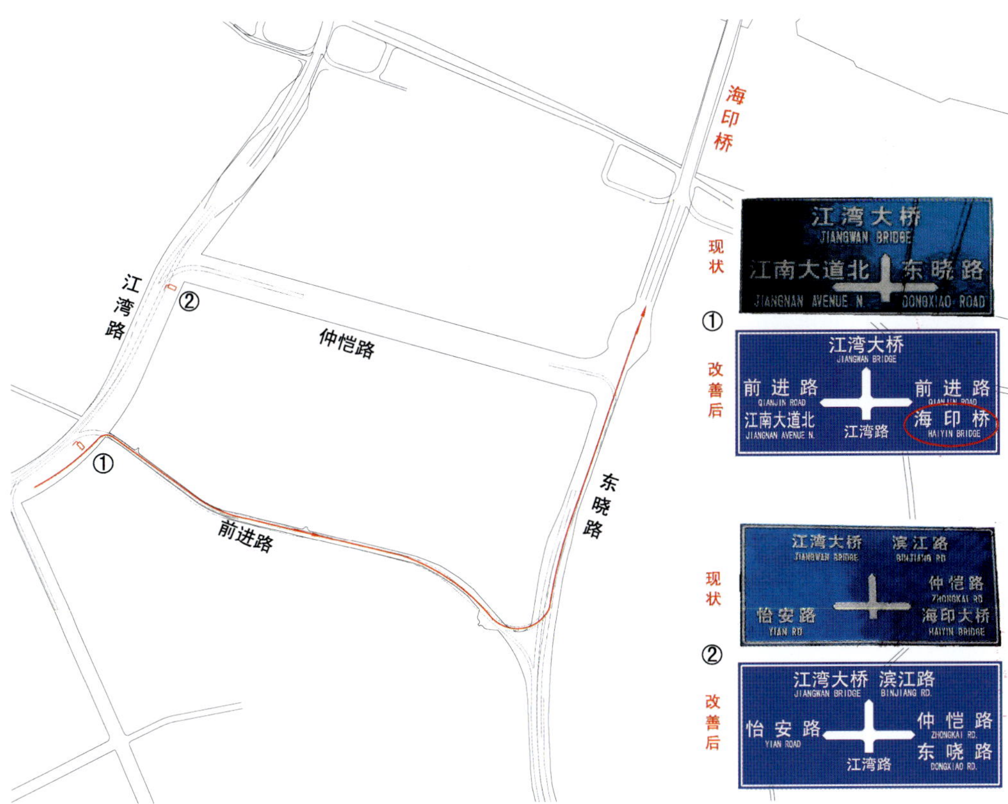

改善后指路标志引导车辆经前进路前往海印桥，不引导其经仲恺路前往

图 2-4-4-11　合理引导路径改善示例图

标志引导车辆经前进路前往海印桥，如下图 2-4-4-11 所示。

（3）增强信息传递的连续性

保证信息传递的连续性：交叉口指路标志上一旦出现过的预告信息，必须在到达该预告道路起点或预告地点之前的交叉口预告标志上连续出现，不得中断；分岔指路标志一旦出现的预告信息，必须在紧邻的交叉口预告标志或分岔指路标志上连续出现，不得中断。例如在广州大道南往东右转新滘中路方向上几个指路标志的信息传递极不连

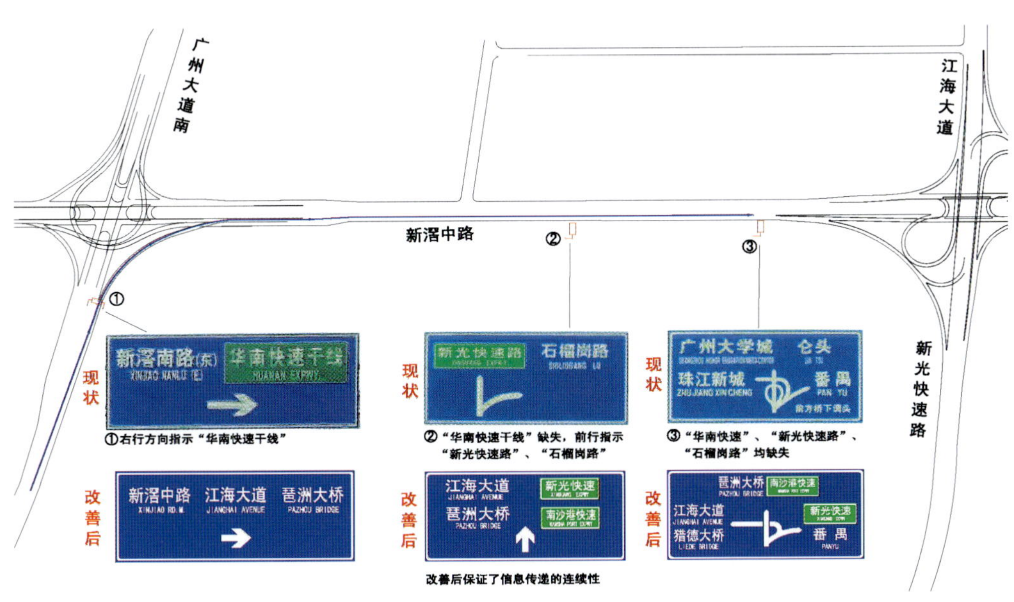

图 2-4-4-12　保证标志前后信息传递的连续性示例图

续，改善后保证了前后信息传递的连续性，见图2-4-4-12。

2．增加道路预告信息方向性标识

随着海珠区路网，大型立交指路标志的不同方向可能需预告同一道路信息，针对这种情况，应相应为该道路预告信息增加方向性标识，其字体高度可适当降低。例如，在江海大道／新滘中路立交的南、北进口，左、右行方向均需预告新滘中路，立交指路

江海大道／新滘中路立交北进口标志牌

江海大道／新滘中路立交南进口标志牌

图2-4-4-13 增加方向性标识示例图

标志上标识为"新滘中路（东行）"、"新滘中路（西行）"，见图2-4-4-13。

3．规范统一性改善

（1）规范统一信息数目及名称

海珠区指路标志系统传递信息时，同一交叉口指路标志牌面上每个指向预告的信息数目不宜超过2条、牌面信息总数目不宜超过6条，分岔处指路标志牌面上每个指向预告的信息数目不宜超过4条，单立柱小型标志牌面的信息总数目不宜超过3条，每条信息的汉字字数不宜超过5个，信息名称字数较多时采用通用性简称，所用路名、地

常用路名、地名通用名称列表 表2-4-4-6

序号	通用名称	全称	序号	通用名称	全称
1	环城高速	北环、东南西环高速公路统称	5	新光快速	新光快速路
2	机场高速	机场高速公路	6	大学城	广州大学城
3	华南快速	华南快速干线	7	会展中心	广州国际会议展览中心
4	南沙港快速	南沙港快速路	8	火车站	广州火车站

名通用名称如表2-4-4-6所示。

（2）规范统一标志颜色

一般城市道路指路标志统一采用蓝底白图案（三级反光膜）；指路标志上反映高速公路、快速路信息采用绿底白图案，反映国道编号采用红底白字白边。

（3）规范统一中英文对照形式

一般城市道路指路标志信息采用的拼音字、英文字均应为大写字母，地名、路名专名用汉语拼音译写，专用名词（如"桥、立交、机场、火车站"等）、路名通名（如"××街、××路、××大道、××高速公路"等）用英文译写。

4．指路标志牌面设计

（1）牌面规格设计

根据一般城市道路的设计车速，参照现行国标规定，交叉口预告标志汉字字高为25或35cm，交叉口进口道（含指路信息）预告标志汉字字高为40cm，分岔指路标志汉字字高为25或35cm，绕行指路标志汉字字高为20cm，英文字母的高度为汉字高度的1/3～1/2。一般情况下汉字字宽与字高必须相等，字数较多时，字宽可适当缩窄，

但不得小于字高的0.6倍。

根据广州市城市道路指路标志牌面规格使用习惯，大牌面规格指路标志高通常为2.4m，小牌面规格指路标志高通常为2.0m，本次改善方案考虑经济性原则，基本沿用常用牌面规格。本次改善方案中常用牌面规格参照表2-4-4-7。

(2) 牌面排版设计

按现行国标的有关规定，参照城市道路指路标志排版形式，针对改善方案涉及的各类指路标志，设计各类指路标志常用示范牌面，见图2-4-4-14。

指路标志牌面常用规格一览表（单位：cm） **表2-4-4-7**

指路标志类型	汉字高度	规格（宽×高）
交叉口指路标志	35	500 × 240
	25	100 × 200，120 × 200
交叉口进口道（含指路信息）预告标志	40	500 × 240
分岔处指路标志	35（40，50）	600 × 240，500 × 240，240 × 240
	25	100 × 200，120 × 200
绕行指路标志	20	300 × 240

互通式立交指路标志

十字交叉口指路标志

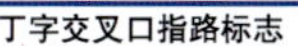
丁字交叉口指路标志

交叉口进口道(含指路信息)预告标志

分岔处指路标志

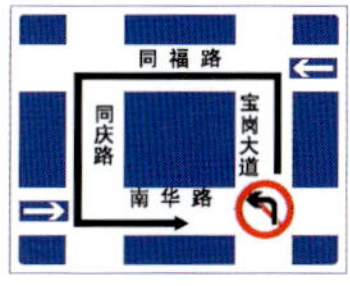

绕行指路标志

交叉口小型指路标志

图2-4-4-14　指路标志牌面内容大样设计图

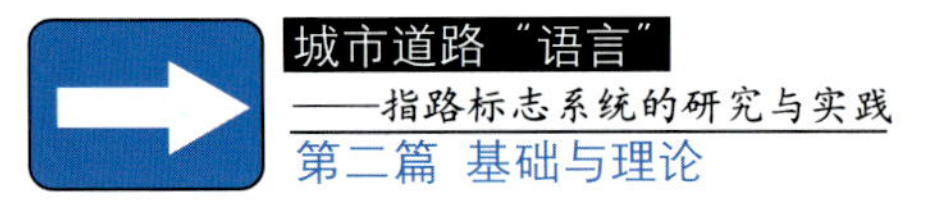

4.5 改善方案评价

指路标志主要评价内容包括：①准确、清晰；②符合国标；③系统连续；④数量适宜；⑤位置适当、无遮挡，通过定量计算和定性分析，综合评价改善方案对海珠区指路标志系统所起到的作用。

1．准确、清晰

以部分交叉口、立交分岔处指路标志为例，通过效果图 2-4-5-1 说明改善后的情况。

地点	方向	现状	改善后效果图
宝岗大道/同福路	北进口		
昌岗立交	北进口		
客村立交	西进口		

地点	方向	现状	改善后效果图
三滘立交	南进口		
新滘中路／江海大道	西进口		

图 2-4-5-1　指路标志改善前后效果对照图

2．符合国标

改善方案遵循规范化原则，指路标志的形状、图案、尺寸、设置、构造、反光等均符合《道路交通标志和标线》（GB5768—1999）、《广州市道路交通交通管理设施设计施工指南》（市交警支队）的相关规定，并以指路标志系统改善方案研究系列成果为参考依据。

3．系统连续

改善方案遵循连续性原则及指路标志信息连续性设置准则，对海珠区指路标志系统进行通盘考虑、整体布局，较好地做到了连贯一致，且与交通组织、路口渠化等相协调。

4．数量适宜

标志设置即建成区主干道（含城市快速路）、次干道上（双向）平均每公里设置交通标志数量，反映了交通工程设施水平，也是衡量道路交通管理科学化程度的指标。海珠区路网每公里指路标志设置数量改善见表 2-4-4-8。

海珠区指路标志设置数量改善前后对照表 表 2-4-4-8

	指路标志(块)	主次干道网长度(km)	指路标志设置(块/km)	增长
现状	403	128	3.15	–
改善后	501	128	3.91	24.1%

注：改善后为针对现状路网标志的改善部分。

从上表可知，改善后海珠区路网每公里指路标志设置数量增长24.1%，基本在各交叉口、分岔处均设置了相应的指路标志，设置数量较为适宜。

5. **位置适当、无遮挡**

新增指路标志设置位置、距交叉口距离等均遵循《国标》、《施工指南》等规范的相关规定。

遵循指路标志清晰可视区域设置准则，改善方案对设置距离过近造成相互遮挡的标志进行了迁移，例如在新港东路/会展南四路口，把环城高速入口预告标志往西迁移10m，解决其遮挡交叉口指路标志的问题；建议市政部门根据指路标志清晰可视区域设置距离，定期对遮挡标志牌面的绿化树木进行修剪，保证标志牌面的视认性。

此外，本次研究运用软件对海珠区西北部及会展中心周边地区进行建模、仿真，从驾驶者的角度对地区指路标志改善情况进行评价，模拟仿真显示指路标志系统改善效果较为良好。

第五章　指路标志系统研究的应用

5.1　道路交通指路标志管理信息系统

在广州市指路标志系统系列研究中，以地理信息系统（Geographical Information System，简称GIS）为基础，结合广州市现状指路标志系统情况，开发建成了具有较强实用性的道路交通指路标志管理信息系统。GIS是管理地球空间信息的计算机系统，它是一个集采集、存储、管理、查询、分析和显示为一体的计算机综合信息系统。道路交通指路标志管理信息系统通过GIS与多种交通信息分析和处理技术的集成，为交通规划、交通控制、交通基础设施管理等提供操作平台，将空间信息与交通管理信息进行无缝结合，减轻了查阅信息的工作量，且图文并茂，提高了标志信息查询的效率，并可对标志信息进行分类、统计和分析。

5.1.1 系统结构

1．开发环境

道路交通指路标志管理信息系统运行在以SQL SERVER2005为数据库服务器、ArcGIS为GIS服务器、Windows 2000 Server或以上为操作系统服务器的网络环境上，其中空间数据通过ARCSDE存储。系统采用ArcGIS Engine和VS．Net的开发模式。

2．系统组成结构

道路交通指路标志管理信息系统由几大核心模块构成：

（1）系统启动模块：对系统进行初始化，对数据库连接进行更新。

（2）用户权限安全管理模块：验证用户的合法性，判断用户的功能权限。

（3）数据浏览模块：显示数据库中的图形数据和属性数据，对图层和鹰眼图等数据显示部分进行控制。

（4）数据查询分析模块：提供各种条件查询功能，对图形数据和属性数据进行查询、统计和分析。

（5）数据编辑模块：对图形和属性数据进行编辑，针对指路标志信息做了特殊的编辑处理。

3．系统数据库结构

系统以广州市1∶500地形图为背景图库，其中主要内容有：点状地物、房屋形状、线状地物、面状地物等图形信息；1∶10000地形图为辅助分析图库，其中主要内容有：铁路、道路中线、道路边线、高架路、内环路、地铁等图形信息；按指路标志的实施情况将标志数据分为现状标志和规划标志，其主要内容有：标志支撑和标志点位等图形信息，其中标志牌图片以二进制流的形式存放到数据库的BLOB字段中。

5.1.2 系统功能

道路交通指路标志管理信息系统可实现的功能包括数据浏览、数据查询、数据分析、数据编辑与入库等。系统界面以广州市的地形图为背景（见图2−5−1−1），方便指路标志的定位，查询使用直观、清晰。

1．数据浏览

数据库中存储的数据量较大，为提高浏览速度，该系统提供一套数据浏览机制，使用户可以灵活地根据查询条件把需要浏览的数据快速装载到系统。在浏览时应先确定浏览的数据内容和浏览的图形范围以减少数据的装载量。

用户可以直接通过该系统浏览本地的数据，包括DWG、SHP等格式的图形数据，以

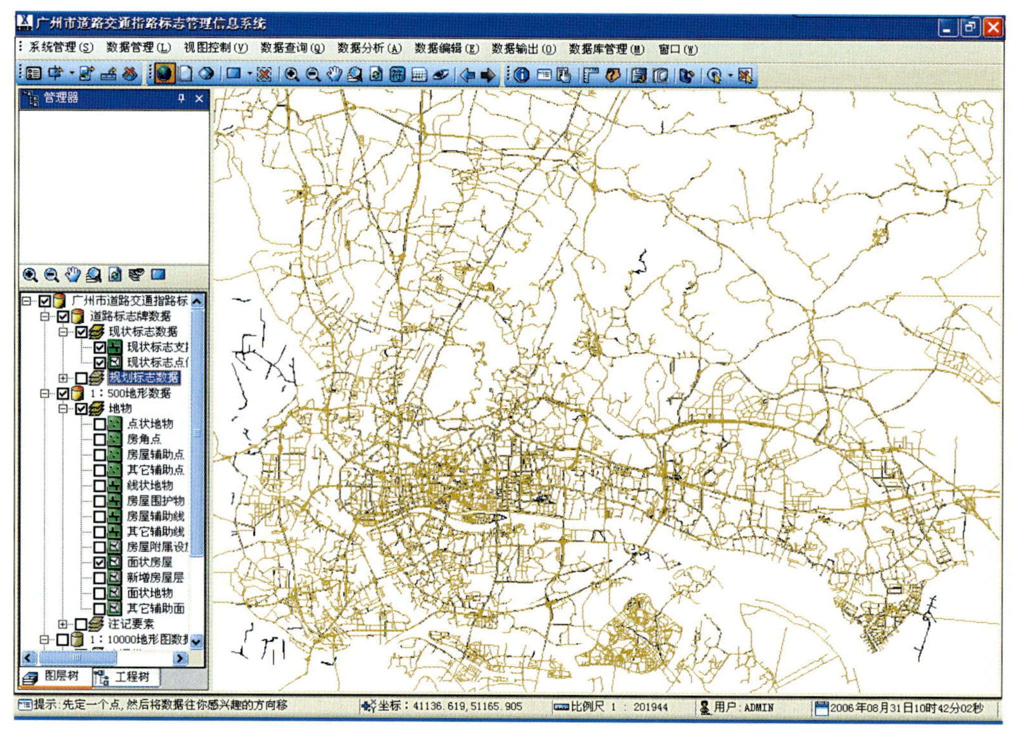

图 2—5—1—1 广州市道路交通指路标志管理信息系统界面

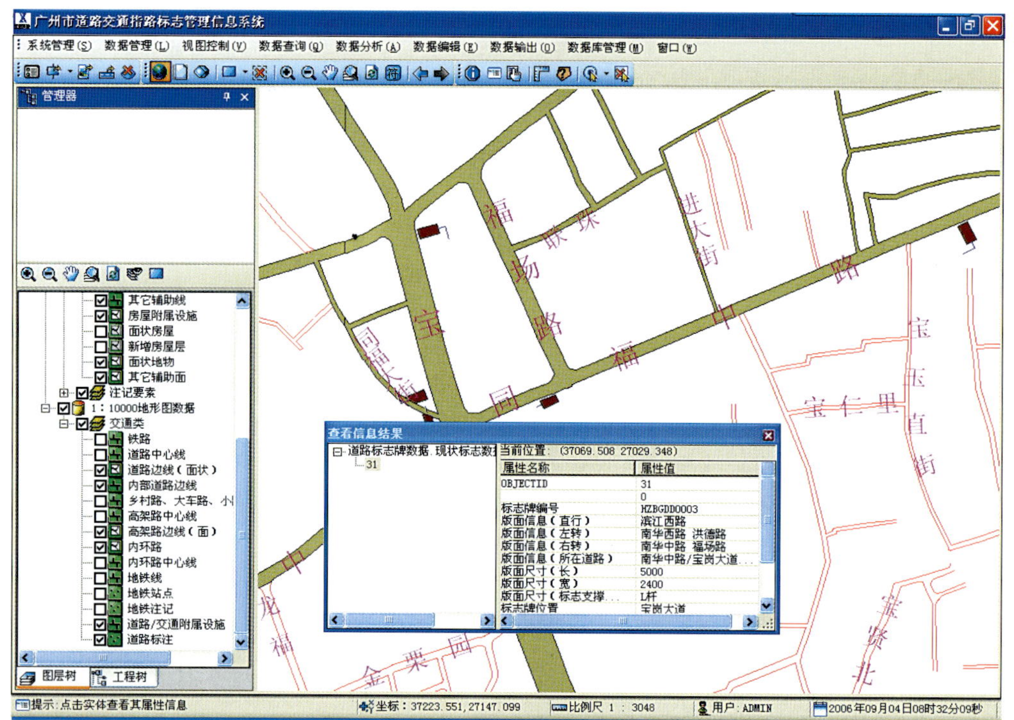

图 2—5—1—2 点击属性查询界面

及JPG、TIF、BMP等格式的栅格图像数据。此外，系统提供一个针对整个广州市的微缩图，即鹰眼，用户可以在鹰眼上用鼠标绘制范围，系统将所画范围对应的数据显示出来。

2. 数据查询

(1) 点击查询

点击属性查询即让用户通过点击实体（如标志点位）进行属性浏览，属性包括编号等基本内容。系统将用户点击处可以搜索到的实体列出来，在弹出的查看信息结果的窗体中通过单击左面的实体编码，就会在右面的列表中列出该实体的属性值；而双击左面的实体编码，系统将会在屏幕上指示该编码对应的实体，如图2—5—1—2所示。

用户在确认该标志牌基本内容后可进一步查阅此标志牌的详细信息，包括牌面信息、牌面尺寸、支撑形式、设置位置、现场照片等，如图2—5—1—3所示。

(2) 简单检索查询

通过简单的检索查询语句，如道路、立交、桥隧名称等，查找满足条件的实体对象，根据查找的结果，系统可将这些被查找到的实体选定。

(3) 模糊检索查询

可通过输入要查找实体的相关信息进行检索查询，方便实现实体的定位。系统将根据用户输入的信息，在被查找的图层的属性字段值中循环搜索，如果被搜索的属性字段值中包含输入的信息就会被列出。通过在找到的数据中双击，系统就会自动将显示范围定位到对应的实体上。

3．数据分析

系统提供了多种统计和分析功能，可对指路标志系统数据进行统计和分析，为标志设施的控制和管理服务，并可以把统计结果输出为 WORD 或 EXECL 文档。

4．数据编辑与入库

数据编辑与入库包括地图数据的编辑与入库（如各种类型的底图），同时也包括属性数据的编辑与入库（如标志信息等）。

图 2-5-1-3　标志牌详细信息查阅界面

图 2-5-1-4　简单检索查询界面

5.2　指路标志系统改善仿真系统

三维仿真技术是一种探讨如何实现人与计算机之间理想交互的先进技术，结合了人工智能、多媒体等多种技术。利用仿真技术，计算机可以产生一个三维的、基于感知信息的临场环境，该环境对用户的控制行为作出动态的交互反应，并为用户的行为所控制。仿真技术是利用计算机生成一种模拟环境，通过多种传感设备使用户“进入”到该环境中，实现用户与环境进行自然交互的技术。

虚拟仿真系统采用三维效果模拟，较为直观、逼真，利用三维仿真技术模拟指路标志系统改善之后的效果，观看者可以身临其境看到标志改善前后的对照情况，并在场景中漫游，多角度观看，方便对改善方案进行评价。

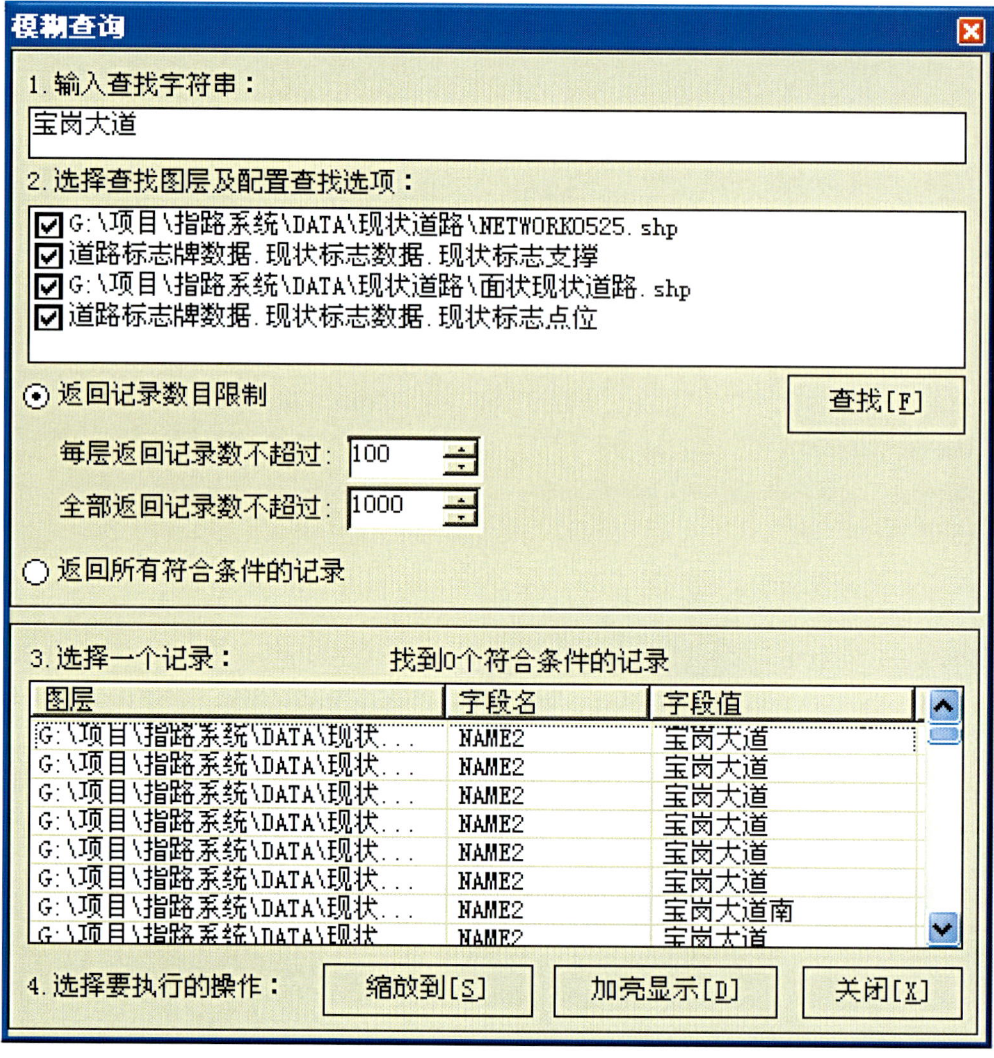

图 2-5-1-5 模糊检索查询界面

图 2-5-2-1 指路标志系统改善仿真系统界面

参考文献

1 广州交通研究(最终报告)[R],MVA亚洲顾问公司&广州市城乡建设委员会,1995

2 广州市中心区交通改善实施方案（最终报告)[R]，MVA 亚洲顾问公司 & 广州市交通规划研究所，1996

3 广州市域高等级路网整体规划[R],广州市城市规划局&广州市交通规划研究所，2004

4 广州市道路交通指路标志系统实施技术指引[R]，广州市交通规划研究所&广州市公安局交警支队 & 广州至信交通顾问有限公司，2005

5 广州市区道路交通指路标志系统改善方案研究之一——重点部门、大型公建及旅游景点指路标志系统布局方案研究[R]，广州市交通规划研究所&广州至信交通顾问有限公司，2004

6 广州市区道路交通指路标志系统改善方案研究之二——环城高速公路指路标志系统改善方案研究[R]，广州市交通规划研究所&广州市公安局交警支队&广州至信交通顾问有限公司，2005

7 广州市区道路交通指路标志系统改善方案研究之三——内环及放射线指路标志系统改善方案研究[R]，广州市交通规划研究所&广州市公安局交警支队，2005

8 广州市区道路交通指路标志系统改善方案研究之四——广州市海珠区道路交通指路标志系统改善方案研究[R],广州市交通规划研究所&广州市公安局交警支队,2006

9 GB5768—1999，道路交通标志和标线[S]

10 杨久龄 刘会学 . GB5768—1999《道路交通标志和标线》应用指南[R]，中国标准出版社&新华出版社，1999

11 中华人民共和国交通部部标准 JT/T279－1995公路交通标志板技术条件[S]，人民交通出版社，1995

12 中国公路学会《交通工程手册》编委会 . 交通工程手册[M]，人民交通出版社，1998

13 广州市道路交通管理设施设计施工指南[R]，广州市公安局交警支队，2004

14 上海市高速公路、城市快速路交通标志标线技术总则[R]，上海市市政局&上海市交警总队

15 城市道路交通标志和标线的设置[R]，上海市市政局&上海市交警总队

16 北京市指路标志系统改造工程－高速路、国道指路预告系统及进、出京指路预告系统[R]，北京市公安局公安交通管理局&交通设施管理处，2003

17 夏传荪 . 交通标志世界[R]，中国计划出版社&科荣出版社（香港）有限公司，2001

18 夏传荪 . 首都机场高速公路标志牌设计论述及改进意见[J]，中国交通工程，1995

19 潘为民 . 城市道路交通指路标志规划设计的实践[J] . 城市规划，2000（12）：58～60

20 丛涛 . 北京市道路交通标志指路标志的设置[J]，道路交通与安全，2002（6）：35～38

21 张立 杨世捷 . 城市环线交通标志设计探讨[J]，中南公路工程，2003（3）：45～47

22 李令举 张继民 宋舒 . 道路交通标志的设计，云南交通科技，1999（2）：6～12

23 刘喜平 张于良 靳航 . 高速公路交通标志版面设计[J]，山西交通科技，2000（6）：48～50

24 李钢 . 高速公路交通标志设计与应用[J]，上海公路，1995（4）10～14

25 王建军 周伟 张争寄 . 高速公路交通标志中地名选择方法的探讨[J]，华东公路，1997（10）：26～28

26 郑安文 牛倬民 . 高速公路静态交通标志设置科学性分析[J]，交通运输工程学报，2002（12）：49～53

27 陈同初 . 关于高速公路交通标志设置的介绍[J]，东北公路，1996（2）：16～21

28 姚强 . 关于一般公路交通标志[J]，辽宁交通科技，1999（1）：31～33

29 段小梅 张怡伟 . 广州市内环路交通工程标志标线设计与思考[J]，城市道桥与防洪，2002（12）：25～27

30 徐学敏 . 环城高速公路交通标志的设置[J]，公路交通科技，2003（6）：139～143

31 李峰 . 我国高等级公路交通标志及其设置的研究[J]，人类工效学，1995（12）：18～21

32 王振兴 彭道月 . 一般公路指路标志设置规定的探讨[J]，交通标准化，2003（1）：51~52

33 孙荣强 . 用交通工程理论解决标志、标线设置中存在问题[J]，交通标准化，2002（3）36～38

34 日本建设省道路局 警察厅交通局 . 道路标志手册[R]，全国道路标志标线业协会，1995

35 日本道路协会 . 道路标志设置基准・同解说[R]，昭和五十九年八月

36 日本首都高速道路公团 . 标识设置基准[R]，平成三年

37 美国，U.S.Department of Transportation，Federal Highway Administration，"Manual on Uniform Traffic Control Device"，2003 Edition

38 美国，Part VI Standards and Guides for Traffic Control for Street and Highway Construction Maintenance，Utility，and Incident Management Operations，1998

39 法国，Code de al route，2000

40 英国，THE HIGHWAY CODE，2000